KB080966

차트 패턴
CHART PATTERNS

Getting Started in Chart Patterns

Copyright©2006 by Thomas N. Bulkowski
Authorized translation from the English language edition published
John Wiley & Sons, Inc. company.
All rights reserved.

Korean Translation Copyright©2008 by Iremedia
Korean edition is published by arrangement with
John Wiley & Sons International Rights, Inc. through Imprima Korea Agency.

이 책의 한국어판 저작권은 Imprima Korea Agency를 통해
John Wiley & Sons International Rights, Inc.와의 독점계약으로 이레미디어에 있습니다.
저작권법에 의해 한국 내에서 보호를 받는 저작물이므로 무단전재와 무단복제를 금합니다.

경직된 사고를 부수는 '실전 차트 패턴'의 모든 것 **차트 패턴**

CHART PATTERNS

토마스 **N. 불코우스키** 지음 **조윤정** 옮김

이레미디어

메리 슈람스키에게

"창조적인 논픽션이란 어떤 것일까?" 하는 당신의 질문에 드디어 답을 찾은 것 같소.

100만 개의 차트 패턴을 봐야 세계 일류의 차티스트가 될 수 있다는 글을 어디선가 읽은 적이 있다. 거래일마다 250개의 차트 패턴을 분석한다면 100만 개를 보는 데 15년이 걸린다. 15년이라니! 우리에게는 그럴 만한 시간이 없다. 나는 독자에게 단 몇 시간만을 요구할 것이다.

본문을 읽기 전에 뒤표지를 먼저 보기 바란다. 어디에 가격이 쓰여 있는가? 얼마라고 쓰여 있는가? 만약 이 책을 사서 읽은 뒤 거래에서 이익을 본다면 책값이 아깝지 않을 것이다. 정말 저렴한 수업료 아닌가. 게다가 나는 당신에게 책값보다 훨씬 더 많은 것을 가르쳐줄 것이다.

차트 패턴은 '똑똑한 돈'의 발자국 같은 것이다. 똑똑한 돈은 가짜 자취를 남긴다. 만약 옆 사람이 운전할 때 당신이 차가 가는 길은 보지 않고 늘 주변만 감상한다면, 당신은 곧 나쁜 습관에 빠질 것이다. 나쁜 습관은 운전뿐 아니라 주식 거래에도 나쁜 영향을 미친다. 나쁜 습관 때문에 당신은 매번 시장에 너무 늦게 들어가거나 너무 늦게 나왔을지 모른다. 계속 그 상태라면 당신이 꿈꿨던 100만 달러는 정말로 꿈에 그치고 말 것이다. 이 책에서 거래의 심리학을 다룬 장을 꼼꼼히 읽어라. 그러면 당신은 길만 똑바로 쳐다보게 될 것이다.

그 뒤에 우리는 차트 패턴에 대해 논의하며 멋진 음악을 만들어갈 것이다. 기초부터 시작해 하나씩 하나씩 배워나갈 것이다. 추세선, 지지선, 저항선, 특수 상황 등. 초보 투자자나 거래자들이 알아야 할 모든 것이 이 책에 들어 있다. 비단 초보뿐만 아니라 전문가들에게도 흥미롭고 유익한 정보가 될 것이다.

나는 당신에게 패턴 성취율performance이 가장 높은 10개의 패턴과 우리가 흔히 알고 있는 여러 패턴들을 보여줄 것이다. 이 패턴들은 백 보컬 같은 것으로, 당신이 록 스타처럼 노래하는 데 힘을 실어줄 것이다. 하지만 청중 없이는 어떤 공연도 완벽할 수 없다. 이때 바로 이벤트 패턴들이 등장한다. 이들은 청중이다. 내가 이들로부터 어떻게 돈을 버는지 알려주겠다.

팬들이 펜스를 넘어 입장료도 내지 않고 콘서트장에 들어오려 할 때, 나는 당신에게 예외형 패턴을 다루는 방법에 대해 얘기해줄 것이다. 예외형 패턴은 종종 큰 수익을 올릴 기회가 된다.

백 보컬이 도착하고 무대가 준비되면 이제는 리허설을 할 시간이다. 나는 이 책 전체에서 내가 실제로 했던 거래를 다뤘지만, 특별히 한 장 전체를 실제 거래 사례에 할애했다. 10장을 보고 연구하면서 내가 어떤 식으로 거래했는지 배우고, 당신이라면 똑같은 상황에서 나와 다르게 어떤 식으로 거래할지 한번 생각해보라. 그러고 나서 컴퓨터 화면의 차트를 보면 패턴들이 당신에게 무엇을 말하는지 알 수 있을 것이다.

이 책에 언급된 통계수치들은 어림값이 아니라 3만 8,500개 이상의 차트 패턴과 이벤트 패턴을 조사한 결과 값이다. 각 숫자는 수백 개의 패턴에서 얻은 값으로, 수수료나 비용을 포함시키지 않은 순수한 거래의 결과다. 따라서 당신의 거래 결과가 이 책의 수치와 정확하게 일치하리라 기대하는 것은 무리겠다. 그렇다고 해도 이 숫자들은 당신의 거래에서 비교의 기준이 되어줄 것이다. 책의 말미에 차트 패턴과 이벤트 패턴의 성취율과 순위를 목록화한 표를 실어뒀다. 그리고 맨 마지막에는 패턴을 확인하는 데 도움을 주기 위해 차트 패턴과 이벤트 패턴 목록도 실어뒀다. 이 표와 목록에서 당신은 원하는 패턴을 찾아볼 수 있을 것이다.

제이크를 소개하겠다. 그는 꽤 좋은 사람이지만, 사실 가상의 인물이다.

그는 일종의 문학적 장치로서 실제 거래를 강조하거나 아니면 적어도 이 책의 내용을 생생하게 전달하는 역할을 해줄 것이라 기대한다. 그의 거래에서 언급되는 구체적인 사항들—거래한 주식 수나 비용—은 내가 주식시장에서 실제로 거래한 내용들이다.

팀이 다음 공연을 위해 짐을 싸러 오면 나는 당신에게 거래 체크리스트를 넘겨주겠다. 그러면 당신은 이제 무엇 하나 빠뜨리지 않게 되는 셈이다. 이 과정을 모두 마치면 당신은 혼자서도 공연을 할 수 있을 것이다. 하지만 당신이 콘서트 투어를 하다가 혹시라도 도움이 필요할 경우를 대비해 이 책을 가까이 두기 바란다.

사라.

읽어라.

돈을 벌어라.

토마스 N. 불코우스키

2005년 9월

감사의 말

존 와일리 앤드 선즈의 편집이사 파멜라 반 기센, 수석 편집자 메리 다니엘로, 보조 편집자 제니퍼 맥도널드에게 감사를 전한다. 이들 세 명 덕분에 책을 출판하는 일이 쉽고 재미있었다. 교정쇄를 봐준 비하이브 프로덕션 서비스의 버니스 페티나토에게도 고마움을 표시하고 싶다. 언제나 나에 대한 지지를 아끼지 않는 제임스 불코우스키 중령에게도 많은 빚을 졌다. 고맙다, 동생아. 이라크에서는 머리를 낮추고 있어야 해. 만약 거기 가야 한다면 말이다.

추가적인 질문에 대해

나에게 연락을 하고 싶다면 tbul@hotmail.com으로 이메일을 보내기 바란다. 제목을 '차트 패턴에 관한 질문' 같은 것으로 하면 좋을 것이다. 그러면 내가 스팸 메일인 줄 알고 읽지도 않고 삭제해버리는 실수는 하지 않을 테니. 답장을 보낼 테지만, 당신에게 약간의 인내심을 부탁해야 할지도 모르겠다. 내 웹사이트 주소는 http://thepatternsite.com/이다.

토마스 N. 불코우스키

차례

프롤로그 ● 06
감사의 말 ● 09

Chapter 01   **똑똑한 돈, 스마트 머니의 발자국** ● 15

Chapter 02   **거래의 심리학** ● 21
거래의 심리학 ● 25
거래의 기본 ● 27
부정적인 생각을 고치는 법 ● 29
안심 영역 ● 30
매도 신호 ● 33
거래 계획을 짜고 계획대로 거래하라 ● 34
무엇이 수익을 가로막는가 ● 35

Chapter 03   **추세선에 관한 진실** ● 39
추세선의 역할에 관한 예 ● 42
추세선: 외부 추세선, 내부 추세선, 추세 곡선 ● 44
추세선의 접점 간격 ● 47
추세선의 접점 수 ● 49
추세선의 길이 ● 49
추세선의 기울기 ● 50
추세선과 이탈 거래량 ● 51
추세선으로 가격 목표점을 계산하는 법 ● 52
추세선 그리기 ● 54
1-2-3 추세 변화 확인기법 ● 54

추세선을 활용한 거래 사례 ● 58
추가적으로 알아둬야 할 유용한 정보 ● 59
추세선 종합 정리 ● 61

Chapter 04 　**지지와 저항: 가장 중요한 차트 패턴** ● 63
지지와 저항이란 무엇인가? ● 66
차트 패턴으로서의 지지영역과 저항영역 ● 67
피보나치 되돌림 ● 69
천정과 바닥 ● 72
수평 밀집 구간 ● 73
지지 · 저항영역으로서의 어림수 ● 75
추세선과 추세대 ● 77
지지 · 저항영역으로서의 거래량 ● 78
지지 · 저항영역을 이용하여 거래하는 법 ● 79
지지와 저항 종합 정리 ● 83

Chapter 05 　**대응이 필요한 특수 상황** ● 85
강세장과 약세장 ● 87
상승 함정과 하락 함정 ● 90
플랫형 기반 ● 92
갭 ● 93
낮아지는 고점과 높아지는 저점 ● 96
부분 상승과 부분 하락 ● 98
급등과 급락 ● 102
꼬리 ● 104

꼬리 추종 ● 106

역지정가주문 ● 108

상향 후퇴와 하향 후퇴 ● 111

Chapter 06 **성취율이 가장 높은 10가지 바닥 패턴** ● 117

1. 높고 조밀한 깃발형 ● 120

2. 파이프 바닥형 ● 128

3. 반전 상승 가리비형 ● 134

4. 삼중 상승 바닥형 ● 139

5. 둥근 바닥형 ● 145

6. 하락 삼각형 ● 151

7. 상승 확대 쐐기형 ● 157

8. 이브&이브 이중 바닥형 ● 164

9. 삼중 바닥형 ● 172

10. 역 머리어깨형 ● 179

Chapter 07 **널리 알려진 차트 패턴** ● 185

확대 천정형과 확대 바닥형 ● 189

하락 확대 쐐기형 ● 195

상승 직각 확대형과 하락 직각 확대형 ● 200

다이아몬드 천정형과 바닥형 ● 206

이중 천정형 ● 214

깃발형과 페넌트형 ● 224

머리어깨형 ● 232

조정 상승형과 조정 하락형, 단순 ABC 조정형 ● 238

파이프 천정형 ● 247

상승 삼각형과 대칭 삼각형 ● 252

삼중 천정형 ● 260

Chapter 08 **주가 변동성 높은 이벤트 패턴** ● 267

데드 캣 바운스 ● 269

역 데드 캣 바운스 ● 275

배드 어닝 서프라이즈 ● 280

굿 어닝 서프라이즈 ● 285

실적 깃발형 ● 290

주식 등급 하향 조정 ● 295

주식 등급 상향 조정 ● 300

Chapter 09 **큰 수익의 기회가 되는 예외형 패턴** ● 307

예외형 확대 패턴 ● 310

  확대 천정형 / 상승 확대 쐐기형 / 상승 직각 확대형

  확대 바닥형 / 하락 확대 쐐기형 / 하락 직각 확대형

다이아몬드형, 이중형, 머리어깨형 ● 319

  다이아몬드 천정형 / 이중 천정형 / 머리어깨형

  다이아몬드 바닥형 / 이중 바닥형 / 역 머리어깨형

그 외의 예외형 패턴 ● 328

  직사각형 / 상승 삼각형 / 하락 삼각형 / 대칭 삼각형

  하락 쐐기형 / 상승 쐐기형

Chapter 10   **그 외의 거래 사례(종합)** ● 337

IMC 글로벌 ● 340

자이언트 인더스트리 ● 345

램 리서치 ● 350

EMC ● 354

롬 앤드 하스 ● 358

JLG 인더스트리 ● 362

사우스웨스트 에어라인 ● 365

Chapter 11   **거래에 성공하기 위한 체크리스트(종합)** ● 369

매매 결정을 내리기 전에 ● 373

어떻게 팔 것인가? ● 379

언제 팔 것인가? ● 379

놓쳐서는 안 되는 거래의 기본 ● 382

패턴의 이탈 위치로 성취율을 예측하라 ● 387

거래에 임하기 전 최종 심리 체크리스트 ● 390

Chapter 12   **패턴 성취율을 보여주는 통계수치(종합)** ● 395

차트 패턴의 성취율과 순위 ● 398

이벤트 패턴의 성취율과 순위 ● 401

차트 패턴의 이탈 위치 ● 402

에필로그 ● 403

부록 : 용어 사전 / 패턴 사전 ● 405

Chapter **01**

똑똑한 돈, 스마트 머니의 발자국

01

당신은 지금 똑똑한 돈, 스마트 머니를 보고 있는 겁니다. 그들은 이 주식에 대해서든 또 어떤 주식에 대해서든 알아야 할 건 뭐든 알고 있어요. 하지만 그들에게도 약점이 있지요. 그게 뭔지 아세요? 자취를 숨길 수는 없다는 거예요. 이것은 누군가가 화면에 휘갈겨놓은 낙서가 아니에요. 스마트 머니의 발자취랍니다. 발자취들을 꿰맞춰 보면 차트 패턴이 형성되지요.

똑똑한 돈,
스마트 머니의 발자국

제이크가 강도질을 하러 내 사무실에 침입했다.

그가 어떻게 아무도 모르게 이곳에 숨어들어왔는지는 추측에 맡기겠다. 어쨌든 나는 숨겨져 있던 비상 버튼 위로 손을 가져갔다. 하지만 누르지는 않았다. 내 손길을 막는 무엇인가가 있었다. 우선 그를 본 순간 클린트 이스트우드가 연상됐다. 백발에 키가 크고 야위었지만, 내면은 화강암처럼 단단하고 웃을 때는 뺨에 보조개가 생기는 게 영락없는 클린트 이스트우드였다.

"미안합니다." 그가 말했다. "놀라게 할 뜻은 없었어요. 나는 머피라고 해요. 제이크 머피."

그래서 뭐 어쩌라고? 내가 자기 이름을 알아서 뭐 한단 말인가? 나는 손가락을 비상 버튼 위에 대었다. 나는 약간 떨고 있었다. 몸의 근육이 긴장해 있었고 아드레날린이 온몸의 혈관으로 뿜어져나오는 것 같았다. 나는 압력밥솥처럼 터질 것 같은 숨을 참고 있었다.

"머피의 법칙에 대해 들어보신 적 있지요?" 그가 웃으면서 손가락으로 자기 자신을 가리켰다. 만약 그가 진짜 그 머피라면, 그가 주식을 살 때 혹은 팔 때마다 그의 반대로만 하면 나는 큰돈을 벌 것이다. "지난주에 주식 거래에 관해 이메일을 보냈었는데."

그 말을 듣고서야 나는 마침내 다시 숨을 쉴 수 있었다. 손으로 가슴을 쓸어내렸다. 하지만 컴퓨터 화면에서 차분하게 깜빡거리는 녹색 신호가 내 주의를 사로잡았다. 나는 그를 향해 집게손가락을 들어올렸다.

잠시만요….

제이크가 얼어붙은 듯 가만있었다.

나는 손을 자판 위로 가져가 유능한 음악가가 피아노 건반을 두드리듯 신나게 자판을 두드렸다.

30초 뒤, 누군가로부터 수천 달러를 빼앗고 나서 제이크를 돌아봤다. "이리로 오세요." 나는 손으로 내 옆에 있는 의자를 가리켰다. 우리 바로 앞에서는 여러 대의 컴퓨터 화면들이 우리를 빤히 쳐다보고 있었다. 내 방은 컴퓨터 화면과 본체가 고온으로 터져버리지 않도록 특수한 온도 조절 장치가 설비돼 있었다. 컴퓨터는 주식 거래자들의 요리 기구다.

"제이크, 당신을 당혹스럽게 하고 싶은 마음은 전혀 없지만, 사실을 알고 싶어요. 당신은 거래 때마다 역지정가주문을 해둡니까?"

그는 잠시 멈칫했고, 얼굴이 신호등의 정지 신호처럼 빨갛게 달아올랐다. "아니요." 그의 목소리에는 불안과 염려가 배어 있었다. 상상컨대, 클린트 이스트우드였다면 그러지 않았을 것이다. 분명 꽉 다문 입술 사이로 불만 섞인 신음을 내뱉었을 것이다.

"상승 모멘텀을 타기 위해 연중 고가 근처에서 매수를 한 적이 있나요?"

그가 고개를 저었다.

"시장 흐름을 알아보기 위해 거래 전에 시장 평균market average이나 관련 산업의 주식을 체크하나요?"

그는 아무 말 없이 아래쪽을 내려다봤다.

나는 마치 아버지에게 질문을 퍼부어대고 있는 듯한 느낌이 들었다. 하지만 이곳은 고문실이 아니었다. 그의 눈을 아프게 하는 강렬한 조명도 없었다. NASA의 조정실에 있는 것과 비슷한 푹신한 의자만 있을 뿐이었다. "괜찮아요. 잊어버리세요." 나는 그의 어깨에 손을 얹고 앞에 있는 컴퓨터 화면을 가리켰다. "여기서 뭐가 보이나요?"

그가 돋보기안경을 쓰고 얼굴을 화면 앞으로 바짝 가져다댔다. 그러고는 픽셀 하나하나를 자세히 들여다본 다음 등을 뒤로 젖혔다. 돋보기안경이 금세 그의 주머니 속으로 사라졌다. 빠른 동작을 보니 아무래도 돋보기 쓰는 걸 부끄러워하는 듯했다. 이미 나이가 많이 들었지만 그럼에도 불구하고 그 사실을 받아들이고 싶지 않다는 뜻일까? 하지만 나는 우선 제이크 머피라는 사람에 관한 판단은 보류해두기로 했다.

"당신은 지금 똑똑한 돈, 스마트 머니smart money(단기 차익을 노리는 기관이나 큰손들에 의해 시황에 따라 빠르게 움직이는 자금)를 보고 있는 겁니다. 그들은 이 주식에 대해서든 또 어떤 주식에 대해서든 알아야 할 건 뭐든 알고 있어요. 하지만 그들에게도 약점이 있지요. 그게 뭔지 아세요?"

그는 눈을 치켜뜨고 잠시 생각해보다가 다시 눈을 내리깔았다.

"자취를 숨길 수는 없다는 거예요." 나는 화면을 가리키며 말했다. "이것은 누군가가 화면에 휘갈겨놓은 낙서가 아니에요. 스마트 머니의 발자취랍니다. 발자취들을 꿰맞춰 보면 차트 패턴이 형성되지요. 이런 차트 패턴으로 매수 신호와 매도 신호를 알 수 있는 거고요. 이런 신호에 따라 거래를 하면, 돈을 벌 수 있지요." 나는 머리 뒤로 양손을 깍지 낀 채 의자에 등을 기댔다. 그러면서 제이크와 화면을 번갈아 쳐다봤다. 거래 신호를 놓치지 않기 위해서였다. "돈을 벌고 싶으신 거죠? 그렇죠?"

그가 눈을 빛내더니 고개를 끄덕였다.

"당신 얘기를 좀 해주세요."

그는 헛기침을 하고 나서 의자에 앉은 채로 상체를 숙였다. "나는 은퇴를 앞두고 있는 프리랜서 엔지니어랍니다. 일이 없을 때 주로 주식 거래를 하죠. 원래는 기본적 분석을 바탕으로 주식 거래를 시작했어요. 근데 기본적 분석으로 볼 때 분명히 매수 시기에 샀는데 몇 달 동안, 아니 심지어는 몇 년 동안 주가가 그대로더라고요. 나는 그만 기다리는 데 지쳐버렸죠. 그래서 기술적 분석으로 눈을 돌렸습니다. 이동평균선도 공부하고, 엘리어트 파동 이론도 공부하고, 사이클, 캔들, 지표들, 블랙박스 시스템 모두 공부해봤어요. 근데 아무 소용도 없더군요. 나는 건강보험에 가입할 여유가 있었으면 해요. 은퇴하고 나서 편안하게 살 만큼 충분한 돈이 필요한 거죠. 비용은 댈 수 있어요. 뭘 하든 비용은 드는 거니까!"

제이크는 말을 마치고는 눈을 내리깐 다음 고개를 돌렸다. 그가 모든 걸 말하지는 않았다는 생각이 들었다.

Chapter **02**

거래의 심리학

02

거래를 오래 하면 거래 습관이란 게 생기기 쉽다. 어떤 습관은 좋지만, 어떤 습관은 나쁘다. 나쁜 거래 습관은 개미 같은 것이다. 벽 속의 구멍에서 개미가 슬금슬금 기어나오기 시작하면, 결국 심각한 문제가 발생한다. 그렇지 않은가? 하지만 무슨 일이 일어날지 미리 안다면 당신은 이를 충분히 막을 수 있을 것이다. 습관의 문제도 마찬가지다.

거래의 심리학

"**나한테** 말하지 않은 게 있죠?"

제이크는 자신의 구두코를 내려다보다가 한쪽 구두를 바지 뒤쪽에 문질러 닦았다. 하지만 구두는 전혀 닦을 필요가 없는 것처럼 보였다. 만약 서 있었더라면, 그는 안절부절못하고 방 안을 이리저리 서성였을 게 분명하다. 긴 침묵이 이어진 뒤 그가 인정했다. "젊었을 때 해보지 못한 걸 해보고 싶어요. 그래서 충분한 돈이 있었으면 하고 바라는 거예요. 나는 인생을 제대로 살고 싶습니다!"

"중년의 위기 같은 건가요? 나는 서른 살 때 그랬죠. 스스로에게 끊임없이 '내가 지금 여기서 뭘 하고 있는 거지?' 라고 물었어요. 하지만 답을 찾을 수 없더군요. 뭔가 더 나은 삶을 살아야겠다고 결심하는 데는 거의 10년의 세월이 걸렸지요. 어쨌든 이제는 주식 얘기로 돌아가죠. 당신은 지난번 이메일에서 어떤 전기통신주에 관해 얘기했었죠?"

그는 그 얘기를 하기가 난처하거나 창피하다는 듯 주먹을 쥐었다 폈다 하며 아래를 내려다봤다. "나는 한때 컴퓨터 기술자로 일했어요. 그래서 전기통신 분야에 관해서는 아주 잘 알고 있죠." 제이크는 가능한 한 그 회사의 펀더멘털fundamental을 샅샅이 조사했지만, 확실한 정보가 부족했다. 하지만 시장에서는 소문이 무성했다.

"지구를 네 바퀴나 돌 만한 광섬유를 깔 거라더군요!" 누군가 모임 때 말했다.

"내부자들이 미친 듯이 사대고 있다는 얘기는 나도 들었어요." 또 다른 사람이 말했다. "지난달에 넷이 샀어요. 이번 분기에만 모두 여섯이죠."

"지난주에 운전하고 가다가 본사 건물을 지나는데, 새벽 세 시인데도 불이 켜져 있더라고요." 세 번째 사람이 말했다. "혹시 어딘가에 인수되는 게 아닌가 하는 생각이 들던데요?"

"내 친구가 아는 어떤 사람이 거기서 일했던 사람을 아는데, 그 사람이 베이비 벨(1984년 미국AT&T사가 기업 분할되면서 탄생한 7개 전화 회사를 가리키는 말. 옮긴이) 가운데 두 곳이 그 회사에 관심을 나타내고 있다더군요. 그러면 이 주식은 정말 대박이에요!"

제이크는 머리를 흔들고 눈을 희번덕거렸다. "그래서 600주나 샀죠. 많은 돈을 투자했어요."

그가 매수하고 나서 2주 뒤 소문은 사실로 드러났다. 주가는 30% 상승하여 한 주당 2달러를 벌어들였다. 모든 사람들이 이 회사에 대해 얘기했다. 이 회사의 주가가 밑도 끝도 없이 치솟을 거라는 얘기들이었다.

그런 다음 주가가 상승을 멈췄다. 그러고 나서 어떤 날은 10센트가 떨어지고, 어떤 날은 5센트가 떨어졌다. 2주 뒤에는 매수가로 떨어져 있었다. "다시 괜찮아질 줄 알았죠. 전고가에 도달한 뒤 팔려고 가지고 있었던 거예요."

그때 채팅방에서는 이런 말들이 오갔다. "회사가 매입에 나설 예정이라던데요. 주가를 일부러 떨어뜨린 거래요. 그래야 싼 가격에 사들일 수 있으니까.” “회사를 비공개 법인으로 만들 생각이래요. 경영진이 멍청이들은 아니죠. 그들도 뭐가 기회인지는 아는 거예요. 어쨌든 더 사야 해요.”

주가는 날마다 조금씩 조금씩 떨어졌다. 폭락은 없었다. 하지만 소폭의 하락이 고문처럼 계속됐다.

채팅방은 새로운 소문으로 들끓었다. “회사가 파산을 선언했대요!” 모두들 그 소문이 틀림없는 사실이라고 했다.

이것은 주식 거래자들에게 해당되는 머피의 법칙의 한 예일까? 상황을 보면, 정말 그런 것도 같다. 50센트에 산 주식이 10센트로 폭락하더니 죽은 짐승처럼 꼼짝도 하지 않는다. 뭐, 그런 식이다.

“떨어질 때 왜 팔지 않았나요?” 내가 물었다.

그의 억지웃음 위로 보조개가 나타났다. 그가 어깨를 으쓱했다. “뭐, 그게 첫 번째도 아닌걸요.” 그는 그전에도 어떤 항공사의 주식을 샀는데 주가가 곤두박질치고 결국 회사가 파산하는 바람에 큰돈을 날리고 말았다.

“두 번째라 해도 어쨌든 팔지 그러셨어요?” 좋은 질문이다. 이 장에서 우리는 사람들이 왜 그런 실수를 하고 어떻게 하면 그런 일을 피할 수 있는지 자세히 알아볼 것이다.

거래의 심리학

먼저 한 가지 실험을 통해 제이크의 문제에 접근해보기로 하자. 1번 문 뒤에 500달러가 있고 2번 문 뒤에는 1,000달러가 있거나 아니면 아무것도 없을 수 있다고 하자. 당신은 어느 문을 택하겠는가?

다음으로 또 다른 2개의 문이 있다고 하자. 1번 문을 열면 500달러의 빚을 진다. 2번 문을 열면 1,000달러를 빚지거나 아무 일도 일어나지 않는다. 당신은 어느 문을 택하겠는가?

첫 번째 질문에서 대부분의 사람들은 500달러가 있는 문(1번 문)을 택한다. 하지만 손실이 문제가 됐을 때는, 2번 문을 택해서 스스로 보다 큰 손실을 입을 수 있는 위험 속으로 걸어 들어간다. 투자의 세계에서 이는 이익을 줄이고 손실을 확대한다는 뜻이다. 그러니까 대부분의 사람들이 바람직한 투자 방식의 정반대로 행동한다는 뜻이다.

"그러면 어떻게 해야 하나요?" 제이크가 물었다.

손실제한주문을 활용하라. 간단해 보이지 않는가? 상황이 나빠지기 시작할 때 손실제한주문이 없으면, 당신은 선택을 해야 한다. 팔 것이냐 말 것이냐. 이때 손실을 감수해야 한다는 두려움이 모습을 드러낸다. 손실의 고통은 이익의 기쁨보다 두 배 반이나 강력하다고 한다. 행태재무학 전문가 제럴드 버트리모비츠의 말이다. 한마디로, 거래자들은 손실을 피하기 위해 훨씬 더 큰 위험을 감수한다는 뜻이다. 하지만 손실제한주문을 해두면, 매번 고통스런 결정을 하지 않아도 된다. 손실제한주문 없이 거래하는 것보다는 적절하게 손실제한주문을 해둔 상태에서 거래를 하는 것이 더 큰 손해를 볼 확률을 줄일 수 있다. 손실제한주문을 알아서 하느냐 안 하느냐에서 프로와 아마추어의 경계가 발생한다. 주식시장에서 돈을 벌고 싶다면, 매 거래에 손실제한주문을 해두기 바란다.

가격이 상승하는 데 따라 손실제한주문 가격도 올려라. 나의 경우를 보자면, 늘 손실제한주문을 활용하는데 가격이 올라갈 때마다 손실제한주문 가격을 따라서 올린다. 이렇게 하고 나서부터 평균 손실이 감소했다. 추세가 바뀌면서 큰 액수의 이익이 손실로 바뀌는 일이 나한테는 더 이상 일어나지 않는다. 손실제한주문이 이익을 꽉 붙들어주는 것이다.

손실제한주문에 걸릴 것 같으면, 미리 주식을 처분하라. 주가가 떨어지고 있을 때 마음속 어딘가에서 "손실제한주문에 걸릴 것 같아" 하는 목소리가 들려오면, 기다리고 있지 말라. 즉시 조금이라도 높은 가격에 팔아버리는 것이 돈을 아끼는

역지정가주문(stop order)
주가 하락 시 현재가 아래의 어떤 가격을 지정하여 이에 도달하면 매도 체결이 되게 하거나, 주가가 오르고 있을 때 현재가보다 높은 어떤 가격에 도달하면 매수 체결이 되도록 하는 주문. 특히 전자의 경우를 손실제한주문(stop-loss order)이라 한다.

평균(average)
숫자들의 합을 숫자들의 개수로 나눈 값

방법이다. 바람과 소망은 주가의 방향을 바꾸지 못한다. 나도 그 마음은 잘 안다. 나도 한때 그랬으니까. 하지만 이제부터는 내 말대로 하기 바란다.

거래의 기본

거래를 오래 하면 거래 습관이란 게 생기기 쉽다. 어떤 습관은 좋지만, 어떤 습관은 나쁘다. 나쁜 거래 습관은 개미 같은 것이다. 벽 속의 구멍에서 개미가 슬금슬금 기어나오기 시작하면, 결국 심각한 문제가 발생한다. 그렇지 않은가? 하지만 무슨 일이 일어날지 미리 안다면 당신은 이를 충분히 막을 수 있을 것이다. 습관의 문제도 마찬가지다.

어디 한번 기본을 배워보자. 이 세상에 완벽한 거래기법이란 존재하지 않는다. 물론 차트 패턴을 포함해서 하는 말이다. 당신이 80%의 성취율을 기대하고 있는데, 거래에 의존하고 있는 기법의 성취율이 50%밖에 되지 못한다고 하자. 그렇다면 기대가 현실에 들어맞지 않으므로 당신은 실망하고 낙담할 수밖에 없다. 사실 많은 거래자들은 수익/손실 비율이 40%에서 60% 사이에서 머문다.

제이크가 내 옆구리를 찔렀다. "당신은 수익/손실 비율이 어떻게 되나요?"

"49%예요. 하지만 그건 전 기간에 걸친 거고, 최근에는 더 높아졌죠. 당신은요?"

"몰라요. 하지만 내 콜레스테롤 수치가 198이라는 건 알고 있죠." 그가 웃었다. 그의 뺨에 예외 없이 보조개가 생겨났다.

여기서 몇 가지 조언을 해보자.

기대를 현실에 맞춰라. 어떤 여자가 이메일로 나에게 현재 성공적인 사업체를 운영하고 있지만 증권 거래 쪽으로 방향을 틀고 싶다고 말한 적이 있다. 그녀는 몇 년 동안 주식시장에서 꽤 돈을 벌었고 그래서 이제는 전적으로 주식에 매달리고 싶다는 것이었다. 그녀는 주식시장에서 한 주에 2,000달러를, 그래서 한 해에 10만 달러의 수익을 낼 수 있기를 바랐다. 몇몇 주식 책의 제목들을 곧이곧대로 믿는다면 그것은 충분히 가능한 일처럼 보이지만, 실제로 그런 일이 당신에게 일어날 가능성은 낮다. 첫 해에 수익이 난다면, 그것만으로도 충분히 기뻐할 일이다.

성취율이 높은 거래기법을 선택하라. 성공적인 거래를 위해서는 두 가지가 필요하다. 성취율이 높은 거래기법과 그 거래기법에 따라 거래할 수 있는 능력이 그것이다. 거래기법이 그저 지시대로 사고파는 기계적인 방법인지 아니면 시장의 신호를 판단하여 거래해야 하는 주관적인 방법인지는 중요하지 않다. 성취율이 높은 거래기법을 선택하여 그대로 따르면, 당신은 돈을 벌 것이다.

거래기법에 따라 매매하라. 어떤 거래자가 자신의 거래기법을 사람들에게 판매한 적이 있다고 한다. 그는 자신의 거래기법으로 1년 동안 수익을 낸 다음 사람들이 여전히 그의 거래기법을 사용하고 있는지 조사해봤다. 그런데 그때까지 사용하고 있는 사람은 구매자 가운데 단 5%에 불과했다고 한다. 다음에 큰돈을 주고 거래기법을 구매하고자 할 때는 이 점에 대해 생각해보라.

비용을 낮춰라. 거래 손실이 수수료보다 더 중요하다고 생각하면, 문제가 생길 수 있다. 손실은 수수료처럼 사업비용일 뿐이다. 모직 스웨터를 산더미처럼 쌓아놓고 여름을 맞은 소매상인의 상황을 생각해보자. 그는 손실을 보더라도 재고를 처분해야 할 것이다. 문제는 다음번에는 이익을 낼 수 있느냐하는 것이다. 그는 이번의 손실을 시장을 연구하는 기회로 삼아 실수로부터 교훈을 얻어야 할 것이다.

연구하고, 실수에서 배워라. "주당 14.60달러를 주고 JLG 인더스트리의 주식을 1,000주 산 적이 있어요." 제이크가 말했다. "그런데 그 회사가 예상보다 나은 실적보고서를 발표하면서 주가가 하루 만에 15%나 올라 16.54달러에서 최고가를 기록했죠. 따져보면, 서류상이지만 나는 거의 2,000달러를 번셈이었어요."

"그래서 팔았나요?"

"네. 하지만 먼저 조사를 해봤죠." 그때 JLG 주식은 이 책의 8장(그림 8.5)에서 논할 '역 데드 캣 바운스inverted dead-cat bounce' 과정에 있었다. "그랬더니 주식의 46% 정도가 그렇게 큰 폭으로 상승하고 난 다음날 더 높은 고가를 기록하더군요. 그리고 그게 그 뒤 한 달 동안 최고가가 되더라고요. 그래서 미련 없이 팔았죠. 그런데 JLG 인더스트리 주식은 이틀 뒤에 더 높은 종가를 기록한 거예요. 그리고 몇 달 후에는 내가 번 것의 세 배까지 올랐어요. 정말 머피의 법칙 아니겠어요?" 그는 손바닥을 하늘로 향한 채 어깨를 으쓱했다.

"당신은 확률에 따라 거래한 거예요." 내가 말했다. "그렇게 행동하는 게 언제나 현명한 거죠. 게다가 돈도 벌었잖아요."

부정적인 생각을 고치는 법

눈을 감고 주위의 소리에 귀를 기울여보라. 나는 식탁 앞에 앉아 이 글을 쓰는 동안 냉장고 소리를 들을 수 있다. 여름의 열기를 쫓고 시원한 바람을 선사해주는 선풍기 소리도 들린다. 한쪽 구석에서는 괘종시계가 똑딱거리고 있다. 시계는 15분마다 종을 울린다. 창밖의 관목 숲에서는 홍관조가 높은 목소리로 노래하며 짝에게 자신이 아직 살아 있으며 그곳에 있다는 것을 알리고 있다. 밖에서 돌고 있는 풍차는 베어링에 문제가 있는 것 같다. 날개가 돌면서 괘종시계 소리에 못지않은 소음을 내고 있다.

긍정적인 면에 집중하라. 단순히 생각을 어디에 집중하느냐에 따라 어떤 소리를 듣다가 다른 소리를 들을 수 있다. 어떤 소리에 집중하면, 다른 소리는 줄어들고 그 소리만 커지게 된다. 우리가 하고 있는 생각들에 대해서도 똑같은 얘기를 할 수 있다. 지금 하려는 거래로 돈을 잃을 수 있다는 생각 대신 거래에서 수익이 나는 상황을 머릿속에 그려보라. 주가가 두 배가 되는 것을 보면 얼마나 기쁠지 생각해보라. 당신이 일어나기를 바라는 일에 생각을 집중해야 한다. 큰 수익을 낸다면 얼마나 기쁠지 그리고 그 기회를 놓치면 얼마나 끔찍할지 상상해보라.

참을성을 가져라. 긍정적인 사고는 신념을 강화시켜주고 시장 인식에 영향을 미칠 장애물을 제거해준다. 그렇게 되면 당신은 거래에 나서는 일을 더 이상 주저하지 않고 제때에 시장에 뛰어들 수 있을 것이다. 물론 하룻밤 새 부정적인 사고가 긍정적인 사고로 바뀌지는 않는다. 이런 변화가 일어나기 위해서는 적어도 3주가 소요된다. 3주는 당신의 무의식이 변화를 수용하는 데 필요한 시간이다.

우리 어머니는 아버지의 죽음에 잘 대처하지 못했다. 아버지가 죽고 나서 어머니는 자기 자신에 대한 확신을 잃었다. 나는 어머니에게 "나는 할 수 있어"라는 말을 하루에 몇 차례씩 되뇌시라고 말했다. 3주 뒤 어머니는 자신감을 되찾았고, 그 후로 활기찬 삶을 살아갈 수 있었다. 당신도 앞으로 일어나기를 바라는 상황을 머릿속에 그리고 거래를 할 때마다 긍정적으로 사고한다면 의식을 변화시킬 수 있다. 날마다 연습하라.

안심 영역

돈을 잃을까 봐 주문을 내기가 두려운가? 주가 상승 추세가 끝났을까 봐 불안한가? 그렇다면 그것은 당신이 지금 안심 영역comfort zone에서 벗어나 있다는 경고 신호다. 누구나 안심 영역 내에 머물고자 하고, 일일이 매매를 결정하지 않아도 알아서 수익이 생기기를 바란다. 성공한 거래자들은 안심 영역을 넓혀 언제든 편안한 마음으로 거래를 할 수 있어야 한다고 우리에게 충고하고 있다. 마음을 편히 갖는 법을 배우라. 수천 달러 버는 일을 수백 달러 버는 일만큼 쉽게 생각하고, 수백만 달러 버는 일을 수천 달러 버는 일만큼 편안하게 생각하라.

운전을 처음 했을 때를 생각해보라. 운전대를 꼭 붙잡고 안 그러면 큰일이라도 날 것처럼 15초마다 백미러를 봤던 게 기억나는가? 하지만 이제 당신은 라디오를 듣고 휴대폰으로 통화를 하면서 운전을 하고, 차가 차선을 잘 지키고 있는지 신경조차 쓰지 않는다. 운전이 손에 익은 것이다. 거래도 그런 식으로 해야 한다.

이익을 무시하라. 내 경험으로 보건대, 이익이 1,000달러 단위가 되면 벌어놓은 이익을 까먹을까 봐 노심초사하게 된다. 안심 영역에서 벗어나는 것이다. 그래서 이익이 커지게 놔두지 못하고, 고민하다 주식을 죄다 팔아버리고 만다.

나의 경우 이런 문제를 어떻게 해결했는지 말해주겠다. 실례를 들자면, 나는 주간 차트를 보고 램 리서치의 주식을 순환하는 어떤 주기의 바닥에서 샀다. 이 주기의 패턴은 한 번 마무리되는 데 수개월이 걸리곤 했다. 나는 주가가 천정을 치기를 기다리고 있었기 때문에, 하루하루의 움직임을 무시하고 중요한 추세 변화를 관찰하는 데 집중할 수 있었다. 상대적으로 긴 기간(주 단위로)을 보고 매매를 하는 것이 너무 일찍 팔아버리는 문제를 해결할 수 있는 한 가지 방법이 된다.

주가의 움직임에 신경 써라. 한 가지 더 조언하자면, 이익이 얼마나 큰가에 신경 쓰지 말고 주가의 움직임에만 신경 쓰라는 것이다. 2,000달러나 벌었다는 걸 모르면, 갑자기 주식을 팔고 싶은 마음이 들지는 않을 것이다. 나 같은 경우는 벌어놓은 이익을 잃지 않는 데 신경 쓰지 않고, 주가의 움직임에만 집중할 수 있다. 나는 이제 안심 영역 밖에서 안달하는 일은 하지 않는다.

큰돈을 버는 데 익숙해져라. 그렇지 않으면 거래를 태만히 하는 일이 생길 수도 있다. 거래자는 수익이 어떤 수준에 도달하면 거래를 방기하는 경향이 있다. 자신이 그렇게나 많은 돈을 벌 자격이 없다고 생각하기 때문이다. 부모가 돈을 벌기 위해 여러 직업을 전전하며 오랜 시간 열심히 일하는 걸 봐왔던 분들일 수도 있다. 그러면 열심히 일하지 않은 자기 자신이 그렇게 큰돈을 벌어서는 안 된다고 느끼게 된다. 누구에게나 자신의 수입에 맞게 만들어놓은 안심 영역이 존재하며 그 영역 바깥으로 나가면 불안을 느끼기 시작한다.

거래 계획에 따를 경우 수익이 늘어날 것을 뻔히 알면서도 계획대로 하지 못하거나, 거래 때마다 불안해하거나, 수익이 일정한 수준에 머물러 있으면, 자신에게 문제가 있는 것임을 깨달아야 한다.

다음으로, 주식 거래에서 원하는 상황들을 상상해보라. 수익을 걱정하지 않고 거래하는 자신의 모습과 기대했던 것보다 높은 수입으로 풍요롭게 생활하는 모습, 능숙하게 제때에 정확한 가격에 주식을 매매하는 모습들을 머릿속에 떠올려보라. 자신에게 어떤 문제가 있다 하더라도, 그 문제를 스트레스나 걱정 없이 극복한 자기 자신의 모습을 상상해보라.

할 생각인가 말 생각인가? 실제로 거래를 해서 돈을 벌라. 거래기법에 공을 들이느라 수개월을 허송하는 사람들에 대해 들어봤는가? 이런 사람들은 거래기법을 활용하여 거래를 하지는 않고, 그것을 조금씩 조금씩 고치는 일만 계속한다. 거래기법에 이것저것을 끼워넣는 데 재미를 붙여 정작 그런 일을 왜 하고 있는지는 까먹어버리는 것이다. 말할 것도 없이 우리는 실제 거래로 돈을 벌기 위해 그런 일을 하고 있는 것이다. 그런 사람들은 안심 영역 내에 안주하려고만 하며 거기서 뛰쳐나와 게임을 하기를 꺼린다.

어떤 사람들은 지나치게 일찍 시장에서 돈을 빼내면서 스스로를 성공적인 거래자로 생각한다. 그들은 공격적인 매매에 나서지 않고 언제나 그전에 그만둔다. 거래를 하지 않으면 돈을 잃지 않고 따라서 수익을 내고 있다는 생각을 그대로 보존할 수 있기 때문이다.

나는 주식 거래에 뛰어든 뒤 어느 때인가부터 차트 패턴을 거래기법 안에 포함시키기 시작했다. 그때부터 주가를 보면 패턴이 눈앞에 나타났다. 어떤 때는 패턴을 너무 늦게 발견해 매매를 할 수 없었지만, 어떤 때는 이탈breakout이 일어나기 전에 패턴을 미리 알아볼 수 있었다. 하지만 나는 거래에 나서지 않았다. 그저 패턴이 형성되고 주가가 치솟는 것을 지켜봤을 뿐이다.

이 문제를 바로잡기 위해 나는 두 가지를 했다. 첫째, 이탈이 일어나기 전에 차트 패턴을 미리 알아낼 수 있도록 나의 컴퓨터를 프로그래밍했다. 이렇게 해서 주가 움직임을 분석하고 거래 계획을 세울 수 있었다. 둘째, 매수 신호가 왔을 때 나 자신에게 주식을 사야 할지 묻지 않았다. 대신 주식을 사지 않을 이유가 뭔지 물었다. 그리하여 거래 횟수가 크게 늘어나면서 수익 또한 크게 늘었다.

매도 신호

제이크와 만난 지 얼마 안 되어 퀘스타 사의 주가가 대칭 삼각형을 하향 이탈했고, 거기서 장이 마감됐다. 그것은 매도 신호였다. 나는 다음날 300달러의 손실을 보고 주식을 처분했다. 그런데 매도 후 이틀이 지나자 반등을 시작했다. 주가는 대칭 삼각형의 최고점을 지나 한 주 만에 15%나 올랐고, 상승을 계속했다.

나는 제이크의 불운이 나에게까지 옮아온 게 아닌가 의심스러웠다. 그러고는 그 생각이 어이없어서 웃음을 터뜨렸다. 사실은 내가 완벽하게 실패한 거래를 했던 것이다. 주가가 뛰어오르기 전에 소폭 하락을 했을 뿐인데 내가 너무 일찍 판 걸까? 더 오래 갖고 있었으면, 물론 돈을 벌 수 있었을 것이다. 하지만 나는 경험을 통해 그게 요행이란 걸 안다. 주가가 하향 이탈하면, 즉시 주식을 내다 팔고 다시 돌아보지 말아야 한다. 시장에는 동물보호소에 있는 버려진 강아지처럼 당신의 주의를 끄는 또 다른 차트 패턴들이 항상 있기 때문이다.

내가 계속 주식을 보유하기로 했다면 어떻게 됐을까? 거래에서 이익을 보긴 했겠지만 매도 신호를 무시했기 때문에 아마 나쁜 습관이 생겨났을 것이다. 그리하여 매도 신호가 있을 때마다 고민하게 되고, 결국에는 거래 때마다 불안이 커지면서 손실이 커지게 됐을 것이다.

신호를 따라라. 거래 신호를 따르고 나쁜 습관에 물들지 말라. 실수를 하더라도 너무 마음 쓰지 말라. 그냥 다음번에는 더 잘할 것이라고 생각하라.

눈을 감고 똑같은 거래를 상상해보라. 그리고 이번에는 거기서 신호를 따라 거래하는 자신의 모습을 보기 바란다.

큰 손실은 작은 손실에서 시작된다. "나는 더 이상 견딜 수 없을 때까지 손실이 커지도록 놔두는 경향이 있어요." 제이크가 말했다. "그러니까 바닥을 치기 이틀 전에야 전부 팔아버리는 거죠."

손실제한주문을 활용하면 이런 문제를 해결할 수 있다. 작은 손실이 큰 손실이 되도록, 뿐만 아니라 수익이 손실로 바뀌도록 내버려두지 말라. 매매 때마다 손실제한주문을 해두라.

거래 계획을 짜고 계획대로 거래하라

거래로 손해를 본다면 무엇을 잘못했는지 궁금해질 것이다. 그러지 말고 거래를 얼마나 제대로 했는지 따져보라. 계획대로 했는가? 거래 계획을 세우기는 했는가? 너무 늦게 사거나 너무 일찍 판 것은 아닌가?

큰 그림을 그려보라. 매번 거래에서 손해를 보는 데다, 이런 상황이 고쳐지지 않는가? 그렇다면 다음과 같이 하라.

- 다시 수익을 내기 전까지 모의 거래를 해보라. 그런 다음 모의 거래 때 재미를 본 거래기법으로 실제 거래를 해보라.
- 어떤 하나의 거래에 집중하지 말고 일련의 거래에 신경 써라. 오늘 감수해야 하는 작은 손실은 한 달 전 당신이 벌어들인 수익에 비하면 조족지혈에 불과할 수 있다.
- 자신의 거래기법을 다시 한 번 잘 살펴보고 더 나은 결과를 얻을 수 없는지 생각해보라. 시장은 시간에 따라 변한다. 기계적인 것이든 주관적인 것이든 거래기법을 이런 변화에 맞출 필요가 있다.

무엇이 수익을 가로막는가

거래 장벽은 수많은 형태로 등장한다. 나도 그 가운데 하나를 직접 경험했다. 언젠가 신문에서 증권회사들이 예상보다 괜찮은 실적보고서를 발표했다고 전했을 때였다. 내 중개인도 이를 언급했는데, 뉴스가 알려지자 주가가 껑충 뛰었다. 회사에서 내놓은 2004년 전망도 온통 장밋빛이었다. 그래서 주가가 약간 반락했을 때, 나는 그 회사의 주식을 매입했다. 주가는 오르락내리락했다. 나는 주가가 깃발형을 형성하며 치솟을 것이라 확신하여 포지션을 두 배로 늘렸다.

하지만 시장 전체가 하락 추세를 형성하면서 내가 산 주식의 상승 동력을 빼앗아갔다. 나는 주가 상승을 너무 믿고 있었기 때문에 13%나 손실을 봤다. 평소의 두 배에 해당하는 손실이었다. 그래서 좋은 소식이 있을 때라도 시장이 내가 틀렸다는 것을 말할 경우, 나는 주식을 팔아치운다. 나는 이제 내 계획을 충실히 따른다.

시나리오 트레이딩을 피하라. 시나리오 트레이딩은 어떤 생각이나 소문, 이야기에 따라 주식을 매매하는 것을 말한다. 경고 신호는 이야기를 믿고 싶어 하는 열정 아래 파묻힌다. 사람들은 세이렌의 노랫소리에 현혹되듯 뻔히 실패로 끝날 거래에 뛰어든다. 그들은 TV에서 혹은 경제신문이나 인터넷에서 영업보고서를 본다. 새로운 추세가 시작되고 있다고 당신을 믿게 만드는 시나리오는 사방에 널려 있다. 하지만 믿지 말길. 추세는 아직 바뀌지 않았다.

"예전에 금광주를 산 적이 있어요." 제이크가 말했다. "그래서 금값에 대해서 공부를 좀 했죠. 수많은 전문가를 인용한 어떤 칼럼니스트의 글을 봤는데 금값이 바닥을 쳤다는 거예요. 하지만 한 달이 가고 두 달이 가도 금값은 계속 떨어졌어요. 추세가 반전하는 데 2년이 걸리더군요. 하지만 그때는 이미…. 아시겠죠?" 그는 자리에서 일어나 내게 빈 주머니를 보여줬다. "그해에는 개인 퇴직금 적립 계정에 돈을 넣지 못했어요. 그나마 남은 돈은 건강보험을 지불해야 했기 때문이죠." 그는 주먹을 쥐고 있었다. 주먹을 너무 꽉 쥐었던 탓에 손가락 관절들이 하얘졌다. "보험회사들이 정말 싫어요."

전해 듣는 소문이나 정보는 무시하라. 채팅방에서 소문이나 정보를 듣고 주식을 사는 것은 거래자들이 저지르는 또 다른 실수다. 채팅방에서 좀 알려져 있는 누군가가 전망이 밝다며 어떤 주식을 사라고 한다. 그 주식은 1달러도 안 되는 가격에 팔리고 있지만, 단번에 5달러로 뛰어오른다. 그렇다. 그의 말이 맞는 것 같다. 하지만 그가 말하지 않은 사실이 있는데, 그것은 적당한 때가 되면 주가가 폭락하기 전에 그가 자신의 주식을 당신에게 팔아넘길 것이라는 사실이다. 채팅방의 이야기는 귀담아 듣지 말라. 스스로 판단하고 결정하라. 그리고 실수를 했다 싶으면, 그 즉시 팔아치워라.

가격 목표를 정하라. 수익 목표 또는 손실 목표가 없으면 성공적인 거래자가 되기 힘들다. 그것이 없으면 시장에서 언제 빠져나와야 할지 어떻게 알겠는가? 때때로 수익 목표를 정한다는 것은 천정을 예측한다는 것을 뜻하기도 한다. 손실 목표는 당신의 판단이 틀리기 때문에 자동으로 시장에서 빠져나올 수 있도록 손실제한주문을 해두는 지점이 된다. 수익 목표를 정해두지 않았다면, 추세가 변해 시장에서 나오기 전까지 주가 상승에 따라 손실제한주문의 가격을 올려줘야 한다.

무엇이 중요한지 결정하라. 정신적 만족인가 아니면 돈인가? 어떤 사람에게는 주식시장에서 돈을 버는 것보다 정신적인 만족을 느끼는 게 더 중요한 일일 수 있다. 주위를 보면, 서류상으로 얼마나 손해를 보든 상관없이, 가격이 떨어지든 말든 끝까지 주식을 갖고 있다가 다시 수익이 날 때가 되어서야 파는 사람들을 볼 수 있다. 그들은 주식 거래로 손해를 본 적이 없다거나 성취율이 90%라고 자랑을 할 수는 있을 것이다. 하지만 매도를 두려워해서는 안 된다. 손실은 사업비용일 뿐이다.

감정적인 매매를 삼가라. "또 다른 문제는 내 성격이 지나치게 낙관적이라는 거예요." 제이크가 말했다. "나는 불이 붙으면 무엇이든 막 사들이죠. 그러면 결국 누군가 돌돌 만 신문을 들고 와서 나에게 한방 먹여요. 나는 벌어들인 걸 모두 잃고 손해를 보는 거죠. 그래도 정부에 낼 게 적어진다는 데는 만족해요."

감정적으로 동요하고 있을 때(너무 신이 나 있거나 너무 화가 나 있을 때)는 매매를 하지 말라. 어떤 때는 베팅을 배로 늘려 단번에 손실을 만회하고 싶은 마음이 들 수 있다. 이런 때 주의를 해야 한다. 화가 나 있을 경우에는 거래를 그만둬야 한다. 오랫동안 수익을 내지 못했기 때문에 이번에는 한판 크게 터질 것 같은 느낌이 들 때도 있다. 그래서 있는 돈, 없는 돈을 모두 털어서 대량으로 주식을 매수하기도 한다. 혼자서라도 주가를 끌어올리겠다는 심산인데, 나 또한 이런 식으로 주가를 끌어올리려고 시도한 적이 있다. 하지만 이런 일은 효과가 별로 없다. 시장에는 다른 계획들이 있기 때문이다.

나는 제이크를 돌아봤다. 그는 의자에 앉아 안절부절못하고 있었다. 내가 무엇을 요구할지 알고 있기 때문이다.

Chapter **03**

추세선에 관한 진실

03 주식 거래는 낚시와 매우 흡사하다. 차트 패턴이 나타나기를 끈기 있게 기다리다가 드디어 나타나면 희열을 느끼며 쫓아가는 것이다. 운이 좋다면, 성공의 달콤함으로 실패의 쓰라림을 극복할 수 있다. 당신은 이 둘을 모두 느끼게 될 테지만, 어쨌든 추세선이 도움이 될 것이다.

추세선에 관한
진실

"당신이 가져오라고 한 재무상태 설명서예요." 제이크가 말하며 서류를 건넸다. 들고 있는 그의 손이 떨렸다. 손등에는 파란 핏줄이 튀어나와 있었다. 나는 서류를 받아 쥐었다. 그런데 그가 서류를 손에서 놓지 않으려 했다. 손가락에 접착제라도 발라놓은 모양이다. 나는 그의 손을 비틀어 겨우 서류를 빼낸 다음 훑어봤다.

"예산을 짠다고 해서 파산을 막을 수는 없는 법이죠." 그가 의자에서 몸을 구부리며 말했다. "이렇게 계속 돈을 잃으면 안 되는데….."

"내가 도와드릴게요. 그런데 첫 날 어디로 들어왔던 거예요?" 나는 웃으며 농담을 건넸지만, 그는 웃지 않았다. "미안해요. 어쨌든 당신이 다음 거래를 하기 전에 내가 좀 봅시다."

주식 거래는 낚시와 매우 흡사하다. 차트 패턴이 나타나기를 끈기 있게 기다리다가 드디어 나타나면 희열을 느끼며 쫓아가는 것이다. 운이 좋다면, 성공의 달콤함으로 실패의 쓰라림을 극복할 수 있다. 당신은 이 둘을 모두 느끼게 될 테지만, 어쨌든 추세선이 도움이 될 것이다.

추세선의 역할에 관한 예

제이크의 손가락이 자판 위를 떠돌고 있을 때 내가 슬며시 뒤에서 머리를 내밀고 물어봤다. "그걸 거래할 건가요?"

그는 깜짝 놀란 듯 "꺅!" 소리를 지르며 의자 위에서 펄쩍 솟구쳤다. 나는 거의 그가 심장마비로 쓰러지는 줄 알았다. 한 차례 가슴을 쓸어내린 그는 깊게 숨을 들이쉰 다음 화면을 가리켰다. "그래요. 이 녀석을 살 거라고요."

"돈을 잃는 걸 좋아하나 봐요?" 나는 최대한 클린트 이스트우드를 흉내 내며 말했다.

그가 의자에서 몸을 돌려 나를 쳐다봤다.

"그건 기껏해야 7포인트짜리잖아요. 어쩌면 2포인트 정도밖에 안 될지도 모르고."

제이크가 눈살을 찌푸리며 화면으로 다시 고개를 돌렸다. 그걸 어떻게 아느냐는 표정이었다. 그림 3.1이 제이크가 보고 있는 차트다. 하락 쐐기형을 위아래에서 둘러싸고 있는 두 직선은 하향하고 있으며, 나중에 꼭짓점에서 서로 만나게 된다. 거래량도 많은 차트 패턴의 경우처럼 감소세에 있다. 이 탈일break day-패턴의 고점보다 높은 가격대에 종가가 형성된 날-의 거래량을 보면 조금 늘었지만, 대단한 것은 못 된다. 그런데 종가가 패턴의 상단 추세선 근처까지 내려와 있다. 상향 이탈은 이 하락 쐐기형이 유효한 패턴임을 확인confirm시켜주면서 매수 신호를 보내고 있지만 그렇지 않을 수도 있다는 말이다.

제이크가 등을 돌려 나에게 말했다. "나는 그렇게 생각하지 않아요."

암젠 (생명 공학, 나스닥, AMGN)

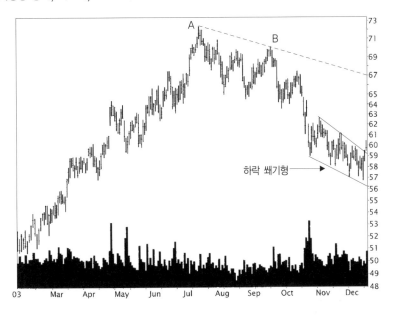

그림 3.1 하락 쐐기형에서 상향 이탈이 일어나면 매수 기회다. 주가는 A와 B의 고점을 이어 연장한 추세선에 도달하면 멈출 것이다.

"하락 쐐기형에서는 이렇게 이탈이 일어났을 때 적어도 70% 정도는 주가가 쐐기형의 최고점에 도달하죠. 상승이 거기서 멈추면 겨우 2포인트 오른 거예요. 하지만 대개 주가는 더 올라서 이 두 개의 천정을 이어 연장한 하향 추세선까지 도달하는 경우가 더 많아요." 나는 화면상의 A와 B 지점을 가리켰다. "하지만 주가가 추세선과 만난 뒤에는 가스가 다 떨어진 열기구처럼 정신없이 하락할 가능성이 높죠." 나는 화면 위로 상체를 기울였다. "정말로 딱 들어맞으면, 10% 수익을 낼 수 있을 거예요. 하지만 머피의 법칙이 작용한다면…." 나는 어깨를 으쓱해 보였다.

심술이 난 제이크는 어쨌든 주문을 넣었다. 2004년 2월 초에 주가는

66.88의 고가를 기록했다. 하향 추세선보다 1포인트 높은 수준이었다. 하지만 그 뒤 주가는 반락하여 대략 52달러까지 떨어졌다.

제이크가 내 어깨 너머로 원고를 훔쳐봤다. "당신 얘기를 들었어야 했는데."

나는 고개를 돌려 그를 봤다. "그래서 얼마나 잃었나요?"

"3년간 식료품 살 돈 아니면 한 달치 건강보험료 정도 될 거예요. 고혈을 빨아먹는 괘씸한 놈들…." 그가 이를 꽉 깨물었다. 그의 목소리는 꼭 방울뱀이 내는 소리 같았다. "당신이 추세선에 대해 알고 있는 모든 것을 나한테 가르쳐줘요."

추세선: 외부 추세선, 내부 추세선, 추세 곡선

가격 차트를 보면, 거의 모든 차트에서 가격이 지그재그로 움직이는 것을 볼 수 있다. 하지만 그럼에도 불구하고 가격은 가상의 경로를 따라간다. 이런 가상의 경로를 '추세'라 한다. 추세를 따라 고점들 또는 저점들을 잇는 선을 그리면, 그것이 추세선이다. 추세선은 그림 3.1에서처럼 차트 패턴을 나타내주거나(하락 쐐기형), 가격 추세(A와 B를 이어 연장한 선)를 보여줄 수 있다. 가격이 추세선을 벗어나면 매수 기회나 매도 기회를 나타낸다. 추세선에는 외부 추세선, 내부 추세선, 추세 곡선의 3가지 형태가 있다. 거래자들은 통상 이 3가지 형태의 추세선을 모두 단순하게 추세선이라고 부른다. 내부 추세선을 활용하느냐 외부 추세선을 활용하느냐는 개인적 취향의 문제다.

외부 추세선

외부 추세선은 여러 개의 고점이나 저점을 이은 직선을 말한다. 그림 3.2에서 외부 추세선을 볼 수 있을 것이다. 상향 추세선은 상승 추세의 주가 움직임에서 저점들을 연결한 직선이다. 이때 가격이 추세선을 침범(하향 이탈)하면 추세가 상승세에서 하락세로 바뀔 수 있다는 신호가 된다. 주식시장에서는 언

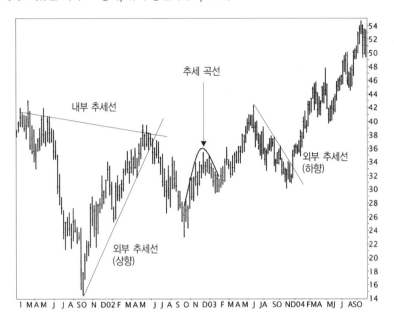

BJ 서비스 (유전 서비스·장비, 뉴욕 증권거래소, BJS)

그림 3.2 주간 차트에서 3가지 형태의 추세선을 볼 수 있다. 외부 추세선, 내부 추세선, 추세 곡선이다. 추세 곡선은 상승 반전 가리비형 차트 패턴을 보여준다.

제 추세가 바뀌는지 알면 큰돈을 벌 수 있다. 주가는 상승하면서 지그재그 형태를 띠지만, 그래도 직선의 추세선을 따르고 있다는 점을 눈여겨보라.

2003년 중반에 시작된 외부 추세선은 하향 추세선으로 고점들을 연결하고 있다. 하향 추세선을 그려보면 추세가 언제 하락세에서 상승세로 변할지 예측할 수 있다. 그림 3.2에서 볼 수 있는 2개의 외부 추세선은 주가 움직임을 침범하지 않고 고점이나 저점을 연결하고 있다는 사실에 주목하라. 내부 추세선은, 금방 설명하겠지만, 주가 움직임을 침범한다는 점에서 외부 추세선과 다르다.

내부 추세선

내부 추세선은 고점이나 저점의 평평한 부분을 연결하는 직선이다. 종종 주가 움직임을 침범한다. 고점을 산이라 하면, 내부 추세선은 산의 지면을 지나고, 외부 추세선은 산에 난 제일 큰 나무의 꼭대기를 스쳐 지나간다고 하겠다. 그림 3.2에서 내부 추세선의 한 예를 볼 수 있다. 내부 추세선의 경우, 직선이 주가 움직임을 스쳐 지나가는 게 아니라 자르고 들어가는 것에 유의하라.

"뭣 때문에 이런 걸 이용하는 거죠?" 제이크가 코끝에 걸려 있던 돋보기안경을 위로 올리며 물었다.

어떤 기술적 분석가는 내부 추세선이 대중의 매매 행태를 더 잘 반영하고 있다고 주장한다. 반대로 외부 추세선은 소수의 거래자들, 즉 극단적인 가격에서 매매하는 거래자들의 행태를 나타낸다는 것이다.

대부분의 차티스트는 보통 차트 패턴을 그릴 때 외부 추세선을 이용한다. 나 역시 외부 추세선을 선호하는 편이다. 하지만 때때로 비정상적으로 긴 추세나 일부 주가 움직임이 예외적인 차트 패턴을 그릴 때는 내부 추세선을 이용하기도 한다.

추세 곡선

그림 3.2에서처럼 가격 추세는 이따금 직선이 아닌 곡선 형태를 띤다. 주가 패턴을 나타내기 위해 고점이나 저점을 따라 추세 곡선을 그리기도 한다. 그림 3.2의 추세 곡선은 '상승 반전 가리비형'이라는 차트 패턴을 보여준다.

때때로 거래자들은 어떤 주식에 미쳐서 그 주식의 주가를 빠른 속도로 끌어올린다(혹은 끌어내린다. 이하는 모두 반대로). 주가 추세는 빠르게 상승하다가(30~45도 기울기로) 포물선 형태로 구부러지기 시작한다. 이런 주가 상승은 한편으론 신나지만 한편으로 겁난다. 주가가 기대보다 높아져서 좋기는 하지만 언젠가는 상승이 멈추리라는 걸 알기 때문이다. 그 뒤 모든 사람들이 앞다투어 빠져나가려 하면 주가는 폭락할 수밖에 없다. 주가가 곡선을 그리며 상승하는 추세선 밑으로 종가를 기록하면, 매도 신호로 본다. 이 매도 신호에 따를 경우, 당신은 남들보다 먼저 출구로 빠져나올 수 있을 것이다. 포물선 형태나 가파른 모양의 추세선에서 하향 이탈이 일어나면, 주가는 대개 급락한다.

추세선의 접점 간격

나는 『고전적인 차트 패턴을 거래하는 법Trading Classic Chart Patterns』(Wiley, 2002)을 쓰면서 추세선에 관해 심도 깊은 연구를 하여 다른 사람들이 단순히 짐작하고만 있던 것들을 사실로 입증했다. 나는 접점 간격이 다양한 200여 개의 추세선을 조사하여, 간격이 넓은 추세선에서 이탈이 일어났을 때 더 큰 폭의 주가 움직임이 뒤따른다는 사실을 발견했다.

그림 3.3에서 추세선 AC는 접점이 4개이며, 5개월의 기간에 걸쳐 있다. 평균적으로 보자면, 접점은 1개월 간격으로 분포되어 있다고 하겠다. 추세선 AB는 접점이 5개이며, 그중 4개는 서로 하루의 간격밖에 두지 않고 있다. 따라서 이 추세선은 접점 간격이 좁다고 하겠다.

내가 발견한 사실은, 하향 추세선에서 평균 접점 간격이 중앙값인 29일 미만이면 상향 이탈 후 가격 상승폭은 평균 36%라는 것이다. 평균 접점 간격이 29일 이상이면 그 값은 평균 41%다. 상향 추세선에도 똑같은 법칙이 적용된다. 상향 추세선에서는 접점 간격의 중앙값이 28일이다. 접점 간격이 그보다 작은 추세선의 경우 하락폭은 평균 14%인 반면 추세선의 접점 간격이 28일보다 큰 경우는 하락폭이 평균 19%다. 이런 분석 결과는 수수료나 비용을 포함하지 않은 순수한 거래에 해당하는 것이므로, 실제 거래 시는 약간 달라진다.

한 달에 걸쳐 접점이 4개 있는 추세선과 넉 달에 접점이 4개 있는 추세선이 있다고 하자. 만약 이 둘 중에서 하나를 거래 기준으로 삼아야 한다면, 당신은 접점 간격이 넓은 추세선을 골라야 할 것이다. 접점 간격이 넓은 추세선이

알버말 (화학, 뉴욕 증권거래소, ALB)

그림 3.3 접점 간격이 넓은 추세선은 접점 간격이 좁은 추세선보다 신뢰도가 높다.

훨씬 더 신뢰할 만하기 때문이다. 즉 가격이 추세선을 벗어났다가 되돌아오는 가짜 이탈false breakout이 일어날 가능성이 적은 것이다.

"내가 잘 이해하고 있는지 좀 봅시다." 제이크가 끼어들었다. "추세선 AB(그림 3.1)는 접점의 간격이 넓으니까 거의 콘크리트 벽처럼 생각해야겠군요."

"맞아요. 주가가 거기서 튕겨져 나와 다시 떨어지게 되는 거죠. 그런데 제이크, 서두르지 말아요. 아직 배울 건 많아요."

추세선의 접점 수

나는 또한 주가가 추세선과 만나는 횟수를 조사했다. 경험 많은 거래자들은 주가가 추세선과 만나는 횟수가 많을수록 이탈이 더 큰 의미를 갖는다고 말한다. 나는 이 말이 사실임을 실제로 확인했다.

예컨대 접점이 3개인 하향 추세선 85개를 조사한 결과, 상향 이탈 뒤에 주가 상승폭은 평균 33%였다. 반면 접점이 5개인 하향 추세선 40개는 평균 57%의 상승폭을 보였다. 이 결과를 체크하기 위해 나는 85개의 추세선을 4개 이하와 5개 이상으로 분류해 조사했다. 그랬더니 4개 이하의 접점을 갖는 추세선은 상향 이탈 후 평균 상승폭이 35%였고, 접점이 5개 이상인 추세선은 평균 상승폭이 48%였다. 이는 접점이 많은 하향 추세선일수록 이탈 후 주가 움직임이 더 크다는 사실을 다시 한 번 확인해주는 결과였다.

상향 추세선에 대해서도 똑같은 조사를 벌였는데 비슷한 결과가 나왔다. 단, 주가 움직임의 폭은 보다 적었다.

추세선의 길이

길이는 추세선의 중요한 면 중 하나다. 긴 추세선은 짧은 추세선과 비교하여 이탈 뒤에 더 큰 주가 움직임을 보일까? 물론이다. 위에서 내가 이용한 하향 추세선들은 길이의 중

단기 3개월 이하의 기간
중기 3~6개월의 기간
장기 6개월 이상의 기간

앙값이 139일이었다. 중앙값의 길이보다 짧은 추세선은 이탈 뒤 평균 33%의 가격 상승폭을 보였다. 그보다 긴 추세선의 경우는 평균 43%였다.

추가적인 확인을 위해 또 다른 방법을 이용했다. 길이에 따라 위 추세선을 세 범주, 즉 단기(3개월 내), 중기(3~6개월), 장기(6개월 이상)로 나눴다. 단기 추세선은 이탈 후 평균 34% 상승했다. 중기와 장기 추세선은 이탈 후 평균 주가 상승폭이 각각 35%와 46%였다. 상향 추세선에 대해서도 비슷한 결과를

발견했다.

추세선은 다이빙대 같은 것이다. 짧은 다이빙대보다 긴 다이빙대에서 더 높이 뛰어오를 수 있는 것이 당연하지 않겠는가.

추세선의 기울기

추세선에서 고려해야 할 또 다른 중요한 사항은 추세선과 수평선이 이루는 각도다. 추세선이 가파르면 이탈 후 반전 시 주가 움직임이 크지 않다. 나는 수평선과의 각도를 측정한 뒤 이에 따라 추세선을 분류했다. 상향 추세선이나 하향 추세선이나 기울기가 가파를수록 이탈 후 반전 시 가격이 움직이는 폭은 줄어든다(예컨대 상향 추세선의 경우, 추세선 이탈은 종가가 추세선 아래에서 형성되는 것을 의미한다. 하향 추세선의 경우는 종가가 추세선 위에서 형성되는 것을 말한다).

"이게 무슨 쓸모가 있단 말이죠?" 제이크가 물었다.

"경사가 30~45도인 추세선을 찾아보세요. 이런 각도의 추세선은 오랫동안 갈 수 있죠. 하지만 추세선 각도가 예를 들어 60도 이상이라면 손실제한주문을 바짝 붙이는 게 좋아요." 말하자면 손실제한주문을 조정해서 언제나 현재가에 가깝게 두라는 뜻이다. 주가는 계속 치솟을 수 있다. 하지만 추세가 변하면 폭락할지 모른다. 손실제한주문을 가까이 붙여놓으면, 폭락 사태가 오더라도 시장에 뱉어내야 할 돈을 제한할 수 있다.

제이크는 깍지를 낀 채 양손의 엄지손가락을 서로 빙빙 돌리며 원을 만들었다. "이제 끝난 거죠?"

"자동차 경주처럼 흥미진진하지 않아요?"

그는 눈을 반짝이며 뭔가를 얘기하려는 듯 입을 벌렸다.

"아니요. 아직 안 끝났어요." 그가 다시 자기 얘기를 꺼내기 전에 내가 말했다. "우리는 추세선에 관해서 아직 반도 배우지 않았어요. 추세선은 정말 중요한 거예요. 제이크, 건강보험료를 지불할 만큼 많은 돈을 벌고 싶지 않아요?"

그 말을 듣자 제이크는 모범생이 됐다.

추세선과 이탈 거래량

거래량이 추세선 이탈 후 주가 움직임에 영향을 미칠까? 물
론이다. 우선 추세선의 거래량에 대해 알아보자. 나는 거래량
과 추세선을 연구하여 거래량이 증가세에 있던 상향 추세선

> **이탈 거래량
> (breakout volume)**
> 이탈일의 거래량을 말한다.

은 하향 이탈 후 주가 하락폭이 평균 19%임을 알아냈다. 반면 거래량이 감소
추세에 있던 상향 추세선은 하향 이탈 후 주가 하락폭이 평균 14%에 그쳤다.

또, 거래량이 증가세에 있던 하향 추세선은 상향 이탈 후 주가 상승폭이 평
균 30%를 기록했다. 거래량이 감소세에 있던 하향 추세선은 상향 이탈 후 주
가 상승폭이 평균 45%였다. 아래에 내가 발견한 사실을 요약해봤다.

- 거래량이 증가하고 있을 때 상향 추세선에서 하향 이탈이 일어날 경우 주
  가 하락폭이 클 것으로 예상된다.
- 거래량이 감소하고 있을 때 하향 추세선에서 상향 이탈이 일어날 경우 주
  가 상승폭이 클 것으로 예상된다.

이제 이탈일의 거래량에 대해 알아보자. 나는 주가가 추세선을 이탈한 날
의 거래량과 3개월 동안의 평균 거래량을 비교하여 아래와 같은 사실을 발견
했다.

- 상향 추세선에서 이탈 거래량이 평균 거래량을 초과하는 경우 하락폭이 더
  크다(19% 대 16%).
- 하향 추세선에서 이탈 거래량이 평균 거래량 이하인 경우 상승폭이 더 크
  다(39% 대 36%).

보다시피 차이는 대단치 않다. 따라서 거래량에 따라 주가 움직임의 폭을 예측하는 것은 위험하다. 어떠어떠한 때에 주가가 정확히 39% 오르리라고 생각하는 것은 금물이다. 이미 언급했듯이, 이 장의 통계수치는 단순히 비교를 목적으로 하고 있다. 200여 개 추세선의 결과치이지만 순수한 거래를 가정하고 있기 때문이다. 이들은 저마다 이탈 후 최고점이나 최저점에 도달했을 때의 수치를 나타낸 것이다.

추세선으로 가격 목표점을 계산하는 법

가격 목표점 계산법
패턴마다 다르지만 보통 이탈 가격에 패턴의 높이를 더하거나(상향 이탈 시) 이탈 가격에서 패턴의 높이를 뺀다(하향 이탈 시). 이것이 통상의 가격 목표점 산출 방식이지만 종종 예상에 못 미친다. 그래서 패턴의 전체 높이 대신 패턴 높이의 반값을 활용하기도 한다.

종가가 상향 추세선 밑에서 형성될 경우 주가는 얼마나 떨어질까? 가격 목표점 계산법으로 이 문제에 답해보자. 그림 3.4는 상향 추세선을 보여주고 있다. 가격 목표점 계산법을 이용하면 주가가 하향 이탈 후 얼마나 떨어질지 예측할 수 있다. 가격 목표점 계산법을 활용하려면, 우선 종가가 추세선 아래에서 형성되는 이탈 시점(D)을 찾아야 한다. 그런 다음 추세선이 마지막으로 가격과 접점을 형성한 이후 가격과 추세선의 폭이 가장 큰 곳은 어디인지 찾아라. 추세선과 가격의 마지막 접점은 C다. C와 D 사이에서 가격과 추세선이 가장 큰 차이를 보이는 곳은 A다. A에서 수직으로 추세선에 닿게 선을 그어 B라고 하자. 오른쪽 축의 숫자로 A에서 B의 간격을 재면 20.75포인트가 된다. 이 값을 이탈 가격(가격이 추세선을 뚫고 나가는 지점 D, 33)에서 빼면, 가격 목표점이 나온다. 이렇게 해서 목표 가격 12.25포인트를 구할 수 있다. 이 주식은 (그림에서는 보이지 않지만) 2001년 9월에 목표 가격에 도달했다.

"예상 가격이 음수로 나오면 어떡하죠?" 제이크가 물었다.

나는 적어도 그가 듣고는 있구나 하는 생각이 들었다. "그럴 때는 회사가 망하거나 아니면 곧 추세가 바뀔 거예요. 후자가 될 가능성이 높지요."

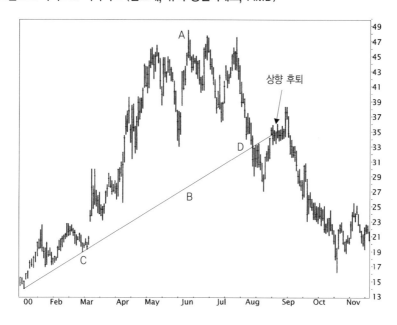

어드밴스트 마이크로 디바이스 (반도체, 뉴욕 증권거래소, AMD)

그림 3.4 추세선에서 천정까지의 거리(A에서 B까지)를 계산한 다음 이탈 지점(D)에서 그 값만큼을 빼서 이탈 후 가격 목표점을 구할 수 있다. 이것이 추세선에서 가격 목표점을 계산하는 법이다. 이 런 방법은 상향 추세선에서는 63%, 하향 추세선에서는 80%까지 들어맞는다.

하지만 내 분석에 따르면 이 방법이 들어맞을 확률은 63%밖에 되지 않는다. 이 방법은 똑같이 하향 추세선에도 적용할 수 있다. 이탈 지점을 찾은 다음, 그전에 마지막으로 추세선과 가격이 만난 지점에서 이탈 지점까지 가격과 추세선의 간격이 가장 큰 지점을 찾는다. 그래서 그 길이를 잰 다음 이탈 가격에 더하면 목표 가격이 나온다. 하향 추세선의 경우 이 방법은 80% 정도 들어맞는다. 따라서 목표 가격을 예상할 때는 일단 보수적으로 주가가 목표 가격에 못 미칠 것으로 예상하는 게 좋다.

추세선 그리기

지금까지 추세선의 특징에 대해 알아봤다. 이제 배울 건 뭐가 남았을까? 바로 추세선을 그리는 방법이다. 어떤 분석가들은 추세선을 그리는 일이 단순히 몇 개의 고점이나 저점을 연결하는 일처럼 간단한 게 아니라고 주장한다. 하지만 추세 변화를 찾고 있는 게 아니라면 추세선을 그리는 일은 별로 어려울 게 없다. 추세 변화에 대해서는 곧 얘기할 것이다.

　고점들이 솟아 있는 게 보이면 이들을 연결하는 직선을 그어보라. 저점을 연결하는 직선도 그어보라. 때때로 이 2개를 함께 그려 추세대를 만들 수도 있다. 추세대는 2개의 추세선에 의해 형성된 영역으로 주가가 이 안에서 움직이게 된다. 추세대를 가격이 흘러가는 도랑으로 생각해보라. 가격이 추세대의 하단에 닿으면 주식을 사고, 추세대의 상단에서 반전의 기미를 보이면 주식을 팔아야 한다. 주가가 추세대의 상단(하단)에 도달하는 데 실패하면, 약세(강세)의 신호일 수 있다. 따라서 이때는 매도(매수) 시기다. 주가가 추세대의 하단(상단)에 도달하면 하향(상향) 이탈이 일어나 추세선이 뚫릴 가능성이 커진다(늘 그런 것은 아니지만).

　"제이크, 지금까지 우리가 뭘 배웠죠?"

　"땅콩 두 개가 길을 가고 있는 걸 배웠죠. 하나가 공격을 당하고. 알아듣겠어요? 공작당했다고 해야 하나? 미안해요. 계속하세요."

1-2-3 추세 변화 확인기법

정의상 주가가 상향 추세선 아래에서 형성됐을 때 주가는 더 이상 상승세라 할 수 없다. 하향 추세선의 경우에도 똑같은 얘기를 할 수 있다. 종가가 하향 추세선 위로 형성되면 주가는 더 이상 하락세가 아니라는 뜻이다. 하지만 그렇다고 그것이 추세 변화를 의미하는 것은 아니다.

"뭔가, 상당히 복잡하군요." 제이크가 말했다.

주가는 보통 계단처럼 지그재그 형태로 움직인다. 상향 중이라면 주가는 추세선을 이탈했다가 반등한 뒤 상승을 이어가곤 한다. '1-2-3 추세 변화 확인기법'은 추세 변화를 추측하는 한 가지 방법이다. 아래는 상향 추세선에서 추세 변화를 확인하는 단계적 방법에 관한 설명이다.

추세 변화

주가가 상승세에서 하락세나 보합세로 바뀌거나 보합세에서 상승세나 하락세로, 하락세에서 상승세나 보합세로 바뀌는 것을 말한다.

1. 차트를 보면서 최고점에서 최저점까지 그 안의 고점들을 이어 선을 긋는다. 하지만 이때 선이 가격 움직임을 침범하지 않도록 해야 한다. 그림 3.5의 예를 보자. 나는 우선 최저점에서 최고점을 연결하는 점선 AB를 그렸다. 하지만 선이 가격 움직임을 뚫고 지나가고 있다. 그래서 이를 B에서 오른쪽으로 움직여 선이 가격 움직임을 침범하지 않고 저점을 지나도록 했다. 그러면 AC1이라는 선이 만들어진다. 1은 이탈이 발생한 지점이다. 이 예는 정말 추세선에 대해 많은 것을 가르쳐주고 있다고 하겠다.

2. 추세선을 이탈한 뒤 주가는 다시 고점을 시험하려 든다. 즉 주가가 최고점의 가격 수준으로 돌아가기 위해 애쓴다는 것이다. 2에서 이런 상승 시도를 확인할 수 있을 것이다. 하지만 주가는 많이 오르지 못했다.

3. 결국 주가는 1(이탈 가격)과 2(고점을 시험할 때의 가격) 사이에 있는 저점보다 아래에서 종가를 형성하게 됐다. 이 저점에서 수평선을 그어 3이라고 표시해놓았다.

위 세 조건에 모두 해당된다면 추세는 상승세에서 하락세로 바뀐 것이다.

이 1-2-3 추세 변화 확인기법은 상향 추세선에서 얼마나 잘 들어맞는가? 나는 주가가 하향 이탈 후 20% 이상 하락하면 이를 추세 변화로 정의한다. 1-2-3기법을 시험하여 위의 3가지 조건을 만족시키는 것으로 나타난 67개의 추세선은 하향 이탈 후 주가 하락폭이 평균 21%였다. 반면 1-2-3기법에 들어맞지 않는 추세선들은 그 값이 평균 17%였다. 하지만 불행히도 이 67개의 추세

알래스카 에어 그룹 (항공 운송, 뉴욕 증권거래소, ALK)

그림 3.5 추세 변화를 알아보기 위한 1-2-3기법을 보여주고 있다. 1은 상향 추세선의 이탈 지점이다. 2 는 고점을 시험하는 지점이고, 3은 종가가 전저점보다 낮아지는 지점이다.

선 가운데 43%만이 최소 20%의 하락폭을 정확하게 예측할 수 있었다. 이 기법이 어떻다고 결론을 내리기 전에, 표본 규모가 작다는 사실에 유의하기 바란다. 또 내가 2B기법이라는 분석 과정에서 무시한 매도 신호를 개선하는 방법이 있다는 사실도 알아두기 바란다(2B기법에 관한 보다 상세한 정보는 빅터 스페란디오의 『월스트리트 명인들의 거래 방법Trader Vic: Methods of a Wall Street Master』(Wiley, 1991)을 참고하라).

하향 추세선의 경우도 이 기법을 활용하여 추세 변화를 예측할 수 있다. 다음과 같은 단계를 밟는다.

1. 최고점에서 최저점 쪽으로 고점들을 잇는 하향 추세선을 그리는데, 최저

점을 지나기 전에는 가격 움직임을 침범해서는 안 된다.

2. 주가는 추세선 이탈 후 저점을 다시 시험해야 한다.

3. 주가는 이탈 지점과 시험 지점 사이에 있는 고점을 넘어서야 한다.

그림 3.5에서 1A가 차트상의 최고점이라고 가정해보자. 최저점은 D다. 위의 단계 1에 따라 1A에서 최저점으로 하향 추세선을 그린다. 강조하지만, 이때 추세선은 최저점 이전에는 가격 움직임과 교차해서는 안 된다. 이렇게 하면 직선 1A2A라는 추세선이 만들어진다.

2단계에 따르자면, 주가는 저점 회복을 시도해야 한다. 2A를 보면 주가가 하락하지만 D의 최저점 아래로 내려가지 못한다. 마지막으로 3단계에서는 주가가 이탈 지점(그림의 3이라는 숫자 바로 아래에서 보듯이 종가가 추세선 위로 형성된 지점)과 시험 지점(2A) 사이에 있는 고점보다 높게 상승해야 한다. 나는 이를 3A라는 수평선으로 나타냈다. 주가가 이 선을 넘으면 추세가 변화한다는 신호다.

1-2-3기법은 하향 추세선에서 얼마나 잘 들어맞는가? 나는 상향 추세선의 경우처럼 하향 추세선에서 주가가 추세선 이탈 후 20% 이상 상승할 때 이를 추세 변화로 간주한다. 조사를 통해 이 기법에 들어맞는 것으로 확인된 101개의 추세선 가운데 73%는 평균 35%의 상승폭을 기록했다. 73%는 상당히 높은 수치지만, 35%는 만족할 만한 수치가 아니다. 왜냐하면 이 기법으로 추세 변화를 확인한 추세선들 외에도 모든 추세선이 평균 38%의 상승폭을 기록했기 때문이다. 하지만 그럼에도 불구하고 이 1-2-3 추세 변화 확인기법은 상향 추세선과 하향 추세선을 다루는 데 상당히 유용한 도구가 될 것으로 생각한다.

어드밴스트 마이크로 디바이스 (반도체, 뉴욕 증권거래소, AMD)

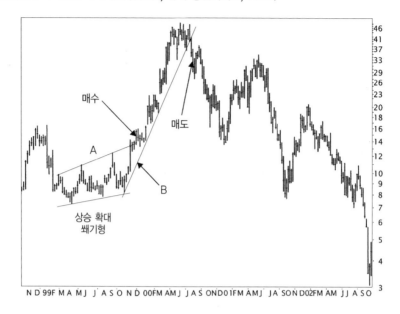

그림 3.6 이 예에서 제이크는 추세선을 활용하여 돈을 두 배로 불렸다.

추세선을 활용한 거래 사례

제이크가 내 옆에 있는 의자에 털썩 주저앉으며 미소를 지었다. "사람들한테 내가 추세선에 따라 거래해서 얼마나 많은 돈을 벌었는지 얘기해줄 거죠? 열기구 조종사 자격증을 따는 데 그 돈을 쓸 생각이에요."

그림 3.6은 제이크가 거래한 주식의 차트다. 2개의 추세선에 매수 시점과 매도 시점이 표시되어 있다. 제이크는 주간 로그 차트(가격의 단위가 절대가치에 의해 표시되는 것이 아니라 상대가치, 즉 로그log값에 의한 비율변화에 따라 표시되는 차트를 말한다. 이 책에도 더러 로그 차트가 제시되어 있다.

- 옮긴이)를 이용하여 상승 확대 쐐기형에서 상향 이탈이 일어난 다음 주에 주식을 매수했다. 상승 확대 쐐기형은 2개의 추세선이 상향하면서 폭이 벌어지는 차트 패턴이다. 그가 매수하기 전 주에 주식의 종가 패턴의 상단 추세선 A 위에서 형성됐다. 이것은 매수 신호다. 주가는 기울기가 가파른 추세선 B를 따라 7월 말까지 상승했다. 그리고 나서 처음으로 종가가 추세선 아래에서 형성됐다.

"그 다음 주에 팔아 돈을 엄청 벌었죠."

"운이 좋았군요." 내가 말했다. "주간 차트에서는 보다 신뢰할 만한 매도 신호를 얻을 수 있다는 걸 알았던 건가요? 주가가 주간 차트에서 하향 이탈하면, 계속 떨어질 가능성이 크죠."

"알고 있었지요." 제이크가 대답했다.

"산술 차트보다 로그 차트에서 추세선 신호를 보다 일찍 포착할 수 있다는 것도 알고 있었던 거예요?"

추가적으로 알아둬야 할 유용한 정보

추세선에 관해 거래하는 데 유용한 몇 가지 흥미로운 사실을 소개한다.

- 주가와 추세선의 관계에서 주가가 추세선에서 멀어지면 모멘텀momentum 은 증가하고 가까워지면 모멘텀은 감소한다. 주가가 추세선을 따라갈 경우 가격 변화율은 일정하다.
- 추세선은 거울 역할을 한다. 때때로 추세선 한쪽이 돌출하는 것은 다른 한쪽의 급락을 반영한 것이다. 그 역도 마찬가지다.
- 주가가 가파른 기울기의 추세선을 이탈하면 새로운 추세선을 따라 대개 느린 속도로 움직인다.
- 주가가 하향 추세선을 뚫고 전고점보다 더 높은 고점을 형성할 때 이 2개의 고점을 연결해 상향 추세선을 그려보라. 그런 다음 2개의 고점 사이에

상향 후퇴(pullback)

상향 추세선을 하향 이탈한 주가가 다시 상승하여 30일 내에 이탈 가격 또는 추세선으로 다시 돌아가거나 매우 가깝게 접근한 것을 말한다. 추세선을 기준으로 이탈 지점과 후퇴 지점 사이에는 반드시 빈 공간이 있어야 한다. 이런 조건에 따라 후퇴의 개념은 주가 움직임이 이탈 가격 주위에 몰려 있을 때에는 적용되지 않는다. 하향 후퇴와 비교해보라.

하향 후퇴(throwback)

상향 이탈 뒤 주가가 하락하여 30일 내에 이탈 가격 또는 추세선으로 다시 돌아가거나 매우 가깝게 접근한 것을 말한다. 이탈 지점과 후퇴 지점 사이에는 반드시 빈 공간이 있어야 한다. 상향 후퇴와 비교해보라.

장중

어떤 하루의 거래일 내

있는 저점에서 시작하여 상향 추세선과 평행하게 새로운 선을 그려보라. 그러면 둘 중 보다 아래에 있는 선이 주가가 반전할 수준을 알려줄 것이다.

- 주가가 추세선을 이탈한 뒤에는 상향 후퇴(하향 이탈 시) 또는 하향 후퇴(상향 이탈 시)를 예상하라. 그림 3.4는 상향 후퇴의 한 예를 보여주고 있다. 주가가 계속하여 하락하기 전에 추세선으로 되돌아온 것을 알 수 있다. 그림 3.5에서는 2에서(상향 후퇴로) 주가가 추세선 AC1 지점으로 되돌아왔고, 2A에서는 상승하던 주가가(하향 후퇴로) 추세선 1A2A로 되돌아왔다.

- 상승세가 강할 때 주가가 추세선을 이탈했다가 한 달 정도 하락한 뒤 거의 전과 똑같은 기울기로 다시 상승세를 시작할 수도 있다. 이런 계단형 상승 패턴을 조정 상승형measured move up이라고 한다. 그와 반대되는 패턴도 나타날 수 있는데 이때는 조정 하락형measured move down이라고 한다.

- 주가가 추세선을 이탈했다면, 전날의 종가를 보라. 상향 추세선의 경우 전날의 종가가 장중 고가 근처에 있다면 하향 이탈은 가짜일 가능성이 높다(차익 실현으로 인해 주가가 낮아졌다가 이후 매수세에 의해 회복된 것이다). 종가가 장중 저가 근처에 있다면 이탈은 진짜일 가능성이 높다.

마지막 정보는 사실 바버라 록펠러의 책『얼간이들을 위한 기술적 분석 Technical Analysis for Dummies』(For Dummies, 2004)에서 찾은 것이다. 나는 먼저 록펠러의 말이 맞는지 시험해보기로 했다. 그래서 202개의 상향 추세선에서 추세선 이탈 전날의 거래 범위를 3분한 다음 그날의 종가를 위의 3가지 범위로 나눴다. 록펠러의 예측대로, 종가가 가격 범위 위쪽에 있던 주식들은 이탈 후에 하락세를 제대로 이어가지 못했다. 하향 추세선의 경우도 비슷했다. 어쨌든 이에 따르면 이탈 전날 장중 고가 근처에서 종가를 형성한 주식은 이후 강력한 움직임을 기대하기 힘들다.

추세선 종합 정리

보다 상세한 정보를 원한다면, 각각에 소개한 부분을 찾아 읽어보기 바란다.

- 저점을 따라 상향 추세선을 그린다. 주가가 추세선 아래에서 형성될 때 추세 변화가 일어날 수 있다. '외부 추세선'을 보라.
- 고점을 따라 하향 추세선을 그린다. 주가가 추세선 위에서 형성될 때 추세 변화의 가능성을 찾을 수 있다. '내부 추세선'을 보라.
- 필요에 따라 내부 추세선 또는 외부 추세선을 그린다. 때로는 내부 추세선이 일반적인 추세와 대중의 거래 행태를 더 잘 보여준다. 하지만 대부분의 차티스트는 외부 추세선을 활용한다. '내부 추세선'을 보라.
- 가파른 기울기의 추세선에서 이탈이 일어나면 종종 주가 폭락이 뒤따라 일어난다. '추세 곡선'을 보라.
- 접점 간격이 넓은 추세선을 찾는다. '추세선의 접점 간격'을 보라.
- 가격과의 접점이 많은 추세선을 고른다. '추세선의 접점 수'를 보라.
- 긴 추세선이 짧은 추세선보다 신뢰도가 크다. '추세선의 길이'를 보라.
- 기울기가 밋밋한 추세선이 기울기가 가파른 추세선보다 신뢰도가 크다. '추세선의 기울기'를 보라.
- 추세선에서 거래량이 기울기와 함께 움직이면-거래량이 상향 추세선에서 증가하고 하향 추세선에서 감소하면-추세선 이탈 뒤 원래의 주가 움직임이 계속될 가능성이 크다. '추세선과 이탈 거래량'을 보라.

- 상향 추세선에서 이탈 거래량이 많을 때와 하향 추세선에서 이탈 거래량이 적을 때 이탈 후 주가 움직임이 크다. '추세선과 이탈 거래량'을 보라.
- 추세선을 활용해 가격 목표점을 예측할 수 있다. '추세선으로 가격 목표점을 계산하는 법'을 보라.
- 추세대는 평행한 2개의 추세선이 만드는 가격 영역이다. '추세선 그리기'를 보라.
- 주가가 추세대의 상단에 도달하는 데 실패하면 하향 이탈이 일어날 수 있다. 그 반대도 마찬가지다. 즉 주가가 추세대 하단에 도달하는 데 실패하면 상향 이탈이 일어날 수 있다. '추세선 그리기'를 보라.
- 1-2-3 추세 변화 확인기법으로 언제 주가 추세가 변하는지 판단할 수 있다. '1-2-3 추세 변화 확인기법'을 보라.
- 주간 차트를 이용하여 추세선을 그리고 믿을 만한 거래 신호를 찾는다. '추세선을 활용한 거래 사례'를 보라.
- 추세선 이탈 신호는 산술 차트보다 로그 차트에서 더 빠르게 나타나므로, 로그 차트를 활용한다. '추세선을 활용한 거래 사례'를 보라.

나는 대개 추세선을 이용하여 시장에서 빠져나온다. 추세선이 추세가 변화할 것을 예고하면 주저 없이 팔아버리는 것이다. 그런데 시장에서 나왔는데 추세가 변하지 않으면 어떻게 할 건가? 그건 문제가 되지 않는다. 다시 들어가면 되기 때문이다.

제이크가 들어왔다. 그의 얼굴이 달 없는 밤의 조명등처럼 방 안을 밝은 빛으로 채웠다. "이걸 봐요!" 그는 내가 아는 척을 하자 손을 흔들었다. "거의 6,000달러를 벌었다고요! 이 돈으로 지금까지 해본 적이 없는 걸 할 생각이에요. 번지 점프 어떨까요? 같이 할래요?"

Chapter 04

지지와 저항: 가장 중요한 차트 패턴

04 지지영역과 저항영역은 가장 중요한 차트 패턴이다. 왜 그런가? 지
지영역과 저항영역은 매번의 매매 때 당신이 얼마나 이익을 얻고 얼
마나 손해를 볼지 알려주기 때문이다. 마치 포커를 치면서 상대방의
손에 어떤 카드가 들었는지 훤히 보고 있는 것과 비슷하다고 하겠다. 당신이 항상 딸 수
는 없겠지만, 그게 도움이 되리라는 것은 확실하다.

지지와 저항: 가장 중요한 차트 패턴

제이크가 쿵쿵 발소리를 내며 사무실로 들어오더니 가까이 있던 의자를 발로 찼다. 바닥에는 플러시 카펫이 깔려 있어 다행히 의자는 멀리 가지 않았다. 의자가 컴퓨터에 가서 부딪히는 일은 정말 질색이다. 그는 두 손으로 가는 백발을 뒤로 쓸어 넘기더니 마치 마른 행주를 쥐어짜듯 손을 비틀었다. 나는 그가 방 안을 거닐면서 카펫을 뭉개는 모습을 가만 지켜보고 있었다. 마음이 가라앉으면 그가 무엇 때문에 속이 상해 있는지 알아서 얘기할 거라 생각했기 때문이다.

마침내 그가 의자를 책상 곁으로 끌고 와 그 위에 털썩 주저앉았다. "건강보험회사가 내 보험료를 40%나 인상했어요! 40%나! 지난번에 25% 인상한 뒤로 겨우 석 달밖에 지나지 않았다고요. 이게 믿어져요? 아, 도대체 어떻게 해야 할지 모르겠어요." 그는 양손에 얼굴을 파묻었다.

"돈 많은 여자와 결혼하세요."

그는 고개를 들어 나를 쳐다봤다. 그는 믿을 수 없다는 듯 입을 쩍 벌리고 있었다. 지금 농담이 나와요?

나는 사실 방금 시장에서 큰 횡재를 한 터였고, 그래서 기분이 매우 좋았다. "그냥 이것저것 걱정하지 말고 펑펑 쓰면서 살다가 돈이 다 떨어지기 전에 죽는 건 어때요?"

"하나도 안 웃겨요." 보험회사의 흡혈귀들이 한 달에 한 번씩 그의 피를 빨아먹고 있었다. "내가 쓸모도 없는 무슨 무슨 쿠폰이랑 서비스를 받기 위해 1년에 거의 300달러나 지불한다는 걸 아나요? 그 사람들은 단체 할인을 받으려면 그런 멍청한 서비스에 가입해야 한다고 하더군요. 이건 완전히 사기예요."

"돈을 크게 벌어서 그 보험회사를 산 다음에 임원들을 전부 잘라버리는 건 어때요?"

마치 새로운 생명의 피라도 수혈받은 것처럼 그의 눈이 반짝 빛났다. 그것은 그가 다시 제이크 머피로 돌아왔다는 신호였다. 나는 그 신호를 못 본 척하고 주식 거래에 대해 얘기하기 시작했다. "우리가 다음으로 배워야 할 건 지지영역과 저항영역이에요."

지지영역과 저항영역은 가장 중요한 차트 패턴이다. 왜 그런가? 지지영역과 저항영역은 매번의 매매 때 당신이 얼마나 이익을 얻고 얼마나 손해를 볼지 알려주기 때문이다. 마치 포커를 치면서 상대방의 손에 어떤 카드가 들었는지 훤히 보고 있는 것과 비슷하다고 하겠다. 당신이 항상 딸 수는 없겠지만, 그게 도움이 되리라는 것은 확실하다. 지지영역과 저항영역을 영리하게 활용하기만 한다면, 당신은 함정을 피하고 부자가 되는 길을 따라갈 수 있을 것이다.

지지와 저항이란 무엇인가?

지지와 저항은 주가가 멈추는 지점으로 보통 영역, 즉 가격의 범위로 나타난다. 예컨대 지지영역은 압도적인 매수세가 주가 하락을 멈추게 하는 곳이다. 저항영역은 압도적인 매도세가 주가 상승을 중단시키는 곳이다.

만약 주식을 8달러에 샀는데 주가가 10달러가 됐다가 다시 8달러로 떨어지면, 당신은 다시 10달러가 되면 팔아야겠다고 생각할 것이다. 다른 사람들도 그렇게 생각하면 어떻게 되겠는가? 주가가 10달러로 상승하면, 마치 공이 벽에 맞고 튀어나오는 것처럼 곧 다시 주저앉을 것이다. 당신과 다른 사람들이 보유주식을 한꺼번에 처분하기 때문이다. 하지만 마침내 매도를 원하는 모든 사람이 주식을 팔아버리고 나면, 매수세가 주가를 끌어올려 저항선을 돌파할 수 있게 될 것이다.

당신은 주식을 사고 싶었는데 주가가 치솟아버린 경험을 한 적이 있을 것이다. 다른 사람들도 별반 다르지 않다. 그래서 사람들은 앞서의 상황에서 주가가 원래의 수준으로 떨어지면 냉큼 사버리겠다고 생각한다. 그리고 실제로 그렇게 한다. 그리하여 주가를 지지하는 튼튼한 바닥이 만들어진다. 매수세가 충분할 경우에는 여기서부터 주가가 상승하기 시작한다. 하지만 매도 세력이 강하면, 주가가 바닥을 뚫고 더 낮아질 수도 있다.

이상이 지지와 저항이 형성되는 원리다. 지지와 저항은 수요와 공급의 법칙에 따라 만들어진다. 이 장에서는 여러 형태의 지지와 저항에 대해 알아보고, 이들이 어디서 형성될지 예측하는 방법을 배울 것이다.

차트 패턴으로서의 지지영역과 저항영역

주가가 10달러에서 8달러로, 그리고 다시 10달러로 올랐다가 폭락했다고 하자. 이런 가격 패턴을 '이중 천정형'이라고 한다. 대문자 M을 머릿속에 그려본다면 이중 천정형이 어떻게 생겼는지 알 수 있을 것이다. 이중 천정형 같은 차트 패턴은 지지영역 또는 저항영역—즉, 주가 움직임이 멈추는 곳—을 명확하게 보여준다. 그림 4.1의 예를 보도록 하자.

아브제닉스 (제약, 나스닥, ABGX)

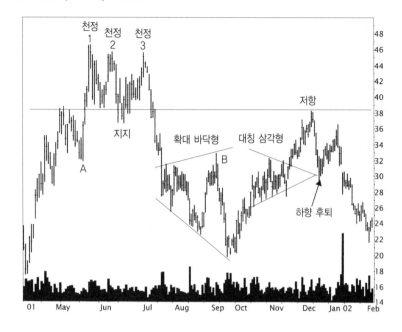

그림 4.1 저항영역과 지지영역은 차트 패턴의 경계를 이루고 있는 추세선들을 따라 형성된다.

　차트 오른쪽에서 천정1, 천정2, 천정3으로 이뤄진 삼중 천정형을 볼 수 있다. 여기서 3개의 고점은 모두 비슷한 가격 수준인 46달러 부근에 형성되어 있다. 보이지 않는 덮개가 내리누르고 있어 주가가 더 이상 올라갈 수 없는 형국이다. 그런데 주가가 고점들 사이에 있는 가장 낮은 저점 아래로 떨어지면, 유효한 차트 패턴으로서 삼중 천정형이 완성된다. 이때 이 주식을 보유하고 있는 사람들은 곤란에 직면하게 된다. 이 말은 주가가 앞으로 더 떨어질 거라는 얘기다. 심지어 그림 4.1에서 볼 수 있는 것과 같이 상당한 낙폭을 기록하기도 한다.

　삼중 천정형 아래에는 5월의 고점에 의해 형성된 지지영역이 존재한다. 그림에서는 이를 긴 수평선으로 표시했다. 천정1과 천정2 사이의 하락은 이 지지선에서 멈췄다. 이 지지선은 12월에 저항선으로 바뀐다. 9월 저점을 기록하고 상승으로 방향을 잡은 주가는 더 이상 상승하지 못하고 대칭 삼각형의 꼭짓점(2개의 추세선이 만나는 곳)으로 후퇴했다. 어떤 사람의 바닥이 어떤 사람에게는 천정이 되는 것처럼 지지선이 저항선이 되는 것에 유의하라. 주가가 어느 쪽에서 접근하느냐에 따라 지지선은 저항선이 되고 저항선은 지지선이 된다.

확대 바닥형의 두 추세선은 지지영역(아래쪽 추세선)과 저항영역(위쪽 추세선)을 보여준다. 이 안에서 주가는 추세선과 만나면 다시 튕겨진다. 마치 물 폭탄을 던지며 노는 어린아이들의 모습 같다. 한 아이가 다른 아이에게 물 폭탄을 던지면, 상대는 그걸 받아 원래의 아이에게 되던진다. 이런 식으로 물 폭탄을 던지고 받으면서 아이들은 서로 멀어진다. 확대 바닥형도 이렇게 추세선의 사이가 벌어진다. 그러다 어느 순간 물 폭탄이 터져 아이가 물에 흠뻑 젖는 것처럼 주가도 패턴을 허물어뜨리고 위로 날아오르거나 아래로 떨어진다.

대칭 삼각형도 이와 유사하게 생각해볼 수 있다. 하지만 이번에는 아이들이 처음에는 서로 멀리 있다가 물 폭탄을 주고받으며 점점 더 가까워지는 것이라고 하겠다. 두 추세선은 점점 좁아들어 삼각형의 꼭짓점에서 만난다.

위와 같은 패턴에서의 추세선은 지지영역과 저항영역이 어디 있는지 보여준다. 따라서 당신은 추세선을 보고 앞으로 어디서 지지영역과 저항영역이 형성될지 예상할 수 있을 것이다.

피보나치 되돌림 Fibonacci retracement

주가는 계단을 타고 근심의 벽을 올라간다. 하지만 이때 되돌림이 일어나리라는 것을 예상하고 이를 거래에 활용해야 한다. 그림 4.2의 왼쪽 아래에서, 주가가 A에서 B로 상승한 것을 확인하라. 여기서 상승폭의 38%, 50%, 62%

되돌림(retrace)

추세를 형성하고 나아가던 주가
는 반대방향으로 움직이려는 경
향을 보이곤 하는데 이때의 후퇴
움직임을 말한다.

를 되돌리는 곳이 주식이 하락을 멈출 가능성이 높은 가격
수준임을 알 수 있다.

예컨대 A의 저점은 65.88이고, B의 고점은 76.07이다.
B에서 상승폭(10.19)의 62%(6.3178)를 되돌림하면 약
69.75가 된다. 차트상에는 이 가격 수준에 수평선이 그려져 있다. 그리고 이
외에도 50%와 38% 되돌림 수준을 수평선으로 확인할 수 있을 것이다. 주가
움직임이 62%의 되돌림 뒤에 C에서 다시 상승세로 바뀌는 것에 주목하라.

C에서 D로의 주가 상승을 따라가 보면, 50% 되돌림 수준(E 지점) 근처에
서 지지선이 형성된 것을 볼 수 있다. 주가가 E에서 F로 상승한 뒤에는 대칭
삼각형의 저점에 지지선이 형성됐다. 고점 F에서 38% 되돌림한 수준이다.

38, 50, 62%라는 숫자는 어디서 나온 것인가? 피보나치수열 1, 1, 2, 3, 5,
8, 13, 21…에서 나온 것이다. 피보나치수열에서 각 항은 이전 두 항의 합으
로 이뤄져 있다. 또 인접하는 두 항의 비는 앞쪽에서 뒤쪽으로 진행하느냐(예
컨대 …5/8, 8/13, 13/21…) 아니면 뒤쪽에서 앞쪽으로 진행하느냐(예컨대
…8/5, 13/8, 21/13…)에 따라 각각 1.618 또는 0.618에 수렴한다. 이 비를
이용하여 38, 50, 62%라는 값을 얻었다. 예컨대 38%는 0.618/1.618에서 나
온 값이다. 로버트 피셔와 젠스 피셔는 『캔들스틱, 피보나치 그리고 차트 패
턴 거래 도구Candlesticks, Fibonacci, and Chart Pattern Trading Tools』(Wiley, 2003)
에서 피보나치수열에 관한 근사한 설명을 제공하고, 자연에서 피보나치수열
을 얼마나 빈번히 찾을 수 있는지 잘 보여주고 있다. 하지만 우리로서는 그것
이 존재하고 있다는 사실을 아는 것만으로도 충분할 것이다.

되돌림 현상이 언제나 맞는 것은 아니다. 하지만 어쨌든 그 덕분에 우리는
주가가 어디서 멈추고 어디서 방향을 바꿀지 실마리를 얻을 수 있다.

나는 장기 거래를 할 때 상승장에서는 대개 62% 되돌림 수준의 가격보다
몇 센트 아래에 손실제한주문을 해둔다. 그 정도의 손실제한주문에 걸리면,
주가는 계속하여 더 떨어질 가능성이 크다. 손실제한주문 가격이 다소 틀렸

페덱스 (항공 운송, 뉴욕 증권거래소, FDX)

그림 4.2 주가는 보통 이전 상승폭의 38%와 62% 되돌림 수준 사이에서 하락을 멈춘다. 62% 되돌림 수준은 손실제한주문을 해두기 좋은 곳이다.

다고 해도 상관없다. 이익을 내면 파산하는 법은 결코 없으니까 말이다.

그림 4.2에서는 흔히 나타나는 2개의 차트 패턴을 볼 수 있다. 하나는 깃발형으로 이처럼 종종 가파른 상승 또는 하락 움직임 중간에 나타날 때는 반기형半旗形이라고 한다. 다른 하나는 대칭 삼각형인데 2개의 추세선이 만나는 삼각형의 꼭짓점이 지지 영역 또는 저항영역이 된다.

**반기형
(half-staff formation)**

깃발형, 페넌트형 그리고 삼각형 (상승 삼각형, 하락 삼각형, 대칭 삼각형) 같은 차트 패턴은 때때로 주가 움직임 중간에 나타난다.

천정과 바닥

그림 4.2의 E에 형성된 바닥은 천정 B의 가격 수준에서 멈췄다. 또 대칭 삼각형의 바닥은 D의 오른쪽에 있는 천정의 가격 수준에서 형성됐다. 다른 차트를 보더라도 대부분 주가가 이전의 천정이나 바닥에서 움직임을 멈추는 것을 보게 될 것이다. 왜 그런가?

내 친구 한 명은 1987년의 대폭락 바로 전에 유명한 뮤추얼 펀드에 15,000달러를 투자했다. 주식시장이 붕괴하고 나서 그녀의 투자금은 11,500달러로 줄어들었다. 대폭락에 놀랐던 그녀는 나중에 나에게 이렇게 말했다. "그래서 원금을 회복하자마자 팔아버렸죠." 다른 사람들도 그녀와 똑같이 행동했을 것이다. 매도 압력 때문에 주가가 두 번째 천정을 형성하고, 이중 천정형이 만들어지는 것은 이런 집단적 행동 때문이다.

천정이나 바닥이 평균 이상의 거래량을 동반하면서 형성되면, 그 뒤에 주가가 그 지점에 이르렀을 때 반전하는지 여부를 지켜보라. 반전은 일시적일 수 있다. 하지만 주가 움직임이 그 지점에서 상당히 애를 먹을 것이라는 건 충분히 예상할 수 있을 것이다.

나는 천정과 바닥의 지지영역과 저항영역을 연구하여 몇 가지 흥미로운 결과를 얻었다. 내가 정확히 어떻게 연구했는지는 설명하기가 좀 복잡하다. 따라서 세부적인 사항은 생략하겠다. 하지만 어쨌든 내가 발견한 바에 따르면, 대개 주가는 차트 패턴을 이탈한 뒤 이전의 천정이나 바닥에서 움직임을 멈춘다. 표 4.1에 그 결과를 정리해놓았다.

표 4.1 이탈 후 주가가 움직임을 멈출 확률

이탈 방향	이전 천정에서 멈춤	이전 바닥에서 멈춤
상향	26%	19%
하향	27%	27%

상향 이탈 시 주가가 이전의 천정에서 멈출 확률은 26%, 하향 이탈한 주가가 이전의 천정이나 바닥에서 멈출 확률은 27%로 대개 비슷한 결과를 보였다. 주가가 차트 패턴을 상향 이탈하여 이전의 바닥 수준에서 움직임을 멈추는 확률은 예외적으로 19%였다.

그런데 주가는 어떻게 이전의 바닥 또는 천정에서 멈추는 걸까? 한 예로 주가가 하락하여 계속 더 낮은 저점을 형성하는 그림을 머릿속에 그려보라. 그 과정에서 어떤 패턴이 나타나 추세가 반전되면, 주가는 상승하여 이런 저점 가운데 하나에 도달하게 될 것이다. 예컨대 그림 4.1에서 8월에 형성된 확대 바닥형의 천정(B)은 이전 바닥 A 수준에서 형성됐다. 앞서 얘기한 이유로 그 가격대에서 대기하고 있는 매도세의 압력을 받게 되는 것이다.

수평 밀집 구간

수평 밀집 구간은 주가 움직임이 밀집되어 있는 영역이다. 주가는 이 구간에서 수평적으로 움직이면서 비슷한 가격대가 이어지지만 이때의 천정과 바닥의 모양은 일정치 않다. 그림 4.3은 몇 개의 수평 밀집 구간을 보여주고 있다. A 아래에서 단단한 벽 모양을 하고 있는 수평적인 주가 움직임을 보라. 구간이 그다지 넓거나 길지는 않은데, 이 구간이 HCR1의 가격 수준에서 형성되어 있는 점에 유의해야 한다. HCR1은 주가 움직임이 보다 느슨한 형태를 하고 있다. HCR2는 애매할 수도 있다. 하지만 이 구간에서 주가는 구간의 상단을 벗어나지 않고 대부분 비슷한 수준의 고점을 기록했다는 것을 알 수 있다(11월의 1개월과 12월의 반등 시 고점). 또 11월의 경우 주가는 이 구간의 하단을 몇 차례나 건드리면서 계속됐다.

밀집(consolidation)

주가가 상승하거나 하락하지 않고 수평적으로 움직일 때 나타나는 현상이다.

**밀집 구간
(consolidation region)**

주가가 상승세나 하락세에서 횡보세로 바뀌는 밀집된 가격 구간

**수평 밀집 구간
(horizontal consolidation region)**

주가가 상당한 시간 동안(보통 몇 주에서 몇 달간) 비슷한 가격대 내에서 움직임을 갖는 수평 형태의 밀집 구간. 구간 내의 고가나 저가가 평평한 것이 우선적인 특징이다.

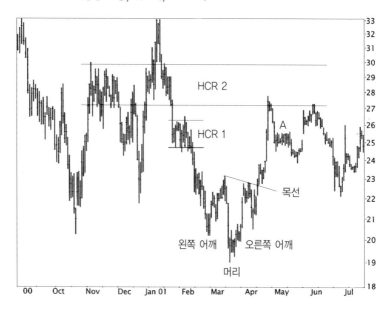

노스웨스트 에어라인 (항공 운송, 나스닥, NWAC)

HCR 2

HCR 1

A

목선

왼쪽 어깨   오른쪽 어깨

머리

00   Oct   Nov   Dec   Jan 01   Feb   Mar   Apr   May   Jun   Jul

그림 4.3 주가는 역 머리어깨형에서 상향 돌파하여 위쪽의 저항선에서 멈췄다.

이제 역 머리어깨형head-and-shoulders bottom을 보자. 그림 4.3의 패턴은 어깨가 되는 두 저점(왼쪽 어깨와 오른쪽 어깨)이 비슷한 가격 수준에서 형성되어 있다. 머리로부터의 거리도 비슷하다. 머리는 어깨의 저점보다 충분히 낮다. 종가가 이 패턴의 겨드랑이를 연결하는 목선 위로 형성되면서 돌파가 일어났다. 돌파가 일어나면서 이 패턴은 유효한 역 머리어깨형이 됐다. 즉 거래에 이용할 만한 패턴이 됐다는 것이다. 그런데 여기서는 수평 밀집 구간에 주의해야 한다.

주가는 얼마나 자주 수평 밀집 구간 내에서 움직임을 멈추는가? 어떤 차트 패턴에서 상향 이탈이 일어난 경우 30%

목선(neckline)

저점(머리어깨형의 경우) 또는 고점(역 머리어깨형의 경우)을 이어놓은 추세선. 종가가 목선의 위나 아래를 뚫을 경우 돌파가 일어난다.

는 주가가 이전의 수평 밀집 구간 수준에 도달하여 반전된다. 하향 이탈의 경우에는 그 빈도가 좀더 높아 수평 밀집 구간 수준에서 주가 움직임이 멈출 확률은 35%다. 전고점이나 전저점보다 수평 밀집 구간에서 주가 움직임이 중단될 확률이 오히려 더 높다. 따라서 거래하기 전에 늘 수평 밀집 구간이 어디 있는지 살펴봐야 한다.

지지 · 저항영역으로서의 어림수

많은 사람들이 주식을 거래할 때 어림수에 관해서는 아무 생각도 하지 않는다. 제이크는 주식 거래를 시작했을 때 주식을 9.97달러에서 샀을까 아니면 10달러에서 샀을까? 그는 손실제한주문을 34.93달러에 해뒀을까 아니면 35달러에 해뒀을까? 그는 우리 모두가 그렇듯이 어림수에 손실제한주문을 해뒀을 것이다.

모든 사람들이 10달러 때 팔아치우라는 손실제한주문을 해두면 어떤 일이 벌어질까? 주가가 10달러를 찍으면, 손실제한주문은 시장가주문이 된다(시장가주문은 가격을 지정하지 않고 현재 시장에서 거래되는 가격으로 즉시 매수 또는 매도를 하겠다는 주문이다. 그러므로 그 시점에 주문이 되어 있는 최고가의 매수가에 매도된다. ─옮긴이). 이에 따라 주가가 더 떨어지면 또 다른 손실제한주문들이 실행되는 사태가 벌어질 수 있다. 하지만 이런 일은 그다지 자주 일어나지 않는다. 나 같은 경우는 어림수보다 몇 센트 위나 아래로 손실제한주문을 해두기 때문에 아무런 걱정도 하지 않는다.

여기서 어림수라는 말은 10, 20, 30처럼 0으로 끝나는 수들뿐만 아니라 15, 25, 35처럼 5로 끝나는 수들도 가리킨다. 주가는 대개 이런 어림수에서 멈춘다.

그림 4.3에서 주가는 2000년 11월과 12월에 30 근처에서 상승을 멈췄고 2000년 10월과 2001년 2월에는 20 근처에서 지지선이 형성됐다. 30과 20은

노블 에너지 (석유, 뉴욕 증권거래소, NBL)

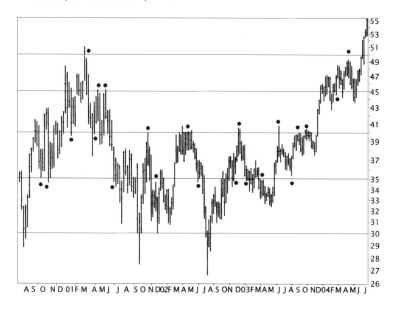

그림 4.4 검은 점들이 주가가 어림수에 접근하다가 멈춘 것을 보여준다.

모두 어림수다.

　그림 4.4의 주간 차트는 주가 움직임이 어림수에서 멈춘 것을 잘 보여주고 있다(검은 점으로 표시되어 있다). 주가가 정확히 어림수에서 멈춘 경우는 별로 없지만, 가까이 근접해 있는 경우는 많이 볼 수 있다. 어림수에 형성되는 지지영역과 저항영역은 돌멩이를 던지는 것보다는 수류탄을 던지는 것과 비슷하다. 정확히 딱 맞는 값을 기대해서는 안 된다는 뜻이다.

　지지영역이 나중에 어떻게 저항영역이 되는지 그리고 저항영역이 어떻게 지지영역이 되는지 잘 관찰하라. 예컨대 그림 4.4에서 2001년 1월과 4월의 지지영역은 이후 저항영역으로 바뀌었다. 주가는 2003년 말이 되어서야 이 저항영역을 결정적으로 돌파할 수 있었다.

어림수와 지지영역, 저항영역은 어느 정도의 상관관계가 있는가? 내가 한 조사에 따르면, 상향 돌파가 발생한 차트 패턴의 22%가 어림수의 50센트 내에서 상승을 멈추고, 42%가 어림수의 1달러 내에서 멈췄다. 하향 돌파 때도 비슷하여 주가 하락이 어림수의 50센트 내에서 멈추는 경우가 20%, 어림수의 1달러 내에서 멈추는 경우가 40%였다. 여기서 '멈춘다'는 것은 주가가 원래의 방향에서 다른 방향으로 반전하여 적어도 20% 정도의 범위에서 움직인다는 뜻이다.

나는 그 외에도 38개의 주식을 조사했다. 모든 천정과 바닥, 수평 밀집 구간을 표시하면서 1999년부터 2004년까지 강세장과 약세장을 모두 살펴보며, 주가가 얼마나 자주 어림수에서 멈추는지 알아봤다. 내가 발견한 바에 따르면 바닥의 56%, 천정의 63%, 수평 밀집 구간의 73%가 어림수에 위치해 있었다.

이것은 무엇을 의미하는가? 주가 움직임은 어림수 근처에서 반전을 일으킬 가능성이 크다는 뜻이다.

추세선과 추세대

그림 4.5를 보면, 확대 천정형에서 부분 하락이 일어나 곧 상향 이탈이 뒤따르리라는 것을 예상할 수 있다. 3월에 형성된 추세대에서 주가가 상승하는 모습을 보라. 이 상승 추세대는 너무 가파르기 때문에 오래갈 수가 없다. 주가는 확대 천정형에서(이 차트 패턴 가운데의 점선을 위아래로 가로지르며) 잠시 상승을 멈춘 다음 각도가 낮은 추세대를 형성하며 다시 상승을 이어갔다. 주가가 천정을 친 뒤 하향 추세대가 만들어졌다.

> ### 부분 하락(partial decline)
> 주가가 위쪽 추세선과 만난 뒤 하락하지만 아래쪽 추세선에 닿지 않고(혹은 가까이 접근하지 않고) 뚜렷한 형태의 바닥을 형성한 다음 곧바로 위쪽 추세선을 상향 이탈할 때를 말한다. 부분 하락은 실제 이탈 전에 시작되고 어떤 유효한 차트 패턴이 등장한 뒤(다른 말로 하자면, 주가가 최소 두 차례 추세선과 만나고 유효한 패턴의 확인에 요구되는 다른 어떤 조건들을 충족시킨 뒤) 형성되어야 한다. 확대형과 직사각형에서 부분 하락을 찾아보라.

테소로 페트롤륨 (석유, 뉴욕 증권거래소, TSO)

그림 4.5 주가가 지지영역과 저항영역을 형성한 추세선과 추세대를 따라 움직이고 있다.

주가는 하나의 추세를 따른다. 추세대를 따라 상승하든 혹은 2개의 추세선으로 이뤄진 확대 천정형을 따라가든. 추세선은 주가가 어디서 지지영역이나 저항영역—매수 압력이나 매도 압력—을 만나는지 보여준다.

지지 · 저항영역으로서의 거래량

제이크가 IBM의 주식을 주당 50달러 이하로 사고 싶어하는데, 내가 선수를 쳐 먼저 매수하면서 주가가 51달러로 올랐다고 하자. 그러면 제이크는 아마 비명을 지를 것이다. 따라서 주가가 다시 50달러로 떨어진다면, 그는 미친 듯이 달려들어 원하는 물량을 모두 자기 수중에 넣을 때까지 주가를 든든하게 지지해줄 것이다. 거래량과 지지영역과 저항영역은 이처럼 거래의 심리학을 통해 관련을 맺고 있다. 이에 관해 좀더 자세히 알아보자.

나는 38개 종목의 주식에 대해 천정과 바닥을 찾아 천정과 바닥 주변 거래량 그리고 이전 30일 동안의 평균 거래량을 비교했다. 내가 발견한 사실에 따르면 929개 차트 패턴(전체의 58%)은 거래량이 평균보다 많을 때 주가가 천정에 도달한 반면, 662개 차트 패턴(42%)은 평균 이하의 거래량에서 주가가 천정을 쳤다.

바닥의 경우를 보면 960개의 차트 패턴(전체의 70%)이 평균 이상의 거래량에서 바닥을 쳤고, 단지 417개의 차트 패턴(30%)만이 평균 이하의 거래량에서 바닥을 쳤다.

지지·저항영역을 이용하여 거래하는 법

나는 손을 흔들어 제이크가 컴퓨터 화면에 있는 그림 4.6의 차트를 보도록 불렀다. "주가가 10월에 하락 삼각형을 상향 이탈했다면, 주식을 살 건가요?"

"음⋯." 그는 검지로 보조개를 문질렀다.

"그럼 주가가 하향 이탈했다면 어떻게 해야 할까요? 공매도를 하거나 가지고 있던 주식을 처분해야 할까요?"

이런 질문에 답하기 위해서는, 차트를 살펴보고 주가 움직임의 의미를 따져봐야 한다. 그림 4.6에서는 왼쪽에 주가가 상승 직각 확대형을 이루며 마치 산 정상의 소나무 숲 같은 모습을 하고 있다. 주가는 5월 말경에 아래쪽 추세선과 만난 뒤 소폭 상승했다가 급락하면서 전형적인 부분 상승 패턴을 형성했다. 부분 상승은 74%(강세장)에서 79%(약세장)까지 뒤이은 주가의 추세선 하향 이탈을 정확하게 예고한다. 이때 주식을 보유하고 있다면, 당장 처분해야 한다.

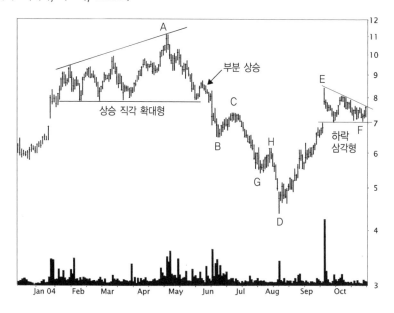

메데렉스 (제약, 나스닥, MEDX)

그림 4.6 저항영역을 형성하는 몇 가지 차트 패턴들

E를 향해 상승 직각 확대형의 아래쪽 추세선을 연장하여 그려보면('차트 패턴으로서의 지지영역과 저항영역' 참조), 주가가 상승 직각 확대형의 수준을 회복했다가 하락하며 이후 하락 삼각형을 형성했다는 것을 알 수 있다. 내가 본 1,167개의 하락 삼각형 중 64%에서 하향 이탈이 일어났다. 따라서 주가가 하락 삼각형의 추세선 밖에서 종가를 형성할 때까지 기다릴 필요가 있다. 당신이 상향 이탈이 일어나기를 바라고 있을 경우에는 더욱 그렇다고 하겠다.

하락 삼각형의 바닥이 주가를 지지하고 있고('차트 패턴으로서의 지지영역과 저항영역' 참조), E에서 거래량이 크게 증가했다는 사실에 주목하라. 이렇게 거래량이 많은 것을 보면, 주가가 이 지점에서 멈출 것이라고 예상할 수 있다('천정과 바닥', '지지영역과 저항영역 그리고 거래량' 참조). 하지만 F에서 E까지의 폭은 대단한 게 아니므로, 주가는 여기서 멈추지 않고 계속 상승할 것으로 예상된다. 이곳은 지지영역이 가까이 있기 때문에 크게 염려할 필요가 없다.

그런데 만약 주가가 10이나 그 이상으로 상승했다가 떨어질 경우에는 E 근처에서 하락이 멈출 것으로 예상할 수 있다. 주가는 종종 이탈 수준의 10~20% 지점에서 움직임을 멈춘다(대부분은 15% 지점이다. 10~20%에서 움직임을 멈출 확률은 52%다). 지지 또는 저항영역의 근처, 그러니까 5% 이내의 경우는 종종 아무런 저지 없이 이탈이 일어나곤 한다.

A 근처에서 거래량이 치솟은 것을 확인하라. 당신은 주가가 이 수준에서 멈출 것이라고 예상할지 모르겠다. 특히 이곳에 전고점이 있기 때문이다('천정과 바닥' 참조). 어림수 10을 고려해보면, 상향 이탈이 일어난 뒤 주가가 10 근처에서 멈출 것이라는 게 내 예상이다('지지영역과 저항영역 그리고 어림수' 참조).

그림 4.6의 ABCD는 조정 하락형의 가격 패턴을 이루고 있다. C에서 D로의 하락은 대개 A에서 B로의 하락을 반영한다. 하락의 기울기 역시 이 그림에서처럼 보통 비슷하다. 조정 구간 BC는 지지영역 또는 저항영역을 형성하는데, 주가는 번번이 이 영역을 이탈하려 한다. 주가가 D로 하락했다가 조정 구간까지 반등해 안정을 찾는 것은 흔히 있는 일이다. 이 예에서 주가는 조정 구간을 뛰어넘어 E로 올라섰다가 반전했다. 하락 삼각형의 밑변이 BC 구간의 가격 수준에 있는 것을

부분 상승(partial rise)

주가가 아래쪽 추세선과 만난 뒤 상승하지만 위쪽 추세선에 닿지 않고(혹은 가까이 접근하지 않고) 뚜렷한 형태의 천정을 형성한 다음 곧바로 아래쪽 추세선을 하향 이탈할 때를 말한다. 부분 상승은 실제 이탈 전에 나타나고 또 어떤 유효한 차트 패턴이 나타난 뒤(다른 말로 하자면, 주가가 최소 두 차례 추세선과 만나고 유효한 패턴의 확인에 요구되는 다른 어떤 조건들을 충족시킨 뒤) 형성되어야 한다. 확대형과 직사각형에서 부분 상승을 찾아보라.

약세장(하락장, bear market)

나는 S&P500 지수에서 2000년 3월 24일의 천정과 2002년 10월 10일의 바닥을 약세장의 시작과 끝으로 삼았다.

강세장(상승장, bull market)

S&P500 지수에서 2000년 3월 24일부터 2002년 10월 10일까지의 약세장을 제외한 기간

조정 구간 (corrective phase)

조정 상승형 또는 조정 하락형의 일부 구간. 주가가 이전의 움직임에서 일정 부분 후퇴하는 곳

메데렉스 (제약, 나스닥, MEDX)

그림 4.7 주가는 A의 전고점 수준까지 오른 뒤 상승을 멈췄다. 2개의 추세선은 저항선이 어디서 문제가 될지 보여주고 있다.

주목하라. BC 구간은 거래량도 많았다. 이 사실은 이 구간이 강력한 지지영역임을 알려준다.

주가가 C에서 D로 하락하면서 CGHD는 또 하나의 작은 조정 하락형을 형성한다. 주가가 하락 삼각형에서 하향 이탈하면, GH에서 반등할까? 하지만 조정 구간 GH의 거래량은 그다지 많지 않다. 주가가 여기서 멈출지는 모르지만, 어쨌든 그 뒤 계속하여 하락할 것이다. GH 구간은 곡선을 그리고 있는 2003년 12월의 주가와 가격대가 비슷하다. 이는 이곳에 일종의 영역이 존재한다는 것을 보여주고 있다.

그림에는 2개의 차트 패턴이 숨어 있다. 첫째는 높고 조밀한 깃발형high,

tight flag이다. D에서 E까지 볼 수 있는 것처럼 주가가 두 달도 안 되어 두 배로 뛰면서 이 패턴이 나타났다. 주가는 이어 하락 삼각형을 형성한다. 주가는 F 이후에 적어도 이전 상승폭의 반만큼은 상승할 것으로 예상된다. 그렇다면 주가는 9달러 바로 위로 상승할 것이다. 이탈 시점에서 주식을 매수했다고 하면 19%의 이익이 날 것이다.

둘째 패턴은 주간 차트에서 더 잘 나타난다. 어쨌든 좀더 긴 기간의 차트가 필요하므로, 그림 4.7을 보자. 참고로 여기 표시된 알파벳은 그림 4.6과 같은 지점을 나타내고 있다. AD는 그림 4.6의 조정 하락형 AD이고, E는 하락 삼각형 앞에 있는 높고 조밀한 깃발형의 고점이다.

차트에서 맨 왼쪽에 있는 2개의 고점을 따라 긴 하향 추세선이 그려져 있는 것을 볼 수 있을 것이다. 이것이 두 번째 차트 패턴이다. 이 추세선은 2001년의 하락 삼각형에서 연장한 수평 추세선과 차트 끝에서 맞닿는다. 주가는 A 수준에서 고점에 도달했고, 그 뒤에는 추세선이 맞닿는 곳에서 역시 상승을 멈췄다. 주가는 E 근처의 이탈 시점(약 7.7)에서 11.55로 상승했다. 만약 이탈 가격에서 주식을 사고 천정에서 팔았다면 51%의 수익을 얻었을 것이다. 물론 그러지 않더라도 괜찮은 이익이 나기는 하겠지만.

나는 당시 이 주식을 사지 않았다. 위쪽의 저항선을 보고 거래할 마음이 생기지 않았던 것이다. 명심하라. 당신이 주가가 어느 가격에 도달하리라 예상한다고 해서 주가가 꼭 그 가격에 도달하는 것은 아니라는 것을. 이 차트 이후에 주가는 8 정도로 하락했다가 더 떨어졌다.

지지와 저항 종합 정리

다음은 주가의 움직임이 멈추는 곳을 정리한 것이다. 상세한 사항은 각각에 소개한 부분을 찾아 읽어보기 바란다.

■ 주가의 경로에서 차트 패턴이 나타나는 곳. '차트 패턴으로서의 지지영역

과 저항영역'을 보라.

■ 피보나치 되돌림이 일어나는 곳. 주가는 이전 움직임의 38, 50, 62% 수준을 되돌림한 다음 반전한다. '피보나치 되돌림'을 보라.

■ 이전의 천정과 바닥. 지지영역과 저항영역의 19~27%는 이전의 천정과 바닥에서 형성된다. '천정과 바닥'을 보라.

■ 수평 밀집 구간. 평평한 천정이나 평평한 바닥, 아니면 주가 움직임이 비슷한 수준에 몰려 있는 곳을 보라. '수평 밀집 구간'을 보라.

■ 10, 15, 20 같은 어림수. 주가는 20%의 경우 어림수의 50센트 내에서 그리고 40%의 경우는 어림수의 1달러 내에서 움직임을 멈춘다. '지지·저항영역으로서의 어림수'를 보라.

■ 추세선. 주가는 추세선을 따른다. 주가가 장기 추세선에 닿았을 때는 움직임의 방향이 바뀔 것으로 예상해야 한다. '추세선과 추세대'를 보라.

■ 거래량이 많은 곳. '지지·저항영역으로서의 거래량'을 보라.

"어떤 회사에 대해 알려면 어떻게 해야 하는 거죠?" 제이크가 물었다. "보험회사를 끌고 가는 멍청이들에 관해 뭐든 알고 싶어요."

나는 그가 내 말을 그렇게 중요하게 생각하리라고는 짐작도 하지 못했다.

Chapter **05**

대응이 필요한 특수 상황

05

일단 차트 패턴에 익숙해지면, S&P500 지수를 보고 다음 몇 주 동안 주가가 어떤 방향으로 움직일지 예측할 수 있을 것이다. 언제나 옳지는 않겠지만, 주식 거래에 도움이 될 만큼 정확한 예측이 가능할 것이다. 지수가 오를 것이라고 예상되면, 매수에 나서라. 지수가 떨어질 것 같으면, 시장에서 빠져나오거나 방어주(예컨대 배당을 지불하며 대개 다른 주식들보다 휘발성이 크지 않은 공익사업주)를 매수하라.

대응이 필요한 특수 상황

"오늘은 특수한 상황에 대해 가르쳐드릴게요." 일상적이지 않은 이 상황 중 일부는 거래 기회를 제공하기 때문에 찾아서 확인할 만한 가치가 있지만 일부는 알아둘 만한 정보에 그친다는 점을 기억하기 바란다.

강세장과 약세장

"이건 어때요?" 제이크가 말하고 나서 나를 돌아보며 미소 지었다. 그는 모의 거래로 거래기법을 다듬을 수 있는 차트 패턴을 찾고 있었다.

나는 컴퓨터 앞으로 의자를 끌어당겨 차트를 들여다봤다. "별론데요." 제이크가 안경을 쓰고 있었다면, 그 안경을 벗겨 깨끗하게 닦아주고 싶었다. "약세장인데 주식을 사면 안 되죠. 그건 고속도로에서 반대 방향으로 운전을 하는 것과 같아요. 다른 걸 찾아보세요."

차트 패턴으로 주식을 매매하여 돈을 벌려면 추세를 따르는 게 중요하다. 어느 정도 주식 거래를 해본 경험이 있다면, 추세에 맞서지 말라는 말을 들어봤을 것이다. 이것은 무슨 말인가? 강세장에서 매수하고, 약세장에서는 매도하거나 공매도하라는 뜻이다.

일단 차트 패턴에 익숙해지면, S&P500 지수를 보고 다음 몇 주 동안 주가가 어떤 방향으로 움직일지 예측할 수 있을 것이다. 언제나 옳지는 않겠지만, 주식 거래에 도움이 될 만큼 정확한 예측이 가능할 것이다. 지수가 오를 것이라고 예상되면, 매수에 나서라. 지수가 떨어질 것 같으면, 시장에서 빠져나오거나 방어주(예컨대 배당을 지불하며 대개 다른 주식들보다 휘발성이 크지 않은 공익사업주)를 매수하라.

내가 이 글을 쓰고 있는 시점은 2005년 2월이다. 1월 3일, 나는 9%의 손실을 보며 버텍스 제약의 주식들을 처분했다. 아이구! 하지만 그건 시작에 지나지 않았다. 다음날, 또 다른 4개의 주식이 손실제한주문에 걸렸다. 어떤 주식은 이익을 봤고, 어떤 주식은 손실을 냈다. 1월 중순에 이르자, 내가 보유하고 있는 모든 주식이 손실제한주문에 걸려 자동적으로 매매됐다. 어쨌든 10,000달러의 수익은 올렸다. 하지만 나는 더 많은, 훨씬 더 많은 수익을 바라고 있었다.

나는 새로운 거래에 뛰어들고 싶은 마음뿐이었지만, 시장은 내게 하락세가 계속될 것이라고 줄기차게 얘기하고 있었다. 정말로 주가는 계속 내려갔다. 그 뒤 나는 엑슨 모빌과 라이오넬 케미컬에서 상승 기미를 발견했다. 이 두 주식은 상승 삼각형을 형성했다. 주가 상승은 약 한 주 동안 지속됐고, 나는 이두 주식에서 4,350달러의 돈을 벌었다.

상승장과 하락장 설명으로 돌아가보자. 차트 패턴의 성취율performance은 상승장이냐 하락장이냐에 따라 달라진다. 일단 상승 삼각형에 대해 얘기를 꺼냈으므로, 좀더 얘기를 해보자. 나는 1,092개의 상승 삼각형을 찾아 이탈 후 주가 움직임에 대해 조사해봤다. 표 5.1은 조사 결과를 보여준다. 상승장의 경우, 상승 삼각형에서 상향 이탈이 일어난 뒤 주가는 평균 35% 상승했다. 그렇다고 상승 삼각형에서 거래하면 35%의 수익을 올릴 수 있다고 생각하지는 말라. 왜냐하면 ① 여기에는 수수료가 포함되지 않았으며, ② 아무런 비용도 없는 순수한 거래를 상정한 것이며, ③ 당신은 형편없는 거래자일 수 있기 때문이다.

표 5.1 상승장과 하락장에서 상승 삼각형의 패턴 성취율

상승 삼각형	강세장	약세장
상향 이탈	35%	30%
하향 이탈	19%	24%

약세장의 하락폭(24%)은 강세장의 상승폭(35%)보다 크지 않다는 사실에 주목하라. 약세장에서보다는 강세장에서 더 많은 돈을 벌 수 있다는 의미다.

강세장과 약세장에 관한 완벽한 통계 자료를 알고 싶다면, 내 책 『차트 패턴 백과사전Encyclopedia of Chart Patterns』(Wiley, 2005)을 보라. 그 책에는 63개 차트 패턴의 성취율에 관한 통계수치들이 제시되어 있다.

역추세 패턴 (countertrend pattern)
하락장에서 상향 이탈이 일어나거나 상승장에서 하향 이탈이 일어나는 패턴. 이탈의 방향이 시장의 전반적인 추세와 반대된다.

추세에 따라 거래하라. 상승장에서는 차트 패턴의 상향 이탈에 따라 거래하고 하락장에서는 차트 패턴의 하향 이탈에 따라 거래하는 게 최선이다. 역추세 패턴에 따른 매매는 피하라. 약세장의 상향 이탈 시 매수에 나서거나 강세장의 하향 이탈 시 주식을 매도하는 일은 하지 말라. 그것은 마치 물살을 거스르며 헤엄을 치는 것과 비슷하다. 강 건너편으로 갈 수 있을지 모르지만, 서두르지 않는다면 초고속 보트가 당신을 치고 갈 수도 있다. 되도록 시장에 있는 시간을 줄이면서 돈을 벌라.

추세라는 말은 전체 주식시장의 추세뿐만 아니라 해당 산업 부문의 추세까지 의미하고 있다. 주식시장은 과열되어 있는데 공작기계 산업이 어려움을 겪고 있다면 공작기계 제조사의 주식은 피해야 한다. 나는 34개 산업 부문에서 각각 5개 이상의 주식을 날마다 체크한다. 매수 기회가 발견되면, 나는 해당 산업 부문의 다른 주식들도 살펴본다. 하지만 그 종목들의 주가가 이미 고점에 도달한 것 같으면 시장에 들어가지 않는다.

"사람들이 어떻게든 바닥에서 주식을 낚아채려고 하는 건 아시죠?"

제이크는 머리를 흔들었다. 추세에 따라 거래하는 게 힘들다는 것을 알았기 때문이다. 그래도 그는 차트 패턴에서 상향 이탈이 일어나 새로운 고점을 기록한 주식을 거래했을 때 가장 큰 수익을 냈다.

상승 함정과 하락 함정

전망이 밝다는 것을 확인하고 뛰어들었는데 추세가 바뀌면 포트폴리오는 핏빛으로 물든다(미국의 캔들차트는 우리나라와 반대로 하락 시 적색으로 나타낸다. – 옮긴이). 그림 5.1은 한 가지 예를 보여준다. 전형적인 상승 삼각형 패턴으로 고점대는 평평한 반면 저점대가 점점 상승하고 있다. 주가는 일정 폭 안에서 횡보세를 보이며 각각의 추세선과 두 차례 이상 만나고 있다. 또한 패턴은 빈 공간이 적고 주가 움직임들로 채워져 있다. 이러한 패턴은 주가가 추세선의 경계 바깥에서 형성될 때 완성된다(A). 상승 삼각형의 70%는 상향 이탈이 일어난다.

그런데 이 그림에서 주가는 A에서 주춤거리다가 하락했다. 그런 후 아래쪽 추세선에서 반등했지만 B에서 급락했다. 하루 동안 거래량이 폭주하며 거의 3달러나 떨어졌다. A에서 매수한 사람들은 아마 손실을 보고 팔았을 것이다. 사람들은 주가가 더 떨어지리라 예상하며 B에서 공매도 거래를 했다. 그들은 옳았다. 하지만 그건 잠시 동안이었다. 주가는 더 하락했다가 거래량이 엄청

코그넥스 (정밀 기계, 나스닥, CGNX)

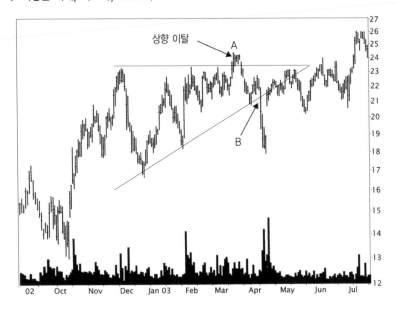

그림 5.1 상승 함정은 상향 이탈(A) 때 낙관적인 거래자들을 꾄 다음 물 밑으로 끌어내려 B에서 커다란 출혈을 하게 만든다.

나게 많아지며 반등했고, 상승갭이 형성됐다. 주가는 그 뒤 더 올라갔다.

A는 전형적인 상승 함정Bull Trap이다. 상향 이탈이 일어난 뒤 주가가 상승했다가 이내 하락한다. B는 하락 함정Bear Trap이다. 주가가 떨어지리라 예상했던 사람들은 상승갭이 형성되면서 주가가 다시 뛰어올랐을 때 큰 실망을 느꼈을 것이다.

제이크는 팔꿈치로 나를 찌르며 물었다. "이런 함정을, 일어나기 전에 어떻게 알 수 있는지 독자들에게도 얘기 좀 해줘요."

제이크의 말은 듣지 마시길. 그도 분명히 모를 테니까. 주가가 패턴을 이탈하고 나서 A나 B에서 언제 반전하는지 알 수 있는 방법은 나도 잘 모른다.

거래량 패턴은 실제 이탈의 경우와 다르지 않고, 꼭짓점과의 거리도 마찬가지다. 위쪽의 저항선, 아래쪽의 지지선, 시장 반전 또는 산업 반전 등 모든 것이 거래자에게는 함정이 될 수 있다. 차트 패턴을 보고 거래를 할 때는 이런 상황들이 일어나기 때문에 투자금을 잃지 않기 위해서는 재빠른 행동이 필요하다. 매수를 한 뒤 손실제한주문을 해두는 게 중요한 것도 이 때문이다.

플랫형 기반

플랫형 기반은 주기적으로 열심히 찾아봐야 한다. 주간 차트에서 이러한 모양을 찾기가 보다 쉽기 때문에 나는 주간 차트를 활용한다. 그림 5.2는 한 가지 예를 보여준다. 플랫형 기반이란 길고 수평적인 주가 움직임으로 정의할 수 있다. 그림의 플랫형 기반은 2003년 3월에 시작되어 10월의 상향 이탈로 끝이 난다. 한 주 뒤부터 상승 직각 확대형이 형성됐다. 플랫형 기반 뒤에 곧바로 어떤 차트 패턴이 형성되면 대개 상향 이탈이 대단히 큰 폭으로 이뤄진다는 것을 뜻한다. 이때가 시장에 들어가 주식을 매수할 적기다. 물론 무슨 일이든 일어날 수 있으니 그래도 손실제한주문은 꼭 해둬야 할 것이다.

내가 아는 또 다른 정보에 따르면 플랫형 기반이 길수록 주가 상승폭이 크다. 어떤 사람은 심지어 이 길이로 상승폭을 예측하곤 하는데 이 방법은 그다지 믿을 만하지 못하다. 시간의 길이(플랫형 기반의 길이)를 주가 움직임(그 길이를 수직 방향으로 투영하여)의 기준으로 삼다니. 당신이 한번 알아보라.

"나도 분명히 여기서 오를 거라고 생각했을 거예요." 제이크가 가슴을 내밀며 우쭐거리듯 얘기했다.

"그거야 모를 일이죠." 내가 대답했다.

플랫형 기반(flat base)
몇 주 혹은 몇 달 동안 주가가 여러 차례 똑같은 혹은 비슷한 가격에서 형성되며 밀집 구간이 만들어질 때를 말한다. 주간 차트에서 가장 쉽게 확인할 수 있다. 이 영역의 바닥은 대개 평평하고 때때로 그 뒤에 이어질 주가 상승의 기반이 된다. 일부 차트 패턴(이중 바닥형, 삼중 바닥형, 머리어깨형)이 플랫형 기반의 출현 후에 형성되는데, 이때 패턴의 바닥은 보통 플랫형 기반이 이루고 있는 가격 수준보다 약간 아래에서 만들어진다.

발레로 에너지 (석유, 뉴욕 증권거래소, VLO)

그림 5.2 플랫형 기반에서 이탈이 일어난 후 차트 패턴이 생겨났다.

갭

"나는 갭이 싫어요." 제이크가 말했다. "사람들은 갭을 너무 중시하는 것 같아요." 나는 그의 말이 옳다고 생각했다. 왜냐하면 사람들이 생각하는 만큼 갭이 주가 움직임에 힘을 불어넣지는 못하기 때문이다. 예컨대 나는 상승장의 상향 이탈 때 갭을 형성한 120개의 상승 삼각형과 갭을 형성하지 않은 543개의 상승 삼각형을 조사해봤다. 갭이 있는 경우나 없는 경우나 모두 이탈 후주가 상승폭이 평균 35%였다. 상승폭이 완전히 똑같던 것이다. 표 5.2는 흔히 볼 수 있는 일부 차트 패턴에서 상향 이탈이 일어났을 때의 주가 상승폭

표 5.2 상승장에서 상향 이탈 시 주가 상승폭

차트 패턴	갭이 있을 때(%)	갭이 없을 때(%)	상승폭이 큰 쪽
확대 천정형	26	29	갭이 없을 때
손잡이가 달린 컵형	39	33	갭이 있을 때
다이아몬드 바닥형	40	36	갭이 있을 때
이브&이브 이중 바닥형	42	40	갭이 있을 때
높고 조밀한 깃발형	67	71	갭이 없을 때
역 머리어깨형	43	37	갭이 있을 때
파이프 바닥형	40	45	갭이 없을 때
사각형 천정형	38	40	갭이 없을 때
상승 삼각형	35	35	똑같음
하락 삼각형	44	34	갭이 있을 때
대칭 삼각형	35	31	갭이 있을 때
삼중 바닥형	34	38	갭이 없을 때
하락 쐐기형	39	31	갭이 있을 때

을 보여주고 있다. 이 결과는 순수한 거래를 가정하고 있고, 이탈 가격에서 최고점까지의 거리를 측정한 값이다.

그림 5.3은 상승 삼각형에서 상승갭을 형성하면서 이탈이 일어난 것을 볼 수 있다. 이 갭은 보통갭common gap이라고 불린다. 주가가 떨어지며 며칠 뒤 갭이 메워지기 때문이다. 다른 종류의 갭은 훨씬 더 큰 폭의 주가 움직임을 보인다.

삽입된 그림은 상승갭bullish gap과 하락갭bearish gap을 보여주고 있다. 상승갭은 장중 저가가 전날의 고가를 상회할 때 만들어진다. 하락갭은 장중 고가가 전날의 저가를 하회할 때 형성된다. 이 둘은 모두 가격 차트에서 빈 공간을 만

갭(gap)

주가가 지나지 않은 가격대상의 빈 공간을 가리킨다. 오늘의 고가가 어제의 저가보다 아래에 있거나 오늘의 저가가 어제의 고가보다 위에 있을 때 갭이 형성됐다고 말한다. 나중에 가격이 후퇴하여 이 공간을 덮을 때 갭이 메워졌다고 한다.

아이박스 (제약, 아메리카 증권거래소, IVX)

그림 5.3 상승 삼각형에서 이탈일 갭이 나타났다. 별도의 작은 박스에서는 두 종류의 갭을 볼 수 있다.

들어놓는다.

그림 5.3의 점선은 상승 삼각형의 천정을 잇는 내부 추세선이다. 점선 위에 있는 추세선은 접점의 수가 충분치 않아 상승 삼각형을 확인시켜주지 못한다. 그래서 점선을 그린 것이다.

"사실 나도 그것 때문에 한마디 하고 싶었어요." 제이크가 말했다.

나는 웃었다. 제이크는 이제 학구열에 불타는 모범생이 되어 있었다. 그가 가는 길을 이따금 머피의 법칙이 가로막기는 하지만 말이다. 그는 높아져가는 건강보험료를 제때에 내기 위해서는 충분한 돈을 벌어야 하기 때문에 매우 진지해져 있었다. 내가 그를 돕기 시작한 지 몇 개월이 지나 그는 최초의 투자금에서 상당한 돈을 벌었다. 물론 상승장에서는 거의 누구나 돈을 벌 수 있다. 진정한 시험은 일이 나쁘게 돌아갈 때 닥친다. 이제 그런 상황이 닥치면 제이크는 손절매를 할 수 있을까?

낮아지는 고점과 높아지는 저점

추세가 언제 바뀌는지 알고 싶은가? 고점과 저점에 주목하라. 상승 추세에서는 고점도 높아지고 저점도 높아진다. 하락 추세에서는 고점도 낮아지고 저점도 낮아진다.

그림 5.4에서 고점 A와 B를 보라. B는 A보다 약간 낮다. 이 주식의 매수자들은 열의를 잃고 매도 세력이 B에서 주가 상승을 저지하도록 내버려뒀다. 모멘텀이 상승에서 하락으로 바뀌면서, 언덕을 굴러 내려오는 눈덩이처럼 추가적인 매도세가 합세했다. 주가 상승이 B에서 A를 넘어서지 못하고 더 높은 고점을 기록하지 못했다는 사실은 추세가 바뀌었다는 것을 암시한다.

B가 반드시 A 아래에서 멈춰야 하락세로의 전환을 의미한다고 할 수는 없다. 차트는 정밀과학이 아니다. 때로 주가는 저항선을 만나기 전에 A보다 B가 약간 더 높아질 수 있다. 앞의 그림 5.3의 A와 B는 이런 상황을 보여주는 한 가지 예다.

그림 5.4의 고점 E 이후로 하락하는 고점의 또 다른 예를 볼 수 있다. 고점이 계속하여 조금씩 낮아지면서, 하락세의 전개를 시사하고 있다.

실망스런 소식은 A와 B 같은 상황이 정말로 추세 반전의 신호가 되는 것은 단 35%에 불과하다는 것이다. 이 수치는 2개의 고점이 이중 천정형으로 확인되는 확률이기도 하다. 이중 천정형은 주가가 2개의 고점 사이에 있는 저점 아래로 떨어졌을 때 완성된다. 상승장에서는 64%의 경우 주가가 그 정도로 하락하기 전에 반등하여 새로운 고가를 기록한다.

저점 역시 추세 반전의 신호가 될 수 있을까? 물론이다. 예컨대 그림 5.4

HNI (가구, 뉴욕 증권거래소, HNI)

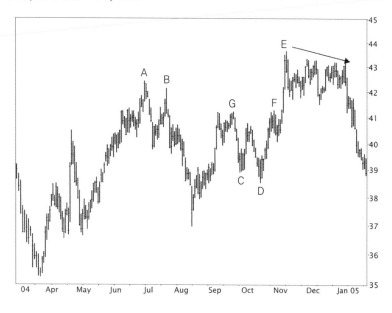

그림 5.4 고점이 낮아지면(A, B) 추세가 하락세로 바뀐다는 신호다. 저점이 계속하여 낮아지지 않으면 (C와 D 이후), 추세가 상승세로 바뀐다는 신호다.

의 C와 D를 보라. 저점 D는 저점 C보다 낮지만, 여기서 주가가 하락을 멈추고 반등한다. 주가는 F에서 상승을 멈췄는데, 9월의 천정(G 가격대)과 일치한다. 주가는 그 다음 1포인트 정도 하락하지만, 어림수 40에서 지지선을 만나 그 뒤 상승을 이어나간다.

이 차트에서 2개의 고점 F와 G는 추세 변화를 나타내지는 않는다. 하지만 2개의 저점 C와 D는 모멘텀이 하락에서 상승으로 바뀌었다는 것을 보여준다. 고점의 경우와 비슷하게, 주가는 이전의 저점 바로 위까지 떨어진 다음 반등할 수도 있다. 그런데 두 번째 바닥이 생겨나면 정확히 36%의 경우에서 추세 변화가 일어난다. 이 수치는 상승장에서 2개의 저점이 유효한 이중 바닥형으로 확인되는 확률이기도 하다.

주식을 샀는데 그림에서처럼 주가가 5월의 37포인트에서 A까지 치솟으면, 당신의 얼굴은 흥분으로 달아오를 것이다. 하지만 아마추어들이 날마다 서류 상의 수익을 따져보고 있는 동안 프로들은 언제 추세가 바뀔지에 온통 신경을 쓸 것이다. 두 번째 고점이 첫 번째 고점 근처에서 멈추면, 당신은 식은땀을 흘리며 팔 때가 됐다고 생각해야 한다. 하지만 인내심을 가져야 한다. 매도 시점은 두 고점 사이의 저점보다 아래에서 종가가 형성됐을 때여야 한다. 이 때 팔라. 상승장에서 세 번 중 두 번은 주가가 다시 상승한다는 것을 기억하고, 너무 빨리 방아쇠를 당기지 말지어다.

부분 상승과 부분 하락

부분 상승과 부분 하락은 확대형과 사각형에서 일어나는데 이탈을 미리 알려 주는 소폭의 주가 움직임이다. 이탈은 보통 곧이어 일어난다.

그림 5.5에서 우선 부분 상승부터 알아보기로 하자. 먼저 유효한 패턴을 찾아보라. 차트 패턴은, 주가가 위아래의 추세선과 적어도 두 번씩 만나고 어떤 개별 차트 패턴의 확인에 요구되는 조건을 충족시켜야 한다. 그 뒤 주가가 아래쪽 추세선을 찍고 상승하다가 위쪽 추세선에 가 닿기 전에 머리를 수그린다. 보통 이때 곧바로 하향 이탈이 일어난다.

그림 5.5는 확대 바닥형에서 부분 상승의 예를 보여준다. 부분 상승은 A에서 시작된다. 여기서 주가는 아래쪽 추세선에 닿은 다음 반등하지만 얼마 못 가고 하향 이탈이 일어난다. 확대 바닥형은 부분 상승이 나타나면 67%의 경우 하향 이탈이 발생한다.

부분 상승이 일어난 649개의 차트 패턴을 통계적으로 분석해보면, 부분 상승폭은 패턴 높이의 60%가 평균이었고, 36%와 62%를 기록할 때가 가장 많았다. 36%와 62%는 38%와 62%의 피보나치 되돌림과 비슷하거나 똑같다.

그림 5.5 부분 상승이 하향 이탈을 예측하고 있다. 부분 하락은 상향 이탈을 예고한다.

어쨌든 부분 상승은 보통 차트 패턴 높이의 60%까지 올라갔다가 고개를 수그리는 것이다.

　"괜찮은 정보군요." 제이크가 말했다. "주가가 패턴 높이의 62%를 넘어가면 계속 올라간다고 봐야겠군요."

　부분 하락은 상향 이탈에 적용된다는 점 말고는 부분 상승과 거의 똑같다. 주가는 위쪽 추세선에 닿았다가 하락하지만 아래쪽 추세선에 이르지 못하고 다시 위로 치솟아 상향 이탈이 일어난다. 부분 하락은 어떤 유효한 패턴이 나타나고 나서 상향 이탈이 일어나기 전에 발생한다.

　그림 5.5 왼쪽 아래에 있는 작은 차트를 보자. 주가가 B에서 위쪽 추세선

을 만나 하락한 다음 다시 상승하여 상향 이탈이 발생했다. 확대 천정형은 72%의 경우 부분 하락이 발생한다. 543개의 부분 하락을 분석한 결과, 주가는 평균적으로 패턴 높이의 59%까지 하락했는데, 36%와 75%를 기록할 때가 가장 많았다.

아쉬운 점은 부분 상승과 부분 하락으로 거래를 하기는 힘들다는 것이다. 주가는 위아래로 움직이다가 어느 지점에서 머뭇거린다. 그러면 반전이 일어날 것 같지만 다시 원래의 방향대로 움직여가곤 한다.

이런 경우에 대처하기 위해서는 62%의 피보나치 되돌림을 활용해야 한다. 예컨대 그림 5.5에서 주가가 C에서 A까지 하락폭의 62%를 상승하고 나서 다시 하락할 것 같으면, 보유하고 있던 주식을 팔아치우고 공매도 거래를 해야한다. 38%와 50% 되돌림의 경우도 마찬가지다. 이 경우에 대해서는 당신이 직접 알아보기 바란다.

제이크가 새 양복을 입고 실크 넥타이를 매고 반짝거리는 구두를 신고 사무실로 들어왔다. 그는 내가 들여다보고 있던 화면 위로 고개를 내밀더니 이렇게 얘기했다. "독자들한테 시스코 때문에 3,000달러를 잃었다는 얘기는 안했죠?"

나는 하락 직각 확대형에서 부분 하락이 일어났을 때 시스코 주식을 샀다. 그런데 주가가 위쪽 추세선을 찍더니 힘없이 주저앉았다. 나는 주가가 하향 이탈하자마자 팔아치웠다. 그래도 15%를 잃었다. 평상시보다 배나 되는 손실이었다.

"내가 어떻게 바코 주식으로 돈을 땄는지 말해줄까요? 어때요? 들어볼래요?" 제이크가 말했다. 그는 의회에서 연설을 하는 윈스턴 처칠이나 되는 듯 거드름을 피웠다. 그림 5.6을 보자. 제이크는 5월 말 9.38달러에 600주를 샀다. '바코가 시추장비 투자로 괜찮은 수익을 내리라 생각했기' 때문이다. 그는 13달러를 예상 목표가로 잡았지만, 주가가 8.75까지 내려갈 수 있다고 생각했다. 8.75달러는 그가 주식을 매입하기 며칠 전의 저가였다. 그는 또한

바코 인터내셔널 (유전 서비스 · 장비, 뉴욕 증권거래소, VRC)

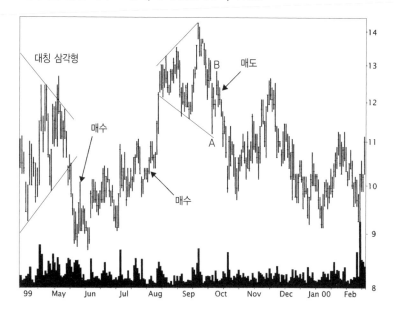

그림 5.6 제이크는 주식을 두 차례 매수했고 부분 상승이 일어나자 매도했다.

대칭 삼각형의 꼭짓점에 자리한 11달러 수준을 저항선으로 봤다. 대칭 삼각형은 4월에 나타났는데, 주가가 위쪽 추세선을 뚫고 있기 때문에 이상해 보일지 모른다. 주가와 추세선의 또 다른 접점들은 차트 바깥에 있어 보이지 않는다.

"여름이 다가오고 석유수출국기구OPEC가 생산량을 유지하면서 유가도 그대로 갈 것 같더라고요. 하지만 바코 주가는 떨어질 것 같았어요. 그래서 10% 정도 떨어지면 주식을 좀더 매수하리라 마음먹었죠."

"애버리징averaging down(주가 하락 시 주식 수를 늘려 평균 매입단가를 낮추는 것. –옮긴이)이라." 나는 쯧쯧 혀를 찼다. "장기 투자라면 몰라도 단기 거래에는 애버리징이 돈을 잃기 딱 좋은 방법이죠."

7월 말 그는 10.38달러에서 500주를 더 매수했다. "볼린저 밴드(이동평균을 이용한 가격 변동 밴드 분석기법으로 주가 변동성에 따라 가격 변동 밴드가 탄력적으로 변화한다. ―옮긴이)는 그전 두 달 동안 낮은 주가 변동성을 보여줬지요." 한마디로 밴드 폭이 좁다는 뜻이다. "그전에도 낮은 주가 변동성이 석 달간 지속되다가 주가가 8에서 13달러로 껑충 뛴 적이 있었죠."

손실 목표점은 5월의 저점인 8.63이었고, 가격 목표점은 13이었다. 그는 앞으로 한 달 반 안에 주가가 그만큼 상승하리라 생각하고 있었다. 그런데 주가는 한 주 뒤 상승했다. 주가가 14.25까지 올라가면서 확대 천정형이 만들어졌다.

"10월 1일, 주가가 아래쪽 추세선으로 움직이기 시작하기에 12달러에 1,100주 모두를 팔아치웠어요. 정말 전형적인 부분 상승 패턴이었죠." 그림에서 주가가 A에서 아래쪽 추세선을 떠나 B까지 올라갔다가 고개를 수그리는 것을 볼 수 있다. 두 차례의 거래에서 그는 2,300달러 이상, 즉 21%의 수익을 올렸다. "당신도 그 뒤에 주가가 어떻게 됐는지 볼 수 있을 거예요. 그래요. 이따금 가지고 있던 주식을 다 처분해야 할 때가 있는 법이죠." 주가는 반등하기 전에 9.19까지 내려갔다. 그가 판 수준에서 23%나 떨어진 가격이다.

급등과 급락

그림 5.7은 주가가 A에서 B로 급등하고 나서 어떤 일이 일어났는지 보여주고 있다. 주가는 계속 하락하여 C에서 하락을 멈췄다. 5월의 고점에서 64%나 하락한 수준이다. 이것은 일반적인 경우인가 아니면 특수한 경우인가? 당신이 이 주식을 계속 갖고 있다면, 이 질문에 대한 답은 중요하지 않다. 주식시장에서 돈을 벌고 싶다면, 주가가 떨어질 때는 주식을 팔아야 한다.

다이아몬드 천정형은 급등 후 급락 상황에서 나타나는 재미있는 패턴이다. 그림 5.7의 삽입그림을 보면, 주가는 D에서 수직 상승하여 다이아몬드 천정

파스테널 (건축자재 소매, 나스닥, FAST)

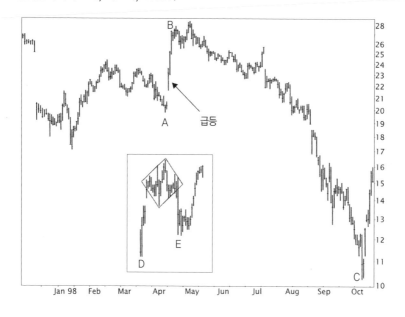

그림 5.7 주가가 A에서 B로 급등한 뒤 B에서 C로 점진적인 주가 하락이 일어난다.

형을 만든 다음 폭락하여 E에서 거의 모든 상승분을 까먹었다. 나는 이런 모양이 흔하다고 생각했는데, 사례를 조사해보고 나서 생각만큼 흔하지는 않다는 사실을 알았다. 파스테널의 경우는 주가가 급하게 치솟은 다음 점진적으로 떨어진 사례다.

그렇다면 주가는 급락 후에는 어떻게 될까? 급등할까? 그렇다. 하지만 그 반대의 경우보다 흔하지는 않다. 급락 후 급등은 다이아몬드 바닥형에서 이탈이 일어난 뒤에 볼 수 있다. 그림 5.7의 삽입그림을 거꾸로 뒤집었다고 상상해보라. 바로 그 모양이다.

그래도 한 가지 주의를 당부해야 할 것 같다. 급등이 일어났다고 해서 꼭 급락이 뒤따른다고 할 수는 없다. 깃발형과 페넌트형에서는 급등하는 시점을 찾아야 한다. 패턴이 완성되면 주가가 반전해 거의 패턴 전의 상승폭만큼 상 승하기 때문이다. 이때는 패턴 후에 주가가 하향 이탈하지 않고 상향 이탈한 다는 점이 다른 점이다. 어쨌든 다시 한 번 말하면, 보유하고 있는 주식의 가 격이 하락한다면 즉시 팔아버려라. 그러지 않으면, 그림 5.7과 같은 재앙을 맞게 된다.

꼬리

그림 5.8의 일간 차트에서 꼬리tail 또는 스파이크spike의 몇 가지 예를 볼 수 있 다. 꼬리는 긴 주가 움직임으로, 보통 가파른 상승 또는 하락 이후 주가가 순 식간에 반전할 때 나타난다.

  삽입그림은 상승 꼬리를 확대한 모양이다. 상승 꼬리는 주가가 폭락했지만 종가가 장중 최고치 근처까지 올라갔을 때 나타난다. 하락 꼬리는 산꼭대기 에 꽂혀 있는 기다란 안테나와 비슷하게 생겼다. 이런 모양은 주가가 폭등했 다가 종가가 장중 최저치 근처에서 형성될 때 나타난다. 그림에 있는 모든 꼬 리는 41달러 근처에서 나타난 9월 말의 꼬리 말고는 모두 이 조건을 따르고 있다. 9월 말의 꼬리는 종가가 장중 저가가 아니라 고가 근처에서 기록됐다.

  내가 보유하고 있던 주식이 급격하게 하락했던 적이 있다. 나는 서류상의 손실 때문에 화가 났지만, 곧 혼자 미소를 지을 수 있었다. 주가가 상승 꼬리 를 만들었기 때문이다. 당연하다는 듯 주가는 다음날 반등했고 곧이어 새로 운 고점을 기록했다. 이때도 꼬리는 중요한 전환점이 됐다.

  꼬리는 사람들이 공황 상태에서 앞 다투어 매수하거나 매도하기 때문에 주 가가 갑작스럽게 상승하거나 하락하는 것을 보여준다. 이 때문에 역지정가주 문이 연속적으로 발동할 수도 있다(하락 시의 경우라면 손실제한주문이 도미 노처럼 실행되면서 주가가 장중에 급격하게 하락한다. ─옮긴이).

아메렌 (전기설비, 뉴욕 증권거래소, AEE)

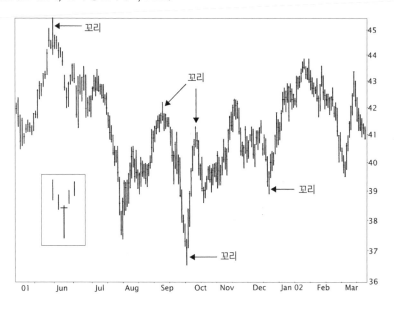

그림 5.8 몇 개의 꼬리가 이 주가의 움직임에서 중요한 전환점을 이루고 있다.

매수자에 의한 역지정가주문이 모두 소진되면 매수세가 매도세에 밀리면서 주가는 급락한다. 차트상에는 윗부분에 긴 꼬리가 만들어지면서 종가는 그날의 저가 근처에서 기록된다. 다음날에도 매도자들은 여전히 우위를 점한다. 매수를 원하는 사람들은 전날 이미 매수를 했기 때문이다. 이에 따라 그 후로도 주가는 계속하여 떨어지고, 꼬리는 산꼭대기에 홀로 서 있는 나무처럼 남게 된다.

꼬리를 좇으면서 한 가지 배운 점은 서두르지 않아야 한다는 것이다. 꼬리가 나타났다고 생각하면 하루 정도는 그냥 보내라. 왜 그런가? 다음날 비슷한 주가 움직임이 나타나면서 넓은 거래 범위가 형성되고 꼬리를 덮어버릴 수 있기 때문이다. 그러면 그 꼬리를 거래 신호로 생각할 수 없을 것이다. 많은 경우 주가 움직임은 다시 시작되기 전에 며칠 동안 꼬리 밑 부분에 밀집해 형성된다. 따라서 행동하기 전에 상황을 신중히 고려할 시간이 필요하다.

꼬리 추종

제이크는 종종 어두운 컴퓨터 화면을 거울 삼아 머리를 빗곤 한다. "오늘 아침 꼬리를 보고 주식을 하나 팔았어요. 어떻게 된 건지 말해줄게요."

그림 5.9가 거래 상황을 보여주고 있다. 제이크는 이브&이브 이중 바닥형이 만들어지는 것을 봤다. 하지만 이탈 가격에서 제때에 매수 주문을 내지 못했다. 만약 그랬다면 그는 훨씬 더 나은 가격—대략 11.85달러—에 주식을 매수할 수 있었을 것이다. 그가 말했다. "반도체 주식은 별로였어요. 연중 최저가 근처에서 거래되고 있었죠. 하지만 사이프러스는 괜찮아 보이더라고요."

그림 5.9에서 보듯이 1,300주 매수 주문은 12.69달러에서 이행됐다. "11.05달러에 손실제한주문을 해뒀고요. 2월 페넌트형의 바로 아래죠. 이 페넌트형이 주가가 떨어질 때 지지선이 되어줄 거라 생각했어요. 당신의 책에 따르면, 주가는 15.71까지 오르게 되어 있었죠." 그는 내가 『고전적인 차트 패턴을 거래하는 법』에서 얘기한 차트 패턴의 스코어 시스템을 말하는 것이다.

(보이지는 않지만) 2004년 6월에 14달러에서 형성된 저항선이 13~16달러 범위에서 주가 상승을 가로막는 장벽이 될 터였다.

CCI(Commodity Channel Index)
현재의 중간 가격과 중간 가격의 평균을 비교하는 가격 모멘텀 오실레이터. 나는 보통 20일 평균을 이용하고, 여기에 5일 DCCI 선을 함께 활용한다. 대개 지수와 가격 간의 다이버전스를 알아내는 데 이용한다.

"CCI(주가와 주가 이동평균 간 이격을 활용하여 주가 변동을 측정하는 보조지표를 말한다. —옮긴이)는 금요일에 매수를 지시하고 있었죠. 주가가 볼린저 밴드를 상향 이탈했고요." CCI는 제이크가 주로 다이버전스divergence(주가와 보조지표들이 서로 다른 신호를 보이는 것을 말한다. —옮긴이)를 체크하기 위해 활용하는 단기 거래 지표다. 다이버전

사이프러스 반도체 (반도체, 뉴욕 증권거래소, CY)

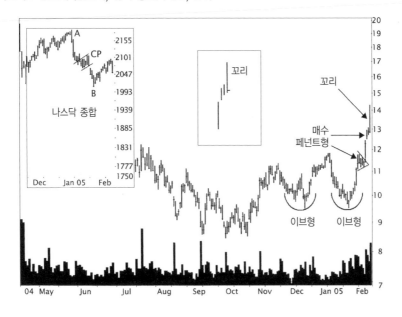

그림 5.9 차트의 오른쪽 끝에 꼬리가 등장했다. 당신은 이때 주식을 팔겠는가 아니면 주가가 올라가리라 예상하고 그대로 보유하고 있겠는가?

스는 지표와 가격이 다른 방향으로 움직일 때 일어난다.

삽입그림의 나스닥 종합 차트는 전체 시장의 흐름을 보여주는데, 제이크는 전체 시장은 하락할 것이라고 예상했다. "올해(2005년)는 하락세로 시작했지만 지난 2~3주는 상승세였어요." 그림 5.9에 있는 삽입그림을 보라. "그렇더라도 나스닥이 계속해서 상승한다면, 그건 놀라운 일이 될 거예요. 그런 일은 일어날 수가 없어요." 왜 그런가? "위쪽의 저항선 때문이에요. 조정 하락형이 형성되어 있는 거 보이죠? 지수는 이미 이 패턴의 조정 구간까지 올라가 있어요. 그러니까 이제 곧 지수가 하락할 수밖에 없는 거죠." 그림 5.9의 삽입그림을 보면, 가운데에서 조정 하락형을 볼 수 있다. 지수는 A에서 B로 떨어졌고 CP가 조정 구간이다.

"어제 차트를 펼쳐보니 꼬리가 나타났더라고요. 주가가 올라가기보다는 내려갈 위험이 더 크겠다 싶더군요. 그래서 개장 때 시세대로 주식을 팔라는 주문을 냈죠. 약간의 손실을 볼 거라고 생각했죠."

그는 운이 좋았다. 주식의 시가는 상승했고, 매도 주문은 13.28포인트에서 체결됐다. 그는 3일 만에 거의 750달러, 약 4.5%의 수익을 올렸다. 사실 꼬리는 만들어지지 않았다. 주가는 그 뒤 15 근처까지 상승했고, 이 과정에서 다른 바bar에 덮여버렸다. 사실 이 패턴이 정말 꼬리인지 제대로 확인하려 했다면 그는 좀더 기다렸어야 했을 것이다.

역지정가주문

역지정가주문은 현재가 위에서 매수하거나 그 아래에서 매도하겠다는 주문이다. 예컨대 나는 상승 삼각형에서 거래에 뛰어들기 위해 매수하고자 역지정가주문을 해둔다(상승 삼각형의 예는 그림 5.1, 5.3, 5.10을 보라). 이때 수평 추세선의 1센트 위에 주문을 해두면, 상향 이탈 시 좋은 가격에 자동적으로 주문이 체결될 것이다. 하락 시에도 역지정가주문(손실제한주문)을 해두면 포지션을 보호할 수 있다. 주가가 손실제한주문에 걸리면 주식은 자동적으로 매각된다. 아래에서 내가 활용하는 또 다른 역지정가주문 형태를 보도록 하자.

변동성 손실제한주문(volatility stops)

주가는 구름 낀 날의 햇빛처럼 들쑥날쑥 한다. 손실제한주문을 현재가에 너무 가깝게 붙여놓으면, 손실제한주문에 걸려 시장에서 너무 일찍 나올 확률이 높아진다. 변동성 손실

DCCI
Dual CCI, 즉 이중 CCI를 말한다. 지수 평활한 CCI의 5일 이동평균이다.

변동성 손실제한주문 (volatility stop)
정상적인 주가 변동성으로 인해 손실제한주문이 실행되는 일이 없도록 하기 위한 방법. 나는 보통 30일간 고가와 저가 간 차이의 평균을 구한 다음 그 값에 1.5를 곱한다. 현재의 저가에서 이 최종값을 뺀 값보다 아래에 손실제한주문을 둬야 한다.

어드밴스트 마이크로 디바이스 (반도체, 뉴욕 증권거래소, AMD)

그림 5.10 주가가 계속하여 새로운 고가를 기록해가는 동안 손실제한주문 가격을 함께 올려줘야 한다 (수평선으로 표시되어 있다).

제한주문은 나날의 주가 변동을 바탕으로 하고 있기 때문에 이를 미연에 방지하는 데 도움이 된다. (변동성 손실제한주문은 페리 카우프만의 『기술적 거래에 관한 단기 강좌A Short Course in Technical Trading』(Wiley, 2003)에서 배웠다. 보다 자세한 정보를 원한다면 그 책을 보라.)

나는 변동성 손실제한주문 가격을 계산하기 위해 주가 데이터를 스프레드시트에 넣고 돌린 다음 각 날짜에서 저가와 고가의 차이를 구한다. 그 다음에는 지난 한 달간의 차이를 평균한다. 여기에 1.5를 곱하고 나서, 이렇게 구한 최종값을 당일의 저가에서 빼 손실제한주문 가격을 구한다.

그림 5.10의 상승 삼각형을 보자. 매수를 위해 이탈 가격(E)의 1센트 위에

역지정가주문을 해뒀다고 하자. 손실제한주문은 어디에 해야 하는가?

나는 이탈 전 한 달 동안 평균 고가~저가 범위가 21센트임을 알아냈다. 이탈은 7.25에서 일어났으므로, 손실제한주문은 이탈 가격보다 32센트($0.32=$0.21×1.5) 아래, 즉 6.94 이하에 해둬야 한다. 주가는 20달러 아래에서는 특히 변동성이 크다. 이럴 때는 1.5보다 2를 곱해주는 게 더 좋다.

주가 상승 시 손실제한주문을 하는 법

주가가 올라가면 손실제한주문 가격을 함께 올려줘야 한다. 예컨대 그림 5.10은 상승 삼각형을 보여준다. 제이크가 6.94포인트로 변동성 손실제한주문을 해뒀다면, 주가가 B로 떨어졌을 때도 시장에 그대로 남아 있을 수 있었을 것이다. B의 저가는 7.07이다. 손실제한주문 가격이 현재가에 너무 근접해 있는 듯하면, F에서 E(이탈일에 확인할 수 있는 가장 높은 가격은 E이므로 E가 활용된다)까지 상승폭의 62% 피보나치 되돌림을 해봐야 한다. 그러면 손실제한주문 가격은 어림수 6.50보다 조금 높은 6.52가 된다. 하지만 손실제한주문 가격이 너무 낮으면, 큰 손실을 볼 수 있다. 이 경우는 10%다. 아무튼 손실제한주문 가격이 너무 낮지 않도록 주의를 기울여야 한다.

주가가 상승하면서 제이크는 손실제한주문 가격을 올렸다. 예컨대 주가가 A에서 새로운 고가를 기록했을 때, 그는 손실제한주문 가격을 전저점인 B 바로 아래까지 높였다. 주가가 C에서 새로운 고가를 기록하자 D로 올렸다. 수평의 지지영역 바로 아래쪽이다.

대각선 화살표는 주가가 새로운 고가를 기록한 곳이고, 수평선은 손실제한주문을 해둬야 하는 곳이다. 주가는 1997년 3월 중순 24.25포인트에서 최고가를 기록했다. 그 근처에는 손실제한주문을 해둘 평평한 부분이 없다. 17포인트에 있는 손실제한주문은 최고가보다 29% 아래에 있다. 너무 멀리 떨어져 있는 것이다. 이때는 어디에 손실제한주문을 해둬야 할까?

이 질문에 답하기 위해서는 변동성 손실제한주문을 이용해야 한다. 현재 변동성은 87센트다. 여기에 1.5를 곱하면 1.31달러가 된다. 따라서 최고가가 형성된 날의 장중 저가(23.25)에서 1.31을 뺀 수준, 즉 21.94 이하에 손실제한주문을 해둬야 한다. 여기에 손실제한주문을 해뒀다면, 그는 다음날 자동적으로 시장에서 나왔을 것이다. 주가는 그 뒤 계속하여 하락했고, 8.50달러에 이르러서야 중요한 지지선을 만났다.

이런 식으로 손실제한주문을 활용하면 손실을 크게 줄일 수 있고, 추락하는 주식을 붙들고 있는 대신 달콤한 이익을 향유할 수 있다. 아무튼 이 방법은 효과가 좋다.

상향 후퇴와 하향 후퇴

상향 후퇴와 하향 후퇴는 방향이 반대라는 것만 빼면 유사한 주가 움직임을 보인다. 그림 5.11은 머리어깨형에서 이탈 뒤 일어난 상향 후퇴와 하향 후퇴를 보여주고 있다. 상향 후퇴는 하향 이탈이 일어난 후 생겨나고, 하향 후퇴는 상향 이탈이 일어난 후 나타난다. 정의상 상향 후퇴와 하향 후퇴는 이탈 후 30일 이내 발생하고, 주가가 이탈 가격으로 되돌아가며 빈 공간을 만들어야 한다. 이런 빈 공간은 주가가 차트 패턴의 추세선을 따라 미끄러지듯 움직이는 현상과 후퇴의 유효성을 식별할 수 있게 해준다.

"당신이 발견한 사실을 독자들에게 말해줘요." 제이크가 말했다. 그는 내 어깨에 손을 얹으며 화면 위를 집게손가락으로 톡톡 쳤다. "숫자가 모든 걸 말해주죠, 안 그래요?"

하향 후퇴에 대해 먼저 알아보자. 나는 (몇 년에 걸쳐 수집한) 12,256개의 차트 패턴을 조사하여 평균적으로 53%의 경우에서 주가가 이탈 가격으로 하향 후퇴한다는 것을 발견했다. 주가가 이탈 후 최고점을 기록하는 것은 3일이 중앙값이지만, 이탈 가격으로 돌아오는 데는 평균 10일이 걸렸다. 스윙 트레이더에게 이 사실은 중요하다. 스윙 트레이더는 이탈 시점에서 매수하고 며

어드밴스트 마이크로 디바이스 (반도체, 뉴욕 증권거래소, AMD)

그림 5.11 주가는 머리어깨형에서 하향 이탈이 일어난 후 상향 후퇴했고, 역 머리어깨형에서는 상향 이탈이 일어난 후에 하향 후퇴했다.

칠 뒤 주가가 후퇴를 시작할 때 매도해야 하기 때문이다. 이탈 가격과 하향 후퇴의 최고점 사이 간격은 평균 10%였다. 따라서 타이밍만 잘 맞추면, 꽤 짧짤한 수익을 거둘 수 있다. 도수 분포를 보면, 주가 상승폭은 6~8%가 가장 빈번하다는 것을 알 수 있었다.

거래량이 많으면 70%의 경우에 하향 후퇴가 일어난다. 거래량이 많다는 것은 이탈일의 거래량이 30일 평균을 넘는다는 것이다. 따라서 거래량을 동반하여 이탈이 일어나면, 주가가 하향 후퇴할 것이라고 예상해야 한다. 물론 그렇게 되지 않을 수도 있지만, 어쨌든 확률에 따라 매매하면 수익을 거둘 수 있다.

하향 후퇴가 완료되면 14%의 경우 주가는 차트 패턴의 아래로 떨어진다. 그림 5.11을 보자. 만약 주가가 10월의 하향 후퇴 뒤에도 계속 떨어져 머리 아래에서 종가를 기록했다면, 지금 말한 14%의 경우에 속하게 됐을 것이다. 눈앞에서 일어나기 전까지는 이런 일이 그렇게나 자주 일어난다는 사실이 믿기지 않을 것이다. 하지만 어쨌든 이로써 하향 후퇴를 보고 거래할 때 어느 정도 조심할 필요가 있다는 것을 알 수 있을 것이다. 내가 관찰한 바로는 86%의 경우 주가는 차트 패턴의 최저점 아래로 떨어지지 않았다. 따라서 그 지점에 손실제한주문을 해두면, 심각한 손실을 피할 수 있고 또 잘 걸리지도 않을 것이다.

"독자들한테 상향 후퇴에 대해서도 말해줘요." 제이크가 말했다. 그는 관심을 끌기 위해 젖은 코로 주인을 찌르는 독일산 셰퍼드처럼 내 어깨를 손가락으로 찔렀다.

상향 후퇴는 내가 조사한 10,878개의 차트 패턴에서 56%가 발생했다. 주가 하락은 중앙값이 3일이었지만, 이탈 가격을 회복하는 데는 평균 10일이 걸렸다. 상향 후퇴의 최저점과 이탈 가격 사이 간격은 평균 9%였다. 하지만 도수 분포를 보면 4~10%에서 대략 고르게 발생했다.

상향 후퇴는 66%의 경우 평균 거래량 이상으로 이탈이 일어났을 때 발생했다. 세 번 중 두 번인 셈이다. 주가가 이탈 시점으로 회복되면 13%의 경우 상승을 지속했다. 예컨대 그림 5.11에서 6월 주가가 상향 후퇴한 뒤 상승을 지속하여 머리 위까지 치솟았다면, 지금 말한 13%의 경우에 속하게 됐을 것이다.

다른 종류의 차트 패턴을 조사해보면, 상향 후퇴와 하향 후퇴가 때로는 75%(섬꼴 반전)만큼 자주 일어나거나 31%(페넌트형)만큼 적게 일어난다는 것을 알게 될 것이다.

"이제 주가 상승폭과 하락폭에 대해 얘기해줄 차례에

중앙값(median)

중앙값은 변량을 순서대로 늘어 놓았을 때 한가운데 있는 값이다. 예컨대 변량이 10, 15, 30, 41, 52 라고 한다면, 중앙값은 30이다. 30 양쪽에 각각 2개의 변량이 놓이기 때문이다. 정확히 한가운데 있는 값이 없다면, 가운데 있는 2개의 값을 평균하여 구한다.

스윙 트레이딩 (swing trading)

주가가 단기적으로 저가에서 고가로 혹은 고가에서 저가로 움직일 때 차익을 노리는 거래 방법요." 제이크가 내 어깨 위로 고개를 내밀며 말했다.

나는 그를 돌아보며 말했다. "그런데 JCB 엔터프라이즈의 CEO가 죽어서 주가가 요동치고 있다는 소식 들었어요?"

제이크의 눈이 골프공만큼 커졌다. 그는 문으로 달려갔다. 나이가 60에 가까웠지만, 그래도 그는 원하기만 하면 여전히 재빠른 행동을 할 수 있었다. 나는 JCB 엔터프라이즈에 관한 소문이 적어도 몇 분간은 그를 내 등 뒤에서 떼어놓을 수 있으리라 생각하고 미소를 지었다.

상향 후퇴나 하향 후퇴가 일어날 때 패턴 성취율은 낮아진다. 예를 들어보자. 계속 머리어깨형head-and-shoulders에 대해 얘기했으므로 여기서도 그것으로 하자. 나는 672개의 역 머리어깨형을 조사하여 하향 후퇴가 일어났을 때 주가는 추세가 바뀌기 전까지 평균 32% 상승했다는 것을 알아냈다. 반면 하향 후퇴가 일어나지 않으면 주가는 평균 43% 상승했다. 이 두 수치는 상승장에서 얻은 것이며 또 순수한 거래의 평균이다. 따라서 당신이 거래에서 이 정도로 수익을 얻을 수 있다고 생각해서는 안 될 것이다.

상향 후퇴도 비슷한 경향을 보여준다. 하지만 수치의 차이는 보다 적다. 나는 상승장에서 하향 이탈이 일어난 815개의 머리어깨형을 조사했다. 상향 후퇴가 일어났을 때 주가 하락은 평균 20%였다. 반면 상향 후퇴가 없을 경우는 주가 하락이 평균 24%였다.

어떤 차트 패턴을 보고 거래하기 전에 위쪽의 저항선이나 아래쪽의 지지선을 조사하라. 저항선과 지지선이 대부분의 하향 후퇴와 상향 후퇴가 일어나는 원인이 된다.

상향 후퇴와 하향 후퇴는 차트 패턴을 거래하는 데 매우 중요하므로 문제를 한번 풀어보기로 하자. 그림 5.12는 유효한 머리어깨형에서 하향 이탈이 일어난 것을 보여주고 있다. 주가는 상향 후퇴할까?

나는 주식을 매매할 때는 언제나 상향 후퇴나 하향 후퇴

공매도(short)
주식을 가지고 있지 않은 상태에서 주가가 떨어질 것을 예상하여 주식을 파는 거래 방법을 말한다.

그림 5.12 머리어깨형에서 하향 이탈이 일어났다. 이때 주가는 상향 후퇴할까?

가 일어날 것을 가정한다. 예외는 주가가 신고가를 기록하면서 더 이상 위쪽의 저항선이 존재하지 않을 때다(하지만 위쪽으로 향해 온 추세선이나 어림수가 저항선이 되어 하향 후퇴를 야기할 수 있다).

그림 5.12를 보면, 이탈 시 거래량이 적었다는 것을 알 수 있다. 이미 말했듯이 상향 후퇴는 대부분 높은 거래량을 수반한 상태로 이탈이 일어났을 때 발생한다. 따라서 낮은 거래량의 이탈은 대개 상향 후퇴가 일어나지 않을 것임을 알려주곤 한다.

하지만 나는 거래량을 그다지 많이 믿지는 않는다. 대신 주식시장 전체와 해당 산업 부문 그리고 특히 그전의 지지영역을 조사한다. 주식시장 전체를 보는 지표로는 S&P500 지수를 활용한다. 이탈일에 S&P500은 하락세였다. 따라서 상향 후퇴가 일어난다면 주가가 물살을 거슬러 헤엄을 치려는 것과 비슷한 경우라 하겠다. 다우존스 공업 지수는 공업 부문의 지표로 활용하는데 이 또한 하락 추세였다. 내가 줄곧 체크하는 11개의 전기설비주 역시 모두 하락 추세였다. 따라서 여기서도 상향 후퇴가 일어나기 힘들다는 단서를 얻을 수 있다.

마지막으로 나는 지지선을 조사한다. 그림 5.12에서는 어떤 지지선을 찾아볼 수 있는가? 2002년 2월에서 시작하여 3월까지 이어지는 지지선을 보자. 내가 만약 5~6월의 천정에서 하락을 예상하고 이 주식을 공매도했다면, 38~39+의 수평 밀집 구간에서 주식을 환매해야 한다. 주가가 이 구간에 들어가면 반등하리라 예상되기 때문이다. 하지만 시장 전체와 해당 산업 부문 역시 하락 추세일 때는 주가가 이 구간에 접근한다고 해서 곧바로 상향 후퇴가 일어나리라 기대할 수는 없다. 또 강력한 이탈은 종종 근처의 지지영역까지 붕괴시켜버리는 경향이 있다. 따라서 나는 이 구간의 바닥, 즉 38.50포인트에서 주가가 반등할 것이라 예상한다.

그렇다면 실제로 주가는 어떻게 됐을까? 이 책의 그림 7.12에 답이 있다. 시장 전체와 해당 산업 부문은 주가를 더 끌어내려, 예상대로 수평 밀집 구간(상승 삼각형)이 무너지고 2002년 36~37에서 형성된 두 번째 지지영역에 와서야 반등이 일어났다.

"거짓말했죠!" 제이크가 사무실 문 앞에서 소리쳤다. JCB 엔터프라이즈의 CEO가 죽었다는 소문이 거짓말이라는 얘기였다. 그는 주먹을 불끈 쥐고 있었고 얼굴은 붉으락푸르락했다. 숨을 몰아쉬고 있었는데 자신의 사무실에서 내내 달려온 것 같았다. 그가 고함쳤다. "당신 원고를 지워버리겠어요!" 그러고는 발을 쿵쾅거리며 내 컴퓨터와 연결되어 있는 서버로 갔다.

이제 가봐야 할 시간이다.

Chapter **06**

성취율이 가장 높은 10가지 바닥 패턴

06

나는 주식과 주가 움직임에 관해 많은 것을 배웠다. 이 장에서는 그 가운데 몇 가지 지식을 당신에게 전해줄 생각이다. 종합적인 면에서 성취율을 평가하여 중요한 10가지 차트 패턴을 차례대로 소개한다.

성취율이 가장 높은
10가지 바닥 패턴

좋은 소식이 있다. 서버의 휴지통에서 온전한 상태의 원고 파일을 발견한 것이다. 제이크도 그럴 줄 알았을 것이다. 내 생각에, 제이크는 그저 장난을 좀 치려 했던 것 같다.

"어제 2,500달러를 벌었어요." 그가 말하며 내 책상 옆에 있는 손님용 의자에 털썩 소리를 내며 앉았다. 그가 함박웃음을 지었다.

"잔디 깎는 일이라도 한 거예요? 아니면 신문 배달을 하신 건가? 어제는 일요일 아니었어요?"

"금요일에 거래를 좀 했죠." 그는 등 뒤에서 초콜릿 상자를 꺼내 나에게 감사의 선물로 주었다. 나는 그에게 현금이나 수표를 더 좋아한다고 말할 만한 뻔뻔함이 없었다. 번 돈에서 10%만 떼어줘도 좋을 텐데.

그와의 대화는 내가 처음 주식 거래를 시작하던 무렵을 떠올리게 했다. 약

25년 전 나는 여러 회사의 주식들을 조사해본 다음 증권 계좌를 개설했다. 그 뒤 첫 번째 주식으로 에섹스 케미컬 100주를 2,250달러에 매입했다. 나는 그 주식을 오랫동안 갖고 있다가 3년이 채 안 됐을 때 처분했다. 거의 2,000달러의 수익이 생겼고 거기다가 배당금까지 있었다. 한편 에섹스 주식을 매수하고 나서 두 달 뒤 나는 이름이 멋진 뉴클리어 파머시라는 회사의 주식에 손을 댔다. 원래 그 주식은 내 뮤추얼 펀드의 안내서에서 찾은 것이었는데 펀더멘털을 조사해보니 괜찮다는 생각이 들었다. 그래서 200주를 1,800달러에 샀다. 하지만 그로부터 2주 뒤 주가가 폭락해 서류상으로 엄청난 돈을 잃었다. 그때 어떤 회사가 나타나 주식을 싼 값으로 집어삼켰다. 나는 그 주식을 3년가량 가지고 있다가 결국 포기하고 25% 손실을 보고 죄다 처분해버렸다.

여기에서 두 가지 교훈을 얻을 수 있다. 첫째 당신의 뮤추얼 펀드에서 투자하고 있는 주식이라면, 당신이 그것을 살 필요는 없다는 것이다. 왜냐하면 이미 갖고 있는 것이니까. 둘째는 이름이 멋지다고 아무 주식이나 사지는 말라는 것이다.

그 뒤 나는 주식과 주가 움직임에 관해 많은 것을 배웠다. 이 장에서는 그 가운데 몇 가지 지식을 당신에게 전해줄 생각이다. 종합적인 면에서 성취율을 평가하여 중요한 10가지 차트 패턴을 아래에 차례대로 소개한다. 단 5와 6, 7과 8, 9와 10은 동률이다.(여기 제시된 순위는 저자가 조사한 전체 차트 패턴의 성취율 순위가 아니라 그중 10가지를 골라 매긴 것이다. 전체 순위는 12장을 참고하라. - 옮긴이)

1. 높고 조밀한 깃발형 High, Tight Flag

- 평균 주가 상승폭 순위: 1(최고)
- 손익분기 도달 실패율 순위: 1(최고)
- 추세 마감 후 주가 변화 순위: 1(최고)

어떤 여성에게 높고 조밀한 깃발형에 대해 설명해준 적이 있는데, 그녀가 이메일을 보내 대칭 삼각형에 대해 물어왔다. 그녀는 주식을 80달러에 사서 135달러에 팔았다고 했다. 무려 69%의 이익이다. 하지만 그녀는 이메일에서 이렇게 소리쳤다. "돈을 더 많이 벌 수 있었는데 딴 사람이 그렇게 못 하게 막았어요!"

그녀가 거래하는 증권회사는 고객의 계좌를 2,500만 달러까지만 보호해준다고 했다. 믿을 수 없지만 그녀는 이렇게 말했다. "그걸로는 충분치 않아요. 당신이라면 5,000만 달러도 가능하지 않나요?" 어쨌든 높고 조밀한 깃발형을 보고 거래하면 그녀는 더 많은 돈을 벌 수 있을 것이다.

높고 조밀한 깃발형은 성취율이 가장 높은 차트 패턴이다. 이탈 후 평균 주가 상승폭이 가장 크고(순수한 거래를 가정하면 69%), 손익분기 도달 실패율breakeven failure rate(거래를 했을 때 소요되는 비용과 주가 변동으로 얻을 수 있는 이익이 같은 지점으로, 저자는 5%의 성취율을 기준으로 하고 있다. 즉, 여기서 손익분기 도달 실패율로 제시되는 수치는 성취율이 5%에 미치지 못하는 비율을 말한다. - 옮긴이)이 가장 낮다(0%!). 조사한 253개의 높고 조밀한 깃발형 가운데 5% 이상 주가가 상승하지 않은 경우는 단 한 번도 없었다(이 글을 쓴 뒤에 몇 개 발견했다). 그리고 그중 5개만이 10% 이상 상승하는 데 실패했다. 한편 상승 추세 마감 후 주가 하락이 가장 크다(36%)는 점도 있다. 하지만 이 차트 패턴을 거래하는 것은 팜플로나의 황소(스페인 팜플로나에서는 매년 성난 황소를 좁은 골목에 몰아넣고 몰이를 하는 축제가 열린다. - 옮긴이) 등에 올라타는 것만큼 위험할 수 있으니 조심해야 한다.

> **평균 상승폭과 평균 하락폭 (average rise, average decline)**
>
> 나는 이탈 가격에서부터 최고점까지 주가 상승폭을 재거나 이탈 가격에서 최저점까지 주가 하락폭을 재어 평균을 계산한다.

패턴의 특징과 확인 과정
다음과 같은 조건에 따라 찾는다.

■ 주가가 2개월 전에 비해 90% 이상 상승해야 한다.

■ 상승 후 주가가 멈추는 곳–밀집 구간– 을 찾는다.

■ 깃발 부분에서 거래량은 감소세여야 한다.

그림 6.1에서 높고 조밀한 깃발형의 예로 페넌트형 3개가 표시되어 있음을 볼 수 있을 것이다. 첫 번째 페넌트형은 1999년 8월 중순에 나타나며, 조밀한 페넌트형이다. 즉 주가가 폭이 좁은 작은 페넌트 모양을 만들면서 위아래의 추세선과 만난다. 주가는 66% 상승하여 9월의 고점에 도달한 다음 적어도 20% 하락한다. 추세가 바뀌었다는 신호다.

중간의 페넌트형은 1999년 12월에 나타났다. 두 추세선 사이의 주가 움직임이 작은 조밀한 페넌트형이다. 이후 주가는 고점 2에서 천정을 쳐 74%의 주가 상승을 기록했다. 2는 느슨한 페넌트형의 고점이다. 마지막 페넌트형은 이전 패턴으로부터 한 달도 안 되어 완성되었는데, 이탈 후 주가가 54%나 치솟는다(고점 3). 로그 차트라서 큰 주가 움직임이 작게 표현됐다는 사실에 주의해야 한다. 산술 차트였다면 8월의 첫 번째 페넌트형은 히말라야 산 앞에 있는 과속 방지턱처럼 보였을 것이다.

나는 확인을 위해 이 3개의 높고 조밀한 깃발형에서 두 달 이내에 주가가 2배 정도로 뛰어올랐는지 여부를 조사했다. 예컨대 8월의 패턴은 8월 16일 패턴이 시작될 무렵 7.63으로 최고가에 도달했다. 그런데 그로부터 두 달 전인 6월 16일에 주가는 3.78의 저가를 기록했다. 따라서 두 달 사이에 주가가 102% 상승했던 것이다.

주가는 상승을 멈추고 페넌트형을 형성하며 보합세를 이어갔다. 이어 주가는 동력을 축적하여 더 높은 수준으로 상승했다. 이 예에서는 깃발 부분에서 거래량이 증가세였는데, 이것은 약간 이상한 일이다. 그런 경우는 단 10%에 불과하기 때문이다. 이런 때는 대개 주가 상승폭이 줄어든다. 어쨌든 상향 이탈은 이 패턴이 유효한 패턴임을 확인시켜준다.

아브제닉스 (제약, 나스닥, ABGX)

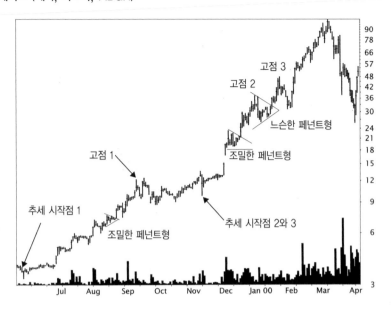

그림 6.1 높고 조밀한 깃발형은 주가가 두 달 사이에 두 배로 오른 뒤 깃발형이나 페넌트형, 아니면 임의의 모양으로 나타날 수 있다.

다른 2개의 깃발형 역시 비슷했다. 두 달 전에 비해 주가가 적어도 두 배로 뛰어올랐고 그 뒤 보합세가 이어졌다.

높고 조밀한 깃발형이 그림 6.1의 사례들처럼 완벽한 모양을 하고 있을 필요는 없다. 때로는 12월 말의 느슨한 페넌트형처럼 밀집 구간이 불규칙적일 경우도 있다. 주가 움직임이 버려진 옷가지처럼 울퉁불퉁한 모양이라 위쪽 추세선을 그릴 수 없는 경우도 있다. 하지만 높고 조밀한 깃발형에서 상향 이탈이 일어나고 확인 조건이 충족된다면, 그 패턴은 유효한 패턴이다. 모양이 불규칙한 높고 조밀한 깃발형의 경우는, 추세선 위에서 종가를 기록했을 때보다 패턴의 최고가 위에서 종가를 기록했을 때를 이탈로 보는 게 좋다.

거래에 유용한 불코우스키의 조언

높고 조밀한 깃발형을 정확하게 확인했다면, 어떤 식으로 거래에 활용해야 하는가? 매수에 관한 규칙은 다음과 같다.

- 주가가 위쪽 추세선 위에서 형성될 때를 기다려라. 위쪽 추세선이 없는 경우는 종가가 패턴의 최고가 위에서 형성될 때까지 기다려라.
- 주식을 매수하라.
- 이전의 바닥 아래에, 즉 패턴보다 아래에 손실제한주문을 해두라. 아니면 변동성 손실제한주문을 활용하라.

이 패턴에서 가장 중요한 규칙은 상향 이탈이 일어날 때까지 기다려야 한다는 것이다. 78개의 높고 조밀한 깃발형을 테스트한 결과 하향 이탈이 일어난 것은 13개였다. 하향 이탈은 그다지 자주 일어나지 않지만 그래도 언제든 현실로 일어날 수 있는 일이기는 하다. 손실을 미리 막으려면 상향 이탈이 일어날 때까지 기다리는 것이 중요하다.

높고 조밀한 깃발형을 거래할 때 가장 어려운 부분은 주식을 언제 매수할 것인가다. 통상 두 배나 치솟은 주식이라면 연중 최고가 근처에 있을 가능성이 크다. 그 상황에서 주가는 얼마나 더 높이 올라갈까? 주식을 사서 스스로 알아보라. 높고 조밀한 깃발형은 실패율이 가장 낮고 평균 상승폭이 가장 큰 차트 패턴이다. 물론 당신이 선택한 차트 패턴이 예외에 해당하여 거래가 실패로 돌아갈 수 있으므로, 이탈 시점에서 가장 가까운 바닥 아래로 손실제한주문을 해둬야 한다. 이 지점은 높고 조밀한 깃발형 자체보다 아래에 있을 수도 있다. 손실제한주문을 너무 가깝게 두지 않았는지 확인해야 한다. 변동성 때문에 손실제한주문에 걸리는 일을

추세 시작점(trend start)

추세가 시작되는 지점이다. 추세 시작점을 찾으려면 패턴이 시작되는 곳에서 시간을 거슬러 과거로 가야 한다. 주가가 패턴에서 멀어지면서 상승하는 경우에는, 종가가 20% 이상 하락하는 곳이 나타나기 전에 있는 가장 높은 고점이 바로 추세 시작점이 된다. 마찬가지로, 주가가 패턴에서 멀어지면서 하락하는 경우는 종가가 20% 이상 상승하는 곳이 나타나기 전에 있는 가장 낮은 저점이 추세 시작점이 된다. 하지만 나는 차트 패턴이 시작되기 전에 주가가 짧은 시간 동안 지나치게 높아지거나 지나치게 낮아지는 경우는 대개 무시해버린다. 깃발형이나 페넌트형은 (20%의 변화폭이 아니라) 추세 시작에 가장 가까운 천정(전고점)이나 바닥(전저점)을 활용한다.

피해야 하기 때문이다. 이 책의 뒷부분에서 나는 높고 조밀한 깃발형을 거래한 두 차례의 경험에 대해 얘기해줄 것이다. 한 번은 2,000달러를 벌었지만, 또 한 번은 그만한 액수의 돈을 잃어버렸다. 이자와 함께.

높고 조밀한 깃발형을 확인하거나 이 패턴을 거래할 때, 어떤 것을 찾고 어떤 것을 피해야 할까? 아래에 목록을 만들어놓았다.

- 하향 후퇴를 야기할 수 있는 위쪽 저항선을 피한다. 높고 조밀한 깃발형에서 하향 후퇴가 일어나면 평균 상승폭이 단지 49%지만, 하향 후퇴가 없으면 평균 상승폭이 100%다.
- 느슨한 형태를 피한다. 그림 6.1에서는 느슨한 형태 하나와 조밀한 형태 2개를 볼 수 있다. 느슨한 형태는 상승폭이 작다(평균 50% 대 85%). 느슨한 형태의 경우는 거래를 실패할 확률이 높다.
- 이탈 시 거래량이 이전 30일의 평균 거래량 이하인 패턴은 이상일 경우보다 주가 상승폭이 크다. 평균 상승폭은 각각 79%와 63%다.
- 높고 조밀한 깃발형의 깃발 부분이 이전 상승폭의 36%(중앙값)보다 높은지 낮은지 확인하라. 그보다 높으면 패턴 이탈 후 상승폭이 63%이고 낮으면 74%다.
- 높고 조밀한 깃발형 가운데 바로 앞에서 주가가 거의 수직 상승한 경우는 피해야 한다. 그림 6.2에서 한 예를 볼 수 있다. 수직 상승은 대개 며칠간 지속될 뿐이다. 바로 앞에서 상승이 완만했던(보통 45도 각도) 패턴은 이탈 후 평균 상승폭이 70%다. 반면 수직 상승한 경우는 64%다.
- 넓은 패턴은 좁은 패턴보다 주가 움직임이 작다(평균 상승폭이 각각 65%와 71%다). 따라서 높고 조밀한 깃발형의 깃발 부분이 15일(중앙값) 이하인 경우를 찾아라.
- 위쪽 추세선이 하향인 패턴을 찾아라. 높고 조밀한 깃발형은 위쪽 추세선이 하향일 경우 그 후 주가 상승폭이 크다(70% 대 65%).

당신은 앞에 제시된 조건 중 얼마간을 충족하지 못하는 종목일지라도 이 패턴을 활용해 거래를 해야겠다고 마음먹을지도 모른다. 그래도 괜찮다. 주가를 면밀히 지켜보고 주가가 새로운 고가를 기록할 때마다 손실제한주문을 함께 올려줘야 한다는 점만 명심하라.

가격 목표점 결정

주가는 얼마나 상승할까? 이전 2개월 동안의 최저점을 찾아 패턴의 최고점까지 높이를 측정하라. 예컨대 그림 6.1에서 2000년 1월의 높고 조밀한 깃발형을 보자. 이 패턴은 차트에서 가장 높은 가격 수준에 있는 패턴이다. 지난 2개월 동안 최저점은 11월의 추세 시작점이 있는 9.88이며, 패턴의 최고점은 37.25(고점 2)다. 이 둘의 차이를 구해서 2로 나누면, 13.69가 된다. 이 값을 패턴의 깃발 부분에 있는 최저점(여기서는 26.19)에 더하면, 39.88의 목표 가격을 얻을 수 있다. 그림 6.1의 주가는 이탈 후 며칠이 지나 곧 목표 가격에 도달했다. 이 계산법은 90% 들어맞는다.

사례에서 배우기

"제이크, 높고 조밀한 깃발형을 거래한 적이 있나요?"

"내가요? 아뇨, 한 번도 없어요."

자판을 몇 차례 두드려 그의 거래 내역을 펼쳐봤다. "생각했던 대로군요. 프론티어 항공사라. 어이구! 돈 좀 잃었겠네요."

"그걸 어떻게 알았죠?"

"그냥 찍은 거죠. 어땠는지 얘기 좀 해보세요."

그림 6.2의 차트는 그가 어떻게 거래를 했는지 보여주고 있다. 그는 크리스마스 이틀 전 11.69의 시장가로 프론티어 항공사의 주식을 1,300주 샀다. 그리고 10.33에 손실제한주문을 해뒀는데, 이 가격은 11월에 형성된 밀집 구간의 최고가보다 약간 아래였다.

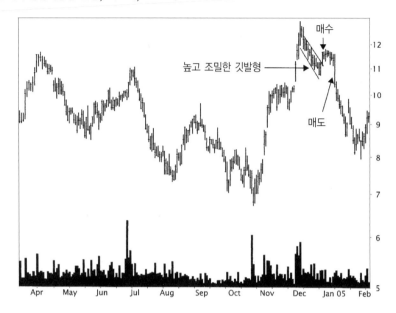

그림 6.2 이 차트에 있는 높고 조밀한 깃발형의 거래는 손해로 끝이 났다. 주가는 약간 올랐다가 급락했다.

"주가가 15까지는 오르리라 생각했어요. 2004년 1월에 만들어진 실패한 W형의 왼쪽과 일치하는 가격이죠. 유가가 떨어지고 있었으니 항공주에는 호재잖아요. 항공 산업이 상승세였고, 내가 산 주식뿐 아니라 다른 여러 항공주도 10월이나 그전부터 주가가 오르고 있었죠."

하지만 불행히도 S&P500은 6일 만에 추세가 바뀌었다. 항공주는 하루 뒤 급락했고 그는 손실제한주문에 걸려 10.334로 시장에서 나왔다. 그는 1,800 달러, 거의 12% 손해를 봤다.

"제이크, 당신이 처분하고 나온 건 현명한 처신이었어요. 계속 손실을 보면서 갖고 있을 수도 있었잖아요." 나는 자판을 두드렸다. "5,000달러, 32%

를 잃을 수 있었네요. 뭘 잘못했다고 생각하는 건가요?"

"손실제한주문 가격이 너무 떨어져 있었어요. 변동성은 56센트였으니까, 손실제한주문은 10.54(즉 매수일의 장중 저가인 11.38에서 0.56×1.5를 뺀 가격)에 해뒀어야 하는 거였죠. 그랬으면 260달러를 덜 잃었을 거예요. 그거 빼고는 뭐 괜찮은 거래였죠."

때때로 손해를 본 거래도 괜찮을 수 있다. 손실제한주문이 중요한 것도 그 때문이다. 거래의 반은 손해를 본다. 반이다! 그 사실을 명심하라. 하지만 나 같은 경우는 돈을 4자리 이상으로 따고 3자리로 잃는다. 따져보면, 올해 (2005년)는 1달러를 잃을 때마다 5달러를 번 셈이다.

제이크는 흥겨운 듯 콧노래를 부르며 의자에 몸을 파묻었다. "4자리라. 하! 당신은 소수점 이하 두 자리도 치나 봐요."

나는 한동안 생각에 잠겼다. "제이크, 당신은 부채가 얼마나 되죠? 자동응답기를 한번 체크해봐요. 마진 콜 margin call(선물계약 기간 중 선물 가격의 변화에 따른 추가 증거금 납부 요구 – 옮긴이)이라든가 하는 소리가 들린 것 같은데. 하지만 내가 잘못 들은 건지도 모르죠."

바닥을 구르며 달리는 발소리가 들렸다. 나는 미소 지었다.

2. 파이프 바닥형 pipe bottoms

- 평균 주가 상승폭 순위: 4
- 손익분기 도달 실패율 순위: 5
- 추세 마감 후 주가 변화 순위: 4

이중 바닥의 두 저점이 서로 가까이 붙어 있다면 어떻게 될까? 나는 이런 의문에 이끌려 결국 파이프 바닥형, 뿔 바닥형, 파이프 천정형, 뿔 천정형을 발견하게 됐다. 파이프 바닥형은 두 번째로 성취율이 높다. 손익분기 도달 실패율은

5%다. 즉, 조사한 926개의 패턴 가운데 5%만이 이탈 후 상승폭이 5% 미만이었다. 이탈 후 평균 주가 상승폭은 45%로 엄청나다(순수한 거래의 경우임을 기억하라). 하지만 추세가 바뀌면 평균 33% 하락한다. 따라서 주가가 올랐다고 휴가를 가버리면 얻었던 이익의 상당 부분을 반납하게 될 것이다.

패턴의 특징과 확인 과정

파이프 바닥형은 어떻게 찾아야 하는가? 다음과 같은 방법으로 찾아라.

- 파이프 바닥형을 찾을 때는 주간 차트를 활용하라. 일간 차트의 파이프 바닥형은 잘 들어맞지 않는다.
- 하향하는, 평행선처럼 보이는 서로 인접한 2개의 스파이크(주가가 돌출한 부분)를 찾는다.
- 바닥에서의 스파이크들은 약간의 가격 차이가 있다(평균 0.24달러).
- 지난해의 스파이크들보다 긴 스파이크를 찾는다.
- 2개의 스파이크는 겹쳐지는 부분이 많아야 한다(66%가 평균이다).
- 87%의 경우 파이프를 이루는 2개의 스파이크 중 하나 또는 모두에서 거래량이 많았다(30일 평균 거래량 이상이다).
- 파이프 형태가 차트상에서 분명하게 나타나야 한다.

사실 파이프형을 찾는 것은 보기 나름, 생각하기 나름이다. 파이프는 공터에서 자라나는 잡초 같은 것이다. 어떤 아이들은 공터에서 예쁜 색깔의 잎을 따다가 책장에 끼워놓는다. 하지만 시청에서는 풀들이 너무 무성하게 자라나 조례에 어긋나면 모조리 깎아버린다. 어쨌든 아이들이 잡초 가운데서 책장에 끼워놓을 풀잎을 고르는 것처럼, 차트에서 적당한 파이프 바닥형을 찾는 데 도움을 주기 위해 이런 확인 방법들이 있는 것이라고 하겠다.

그림 6.3은 몇 가지 파이프 바닥형의 예를 보여준다. 오른쪽에 있는 1996년 7월의 파이프형을 보라. 저점에 있는 2개의 바bar가 주간 차트에서 평행선

노벨러스 시스템 (반도체장비, 나스닥, NVLS)

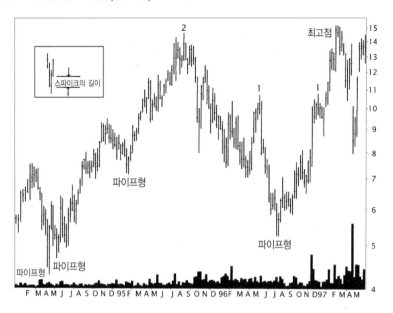

그림 6.3 주간 차트에서 주위의 주가 움직임보다 아래에 있는 2개의 평행선을 찾아라.

처럼 나타난다. 고가는 다르지만 똑같은 저가를 형성하고 있다. 이런 일은 사실 자주 일어나지 않으며, 이런 경우 보통 상승폭이 크지 않다. 산술 차트로 바꾸어 지난해의 스파이크들보다 긴 스파이크를 찾아보라. 그런 스파이크의 경우는 상승폭이 더 크다는 것을 알게 될 것이다(평균 상승폭이 각각 46%와 35%다). 그림 6.3의 삽입그림은 내가 말하는 긴 스파이크가 무엇을 의미하는지 보여주고 있다. 스파이크의 길이는 파이프 바닥형을 구성하는 2개의 바bar 중 더 높은 곳에 있는 바bar의 저가로부터 이 2개의 바bar들과 인접한 바bar의 저가까지를 말한다.

그림에서 주가는 상향 이탈 후-주가가 파이프를 구성하는 2개의 스파이크

중 더 높은 고가 위에서 종가를 형성할 때를 말한다. 이때 패턴이 유효한 패턴으로 확인된다—1 지점까지 올라가 거기서 멈췄다. 이것은 파이프형에서 흔히 볼 수 있는 특징이다. 주가가 전고점까지 상승한 다음 거기서 멈추거나 반락하는 것이다. 2는 저항선이 위치한 곳으로 주가는 이 영역을 최고점으로 한 뒤 반락한다.

거래에 유용한 불코우스키의 조언

파이프 바닥형은 흔하기 때문에 잘 골라야 한다. 파이프형은 많은 경우 V자형을 이루는 주가 추세의 바닥에서 발견된다. 스윙 트레이더에게는 이때가 수익을 낼 수 있는 아주 좋은 기회다. 파이프형을 제대로 찾았다면, 일간 차트로 바꾸어 보면서 주가가 파이프 바닥형의 최고가 위에서 형성됐을 때 주식을 매수하라. 그러면 주간 차트로 거래할 때보다 좀더 빨리 시장에 들어갈 수 있을 것이다.

포지션 트레이더와 장기 보유자의 경우, 주간 차트를 이용하여 매수 신호를 찾아라. 매수에 나서기 전에 주가가 파이프 바닥형의 최고가 위에서 형성될 때를 기다려라. 하락세에서는 많은 경우 파이프 바닥형이 확인되지 못하고(종가가 파이프형의 고가 위에서 형성되지 못하고) 주가는 계속하여 내려간다. 그림 6.4에서는 1999년 9월 말에 패턴 확인에 실패한 파이프 바닥형을 볼 수 있다. 종가는 패턴의 고가를 넘지 못하고 계속하여 하락세를 이어가고 있다.

아래는 몇 가지 추가적인 조언이다.

■ 장기(6개월 이상) 하락 뒤에 나타나는 파이프 바닥형은 중기 혹은 단기 하락 뒤의 파이프 바닥형보다 상승폭이 훨씬 더 크다(장기 하락 뒤의 평균 주가 상승폭은 79%이며, 중기의 경우는 57%, 단기의 경우는 21%다).

최고점(ultimate high)
나는 이탈이 일어나고 나서 주가가 20% 이상 떨어지기 전에 도달한 궁극적인 고점을 최고점으로 본다. 종가가 패턴의 저가보다 낮아지면, 나는 더 이상 추적하지 않는다. 누구든 이 가격에 손실제한주문을 해뒀으리라 가정하기 때문이다.

포지션 트레이딩 (position trading)
며칠, 어떤 때는 수주일 혹은 몇 개월 정도 주식을 보유하는 거래 방법. 당일 거래가 아니라는 점에서 데이 트레이더와 다르고 장기 보유 목적이 아니라는 점에서 장기 투자자와도 구별된다.

큰 패턴 또는 작은 패턴

나는 차트 패턴이 큰지 작은지 정할 때 패턴에서 최고점과 최저점의 간격을 재고 그 값을 이탈 가격으로 나눈 후 백분율을 구한다. 이 값이 중앙값보다 크면 큰 패턴이고 중앙값보다 작으면 작은 패턴이다.

■ 일간 차트나 주간 차트에서 모두 위쪽의 저항선은 피해야 한다. 저항선이 있으면 하향 후퇴가 일어나 주가 상승폭이 적어진다(하향 후퇴가 일어나는 경우 평균 주가 상승폭은 38%이고, 하향 후퇴가 없는 경우는 51%다).

■ 큰 패턴은 작은 패턴보다 주가 상승폭이 더 크다(평균 52% 대 40%). 파이프형의 고점과 저점 사이의 거리를 잰 다음 이탈 가격(고점의 가격)으로 나눈다. 그 값이 11.64% 이상이면 큰 패턴이다.

■ 스파이크가 긴(전해의 스파이크들보다 긴) 파이프 바닥형은 스파이크 길이가 짧은 파이프 바닥형보다 주가 상승폭이 크다(평균 46% 대 35%). 스파이크 길이에 관해서는 그림 6.3에 관한 설명 부분을 다시 읽어보라.

■ 저가들 간의 가격 차이가 큰 파이프형을 선택하라(0.83%의 중앙값보다 클 경우 평균 상승폭은 50%이고 그보다 작을 경우는 41%다).

■ 왼쪽 스파이크가 오른쪽 스파이크보다 거래량이 많은 경우 주가 상승폭이 크다(이럴 경우 주가 상승폭은 평균 50%다. 반대의 경우는 평균 42%다).

■ 왼쪽 스파이크가 더 낮을 경우, 오른쪽 스파이크가 더 낮을 경우보다 주가 상승폭이 크다(평균 47% 대 44%이며, 똑같을 때는 평균 42%다).

■ 주간 차트에서 오른쪽 스파이크가 왼쪽 스파이크보다 고가가 더 낮고 저가는 더 높을 때(즉 오른쪽 스파이크가 왼쪽 스파이크에 덮일 때) 주가 상승폭이 더 크다(평균 47%이고, 반대의 경우는 43%다).

주가가 파이프 바닥형보다 아래에서 형성되면, 포지션을 처분하라. 생각대로 주가가 올라가면, 손실제한주문 가격을 전저점 바로 아래로 끌어올려라(꼬리 추종).

TXU (전기설비, 뉴욕 증권거래소, TXU)

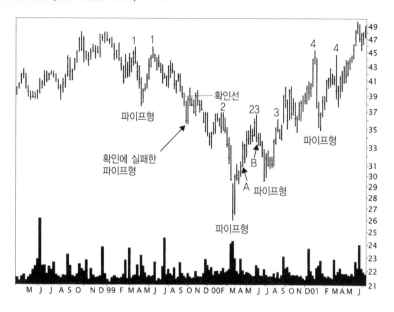

그림 6.4 파이프 바닥형 앞의 고점은 종종 저항선이 되어 주가 상승이 여기서 멈추거나 지연된다. 그림에서 이런 고점이 숫자로 표시되어 있다.

가격 목표점 결정

그림 6.4에서 파이프형 앞의 고점에서 주가가 정지하거나 반락하는 것에 주목하라. 이에 따르면, 전고점이 가격 목표점이 된다(추세선에서 가격 목표점을 계산하는 법). 물론 2000년 6월에 형성된 파이프형의 경우(이후로 주가가 3의 지점에서 잠시 머무른 뒤 다시 상승했다)에서 보듯이, 주가는 그 후로도 계속하여 상승할지 모른다. 하지만 아무래도 이런 사소한 데에 목숨을 걸 필요는 없을 것이다. 주가가 전고점 부근에서 멈추면 매도를 생각하라. 2, 3, 4에서 보듯이, 주가는 때때로 전고점(1) 부근까지 못 갈 수도 있다.

사례에서 배우기

"마진 콜이라니! 또 거짓말!" 돌아온 제이크가 항의했다.

나는 어깨를 으쓱했다. "내가 잘못 들었나 봐요."

"내가 파이프 바닥형을 이용해서 어떻게 거래했는지 보여줄게요." 그렇게 말하면서 그는 나를 앉아 있던 의자에서 밀어냈다. 나는 그를 내버려뒀다. 어쨌든 거래 사례가 필요했기 때문이다. 그림 6.4의 차트에 나오는 2000년 3월의 파이프형을 보자.

제이크는 매수에 나서기 전에 종가가 파이프 바닥형의 최고가 위에서 형성되기를 기다려야 했다. 이는 한 달이 걸렸다(A).

주가는 예상대로 상승했다. "하지만 주가가 전고점에 접근하니까 불안해지더라고요." 왼쪽의 2 지점을 말하는 것이다. 주가는 계속하여 새로운 고가를 기록했지만, 변화율 오실레이터에서는 고점이 낮아졌다. "약세 다이버전스bearish divergence잖아요. 매도 신호죠."

그는 주가가 전주보다 낮아졌을 때(B) 주식을 팔았다. "다시 주식을 팔아야 할 때가 온다면, 그때는 전고점 바로 아래서 매도 주문을 낼 거예요. 1달러만 높아져도 돈이 꽤 되잖아요."

3. 반전 상승 가리비형inverted and ascending scallops

- 평균 주가 상승폭 순위: 5
- 손익분기 도달 실패율 순위: 4
- 추세 마감 후 주가 변화 순위: 5

상승 가리비형에 대해 들어본 사람은 드물 것이고, 반전 가리비형에 대해 들어본 사람은 더욱 드물 것이다. 반전 상승 가리비형은 상승 가리비형과 하락 가리비형을 뒤집어봤을 때 어떻게 보일까 생각해보다가 발견한 패턴이다. 나는 낚

아메리칸 파워 컨버전 (컴퓨터 및 주변기기, 나스닥, APCC)

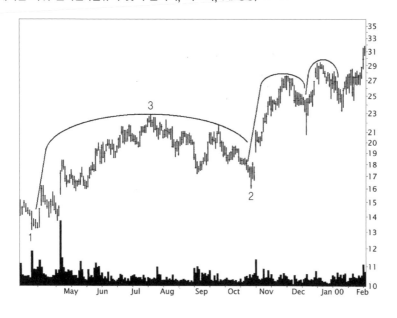

그림 6.5 이 3개의 반전 상승 가리비형은 주가가 상승하면서 패턴의 폭이 좁아지고 있다. 2는 1과 3 사이에 형성된 패턴 높이의 반 정도에 있어야 한다.

시를 갔다가 주가의 바다에서 헤엄치는 수많은 가리비형을 발견했다. 반전 상승 가리비형은 전체적인 패턴 성취율에서 3위를 차지한다. 평균 주가 상승폭은 43%이고, 손익분기 도달 실패율은 4%, 추세 마감 후 주가 하락폭은 32%다.

패턴의 특징과 확인 과정

반전 상승 가리비형은 어떻게 생겼나? 그림 6.5는 상승하는 3개의 가리비형을 보여준다. 가리비형에서 주가가 상승하면서 패턴의 폭이 좁아지는 것을 확인하라. 언제나 이런 형태를 보이는 것은 아니다. 하지만 이 같은 주가 움직임은 추세의 마감이 가까웠다는 신호일 수 있다. 특히 가리비형의 시작과 끝이 확인점 · 확인가 · 확인 수준 · 확인선(confirmation point · price · level · line)

차트 패턴이 유효하다는 것을 확인시켜주는 가격 또는 위치. 이탈점, 이탈 지점, 이탈 가격, 이탈 수준이라고도 한다.

거의 같은 가격일 때는 틀림없다. 패턴은 다음과 같은 방법으로 확인한다.

- 일간 차트에서 상승 추세를 찾아라.
- 알파벳 'J'를 180도로 돌린 모습의 패턴을 찾아라. 주가는 거의 수직으로 움직이기 시작하고(때로는 오른쪽으로 기울어져서) 둥그스름한 형태로 천정을 만들고 이어 하락한다.
- 패턴의 마지막에 나타나는 주가는 보통 이전 주가 상승폭의 55% 후퇴 지점이다. 100% 이상으로 후퇴하는 패턴은 피하라(즉 주가가 상승 시작점보다 아래로 떨어지는 패턴).
- 종가가 패턴의 최고가를 넘어서는 경우에 이 패턴은 유효한 패턴이 된다.
- 71%의 경우는 패턴의 시작부터 끝까지 거래량이 감소세를 보인다.

그림 6.5에서 J를 180도 돌린 모양의 패턴을 볼 수 있을 것이다. 큰 패턴(1, 2, 3으로 이뤄진 첫 번째 패턴)은 보통 패턴 위쪽의 둥근 부분이 매끄럽지 않다. 작은 패턴은 집게로 집은 것처럼 폭이 좁아 J자보다는 역 V자처럼 보일 수 있다. 나 같은 경우는 둥근 부분이 매끄러운 패턴을 선호한다. 어떤 경우든 패턴의 시작점(1)은 마지막점(2) 아래에 있어야 한다.

거래에 유용한 불코우스키의 조언

아래는 가리비형으로 보다 쉽게 거래하며 수익을 높이기 위한 조언들이다.

- 스윙 트레이더의 경우, 반전 상승 가리비형이 완성되고 나서(50% 이상의 반락) 바닥이 더 높아졌을 때 매수하라. 가격 목표점은 반전 상승 가리비형의 고점이다.
- 다른 부류의 트레이더들은, 주가가 패턴의 최고점을 넘어설 때 매수해야 할 것이다.

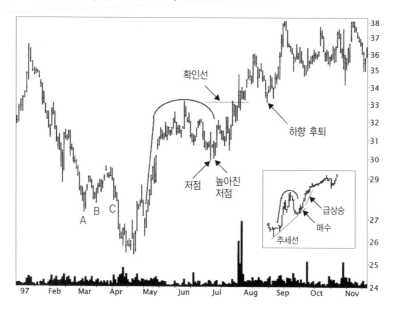

애너다코 페트롤륨 (석유, 뉴욕 증권거래소, APC)

그림 6.6 주가가 확인선 위에서 형성되면 전형적인 매수 신호다. 삽입그림은 상승 반전 가리비형이 기존의 추세선을 따를 때의 매수 신호를 보여준다.

■ 패턴의 마지막 지점이 기존의 상향 추세선을 따르고 있다면, 추세선과 반전 상승 가리비형이 두 번째로 만난 뒤 주가가 추세선 위로 상승할 때 매수하라. 그림 6.6의 삽입그림을 참조하라.

■ 주가가 패턴의 시작점 아래로 떨어지면, 그 패턴은 거래하지 말라. 그림 6.5에서 보면, 2가 1 아래로 떨어질 때다.

■ 주가가 뚜렷한 바닥을 만든 후 이 바닥 아래로 떨어지면, 무조건 매도하라. 그림 6.6에 있는 작은 반전 상승 가리비형의 AB를 보자. 주가가 올라가면서 B에서 뚜렷한 바닥이 형성됐다. 이어 주가가 다시 고개를 수그리면서 C에서 B 수준 아래로 떨어졌다. 주가가 B 아래로 떨어질 때는 주식을 팔아

야 한다.

- 길고 좁은 반전 상승 가리비형이 다른 모양의 반전 상승 가리비형들보다 주가 상승폭이 크다(평균 56%. 짧고 넓은 형태는 35%). 길다는 것은 높이를 이탈 가격으로 나눴을 때 그 값이 22.51%보다 크다는 것이고 좁다는 것은 패턴의 진행 기간이 34일 이하라는 것이다.
- 거래량 증가가 동반된 패턴은 이탈 후 주가 상승폭이 크다. 평균 주가 상승폭이 48%이며, 거래량이 감소하는 경우는 40%다.
- 이탈 거래량이 30일 평균 거래량보다 많은 경우 평균 주가 상승폭이 더 크다(44%). 이탈 거래량이 30일 평균 거래량보다 적은 경우는 38%다.

그림 6.6은 첫 번째 조언을 어떻게 활용해야 하는지 보여준다. 주가가 반전 상승 가리비형의 오른쪽에서 더 높은 저점을 기록한 뒤에 매수해야 한다. 패턴이 완성되면, 즉 주가가 패턴의 왼쪽에서 이뤄진 주가 상승폭의 50% 이상 반락하고 이제 다시 상승세로 돌아설 경우, 성공률이 높다. 주가가 일직선으로 상승하지 않는 한, 매도 목표점은 패턴의 최고점이다. 이런 조건에서는 다른 매도 신호가 나타나기 전까지는 주식을 보유하고 있어야 한다.

보통 확인 가격은 패턴의 고점 바로 위에 있다(그림 6.6의 확인선을 보라). 종가가 이 선을 넘을 때 매수하라. 주가가 패턴의 왼쪽과 거의 똑같은 각도로 상승할 때, 특히 직선을 그리며 상승할 때, 성공률이 높다. 그림 6.6의 삽입그림을 보라. 이것은 또 하나의 매수기법이다. 주가가 추세선을 따를 경우, 반전 상승 가리비형이 패턴의 오른쪽 부분에서 추세선과 맞닿은 뒤 다시 상승할 때 매수하라.

주가가 반전 상승 가리비형의 왼쪽에 있는 저점(그림 6.6의 B) 아래로 떨어지면, 패턴 완성에 실패한 것이므로 거래를 그만두고 나와야 한다. 반전 상승 가리비형의 오른쪽 저점이 왼쪽 저점 아래에 있는 주식은 절대 매수해서는 안 된다. 저점이 낮아지는 것은 추세 변화의 신호다.

가격 목표점 결정

주가 상승폭은 반전 상승 가리비형의 높이를 패턴의 고점 위에 더하여 예측해
볼 수 있다. 그림 6.5를 예로 들자면, 높이는 최고점 3(22.75)에서 최저점
1(13.10)을 뺀 9.65다. 이 값을 패턴의 최고점에 더하면, 32.40(22.75+
9.65)의 가격 목표점을 얻을 수 있다. 하지만 이는 성공률이 61%에 불과하
다. 따라서 가격 목표점을 보수적으로 잡고, 주가가 반락할 수 있는 저항영역
을 잘 찾아봐야 한다.

4. 삼중 상승 바닥형three rising valleys

- 평균 주가 상승폭 순위: 6
- 손익분기 도달 실패율 순위: 5
- 추세 마감 후 주가 변화 순위: 4

삼중 상승 바닥형은 나 또한 최근에 알게 된 패턴이다. 시험을 해보고 나서
패턴 성취율이 높은 것을 알고 꽤 놀랐다. 강세장에서 전체적인 성취율은 10
개 패턴 중 4위다. 이탈 후 평균 상승폭은 (순수한 거래의 경우) 41%이고 최
소 5% 상승도 못 할 확률은 5%이며, 최고점에 도달한 후 반락할 경우 하락폭
은 평균 33%다.

패턴의 특징과 확인 과정

그림 6.7에서 바닥 1, 2, 3으로 이뤄진 삼중 상승 바닥형을 볼 수 있다. 10개
의 패턴 가운데 이 패턴은 특히 주가 하락세에서 반전 신호
로 작용하며, 반전이 일어난 후 예측에 가장 잘 들어맞는
다. 패턴의 이름이 보여주듯이 3개의 바닥을 찾아야 한다.
단 바닥이 점점 더 높아져야 하며 따라서 여기서 상승 추세

반전(reversal)
주가가 차트 패턴을 만들고 나서
방향을 바꾸는 현상

브룩스 오토메이션(기계, 나스닥, BRKS)

그림 6.7 1, 2, 3에서 볼 수 있는 삼중 상승 바닥형은 하락 추세의 반전을 암시하고 있다.

가 시작된다. 각각의 바닥은 모양이 비슷해야 하지만, 하나의 추세선을 따를 필요는 없다. 그림 6.7에서 보면, 바닥 1과 2와 함께 약간 아래쪽으로 돌출한 4를 삼중 바닥으로 삼아서는 안 된다. 넓은 바닥을 택했다면 3개의 바닥 모두가 넓은 바닥이어야 한다. 만약 하루 동안의 주가 폭락으로 이뤄진 좁은 바닥을 찾았다면 다른 2개의 바닥도 그만큼(며칠 이내로) 폭이 좁아야 한다.

패턴은 종가가 확인선-패턴의 최고가-위로 형성됐을 때 유효한 삼중 상승 바닥형이 완성된다. 만약 그림 6.7에서 바닥 1과 2 사이의 고점이 바닥 2와 3 사이의 고점보다 높다고 가정한다면 이들 고점을 연결하는 하향 추세선을 그려보라. 주가가 이 추세선보다 위에서 형성되는 경우, 매수 신호다. 이

때는 평소 같은 이탈 시점(확인선 위로 주가가 형성될 때)을 기다리지 말고 먼저 시장에 뛰어들어도 괜찮다.

주간 차트에서 고드름같이 생긴 삼중 상승 바닥형을 찾아보라. 많은 패턴을 볼 수 있을 것이다.

어떤 모양을 피해야 하는가? 그림 6.7에서 A, B, C를 보라. 이 3개의 바닥은 삼중 상승 바닥형이 아니다. 왜냐하면 C가 B 위에 있지 않기 때문이다. 이 패턴은 그보다는 상승 직각 확대형에 가깝다(A에서 C로 수평선을 그어 패턴을 확인하라).

다음은 삼중 상승 바닥형을 확인하는 단계이다.

- 3개의 바닥을 찾아라. 각 바닥은 앞의 바닥보다 높아야 하며, 높이가 같아서도 안 된다. 주간 차트를 활용하라.
- 비슷한 모양의 바닥을 찾아라. 넓은 바닥은 넓은 바닥과 짝을 맞추고, 좁은 바닥은 좁은 바닥과 묶어야 한다. 높이나 폭이 모두 비슷해야 한다.
- 주가가 패턴의 최고가를 넘어섰을 때, 또는 주가가 삼중 바닥 사이의 고점(낮아지는 고점)을 연결한 하향 추세선을 이탈했을 때가 매수 신호다.
- 세 차례 중 두 차례는 거래량이 감소세다.

거래에 유용한 불코우스키의 조언

삼중 상승 바닥형은 자주 나타나기 때문에 신중하게 선택해야 한다. 삼중 상승 바닥형을 보고 거래하기 전에 단위 시간이 좀더 긴 차트를 보면서 전체적인 주가 흐름을 파악하라. 많은 경우, 가능하면 피해야 할 위쪽 저항선을 볼 수 있을 것이다. 나 같은 경우는 그럴 때는 거래를 포기하고 다른 삼중 상승 바닥형을 찾는다.

그림 6.8은 바로 그런 경우를 보여준다. 여기서 삼중 상승 바닥형은 좁은 형태지만, 기대한 대로 바닥이 점점 높아지는 모습이다. 주가가 확인선을 넘어서면 매수에 나서야 할까?

지속(continuation)

차트 패턴의 경우 나는 이 단어를 밀집과 똑같은 뜻으로 사용한다. 주가가 어떤 방향으로 진행하다가 패턴을 형성하고 나서 이전과 같은 방향으로 이탈이 일어나면 지속이라고 한다. 예컨대 주가가 바닥에서 패턴으로 들어가 천정으로 나오면 지속 패턴이 된다. 반면 주가가 천정에서 들어가 천정으로 나온다면 반전 패턴이다.

하지만 차트상 보다 넓은 범위의 하향 추세선을 그려보면, 주가가 추세선까지 상승했다가 반락했음을 볼 수 있을 것이다. 이것은 삼중 상승 바닥형에서 흔히 일어나는 현상이다. 이 패턴에 앞에서 설명한 1-2-3 추세 변화 확인기법을 적용해보도록 하자. 다음과 같은 방법을 따라야 한다. ① 종가가 하향 추세선을 상향 이탈하는지 확인한다. ② 주가가 바닥을 다시 시험하는지 본다(저점에 도달하려 시도하지만, 좀더 높은 바닥을 형성하는 것을 말한다). ③ 주가가 가장 낮은 바닥과 ②의 시험으로 형성된 바닥 사이의 고점을 넘어설 때까지 기다린다.

그림 6.8의 삼중 상승 바닥형은 1-2-3 추세 변화 확인기법에 들어맞지 않는다. 종가가 추세선을 넘어서지 못했기 때문이다. 따라서 추세 변화를 예고하지 않으므로 이 패턴으로 거래를 하는 일은 피해야 할 것이다.

이 패턴에 관해서는 조언해야 할 사항이 몇 가지 더 있다. 그런데 아래의 통계수치는 평균을 나타내고 있고 또 순수한 거래를 전제하고 있으므로, 당신의 거래 결과는 상당히 다를 수 있다.

- 이탈 거래량이 평균에 못 미치는 패턴은 이탈 거래량이 평균을 넘는 패턴보다 평균 주가 상승폭이 더 크다. 53% 대 38%다. 하지만 76%의 경우는 거래량이 많을 때(30일 평균보다 높을 때) 이탈이 일어난다.
- 패턴에서 거래량이 증가세에 있는 경우, 이탈 후 주가 상승폭은 커진다. 평균 45%이며, 감소세일 경우에는 평균 38%다. 거래량이 감소세일 경우가 67%다.
- 67%의 경우 반전이 일어나고, 반전이 일어나면 지속 때보다 상승폭이 크다. 평균 46% 대 33%다.
- 세 차례 중 두 차례는 연중 거래 범위의 위쪽 3분의 1 내에서 이탈이 일어나고, 이때 주가 상승폭이 가장 크다.
- 큰 패턴은 작은 패턴보다 주가 상승폭이 크다. 45% 대 37%다. 높이를 이

델 (컴퓨터 및 주변기기, 나스닥, DELL)

그림 6.8 이 삼중 상승 바닥형이 위쪽 추세선의 저항을 돌파하는 데 실패해 주가는 반락했다. 이와 같은 상황을 피하기 위해서는 1-2-3 추세 변화 확인기법을 활용해야 한다. 그림에서 거래량이 감소세에 있음을 확인하라.

탈 가격으로 나눈 값으로 큰 패턴과 작은 패턴을 구분하는데, 이 값이 중앙값 23.80%를 넘으면 큰 패턴이다.

■ 좁은 패턴은 넓은 패턴보다 주가 상승폭이 크다. 평균 44% 대 39%다. 첫 번째 바닥부터 마지막 바닥까지 쟀을 때, 패턴의 길이가 중앙값인 43일에 못 미칠 때를 좁은 패턴이라고 한다.

■ 크고, 좁은 패턴은 이탈 후 평균 주가 상승폭이 53%다.

■ 60%의 경우 하향 후퇴가 일어나고, 하향 후퇴가 일어나면 이탈 후 주가 상승폭이 낮아진다(평균 36%이고, 하향 후퇴가 일어나지 않으면 평균 50%다).

■ 주가가 크게 상승하고 나서 이 패턴이 나타나면, 주가 상승의 여지는 작아진다.

가격 목표점 결정

삼중 상승 바닥형의 예상 상승폭을 계산하는 방법은 다른 대부분의 차트 패턴과 비슷하다. 패턴의 최고점에서 최저점을 빼 높이를 구한 다음, 이 높이값을 최고점에 더하면 가격 목표점을 구할 수 있다. 이 계산법은 성공률이 58%다. 따라서 높이의 반을 최고점에 더해 가격 목표점을 구하는 것도 괜찮은 방법이다. 그러면 강세장에서 성공률을 79%까지 끌어올릴 수 있다.

그림 6.8의 삼중 상승 바닥형을 예로 들어보자. 패턴의 최고점(확인선의 30)에서 최저점(바닥 1의 22.06)을 빼면 패턴의 높이는 7.94다. 이 값을 최고점에 더하면, 가격 목표점은 37.94가 된다. 높이의 반인 3.97을 더한다면, 가격 목표점은 33.97이 될 것이다.

높이의 반을 목표로 삼더라도, 높이의 반(3.97)을 이탈 가격(30)으로 나누면 13%가 된다. 순수한 거래를 가정할 경우—주가가 목표 가격까지(그 이상은 아니라고 하더라도) 간다고 할 때—예상할 수 있는 수익이 13%라는 얘기다. 물론 당신이 실제 이렇게 거래를 한다면 수익률은 여기에 약간 못 미칠 것이다. 수수료를 내야 하니까. 그러므로 거래를 하기 전에 가능한 수익과 가능한 손실 사이에서 균형을 맞춰야 한다. 수익이 손실보다 충분히 클 것으로(두 배 또는 세 배) 예상되는가?

제이크가 사무실로 들어오면서 말했다. "연방 정부에 '여분의 부서'라는 이름의 부서가 있다는 거 알아요? 거기서는 날마다 싱크로나이즈 수영 팀을 관찰하는데 선수가 물에 빠져 죽지 않게 하기 위해서래요. 왜냐하면, 음… 당신도 알잖아요." 그렇게 말하고 나서 그는 다시 사무실을 나갔다.

나는 그가 걱정되기 시작했다.

5. 둥근 바닥형rounding bottoms

- 평균 주가 상승폭 순위: 5
- 손익분기 도달 실패율 순위: 5
- 추세 마감 후 주가 변화 순위: 6

나는 둥근 바닥형을 둥근 형태로 돌아선 구간으로 생각하기를 좋아한다. 왜 냐하면 둥근 바닥형은 실상 완전히 바닥에 있을 수는 없으며 어느 정도 주가 가 올라선 다음에야 이 패턴이 완성되기 때문이다. 아래에서부터 둥글게 올 라오면서 주가 상승 추세의 밀집(휴지) 구간 역할을 하는 것이다.

둥근 바닥형은 전체적인 패턴 성취율이 5위다. 평균 상승폭은, 상승장에서 순수한 거래를 가정할 경우 43%다. 손익분기 도달 실패율은 5%, 즉 이탈 후 주가가 최소 5%도 상승하지 못할 확률이 5%라는 뜻이다. 최고점에 도달한 뒤 추세가 변하면, 주가는 평균 31% 하락한다. 따라서 가능한 한 주가가 최 고가 가까이에 갔을 때 파는 게 좋다. 당연한 얘기일 것이다.

패턴의 특징과 확인 과정

그림 6.9는 일간 차트에서 둥근 바닥형을 보여주고 있다. 이 예에서는 한 차 례 상승한 뒤 패턴으로 진입하여 하향 곡선을 그린 다음 머뭇거리지 않고 급 등한다. 이렇게 상승 도중에 패턴이 형성되는 경우가 62%이며 패턴 이탈 후 주가 상승폭이 더 크다. 평균 575며, 하향 추세에서 둥근 바닥형이 형성될 경 우 상승폭은 평균 36%다. 따라서 상승 추세에서 형성된 둥근 바닥형을 찾아 야 한다.

왼쪽 끝에 있는 삽입그림 A는 일간 차트의 둥근 바닥형을 주간 차트로 옮 긴 것이다. 그래도 둥근 바닥을 생각하는 데는 여전히 상상력이 필요할 것이 다. 사실 둥근 부분이 차트에서 정말로 그렇게 둥글게 나타나는 경우는 드물

다이아몬드 오프쇼어 (유전 서비스·장비, 뉴욕 증권거래소, DO)

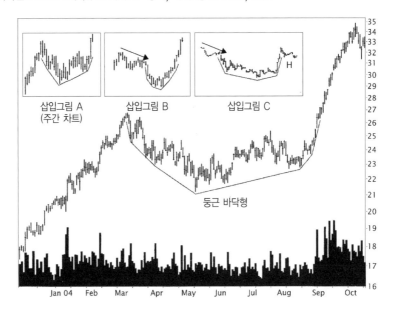

그림 6.9 일간 차트이지만 둥근 바닥형의 둥근 부분이 명확하게 드러난다.

다. 따라서 확인에 어려움이 따른다.

삽입그림 B와 C에서는 주가가 하락세에서 패턴을 형성했다. B는 주간 차트로 패턴의 둥근 부분이 상당히 매끄럽다. 여기서는 주가가 패턴을 벗어나고 나서 컵형의 왼쪽 가장자리(손잡이 맞은편) 부분에 있는 가격 수준에서 멈추지 않았다는 것을 확인하라. 삽입그림 C는 일간 차트다. 내가 이 예를 고른 것은 당신에게 손잡이 모양handle이 어떤 것인지 보여주기 위해서다. 그림의 오른쪽(H)에 있는 손잡이의 모양을 확인하라.

다음은 둥근 바닥형을 찾기 위해 알아둬야 할 사항이다.

■주간 차트를 활용하라. 둥근 바닥형은 주간 차트에 알맞은 패턴으로 둥근

모양이 잘 드러난다.

- 주가가 상승세에서 둥근 바닥형을 형성할 확률은 62%, 하락세에서 둥근 바닥형을 형성할 확률은 38%다.
- 둥근 부분 앞에 있는 고점을 찾아라. 이곳이 컵형의 왼쪽 가장자리다.
- 주가는 아래쪽으로 움직여 사발형을 그린다. 보통 매끄러운 모양을 보이지만, 그렇지 않을 수도 있다.
- 중간에 주가가 치솟은 다음 반등 시작점보다 약간 높은 수준까지 되돌아오기도 한다.
- 거래량은 51%의 경우 증가세를 형성한다.
- 거래량은 돔형(51%)과 U자형(43%) 그리고 그 외의 형태(6%)를 보인다.

거래에 유용한 불코우스키의 조언

거래 때 외에는 나는 거의 주간 차트를 들여다보지 않는다. 하지만 한 달에 한 번씩은 본다. 주간 차트에는 달마다 네댓 개의 주가 막대가 더해지는데 거래를 하는 데는 그것만으로 충분할 때도 있다. 램 리서치 주식의 경우는 둥근 바닥형이 만들어지는 중간에 매수를 결심했다. 주가가 컵형의 왼쪽 가장자리 높이까지 올라갈 것을 알고 있었기 때문에(정확히는 그렇게 믿었기 때문에) 주식을 오랫동안 가지고 있을 생각이었다. 그럼에도 주가가 올라가는 데 따라 손실제한주문 가격을 높여뒀다. 해가 바뀌면서 시장 전체가 하락세로 바뀌어 손실제한주문에 걸리게 됐고, 주식은 모두 처분됐다. 하지만 그전에 나는 상당한 돈을 벌어놓은 상태였다(이 거래에 관해서는 이 책의 뒷부분에서 상세히 논할 것이다).

지금 그 이야기를 하는 것은 둥근 바닥형을 찾으려면 주간 차트를 봐야 한다는 것을 강조하기 위해서다(아니면 당신이 보통 활용하는 차트보다 시간 범위가 더 큰 차트). 주가가 둥근 바닥형을 형성하는 것을 발견하면 주식을 매수하고 상승세를 타라. 하지만 중간에 급격한 변동이 일어날 수 있다는 것을

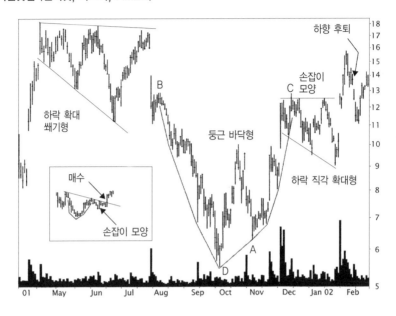

아마존닷컴 (인터넷, 나스닥, AMZN)

그림 6.10 이 둥근 바닥형(큰 그림)에서는 추세가 전환되는 과정에서 급등이 발생했다. 그렇지만 패턴의 시작 지점이라 볼 수 있는 왼쪽의 고점까지 이르지 않은 채 상승이 마무리되는데 이때는 반등 시작점 근처로 되돌아온다.

알아두라. 그림 6.10의 예를 보도록 하자.

주가는 B에서 둥근 바닥형을 형성하기 시작하여, 거의 직선으로 9월의 저가(D)까지 하락한다. 그런 다음 주가는 반등하여 하락폭의 상당 부분을 만회한다. 반등이 끝나고 주가는 다시 A로 하락한다. A는 반등 시작점보다 약간 위쪽에 위치해 있다. 그 뒤 상승이 다시 시작되어 주가는 C에서 멈췄다가 손잡이 모양을 형성하고 더 높이 올라간다.

둥근 바닥형을 보고 주식을 샀는데 중간에서 주가가 급등하면, 스윙 트레이더의 경우 주가가 천정을 형성할 때쯤 시장에서 빠져나가야 할 것이다. 하지만 장기 거래자는 계속 주식을 가지고 있는 것이 좋다. 도리어 주가가 다시 떨어져 반등 시작점 바로 위까지 오면, 포지션을 늘리거나 주식을 다시 사들이는 것이 좋다. 주가가 반등 시작점 아래로 떨어지리라 예상하기는 힘들다. 왜냐하면 그림 6.10에서 보듯 보통 더 높은 바닥이 형성되기 때문이다.

대개 손잡이 모양은 주가가 컵형의 왼쪽 가장자리가 되는 고가에 도달했을 때 형성된다(전고점의 저항). 컵형의 오른쪽 가장자리에서부터 손잡이 모양을 넘어설 때까지의 시간을 측정했을 때 패턴의 90%는 적어도 7일이 넘게 걸렸다. 따라서 손잡이 모양이 형성되는 시간이 오래 걸림을 감안하라.

아래는 거래에 필요한 몇 가지 추가적인 조언이다.

- 주간 차트를 활용하여 반쯤 만들어진 둥근 바닥형을 찾아라. 해당 산업과 전체 주식시장이 상승세라고 예상되면 주식을 매수하라.
- 스윙 트레이더는 주가가 둥근 바닥형의 중간을 지나 갑자기 치솟았을 때 매도할 수 있다. 이때 주가는 컵형의 왼쪽을 만든 하락폭의 상당 부분을 만회한다. 다른 부류의 거래자나 투자자는 주가가 반등 시작점 바로 위까지 떨어졌다고 해서 실망할 필요가 없다. 오히려 주가가 다시 오르기 시작하면, 포지션을 늘릴 생각을 해봐야 할 것이다.
- 주가가 컵형의 왼쪽 가장자리 수준 근처에서 일단 상승을 멈출 것이라 예상하라. 이 시기에 전체 주식시장과 해당 산업이 취약하면, 매도하라. 주가가 손잡이 모양의 저가에서 벗어나 치고 올라갈 때 다시 사면 된다.
- 둥근 바닥형에 손잡이 모양이 있으면, 컵형의 가장자리를 연결하는 하향 추세선을 그리고, 이 선을 손잡이 모양 위까지 연장한다. 종가가 손잡이 모양 위에 있는 추세선을 넘어설 때 주식을 매수하거나 포지션을 늘려라. 그림 6.10의 삽입그림은 정확히 이런 상황을 보여주고 있다.
- 통상적인 매수 시점은 종가가 컵형의 오른쪽 가장자리를 넘어섰을 때다(오른쪽 가장자리가 있다면). 만약 컵형에 오른쪽 가장자리가 없다면, 종가가

컵형의 왼쪽 가장자리의 수준을 넘어섰을 때 매수하라.

■수개월에 걸쳐 주가가 주로 플랫형 기반을 보이다가 둥근 바닥형을 형성하면 이탈 후에 강력한 상승이 일어난다.

■하향 후퇴는 40%의 경우에만 일어나고, 일단 일어나면 주가 상승폭은 감소한다(평균 33%. 하향 후퇴가 없는 경우는 평균 50%). 하향 후퇴를 피하려면, 위쪽 가까이에 저항선이 있는지 확인하라. 그림 6.10의 맨 오른쪽에서 하향 후퇴를 볼 수 있다.

■높이를 이탈 가격으로 나눈 값이 중앙값 31.58%보다 큰 패턴은 그보다 작은 패턴보다 주가 상승폭이 크다. 평균 52% 대 38%다.

■폭이 넓은 패턴, 즉 진행 기간이 중앙값 196일보다 긴 패턴이 주가 상승폭이 크다. 평균 48%이며, 폭이 좁은 패턴은 평균 38%다.

■연중 최고가 근처에서 이탈이 일어나면 주가 상승폭이 가장 크다.

■컵형 오른쪽 가장자리에서 (손잡이 완성 후) 이탈 시점까지의 시간은 중앙값이 33일이다.

가격 목표점 결정

둥근 바닥형은 우선 바닥에서 컵형 오른쪽 가장자리까지 컵형의 높이를 잰다. 오른쪽 가장자리가 없으면 왼쪽 가장자리를 이용한다. 이 높이 값을 이탈 가격(보통 컵형 오른쪽 가장자리를 말한다. 손잡이 모양으로 판단할 때는 손잡이 완성 후 추세선 이탈점이다. 그렇지 않을 때는 컵형 왼쪽 가장자리를 이용한다)에 더하면 목표 가격을 구할 수 있다. 애석하게도 이 방법은 성공률이 57%에 불과하다.

보다 보수적인 계산법으로는, 컵형 높이의 반을 이탈 가격에 더하는 방법이 있다. 이 방법은 성공률이 78%다.

예컨대 그림 6.10에서 볼 수 있는 둥근 바닥형의 높이는 C(컵형 오른쪽 가장자리 12.80)−D(패턴의 최저점 5.51)=7.29이다. 목표 가격은 이탈 가격에 높이를 더한 값이므로, 20.09(12.80+7.29)가 된다. 보다 보수적인 가격 목표점은 높이의 반값인 3.65를 더하므로, 16.45다.

6. 하락 삼각형descending triangles

■ 평균 주가 상승폭 순위: 2
■ 손익분기 도달 실패율 순위: 7
■ 추세 마감 후 주가 변화 순위: 7

하락 삼각형은 패턴 성취율이 둥근 바닥형과 같다. 하락 삼각형은 64%의 경우 하향 이탈이 일어나지만 여기서는 상향 이탈만을 가정했다.

하락 삼각형은 평균 상승폭만을 따지면 47%로 10개 패턴 중 2위다. 이 수치는 순수한 거래를 전제하고 있기 때문에 당신이 실제 거래를 할 때는 결과가 달라질 것이다. 손익분기 도달 실패율은 7%다. 즉 7%는 이탈 후 주가 상승폭이 5%에 미치지 못한다는 것이다. 주가가 일단 최고점에 도달하면 평균 하락률이 30%로 추세 마감 후 주가 변화 순위는 7위다.

패턴의 특징과 확인 과정

그림 6.11의 큰 그림은 하락 삼각형의 예를 보여주고 있다. 패턴의 바닥에 있는 저점들이 수평 추세선 혹은 수평에 가까운 추세선을 만들고 고점끼리 이은 추세선은 하향하고 있다. 하락 삼각형은 일단 위쪽 추세선을 넘어서고 나면 하향 후퇴가 일어날 확률이 37%에 불과하다. 따라서 하향 후퇴가 일어나거든 포지션을 취해야겠다고 마음먹는다면 거래의 기회를 갖지 못할 수도 있다.

하락 삼각형은 어떻게 찾아야 하는가? 사실 삼각형들은 대부분 찾기가 쉽다. 그런데 아래의 지시대로 따른다면 더 쉽게 찾을 수 있을 것이다.

■ 저점은(거의) 수평을 형성하며 고점은 점차 하향하는 차트를 찾는다. 따라서

나버스 인더스트리 (유전 서비스 · 장비, 아메리카 증권거래소, NBR)

아래쪽 추세선과의
접점이 부족하다

하향 후퇴

하락 삼각형

그림 6.11 하락 삼각형은 아래쪽 추세선이 평평하고 위쪽 추세선은 하향한다. 이 예에서는 주가가 위쪽
추세선을 이탈한 뒤 하향 후퇴를 보였다. 삽입그림은 하락 삼각형 모양의 추세선을 갖고 있지
만 하락 삼각형이 아니다. 왜냐하면 주가가 위쪽과 아래쪽의 추세선을 왕복하면서 접점을 충
분히 만들지 않았기 때문이다.

아래쪽 추세선은 (거의) 수평 추세선이고 위쪽 추세선은 하향 추세선이다.

■ 주가는 각각의 추세선과 두 차례 이상 만나야 한다.

■ 주가는 추세선과 추세선 사이를 움직이면서 빈 공간을 메워야 한다. 둥근
모양을 하락 삼각형으로 생각해서는 안 된다. 그림 6.11의 삽입그림은 둥
근 모양이 형성된 것을 보여준다. 이 패턴은 빈 공간이 너무 크기 때문에
하락 삼각형이라 할 수 없다.

■ 이 패턴에서 주가는 보통 하향 이탈한다. 하지만 우리는 상승장에서 거래
하기를 원하기 때문에 상향 이탈의 예를 찾는다. 위쪽의 하향 추세선 위에

바이오메트 (의료 장비, 나스닥, BMET)

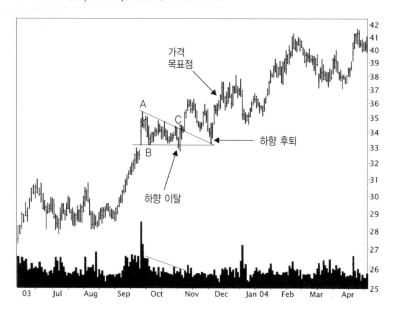

가격
목표점

A

C

B

하향 이탈

하향 후퇴

'03 Jul Aug Sep Oct Nov Dec Jan 04 Feb Mar Apr

그림 6.12 하락 삼각형에서 주가가 하향 이탈한 뒤 곧바로 수직 상승하여 전고점을 넘어섰다. 이처럼 예
외형 패턴의 출현은 큰 폭의 주가 상승을 예고한다.

종가가 형성되면 상향 이탈이다.

■ 거래량은 83%의 경우 감소세를 보인다. 이탈이 일어나기 전에 특히 거래
량이 적을 수 있다.

거래에 유용한 불코우스키의 조언

하락 삼각형은 64%의 경우 하향 이탈이 일어나므로, 상향 이탈이 일어날 때
까지 기다려야 한다. 운이 좋다면 주가가 하향 이탈했다가 방향을 바꾸어 수
직 상승할 수도 있다. 그림 6.12에서 그런 경우를 확인할 수 있을 것이다.

예외형 패턴
(busted pattern)

주가가 이탈 후 10% 미만의 상승폭이나 하락폭을 기록한 뒤 반전하는 차트 패턴을 이른다. 패턴 성취율은 주가가 새로운 방향(이탈과 반대되는 방향)으로 움직여 새로운 최고점이나 저점에 도달했을 때까지의 이동 폭을 측정한다.

하향 이탈이 일어나지만 10% 미만의 하락폭을 기록한 뒤 반등하는 예외형 삼각형은 종종 큰 수익을 가져다준다. 사실 예외형의 차트 패턴을 거래하면 쉽게 돈을 벌 수 있다. 그래서 이 책의 9장에서는 한 장 전체를 예외형 차트 패턴에 할애했다. 지금은 일단 그림 6.12를 보자. 그림에서 하락 삼각형이 예외형인데, 이런 경우를 보면 즉시 매수에 나서야 한다. 단, 하향 후퇴가 일어날 수도 있음을 고려해야 한다. 손실제한주문에 걸려 시장에서 너무 빨리 나오면 안 되기 때문이다.

그림 6.12는 조기 이탈premature breakout을 보여준다. 어느 한 방향으로 이탈이 일어나 하루나 이틀 뒤 주가가 패턴 안으로 되돌아오고 실제 이탈은 나중에 일어나는 경우다. 그렇지만 조기 이탈은 매우 드물다. 상향 이탈에서는 단지 6%, 하향 이탈에서는 20%다. 그중 하향으로 조기 이탈이 일어나면 때때로 예외형 패턴을 만들면서 큰 수익을 올릴 수 있게 해준다.

이탈까지의 평균 거리는 삼각형 꼭짓점까지 거리의 64%다. 내가 조사한 바에 따르면, 가장 강력한 이탈이 일어나는 것은 삼각형 꼭짓점까지 거리의 80~85%에서였다. 하지만 표본 규모가 작으므로(31개) 이 수치에 너무 의존하지는 말기를 바란다.

주가 상승세가 오랫동안 지속된 뒤 하락 삼각형이 나타나면, 불길이 금세 꺼져버리는 경향이 있다. 즉 이탈 후 주가 상승폭이 크지 않다는 말이다. 조사한 바에 따르면 상승 추세의 시작 부분에 있는 하락 삼각형은 상승폭이 평균 39%다. 이와 비교할 때 상승 추세가 끝나갈 무렵에 나타나는 하락 삼각형은 상승폭이 평균 34%였다. 하락 삼각형에서 시작된 주가 상승 기간은 중앙값이 72일이다.

아래에 내가 하락 삼각형에서 발견한 몇 가지 흥미로운 정보들을 소개한다. 하락 삼각형을 거래하는 데 도움이 될 것이다.

■ 민첩한 스윙 트레이더들은 수평 추세선 근처에서 매수하여 주가가 위쪽 추세선에서 반락할 때 매도해야 할 것이다.

■ 2개의 추세선을 연장하여 지지영역과 저항영역을 찾는다. 삼각형의 꼭짓점이 미래의 저항영역과 지지영역이 될 것이다.

■ 종가가 위쪽 추세선 위에서 형성됐을 때(상향 이탈)가 매수 기회다.

■ 폭이 좁은 패턴은 폭이 넓은 패턴보다 평균 주가 상승폭이 크다. 각각 38%, 32%다. 폭은 중앙값이 47일이다. 그러므로 폭이 47일 이하이면 좁은 패턴으로 분류한다.

■ 크고(이탈 가격으로 높이를 나눴을 때, 그 값이 중앙값 10.72%보다 큰 경우) 좁은(진행 기간이 중앙값인 47일보다 짧을 경우) 패턴이 다른 형태의 패턴들보다 주가 상승폭이 크다.

■ 주가가 상승하면서 하락 삼각형을 만들면, 일단 상향 이탈이 일어날 것으로 예상해야 한다(실제로 이런 경우가 73%다). 하지만 거래하기 전에 반드시 이탈이 일어나기를 기다려야 한다.

■ 이탈일에 갭이 형성된 패턴은 이탈 후 평균 주가 상승폭이 평균 44%이고, 이탈갭이 없는 패턴은 34%다.

■ 이탈일의 거래량이 30일 평균 거래량보다 많으면 주가가 더 높이 상승하는 경향이 있다. 상승폭은 평균 36%이며, 적은 경우는 평균 33%다.

■ 이탈 후 주가 상승폭은 패턴에서 거래량이 증가세일 때 더 크다. 평균 40%이며, 거래량이 감소세일 때는 평균 34%다.

■ 거래량이 U자형을 그리는 삼각형은 이탈 후 평균 주가 상승폭이 44%인 반면 거래량이 돔형을 그리는 삼각형은 29%다.

■ 삼각형의 73%는 이전 주가 추세를 이어가는 지속 패턴이고, 27%는 반전 패턴이다.

가격 목표점 결정

하락 삼각형의 경우는 이탈 가격에 높이를 더하면 된다. 높이는 수평 추세선 (가장 낮은 저점)에서부터 패턴의 최고점에 이르는 거리인데, 이 값을 이탈 가격-주가가 추세선을 교차하는 가격-에 더하는 것이다. 이 방법은 성공률이 71%다. 가격 목표점을 계산한 다음에는 근처에서 지지선이나 저항선을 찾아보라. 이런 곳에서 주가가 상승 움직임을 멈추기가 쉽다.

상승폭을 어떻게 계산하는지 예를 들어보자면, 우선 그림 6.12에서 패턴의 최고점은 A이고 최저점은 B다(하향 이탈은 무시한다). 따라서 패턴의 높이는 35.34-33.17=2.17이다. 이탈 가격이 C의 34.31이므로, 34.31+2.17= 36.48이 가격 목표점이 된다. 그림에 화살표로 표시된 가격 수준이다.

사무실로 들어가니 제이크가 있었다. 그가 하품을 했다. "하품은 소리 없는 외침이죠." 내가 말했다.

그는 잠에서 깨려는 듯 자신의 뺨을 가볍게 때린 다음 컴퓨터 화면을 가리켰다. "당신 원고를 읽고 있어요. 지루하더군요. 뭔가가 빠져 있어요. 농담 같은 거 말예요. 재미있는 얘기를 좀 넣어야겠던데요."

"제이크, 나는 사람들이 이걸 보고 웃으라고 책을 쓰는 게 아니에요. 그건 주식 책이에요. 소설이 아니라고요."

"하지만 지루하다니까요!"

"책에다 농담이나 잔뜩 써놓으면 독자들이 아마존에다 악평을 해댈걸요."

그가 어깨를 으쓱했다. 하지만 나는 등골이 오싹해지는 기분이었다. 그가 무엇인가를 할 생각인 게 분명했다. 하지만 나는 그것이 무엇인지 몰랐다.

7. 상승 확대 쐐기형 ascending broadening wedges

- 평균 주가 상승폭 순위: 9
- 손익분기 도달 실패율 순위: 2
- 추세 마감 후 주가 변화 순위: 6

상승 확대 쐐기형은 패턴 성취율이 7위이며, 이브&이브 이중 바닥형과 동률이다. 상승 확대 쐐기형은 순수한 거래의 경우 평균 주가 상승폭이 38%다. 손익분기 도달 실패율은 2%로 패턴의 2%는 이탈 후 주가 상승폭이 5%에 못미쳐 이 순위만 따지면 이 차트 패턴이 2위다. 마지막으로, 주가가 최고점에 도달하면 그 뒤에 31% 하락한다. 이 추세 마감 후 주가 변화 순위는 6위다.

나는 255개의 상승 확대 쐐기형을 조사했는데 겨우 58개만 상승장에서 상향 이탈을 기록했다. 이 장에서는 바로 그 패턴들을 다루고자 한다.

패턴의 특징과 확인 과정

그림 6.13은 상승 확대 쐐기형이 어떤 모양인지 보여준다. 2개의 추세선이 주가 움직임을 좇고 있다. 두 추세선 모두 상향이지만 위쪽 추세선의 경사가 더 가파르다. 따라서 패턴은 확산하는 형태다. 이 패턴의 모양은 치어리더가 위쪽으로 쳐든 확성기를 연상시킨다. 상승 확대 쐐기형을 제대로 확인하려면, 주가가 확산되는 형태를 하면서 각 추세선에 세 번씩 닿는지 보라. 그러면 성취율이 높은 패턴을 고르는 데 도움이 될 것이다.

아래는 상승 확대 쐐기형을 찾는 데 필요한 지침이다.

- 3개의 고점과 3개의 저점이 상향하는 위아래의 추세선에 근접하거나 닿아야 한다.
- 추세선이 수평이면 안 된다.
- 위쪽 추세선은 아래쪽 추세선보다 경사가 더 가팔라야 한다.

에어 프로덕트 앤드 케미컬 (화학, 뉴욕 증권거래소, APD)

그림 6.13 상승 확대 쐐기형을 선으로 표시했다. 고점 A, B, C를 연결하면 더 큰 상승 확대 쐐기형이 나타난다. D는 큰 폭의 부분 하락이 일어나서 만들어진 저점으로 ABC 패턴으로부터 상향 이탈이 일어날 것을 예고하고 있다.

■ 패턴은 위쪽으로 쳐든 확성기 모양을 해야 한다.

■ 64%의 경우는 거래량이 증가세다.

그림 6.13에서 고점 A, B, C를 잇는 추세선을 그리면, 크기가 더 큰 상승 확대 쐐기형을 확인할 수 있다. 저점 D는 부분 하락이며 따라서 상향 이탈을 예고한다. 주가가 위쪽 추세선에서 벗어나 아래로 떨어지지만 아래쪽 추세선에 닿기 전에 다시 상승할 경우 이를 부분 하락이라고 한다. 예측대로라면 부분 하락이 일어난 뒤에는 곧 상향 이탈이 발생한다. 하지만 이런 상향 이탈은

35%의 경우에 불과하므로 주의해야 할 것이다.

부분 하락을 찾을 때는 고점과 저점이 각각의 추세선과 적어도 세 차례는 맞닿는 확실한 패턴 모양에서 찾아야 한다. 그리고 부분 하락은 이탈 전에 생겨나야 한다.

그림 6.13에서 좀더 큰 상승 확대 쐐기형(ABC의 위쪽 추세선을 갖는)은 종가가 C 위에서 형성될 때 이탈이라 할 수 있다. 그보다 작은 상승 확대 쐐기형(선으로 표시된)은 종가가 패턴의 최고점인 B 위에서 형성될 때 이탈이 일어났다고 할 수 있다.

거래에 유용한 불코우스키의 조언

상승 확대 쐐기형은 73%가 하향 이탈하는데 이탈 전에 부분 상승이 일어나면서 거래자들을 끌어들이기도 한다. 그림 6.14에서는 A에서 부분 상승이 일어났는데 이때 하향 이탈을 예상할 수 있다(이 예에서는 사실 하향 이탈이 일어나지 않았지만, 일어났다고 가정해보자).

부분 상승은 어떻게 확인하는가? 패턴이 확실하다면(주가가 각 추세선과 적어도 세 차례 만났다면), 주가가 아래쪽 추세선에서 벗어나 상승하지만 위쪽 추세선 근처까지는 가지 못할 때를 찾는다. 그 뒤 주가가 아래쪽 추세선으로 내려가면 74%의 경우 즉시 하향 이탈이 일어난다. 부분 상승을 거래하는 것은 쉬운 일이 아니다. 주가가 위쪽 추세선으로 상승하면서 잠깐 멈춘 듯이 보이기 때문이다. 주가가 아래쪽 추세선으로 향하는 게 확실하다고 생각되면 즉시 주식을 공매도하라. 그런 후 지켜보고 있다가 주가가 추세선을 치고 다시 올라간다면 즉시 환매하라. 주가는 여전히 하향 이탈할 수 있지만 그 가능성은 이제 그다지 크지 않다.

거래할 만한 부분 상승이나 부분 하락이 없다면 다음의 조언을 참고하여 거래하라. 주의할 것은 다음의 통계수치는 56개의 차트 패턴을 기초로 하고 있고 또 순수한 거래를 전제로 하고 있다는 것이다. 따라서 많은 경우 실제와

6장 › 성취율이 가장 높은 **10가지 바닥 패턴**

159

스탠더드 퍼시픽 (주택 건설, 뉴욕 증권거래소, SPF)

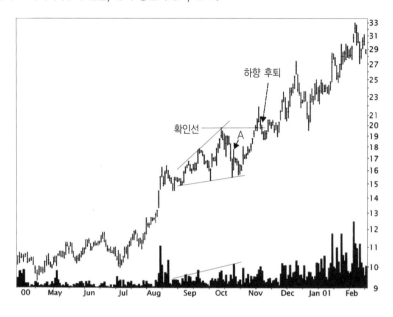

그림 6.14 A에서 일어난 것과 같은 부분 상승은 보통 하향 이탈을 예고한다. 하지만 여기서는 하향 이탈이 발생하지 않고 반등했다.

다를 것이다.

- 세 번째 고점 바로 위에서 매수하도록 주문을 낸다. 주가가 상승하여 네 번째로 추세선과 만난 다음 고개를 수그릴 때 즉시 판다. 주가가 아래쪽 추세선으로 되돌아갈 때까지 갖고 있어서는 안 된다.
- 스윙 트레이더라면 주가가 아래쪽 추세선과 만났을 때 샀다가 위쪽 추세선에 접근했을 때 판다.
- 공격적인 거래자들은 주가가 세 번째로 아래쪽 추세선과 만난 뒤 상승하기 시작할 때 매수 주문을 낸다. 하지만 이때는 부분 상승인지 아닌지 잘 살펴봐야 한다. 만약 부분 상승이라면 주가가 아래쪽 추세선의 지지를 받지 못

하고 아래로 떨어질 때 매도 포지션을 취하라. 주가가 마치 가파른 언덕에서 굴러 떨어지는 바위처럼 계속하여 하락할 가능성이 크기 때문이다. 또 만약 주가가 보다 위쪽까지 상승을 이어갔을 경우에도 위쪽 추세선을 뚫지 못하고 튕겨져 나오면, 이전 상승폭의 62% 되돌림 가격에서 주식을 매도한다.

- 경험 많은 거래자들은 상승 확대 쐐기형이 조정 하락형의 조정 단계일 경우 하향 이탈을 예상한다. 7장에서 조정 상승형과 조정 하락형에 대해 자세히 알아볼 것이다.
- 큰 패턴이 작은 패턴보다 이탈 후 평균 주가 상승폭이 더 크다. 각각 50%와 30%다. 패턴의 높이를 이탈 가격으로 나눈 뒤 18.60%의 중앙값과 비교하여 큰 패턴인지 작은 패턴인지를 결정한다.
- 넓은 패턴은 좁은 패턴보다 주가 상승폭이 더 크다. 이탈 후 평균 상승폭은 각각 39%와 35%다. 중앙값인 66일을 기준으로 넓은 패턴인지 좁은 패턴인지를 결정한다.
- 이 패턴에서 76%는 이전 주가 추세가 지속되고 나머지 24%는 반전이 일어난다.

그림 6.14에서 보듯 보통 이탈은 확인선(패턴의 최고점) 위에서 종가가 형성되느냐로 판단한다. 하지만 주가가 언제 위쪽 추세선을 따라가지 않고 이탈해버릴 것인지는 알기가 힘들다. 그런 점을 감안하더라도, 통상적으로 세 번째 고점보다 높은 위치에서 종가가 형성되면 상향 이탈이 일어났다는 신호로 간주한다.

예컨대 그림 6.15에서 주가가 각 추세선과 세 차례 접하는 상승 확대 쐐기형을 보도록 하자. 2에서는 추세선과 접하는 고점들이 여럿이지만 이들은 하나로 간주할 수 있을 만큼 서로 근접해 있다. A 지점도 마찬가지다. 이때의 전형적인 매수 시기는 종가가 C보다 위에서 형성될 때다. 그림에서는 매수 1

이라는 수평선으로 표시해놓았다. 패턴의 세 번째 고점 근처 또는 그 위에서 매수 주문을 내면 대개 거래에서 성공할 수 있다. 주가는 일단 패턴의 고점에 도달하면 반락할 수 있으므로(그림에서 B로 떨어졌듯이), 이를 감안하여 손실제한주문 가격을 정해야 한다.

상승 확대 쐐기형을 제때에 알아볼 수 있다면 주가가 추세선 사이를 움직일 때도 성공적인 거래를 할 수 있다. 다시 그림을 보자면, 주가가 세 번째 바닥(D)을 치고 올라가기 시작할 때 매수 주문을 낼 수 있다(매수 2). 그러면 주가가 C 수준으로 오를 때까지 흐름을 탈 수 있다. 그러나 오름세가 부분 상승으로 끝나는 경우에는 주가가 곤두박질쳐 하향 이탈이 일어날 수도 있다. 종가가 아래쪽 추세선(EAD)보다 밑에서 형성되면 주식을 팔아야 한다. 이런 하향 이탈은 주가가 계속 떨어진다는 것을 의미하기 때문이다.

이때 주가가 전고점의 영역에서 저항을 받고 튕겨져 나올 경우 스윙 트레이더들은 거래에서 빠져나와야 한다. 다른 부류의 거래자들은 이전 주가 상승폭의 62% 이상 하락할 경우에 주식을 매도해야 한다. 이전 주가 상승폭이라 하면, 주가가 상승을 멈추는 지점(매수 1 선의 저항을 받은 지점)과 전저점(D) 사이의 거리를 말하는 것이다. 이 값의 62%를 주가가 상승을 멈춘 지점에서 빼면 매도점을 얻을 수 있다. 이 예에서는 62%에 미치지 못한다. 따라서 매도를 할 필요가 없다. 이 예에서는 주식을 갖고 있다가 주가가 회복되기를 바라야 할 것이다.

가격 목표점 결정

상승 확대 쐐기형은 패턴 높이를 계산한 다음 이탈 가격(여기서는 세 번째 고점을 기준으로 한다)에 더하면 가격 목표점이 나온다. 예컨대 그림 6.15의 패턴은 높이가 C-E=7.35가 된다. 이 값을 C에 더하면 가격 목표점은 82.64이다. 근처에 저항선이나 지지선이 있을 경우, 주가가 거기서 멈출 수 있으므로 이에 따라 가격 목표점을 조정해야 한다.

유나이티드 파슬 서비스 (항공 운송, 뉴욕 증권거래소, UPS)

그림 6.15 통상적으로는 C에서 이탈이 일어날 때 매수 주문을 내야 할 것이다. 그렇지 않으면 주가가 아래쪽 추세선을 세 번째로 치고 나서 다시 상승하기 시작할 때 D에서 매수 주문을 낼 수도 있다.

상승 확대 쐐기형은 상향 이탈의 경우 이 계산법이 맞을 확률이 69%다. 확률이 80% 정도면 좋겠지만 유감스럽게도 한참 모자란다. 따라서 높이의 반값을 이용하는 게 좋을 것이다. 그림 6.15의 패턴은 높이가 7.35이므로 높이의 반은 3.68이다. 이 값을 C에 더하면 새로운 가격 목표점은 78.97이 된다. 이렇게 반값을 이용하는 경우 적중률은 93%로 높아진다.

8. 이브&이브 이중 바닥형Eve&Eve double bottoms

- ■ 평균 주가 상승폭 순위: 7
- ■ 손익분기 도달 실패율 순위: 4
- ■ 추세 마감 후 주가 변화 순위: 6

이브&이브 이중 바닥형은 바로 대부분의 차티스트들이 고전적인 이중 바닥형이라고 부르는 것이다. 전체적인 패턴 성취율은 10개의 상승 패턴 가운데서 상승 확대 쐐기형과 같은 7위다. 평균 상승폭은 순수한 거래의 경우 40%로 7위이며, 손익분기 도달 실패율은 4%로 4위다. 마지막으로 추세 변화 뒤 하락폭은 6위에 해당하는 31%를 기록한다.

패턴의 특징과 확인 과정

아담형과 이브형의 조합으로 이뤄진 바닥형은 최근에 추가된 차트 패턴이다. 이름을 보면, 각 바닥의 모양이 어떻게 생겼을지 머릿속에 쉽게 떠올릴 수 있을 것이다. 아담형은 좁고, 보통 하루 동안 주가가 폭락하여 가시처럼 뾰족한 끝을 만든다. 반면 이브형은 좀더 둥그스름하게 보이고 아담형보다 폭이 상당히 넓다.

그림 6.16은 이브&이브 이중 바닥형이 어떤 모양인지 보여주고 있다. 2개의 바닥이 넓고 둥그스름하며 몇 주간을 사이에 두고 떨어져 있다. 두 바닥 사이에서는 상당한 폭의 상승이 이뤄졌다. 이중 바닥형이 이브&이브 이중 바닥형임을 확인하기 위해서는 종가가 두 바닥 사이의 고점(그림에서 보는 확인선) 위에서 형성되어야 한다.

이브&이브 이중 바닥형을 찾으려면 다음을 확인하라.

- ■ 주가가 하락하여 왼쪽 바닥을 형성해야 하지만 중간에 주가가 그보다 아래로 떨어져서는 안 된다. 다른 말로 하자면 두 바닥 중 첫 번째 바닥 가까이

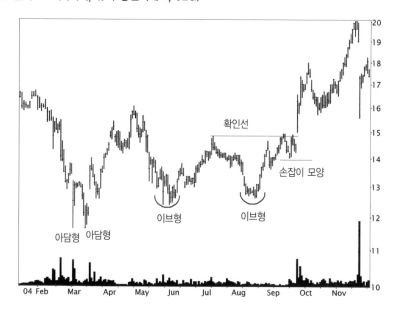

JLG 인더스트리 (기계, 뉴욕 증권거래소, JLG)

그림 6.16 이브형은 바닥이 넓고 둥글다. 반면 아담형은 바닥이 뾰족하다.

에 그보다 낮은 이전 바닥이 있어서는 안 된다는 것이다.

■ 2개의 바닥은 비슷한 모양이어야 한다. 폭이 넓고 둥그스름해야 한다.

■ 2개의 바닥 사이에서 이뤄지는 상승은 최소 10%는 되어야 한다.

■ 2개의 바닥은 비슷한 가격 수준에 있어야 한다. 차이는 6% 이하여야 한다.

■ 2개의 바닥 사이에는 몇 주의 간격이 있어야 한다(2~7주가 최적).

■ 거래량은 왼쪽 바닥이 더 많은 경우가 65%다.

■ 이중 바닥이 진짜 이브&이브 이중 바닥형이 되기 위해서는 종가가 확인선
　(패턴의 최고점) 위에서 형성되어야 한다.

■ 이중 바닥형이 패턴으로 확인되기 전에 세 번째 바닥을 형성하면, 그 패턴

은 삼중 바닥형으로 다뤄야 한다.

예컨대 그림 6.16의 이브&이브 이중 바닥형에서는 주가가 하락세를 형성
하면서 첫 번째 바닥을 만들었다. 그동안 주가가 첫 번째 바닥보다 아래로 떨
어지는 일은 없었다(첫 번째 바닥 가까이에 그보다 낮은 이전 바닥이 없어야
한다는 조건 충족). 2개의 바닥은 모두 폭이 넓고 둥그스름하다(3월의 아담&
아담 바닥형과 비교해보라). 2개의 바닥 사이에서 이뤄진 주가 상승폭은 20%
다(첫 번째 바닥에서 고점까지의 거리를 잰다). 2개의 바닥은 가격 차이가
2% 이하(22센트)이며, 간격은 다소 넓은 11주다. 거래량은 예상대로 왼쪽 바
닥이 더 많다. 여기에 9월 확인선 위에서 종가가 형성되면서 이 패턴은 유효
한 이브&이브 이중 바닥형으로 확인됐다.

그림 6.17은 아담형과 이브형의 다양한 조합을 보여준다. 이브형은 넓고
둥근 모양이다. 아담형은 바늘처럼 길고 뾰족한 모양이고 폭이 대개 며칠에
불과하다. 이브형에서도 때때로 뾰족한 바늘 같은 형태를 볼 수 있지만 보다
짧고 여럿이 함께 무리를 이루고 있다. 마치 나무의 잔뿌리 같다.

거래에 유용한 불코우스키의 조언

이브&이브 이중 바닥형을 비롯하여 모든 이중 바닥형은 다른 차트 패턴보다
거래의 위험이 높다. 왜 그런가? 주가 추세의 바닥에서 발견할 수 있는 패턴
이기 때문이다. 또한 주가가 패턴을 확인시켜준 뒤에도 문제가 발생한다. 거
래자들이 몰려들어 주가를 다시 떨어뜨리면 주가는 가장 낮은 바닥보다 아래
로 떨어지곤 한다.

어떻게 하면 이런 예외형 패턴에 투자하는 일을 막을 수 있을까? 이를 위해
서는 어떤 패턴을 형성한 주식을 매수하기 전에 시장 전체를 먼저 살펴봐야
한다. 나는 S&P500으로 전체 시장의 흐름을 읽는다.

나는 S&P500을 보며 차트 패턴을 찾고 주가가 앞으로 얼마 동안 올라갈지

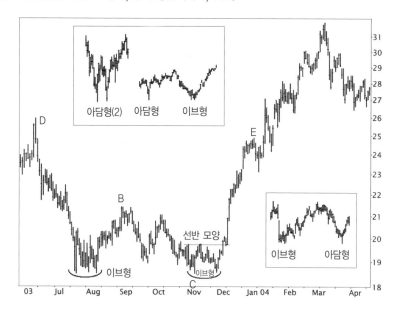

그림 6.17 아담형과 이브형의 여러 가지 조합이다.

혹은 내려갈지도 판단한다. 나는 또한 거래하고 있는 주식의 종류에 따라 나스닥 종합 지수, 다우존스 산업 · 공업 · 운송업 지수를 조사하여 전체 그림을 보완한다.

그 뒤에는 해당 주식이 속하는 산업 부문을 체크해야 한다. 나는 한 산업 부문에서 5개 이상의 주식을 계속하여 모니터하고 있기 때문에 필요할 경우 언제라도 해당하는 주식을 골라 차트를 살펴볼 수 있다. 주가가 상승 추세인지, 추세 반전을 예고하는 차트 패턴이 있는지, 주식이 연중 최고가 근처에서 거래되고 있는지 여부를 금세 알 수 있다.

종종 전체 시장(매우 중요한 요소다)이나 해당 산업 부문이 취약해서 시장에서 물러나 있을 수밖에 없을 때도 있다. 하지만 과녁이 눈앞에 일렬로 늘어서면 나는 놓치지 않고 총구를 내밀고 총을 쏘기 시작한다.

아래는 이브&이브 이중 바닥형을 거래하는 방법에 관한 조언이다.

■ 오른쪽 바닥에서 선반 모양shelf을 찾아라. 선반 모양은 지지선으로 작용하는 평평한 천정이다. 그림 6.17의 11월에 있는 이브 바닥형에서 선반 모양의 예를 볼 수 있을 것이다. 스윙 트레이더의 경우 종가가 이 선반 위에서 형성됐을 때 매수에 나서고, 주가가 거기서 멈추면 확인 후 매도해야 한다. 이중 바닥형은 삼중 바닥형이 될 수 있다는 사실을 명심해야 한다.

■ 그 외 투자자들의 경우는 주가가 확인 가격-2개의 바닥 사이에 있는 최고점-위에서 형성됐을 때 매수해야 한다. 이런 확인 과정 전에 매수를 할 경우 64%는 손실을 입는다. 말하자면 주가가 확인선까지 올라가지 못할 확률이 64%라는 것이다.

■ 때때로 주가는 이브&이브 이중 바닥형을 확인한 후 소폭의 등락을 하면서 손잡이 모양을 만든다. 주가가 이 밀집 구간을 이탈하면 대개(늘 그렇지는 않지만) 강력한 상승세를 형성한다. 그림 6.16은 이브&이브 이중 바닥형과 함께 나타나는 손잡이 모양을 보여주었다.

■ 이중 바닥형이 길고 수평적인 주가 추세(플랫형 기반) 후에 생겨나면 보통 이탈 후 상승폭이 엄청나다. 주간 차트로 바꿔 보면서 플랫형 기반을 찾아 보라. 이중 바닥형을 언덕을 오르기 전 평평한 도로에 깊이 팬 구멍 정도로 생각하라. 주가가 구멍에서 벗어나면 언덕 위를 질주해 멀리까지 나아갈 것이다.

■ 오른쪽 이브형 바닥에서 파이프 바닥형(또는 다른 어떤 강세 차트 패턴)이 만들어지면, 그 패턴이 확인됐을 때 주식을 매수하라.

■ 작고 좁은 이브&이브 이중 바닥형은 보통 다른 형태의 이중 바닥형보다 주가 상승폭이 크다(평균 49%). 높이를 이탈 가격으로 나눴을 때 이 값이 중앙값 16.4%보다 작으면 작은 패턴이라고 한다. 좁은 패턴이란 패턴 진행

기간이 50일의 중앙값보다 짧을 때를 말한다.

■ 연중 거래 범위의 아래쪽 3분의 1 안에서 이탈이 일어나는 패턴은 다른 범위(연중 가격 범위를 3으로 나눴을 때 중간과 위에 해당하는 구간)에서 이탈이 일어날 때보다 주가 상승폭이 크다.

■ 하향 후퇴가 일어나지 않은 이브&이브 이중 바닥형은 하향 후퇴가 일어나는 이브&이브 이중 바닥형보다 이탈 후 평균 주가 상승폭이 상당히 크다. 각각 48%와 33%다. 따라서 위쪽 가까운 곳에 저항선이 없는 패턴을 찾아야 할 것이다.

■ 이중 바닥형은 오른쪽 바닥에서 거래량이 더 많은 경우가 왼쪽 바닥에서 거래량이 더 많은 경우보다 이탈 후 평균 주가 상승폭이 더 크다. 각각 43%와 39%다.

■ 커다란 W자 모양의 패턴을 찾아라. 양 옆면이 예외적으로 큰 이브&이브 이중 바닥형을 말하는 것이다. 이런 패턴에서는 거의 직선을 그리면서 주가가 하락하여 바닥이 형성된다. 하지만 이탈이 일어나면 주가는 하락 시작점까지 반등한다. 그림 6.17은 D와 E 사이에서 커다란 W자 패턴을 보여준다.

가격 목표점 결정

이중 바닥형의 예상 상승폭을 계산하려면 높이를 이탈 가격에 더해야 한다. 높이는 패턴의 최고점에서 최저점까지의 거리다. 이 값을 이탈 가격-패턴의 최고점-에 더하면 된다. 이브&이브 이중 바닥형에서 상향 이탈이 일어나면, 67%의 경우 주가는 가격 목표점에 도달한다. 67%라면 높은 확률이 아니므로 목표점을 보수적으로 잡을 필요가 있다. 활을 쏠 때 과녁을 가까이 두면 정확도가 높아지는 것과 비슷하다.

그림 6.17에서 이브&이브 이중 바닥형의 가격 목표점을 계산하고자 하면, B와 C 사이의 거리를 B에 더해야 한다. B는 21.39이고 C는 18.49이다. 따

게스 (의류, 뉴욕 증권거래소, GES)

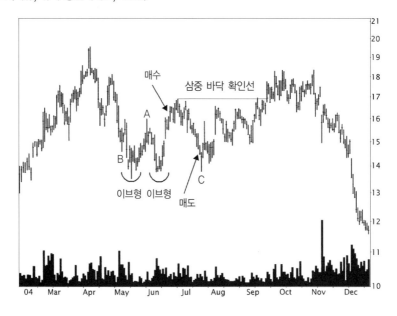

그림 6.18 이브&이브 이중 바닥형이 확인됐지만 곧 주가가 반락하여 삼중 바닥형이 만들어졌다. 주가는 많이 상승하지 못하고 하락해버렸다.

라서 이 두 지점 사이의 거리는 2.90이다. 이 높이 값을 이탈 가격(B의 가격대)에 더하면, 24.29의 가격 목표점을 얻을 수 있다. 차트에서는 12월 중순에 가격 목표점에 도달했다.

사례에서 배우기

"여기 있었군요." 제이크가 말했다. 내가 마구간에서 청소를 하고 있을 때 그가 들어왔다. "멋진 휴가를 보내고 왔다고요. 무슨 일이 있었냐면…"

"제이크, 당신 게스 주식이 손실제한주문에 걸렸더군요."

그의 입술 한쪽이 씰룩거렸다. 그는 주먹을 꽉 쥐었다가 손가락으로 머리

카락을 뒤로 빗어 넘겼다. 그러고는 얼마나 큰 손실을 입었는지 알아보기 위해 발을 구르며 집으로 돌아갔다. 그림 6.18에서 그가 어떻게 거래했는지 보도록 하자.

그는 패턴을 확인하고 나서(주가가 A, 즉 16에서 형성된 고점을 넘어섰을 때) 다음날 16.13에 주식 1,000주를 매수했다. 그는 10%의 손실을 예상하고 14.57에 손실제한주문을 해뒀다. 바닥 B보다 3센트 아래에 있는 지점이다.

"원래는 주가가 4월의 고점 근처에서 멈출 거라 생각했어요. 18.50달러에서 말이에요." 제이크가 말했다. 그리고 컴퓨터 화면 위에서 자신의 메모를 가리키더니 읽기 시작했다. "이 패턴은 성공 가능성이 높지 않다. 주가는 내려갈 것 같다."

"그런데 왜 샀어요?"

그는 메모를 훑어보더니 이어서 읽었다. "이브&이브 이중 바닥형을 보고 주식을 샀다. 의류 시장은 경기가 좋은 것 같다. 지난 며칠간 주가는 강한 상승세를 보였다. 많은 주식들이 연중 최고가를 기록했다가 다시 떨어진 다음 반등하기 위해 애쓰고 있는 상황이다. 나쁜 소식은 게스의 주식 수익률이 50이라는 것이다. 게스 주식이 과연 올라갈 수 있을까 의문이 들기는 하지만, 시장이 계속하여 상승한다면 게스도 따라 올라갈 것이다."

7월 16일 그는 손실제한주문에 걸려 14.55에서 거래를 마감했다. 손실제한주문 가격에서 2센트 낮은 가격이며, C에서 강세 꼬리가 형성되기 하루 전의 일이었다. 시장은 8월 초까지 계속 하락하다가 반등하여 10월까지 주가 상승이 이어졌다.

"게스 주식 거래로 1,600달러를 잃었어요." 그는 의자에 몸을 깊숙이 파묻었다.

나는 일어나 내가 앉았던 의자에서 지푸라기를 주워든 다음 마구간으로 돌아갈 준비를 했다. "대신 두 주 전에 벌어들인 게 상당하잖아요?"

"그래요. 15,000달러죠. 정말 기분 좋은 한 주였어요." 그가 미소 지었다.

보조개가 창문에서 들어오는 햇빛에 밝게 빛났다.

"몸을 움직이면 기분이 더 좋아질 거예요. 마구간에서 내가 하는 일 좀 도와주는 게 어때요?"

그의 보조개가 사라졌고, 그도 사라졌다. 요즘에는 좀처럼 주변에서 도움을 찾기가 쉽지 않다.

9. 삼중 바닥형 triple bottoms

■ 평균 주가 상승폭 순위: 10
■ 손익분기 도달 실패율 순위: 4
■ 추세 마감 후 주가 변화 순위: 4

이중 바닥형이 어떤 모양인지 안다면, 삼중 바닥형이 어떻게 생겼는지도 알 것이다. 삼중 바닥형은 전체적인 패턴 성취율에서 역 머리어깨형과 순위가 같다. 평균 주가 상승폭은 37%이고 손익분기 도달 실패율은 4%다. 삼중 바닥형의 4%는 이탈 후 주가가 5%도 상승하지 못한다는 뜻이며 이 항목은 4위를 기록했다. 마지막으로, 주가가 최고점에 도달하면 주가는 33% 하락한다. 이 항목 역시 4위다.

패턴의 특징과 확인 과정

삼중 바닥형을 확인하는 방법은 이중 바닥형의 경우와 많이 중복된다. 먼저 비슷한 가격에 위치해 있는 3개의 바닥을 찾는다. 이들 바닥은 서로 충분한 간격을 두고 떨어져 있어 똑같은 바닥의 일부가 아니라는 게 확인되어야 한다. 그리고 바닥들 사이에는 뚜렷한 천정이 형성되어 있어야 한다. 나는 이중 바닥형에서와 달리 삼중 바닥형에서는 바닥들 사이에서 형성되어야 하는 상승폭을 정하지 않았다. 그런 기준이 없더라도 이 패턴은 충분히 드물기 때문이다. 아래는 삼중 바닥형을 확인하기 위한 지침이다.

- 주가가 하락하여 첫 번째 바닥을 형성한다. 그런데 중간에 주가가 그보다 아래로 떨어져서는 안 된다. 다른 말로 하자면 패턴에서 첫 번째라고 설정하는 바닥 앞에 그보다 낮은 바닥이 있어서는 안 된다는 것이다.
- 삼중 바닥들은 모두 비슷한 가격에서 형성되어야 한다. 하지만 약간의 차이는 있을 수 있다.
- 바닥들끼리는 보통 몇 주의 간격을 갖는다.
- 거래량은 67%의 경우 첫 번째 바닥에서 마지막 바닥까지 감소세다. 하지만 각각의 바닥에서는 거래량이 많을 수 있다.
- 주가가 확인 가격(패턴의 최고가)을 상회하는 경우에 유효한 삼중 바닥형이 된다.
- 이중 바닥형이 확인되기 전에 삼중 바닥형이 만들어지면, 그 패턴은 삼중 바닥형으로 다뤄야 한다.

그림 6.19는 삼중 바닥형의 예를 보여준다. 주가가 하락세를 형성하며 바닥이 형성됐다. 바닥 1, 2, 3은 모두 거의 비슷한 가격 수준이다. 각각은 저마다 온전한 바닥 모양을 갖췄고 바닥과 바닥 사이에는 고점이 형성되어 있다. 거래량은 감소세지만 각 바닥에서만큼은 거래량이 많다. 종가가 A 지점을 넘어서면 이 차트 패턴은 유효한 삼중 바닥형이 되고 매수 신호로 본다.

거래에 유용한 불코우스키의 조언

바닥 1과 2 사이에 있는 고점이 바닥 2와 3 사이에 있는 고점보다 위에 있으면 이 고점을 이어 하향 추세선을 그려보라. 주가가 이 추세선을 뚫고 오르면 매수 신호다. 그림 6.19는 그런 경우를 보여주고 있다.

그림 6.20은 또 다른 삼중 바닥형의 예를 보여주고 있다. 이 그림에서는 바닥 3이 바닥 2의 가격 수준보다 위에 있다. 이런 경우에는 바닥 3이 바닥 2 근처에 있거나 아래에 있을 때보다 이탈 후 주가 상승폭이 커지는 경향이 있

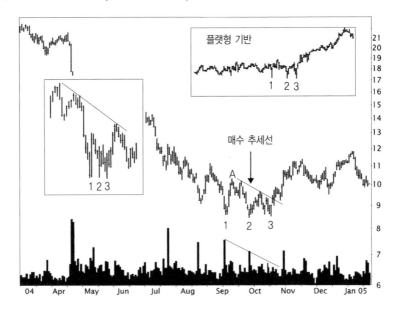

사이프러스 반도체 (반도체, 뉴욕 증권거래소, CY)

플랫형 기반

매수 추세선

A

1 2 3

1 2 3

1 2 3

04 Apr May Jun Jul Aug Sep Oct Nov Dec Jan 05

그림 6.19 대규모 주가 하락 뒤에 삼중 바닥형(바닥 1, 2, 3)이 나타났다. 주가가 A나 하향하는 매수 추세선 위에서 형성될 때 이탈이 일어난다.

다. 상황이 모두 다르기는 하지만 그 점은 기억해두기 바란다.

A에서 약간 아래쪽으로 기울어진 점선은 조기 매수 추세선이다. 이와 비교할 때 A에서 수평으로 직선을 그으면 전통적인 매수 추세선이 된다. 이 차트에서는 주가가 전통적인 매수 추세선으로 하향 후퇴했다가 다시 상승을 시작했다.

작은 깃발형을 보라. 깃발형은 그림 6.20에서처럼 주가의 급등 때에 나타나곤 하는데 때때로 상승세의 중간 지점을 형성한다. 이때는 반기半旗형이라는 이름으로 불리기도 한다. 깃발형의 바닥에서 상승 추세의 마지막 점인 B까지의 상승폭은 세 번째 바닥 3에서 깃발 맨 위까지의 상승폭과 거의 비슷하다.

그림 6.20 이 삼중 바닥형(1, 2, 3)은 다른 2개의 바닥보다 세 번째 바닥이 높게 형성되어 있다. 이런 경우에는 이탈 후 주가 상승폭이 크다.

아래에 몇 가지 조언을 추가한다.

■ 플랫형 기반 다음에 나타나는 삼중 바닥형은 이탈 후 주가 상승폭이 크다. 주가가 오랫동안(수개월 동안) (거의) 수평을 이루다가 삼중 바닥형이 형성되는 차트를 찾아라. 그런 패턴은 위쪽의 오랜 저항선을 수월하게 돌파하며 상승할 수 있는 여지도 크기 때문이다. 주간 차트를 이용하면 패턴을 보다 확실하게 식별할 수 있다. 더욱이 패턴 형성 전에 플랫형 기반이 있는 경우라면 그야말로 더할 나위가 없다고 할 것이다. 그림 6.19의 위쪽 삽입 그림은 플랫형 기반에서 삼중 바닥형이 만들어지는 것을 보여준다.

■ 삼중 바닥형은 종종 조정 상승형의 한 단계로 나타난다(층계참을 생각해보

라). 이탈 후 상승폭은 예상만큼 크지 않을지 모른다. 장기간(수개월)의 상승 추세 후에 나타나는 삼중 바닥형에서는 거래를 하지 않는 게 좋다. 추세의 끝 무렵일 가능성이 크기 때문이다.

■ 삼중 바닥형이 주가 하락 후에 나타나면 삼중 바닥형 이전의 고점들을 따라 하향 추세선을 그려보라. 그리고 주가가 일단 이 추세선과 만나면 상승을 멈출 것이라고 예상하라. 저항선을 돌파할 수도 있지만 안전하게 거래하는 게 낫다. 그림 6.19 왼쪽의 삽입그림은 이런 상황을 주간 차트로 보여주고 있다.

■ 단기 주가 하락 뒤 생겨난 삼중 바닥형의 경우 이탈 후 평균 주가 상승폭은 39%다. 중기 주가 하락 뒤 생겨난 경우는 35%, 장기 주가 하락 뒤 생겨난 경우는 37%였다. 따라서 단기 주가 하락 뒤 생겨난 삼중 바닥형을 거래하는 것이 낫다.

■ 소규모 주가 하락의 경우를 따져보자. 주가 하락 뒤에 삼중 바닥형이 형성될 때 이 하락폭이 중앙값인 21%에 못 미치면 이탈 후 평균 주가 상승폭은 44%다. 반면 하락폭이 21% 이상인 경우는 29%다. 반면 대규모 주가 하락 뒤에 나타나는 삼중 바닥형은 주의해야 한다. 심각한 문제가 있으므로 상황이 나아지려면 상당한 시간이 필요하다는 뜻이다. 이탈 후 상승은 추세 변화가 아니라 단순히 되돌림 현상에 불과할 가능성이 크다.

■ 주가가 어떤 고점에서 하락한 뒤 삼중 바닥형이 나타나면, 주가가 그 고점에 올라갔을 때 상승을 멈출 것이라고 예상할 수 있다. 삼중 바닥형은 2개의 산 사이에 놓인 계곡 모양이 될 것이다. 이 모양은 더 넓은 범위에서 볼 때 큰 W자 패턴의 변형이기도 하다(그림 6.17의 D, E를 보라).

■ 세 번째 바닥에 평평한 천정이 있으면, 스윙 트레이더는 종가가 선반 모양 위에서 형성됐을 때 매수한다. 이때 바닥 바로 아래에 손실제한주문을 해둬야 한다. 그리고 확인 가격(패턴의 최고가)에서 주가가 멈칫거리면 매도한다. 그림 6.17의 선반에서 비슷한 상황을 볼 수 있을 것이다.

- 그 외 투자자라면 주가가 확인 가격—즉, 삼중 바닥형의 최고점(또는 바닥 사이의 고점들을 연결한 하향 추세선)—위에서 형성될 때 주식을 사야 한다 (앞서 한 얘기들을 다시 한 번 읽어보라).
- 64%의 경우 하향 후퇴가 일어난다. 하향 후퇴가 일어나면 이탈 후 평균 주가 상승폭이 41%이고, 하향 후퇴가 없으면 34%다.
- 마지막 바닥이 두 번째 바닥보다 위에서 형성되면 주가 상승폭이 커진다. 평균 43%이고 그렇지 않은 경우는 32%다.

가격 목표점 결정

삼중 바닥형의 주가 상승폭을 계산하려면 높이를 이탈 가격에 더해야 한다. 적중률은 64%다. 따라서 가격 목표점을 보수적으로 잡을 필요가 있다(즉 좀 더 가까운 가격 목표점을 선택해야 한다는 것이다). 만약 가격 목표점이 저항선 근처라면 가격이 거기서 멈출 것으로 예상해야 한다.

예컨대 그림 6.20에서 A가 삼중 바닥형의 최고점이고 최저점은 1이다. 따라서 높이는 둘 사이의 거리, 즉 70.40−64.84=5.56이다. 이 높이 값을 최고점에 더하면 가격 목표점은 75.96이 된다.

사례에서 배우기

제이크가 내 어깨 위로 건너다보더니 투덜거렸다. "뭐, 다를 게 없네요. 독자들한테 내가 수익을 낸 거래를 보여주는 게 어때요?"

"독자들은 당신의 실수에서 배울 거예요. 이것처럼요." 나는 화면을 가리켰다. 그림 6.21이 그 그림이다. "이런 차트 패턴을 보고 뛰어들다니 어떻게 된 일이에요?"

"그건 또 언제 찾아냈어요?"

나는 의자를 돌려 그를 마주 봤다. 그때 그의 금빛 커프스 링크가 눈에 들어왔다. 비싸 보였다. "어떻게 생각하고 거래했던 건지 얘기 좀 해주세요."

포레스트 오일 (석유, 뉴욕 증권거래소, FST)

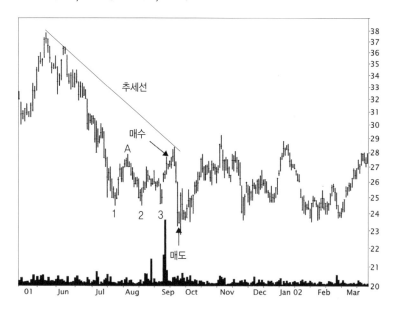

그림 6.21 하향 추세선으로 드러나는 저항선은 여기서 삼중 바닥형을 보고 주식을 매수한 제이크의 거래가 실패할 것임을 보여주고 있다.

그는 컴퓨터로 다가가 자판을 두들겼다. 그가 입력한 글들이 화면에 나타났다. "우선, 이건 오래전 얘기란 걸 알아둬요. 나는 그때 내가 뭘 하고 있는지도 몰랐으니까. 어쨌든 그때 나는 27.88이 삼중 바닥형의 확인 가격이라 생각하고 28에 400주를 사도록 지정가주문을 냈어요. 하지만 그렇게 매수하려면 지정가주문이 아니라 역지정가주문을 냈어야 했던 거더라고요. 그래서 400주가 28이 아니라 그냥 27.64달러에 매수가 됐죠."

그는 주가가 30과 32의 저항선을 치고 올라갈 것이라 예상했다. 30과 32는 6월에 주가 움직임이 밀집되어 있는 곳이다.

지정가주문(limit order)

투자자가 지정한 가격 또는 그보다 유리한 가격으로 매매가 체결되도록 하는 주문

"전고점 근처인 36까지 올라갈 거라 생각하고 거기서 팔려고 그랬죠."

그는 주가가 하락할 경우에는 바닥 2인 24.50까지 14%의 손실을 보게 될 거라고 생각했다.

"이 거래는 한 가지 영향만 없었다면 상당한 수익이 났을 거예요." 그가 말했다. "내가 주식을 매수하고 나서 이틀 뒤에 9 · 11 테러가 일어났죠."

거래는 9월 17일 속개됐다. 주가는 하향 추세선과 만나고 나서 바로 그날 폭락했다.

"그런데 나는 머릿속으로만 24.50에서 팔아야 한다고 생각하고 있었던 거예요. 주가는 더 떨어졌고, 그래서 할 수 없이 23.64에서 팔았죠. 주가가 바닥을 치기 하루 전이었어요. 나는 주가가 더 떨어질 거라 생각했어요."

"시장 위험이란 게 뭔지 보여주는 사례군요." 내가 말했다. "때로는 예기치 않은 일이 일어나 계획을 엉망으로 만들어버리죠. 그럴 때는 가능한 한 빨리 시장에서 나오는 게 최선이에요. 나는 당신과 달리 운이 좋았죠. 9 · 11이 일어나기 3일 전에 250달러 손실을 보고서 알래스카 에어의 주식을 팔아치웠으니까. 만약 9월 27일까지 기다렸다면 4,000달러 이상 손해를 봤을 거예요. 주가는 내가 판 가격에서 44%나 더 떨어졌죠."

10. 역 머리어깨형 head-and-shoulders bottoms

- ■ 평균 주가 상승폭 순위: 9
- ■ 손익분기 도달 실패율 순위: 3
- ■ 추세 마감 후 주가 변화 순위: 6

머리어깨형은 가장 잘 알려진 차트 패턴이라 할 수 있다. 머리어깨형이 천정을 가리킨다는 점만 감안하면 바닥 패턴인 역 머리어깨형을 쉽게 이해할 수 있을 것이다. 역 머리어깨형은 전체적인 면에서 패턴 성취율이 10위다. 상승

러셀 (의류, 뉴욕 증권거래소, RML)

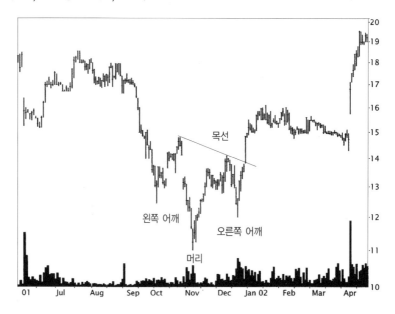

그림 6.22 어깨가 대칭이고 목선은 하향하는 전형적인 역 머리어깨형이다. 거래량 패턴이 일반적인 경우와 다르다는 점만 빼놓고는 완벽한 패턴 예라고 하겠다.

장에서 평균 주가 상승폭은 38%로 9위이고, 손익분기 도달 실패율은 꽤 낮은 3%로 3위를 차지한다. 마지막으로 주가가 최고점에 도달한 뒤의 낙폭은 평균 31%로 6위다.

패턴의 특징과 확인 과정

그림 6.22는 거의 완벽한 역 머리어깨형을 보여준다. 머리는 어깨가 이루고 있는 바닥보다 훨씬 아래로 튀어나와 있다. 바늘처럼 보이는 2개의 어깨는 모양이 서로 비슷하고 머리로부터 거의 같은 거리에 있다. 패턴은 좌우 대칭을 이루고 있는데 이 점이 매우 중요하다. 하지만 거래량 추세는 일반적인 경우

와 다르다. 거의 대부분은 왼쪽 어깨나 머리에서 가장 많고 오른쪽 어깨에서 감소한다. 목선이 겨드랑이와 만나는데 대개의 경우 그림처럼 하향한다. 종가가 목선 위에서 형성되면 매수 신호다. 이때 패턴이 유효한 역 머리어깨형으로 확인되기 때문이다. 만약 이 확인 과정이 없다면 역 머리어깨형으로 생각할 수 없다.

역 머리어깨형은 다음과 같은 방법으로 찾는다.

- 3개의 바닥을 찾는다. 이때 가운데 바닥은 다른 2개의 바닥보다 낮아야 한다.
- 두 어깨는 모양이 비슷해야 한다.
- 두 어깨는 머리까지의 거리가 거의 똑같아야 한다.
- 두 어깨는 바닥이 거의 같은 가격에서 형성되어야 한다.
- 거래량은 48%의 경우 머리에서 가장 많다. 왼쪽 어깨에서 가장 많은 경우는 37%이며, 오른쪽 어깨에서 가장 많은 경우는 15%다.
- 거래량은 66%의 경우 감소세다(왼쪽 어깨와 오른쪽 어깨 중에서).

거래에 유용한 불코우스키의 조언

그림 6.23은 역 머리어깨형의 또 다른 예를 보여주고 있다. 이 경우에는 오른쪽 어깨가 왼쪽 어깨보다 위에 있지만 둘의 가격 차이는 대단치 않다고 할 수 있다. 두 어깨는 모양이 비슷하고 머리에서부터 거의 같은 거리를 이루고 있다. 거래량은 머리가 가장 많다.

목선은 겨드랑이와 만나는데 종가가 목선을 넘으면 매수 신호다. 그림 6.22처럼 목선이 하향할 때는 이런 기법이 잘 맞는다. 그러나 그림 6.23에서는 다르다. 주가가 목선을 넘을 때(A)까지 기다리자면 거둬들일 수 있는 수익을 상당 부분 포기해야 한다. 사실 때때로 목선이 너무 가파른 경사를 그려 주가가 목선을 넘지 못하는 경우도 있다. 목선이 가파른 경사를 이루고 있을 때는 패턴의 최고점을 확인 가격으로 활용하면 된다. 그림 6.23에서는 점선이 매수 시기를 알려주고 있다.

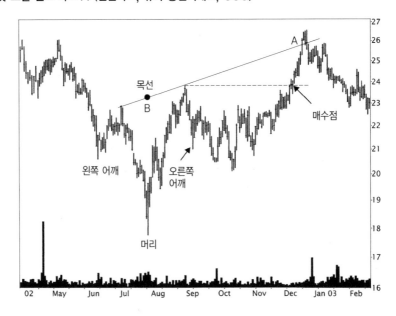

캐벗 오일 앤드 가스 A (천연가스, 뉴욕 증권거래소, COG)

그림 6.23 역 머리어깨형에 상향하는 목선이 나타났다. 통상적인 방법으로 주가가 목선 위에서 형성될 때까지 기다렸다가 매수에 나서면 수익이 줄어든다. 이런 경우에는 패턴의 최고점에서 수평선을 그어 주가가 이 선을 넘을 때 매수한다.

아래는 추가적으로 참고할 몇 가지 사항이다. 대부분은 삼중 바닥형과 비슷할 것이다.

- 하향하는 목선의 경우 목선 위로 종가가 형성되면 매수 신호로 받아들여라.
- 상향하는 목선의 경우 패턴의 최고점 위로 종가가 형성되면 매수 신호로 받아들여라.
- 플랫형 기반 뒤에 역 머리어깨형이 나타나면 주가 상승폭이 크다. 역 머리어깨형이 형성되기 전에 수개월 동안 주가가 수평적 움직임을 보인 경우를 찾아라.

- 직선을 그리며 하락하여 역 머리어깨형이 형성되면 주가가 패턴의 최고점까지 회복될 것으로 예상할 수 있다. 그림 6.17에서 커다란 W자 패턴을 보라(D, E). 여기서 이중 바닥형 대신 역 머리어깨형을 생각해보면 된다. 주가는 E에서 멈추거나 반전할 것으로 예상할 수 있다.
- 단기 주가 하락 뒤 역 머리어깨형이 형성되면 이탈 후 평균 주가 상승폭은 42%다. 중기 하락 뒤에는 37%이며, 장기 하락 뒤에는 32%다.
- 하향 후퇴는 45%의 경우 일어나는데 하향 후퇴가 일어나면 주가 상승폭은 낮아진다. 이 경우 32%의 상승폭이고, 하향 후퇴가 없는 경우는 43%다. 위쪽에 저항선이 있으면 하향 후퇴가 일어나기 쉬우므로 그런 경우는 피해야 한다.
- 오른쪽 어깨에서 거래량이 더 많을 경우, 역 머리어깨형은 이탈 후 주가 상승폭이 더 크다. 평균 40%이고 왼쪽 어깨에서 거래량이 더 많을 경우 37%다.
- 목선이 하향하는 역 머리어깨형의 경우 이탈 후 평균 주가 상승폭이 더 크다. 42%이며, 목선이 상향하는 경우는 34%다.
- 어깨에서 어깨까지 거래량이 감소세를 보이는 역 머리어깨형은 이탈 후 주가 상승폭이 더 크다. 평균 39%이며, 거래량이 증가 추세를 보이는 경우는 36%다.
- 높이를 이탈 가격으로 나눴을 때 그 값이 중앙값인 18.81%보다 큰 패턴은 이탈 후 평균 주가 상승폭이 41%이고, 그보다 작은 패턴의 경우는 36%다.
- 이탈갭은 18%의 경우에 일어난다. 이탈갭이 있는 역 머리어깨형은 평균 주가 상승폭이 43%이고, 이탈갭이 없을 때는 37%다.
- 역 머리어깨형에서 이탈이 연중 최고가 근처에서 일어나면 상승폭은 평균 42%다. 연중 가격 범위를 3으로 나눴을 때 중간과 아래에 해당하는 구간의 경우는 37%다.
- 역 머리어깨형에서 90%의 경우는 이전 추세의 반전이 일어난다.

■ 오른쪽 어깨의 바닥에서 주가가 상승하여 이탈 가격에 이를 때까지는 보통 16일이 걸린다.

가격 목표점 결정

역 머리어깨형에서 예상 주가 상승폭을 계산하는 방법은 다른 차트 패턴의 경우와 약간 다르다. 우선 머리에서 수직으로 직선을 그어 목선까지 패턴의 높이를 잰다. 그림 6.23에서는 B 지점으로 약 23.25다. 머리의 저점은 17.75이므로 패턴의 높이는 5.50이다. 이 높이 값을 이탈 가격에 더하면 가격 목표점을 얻을 수 있다. 패턴의 최고점을 이탈 가격으로 삼으면(23.83), 가격 목표점은 29.33이 된다. 반면 추세선 이탈점을 이탈 가격으로 삼으면(25.59), 가격 목표점은 31.09가 된다.

나는 통계적인 이유로 이탈 가격에 머리에서 목선까지의 높이를 더하는 대신 목선의 시작점과 끝점(두 겨드랑이)의 평균 가격을 구해 가격 목표점으로 삼는다. 이 계산법은 성공률이 74%다.

"다음은요?" 제이크가 물었다.

"아메리칸 파워 컨버전 사의 주식을 매수할까 생각 중이에요. 직사각형 천정형을 보이고 있는데, 하향 후퇴가 방금 끝났지요."

그가 웃었다. "내 말은 이제 책에서 뭐가 나오느냐는 거예요."

"통상적인 차트 패턴에 관한 내용이에요. 치아가 신통치 않을 때 쓰는 렌치 같은 거죠. 이제 보여드릴게요."

Chapter **07**

널리 알려진 차트 패턴

07

이 장에서는 좀더 많은 차트 패턴에 대해 알아볼 것이다. 어떤 패턴은 천정 근처에서 시장을 빠져나오는 데 도움이 될 것이고, 어떤 패턴은 주가가 얼마나 상승할지 알려줄 것이다. 차트 패턴을 알면 너무 일찍 시장에 뛰어드는 일을 피할 수 있고, 주식을 얼마나 오랫동안 보유하고 있어야 하는지도 알 수 있다.

널리 알려진
차트 패턴

제이크가 내 책상 위에 두께가 1인치는 될 듯한 서류 파일을 소리 나게 내려놓았다. 마치 그럴 줄 알았다는 듯한 태도였다. "거기는 비행 승무원이 갖춰진 전용기들이 여러 대예요. 헬리콥터도 세 대나 있고. 부사장이 서른다섯 명이나 있는데 다들 연봉이 30만 달러 이상이라고요. 게다가 모두 몇백만 달러의 스톡옵션이랑 차, 두둑한 접대비까지…"

"대체 무슨 얘기를 하는 거예요?"

"당연히 내 건강보험회사 얘기죠. 내가 그거 말고 또 무슨 얘기를 하겠어요? 방금 조사를 마쳤어요. 그들은 부동산도 소유하고 있고, 맨해튼에는 공동주택이 있고, 경기장이나 오페라 극장의 특별관람석도 있고, 보디가드들도 있어요. 보험료가 분기마다 두 자릿수씩 올라가는 게 놀랄 일도 아니라고요!"

"그렇다면 보험회사를 바꾸고 그 회사와는 관계를 끊어버리지 그래요?"

"그럴 수가 없으니까 문제죠. 건강보험회사와 문제가 생기면 그 사람의 이름은 전산화된 블랙리스트에 오르게 돼요. 모든 건강보험회사들이 계약을 맺기 전에 그걸 먼저 검토하죠. 그렇다면 나는 새 보험회사에 신청서를 내기 전에 내 기록이 깨끗해지기까지 5년이나 기다려야 할 거예요. 아무리 좋은 보험상품이라도 가입할 수가 없다면 무슨 소용이겠어요?"

"숨을 깊게 들이마셔 봐요, 제이크. 어떤 문제라도 해결책이 있는 법이에요. 당신은 거래기법도 많이 나아졌고, 그러니까 앞으로는 지속적으로 상당한 돈을 벌 수 있을 거예요. 당신이 주식으로 벌어들이는 수익이면 그런 보험료를 내고도 충분한 돈이 남게 될 거라고요. 주식을 신중하게 골라 각 거래마다 손실제한주문을 해두고, 거기에 운만 약간 따른다면 당신한테는 더 이상 보험회사가 필요조차 없을 거예요. 은행에 있는 천만 달러가 당신을 보호해줄 거니까요. 보험회사한테 꺼지라고 말하는 장면을 상상해보세요."

그는 꼭 쥐었던 주먹을 펴고 의자에 몸을 파묻었다. 얼굴에 미소와 보조개가 돌아왔다. "당신이 가장 거래하기 좋아하는 패턴은 어떤 거죠?"

나는 상황만 괜찮다면 거의 어떤 차트 패턴도 거래한다. 이 장에서는 좀더 많은 차트 패턴에 대해 알아볼 것이다. 어떤 패턴은 천정 근처에서 시장을 빠져나오는 데 도움이 될 것이고, 어떤 패턴은 주가가 얼마나 상승할지 알려줄 것이다. 차트 패턴을 알면 너무 일찍 시장에 뛰어드는 일을 피할 수 있고, 주식을 얼마나 오랫동안 보유하고 있어야 하는지도 알 수 있다. 이 장에서 배우는 차트 패턴은 당신이 필요로 하는 다양한 도구이고, 이런 도구를 통해 당신은 보다 쉽게 돈을 벌 수 있을 것이다.

각 차트 패턴에 있는 '거래에 유용한 불코우스키의 조언' 부분에서는 지루할지 모르지만 많은 숫자들을 나열할 것이다. 거래하고 싶은 패턴이 있으면, 쓸모가 있다고 생각하는 조언들을 따로 적어두기 바란다. 큰 패턴이 작은 패턴보다 이탈 후 주가 상승폭이 무척 크다면, 그것을 체크리스트에 적어두라. 거래량이 감소세인 게 중요하다면, 그것도 체크리스트에 적어두라. 내가 이 책에 써놓은 조언들을 일종의 메뉴로 생각하고, 쓸모가 있다고 생각하는 사항들을 골라 자신의 차트 패턴 체크리스트에 따로 정리해두기 바란다. 그러면 성공할 확률이 높은 패턴을 고르는 데 큰 도움이 될 것이다.

확대 천정형과 확대 바닥형broadening tops and bottoms

확대형은 6가지가 있다. 우리가 이미 본 한 가지 형태는 상승 확대 쐐기형이었다. 여기서는 나머지 형태들에 대해 다룰 것이다. 우선 알아볼 2가지 형태는 확대 천정형과 확대 바닥형이다. 이 둘은 주가가 어떻게 패턴을 시작하는가에 차이가 있다. 확대 천정형은 주가가 바닥에서 올라와 패턴을 형성하고, 확대 바닥형은 주가가 천정에서 내려와 패턴을 만든다.

이 패턴을 연구한 결과 이탈의 방향은 무작위적이었다. 따라서 이탈을 예측하기보다는 기다려야 한다. 주가가 하락세라고 해서 하향 이탈이 일어나는 것은 아니기 때문이다. 이 점을 기억해두기 바란다.

그림 7.1은 확대 바닥형의 예를 보여준다. 주가가 천정에서 떨어져 패턴을 만들고 나서 1999년 2월 말 추세가 반전하여 주가 상승이 시작됐다.

패턴의 특징과 확인 과정

확대 천정형 또는 확대 바닥형을 확인하려면, 다음을 살펴봐야 한다.

- 확대 바닥형은 주가가 하락세를 그리다가 패턴을 형성한다. 확대 천정형은 주가가 상승세를 그리다가 패턴을 형성한다.
- 확성기 같은 모양을 한 주가 추세―천정은 점점 더 높아지고 바닥은 점점 더 낮아지는 모양―를 찾아라. 확대형이라는 이름은 시간과 함께 주가 움직임의 폭이 넓어지기 때문에 붙은 것이다.
- 주가는 2개의 추세선을 따른다. 위쪽 추세선은 상향 추세선이고 아래쪽 추세선은 하향 추세선이다.

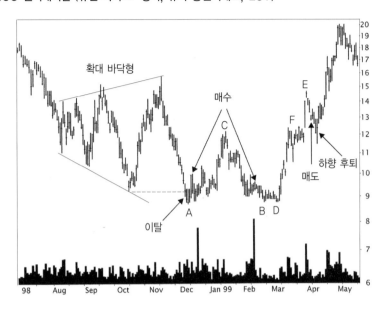

ENSCO 인터내셔널 (유전 서비스·장비, 뉴욕 증권거래소, ESV)

그림 7.1 나에게 두 차례나 수익을 안겨준 확대 바닥형이다.

■ 주가는 각 추세선과 적어도 두 차례 이상 만난다.

■ 주가는 패턴을 가로지르면서 빈 공간을 많이 남기지 않아야 한다. 빈 공간
이 많으면 실제로는 존재하지도 않는 패턴을 거래할지 모르는 위험이 생긴
다. 주가 움직임이 꼭 추세선과 번갈아 만날 필요는 없지만 대개는 그런 현
상을 보인다.

■ 거래량은 57~60%의 경우 상승세다. 확률이 50%보다 약간 높은 것에 불
과하기 때문에 크게 신경 쓸 필요는 없다고 하겠다.

거래에 유용한 불코우스키의 조언

아래는 확대 천정형과 확대 바닥형의 거래를 위한 일반적인 조언들이다.

- 거래에 자신이 있는 스윙 트레이더라면 주가가 아래쪽 추세선을 치고 올라올 때 매수하여 주가가 위쪽 추세선과 만나 반전할 때 매도한다.

- 모든 거래자들에게 해당되는 얘기로 주가가 세 번째로 아래쪽 추세선과 만난 뒤에 주식을 매수한다. 이때는 부분 상승을 주의해야 하지만 어쨌든 상향 이탈을 기대할 수 있다. 부분 상승은 확대 바닥형에서는 25%, 확대 천정형에서는 49% 일어난다.

- 주가가 아래쪽 추세선 밑으로 떨어지면 하향 이탈이다. 장기보유 성향의 거래자일지라도 가지고 있던 주식을 처분하라.

- 이탈하는 방향으로 거래하라. 이 말은 상향 이탈이 일어난 다음에 매수하라는 뜻이다. 그런데 어떤 때를 이탈이라고 하는가? 주가가 위쪽이든 아래쪽이든 추세선 밖으로 나가 종가를 형성했을 때를 말한다.

확대 천정형의 경우(주가의 상승 추세에서 패턴이 형성됐을 때)는 다음을 참고하라.

- 이탈 후 주가 상승폭이 가장 큰 경우는 중기 주가 상승 뒤에 패턴이 형성됐을 때다(평균 38%). 단기 주가 상승 뒤에는 32%이고, 장기 주가 상승 뒤에는 21%다. 하향 이탈일 때도 하락폭은 똑같이 중기, 단기, 장기 순이다.

- 연중 최저가 근처에서 이탈이 일어난 경우 이탈의 방향에 상관없이 주가 움직임이 가장 컸다.

- 거래량이 적은 가운데 상향 이탈이 일어났을 때 주가 상승폭이 더 컸다.

- 확대 천정형에서는 거래량이 감소세를 형성한 경우 이탈의 방향에 상관없이 이탈 후 주가 움직임이 더 컸다.

- 부분 하락은 72%의 경우 상향 이탈을 예고한다.

- 부분 상승은 61%의 경우 하향 이탈을 예고한다.

- 이탈은 50%가 상향 이탈이다.
- 주가는 (상향 이탈 시) 54%가 하향 후퇴하고 (하향 이탈 시) 48%가 상향 후퇴한다. 하향 후퇴는 이탈 후 주가 상승폭을 낮춘다. 하향 후퇴가 있는 경우 이탈 후 평균 주가 상승폭은 24%이며, 하향 후퇴가 없는 경우는 34%다. 하지만 상향 후퇴는 주가 하락폭에 영향을 미치지 않는다.
- 상향 이탈의 경우 패턴의 높이를 이탈 가격으로 나누면 중앙값이 14.66%다. 하향 이탈의 경우는 15.95%다. 이탈의 방향에 상관없이 큰 패턴이 작은 패턴보다 이탈 후 주가 움직임이 상당히 크다.

확대 바닥형의 경우(주가의 하락 추세에서 패턴이 형성됐을 때)는 다음을 참고하라.

- 상향 이탈 후 주가 상승폭이 가장 큰 경우는 단기 주가 하락 뒤에 패턴이 형성됐을 때다(평균 30%). 장기 주가 하락 뒤에는 24%이고, 중기 주가 하락 뒤에는 21%다. 하향 이탈일 때는 중기 주가 하락 뒤 낙폭이 가장 크지만, 그 사례는 매우 드물다.
- 연중 최고가 근처에서 상향 이탈이 일어난 경우 이탈 후 주가 상승폭이 가장 크다(평균 30%). 연중 가격 범위를 3으로 나눴을 때 맨 아래에 해당하는 구간이 두 번째로 큰 28%이며, 중간에 해당하는 구간은 24%다. 하향 이탈의 경우는 사례가 너무 적어 의미 있는 수치를 제시할 수 없다.
- 패턴 진행 기간 동안 거래량이 감소세를 이루고 있는 가운데 상향 이탈이 일어날 경우 주가 상승폭이 크다. 거래량이 상승하는 가운데 하향 이탈이 일어나면 낙폭이 크다.
- 부분 하락은 80%의 경우 상향 이탈을 예고한다.
- 부분 상승은 67%의 경우 하향 이탈을 예고한다.
- 이탈은 53%가 상향 이탈이다.
- 주가는 (상향 이탈 시) 41%가 하향 후퇴하고 (하향 이탈 시) 42%가 상향

후퇴한다. 하향 후퇴는 이탈 후 주가 상승폭을 낮춘다. 하향 후퇴가 있는 경우 이탈 후 평균 주가 상승폭은 25%이며, 하향 후퇴가 없는 경우는 28%다. 이와 똑같이 상향 후퇴는 이탈 후 평균 하락폭을 낮춘다. 상향 후퇴가 있는 경우 이탈 후 평균 주가 하락폭은 12%이며, 없는 경우는 17%다.

■ 상향 이탈의 경우 패턴의 높이를 이탈 가격으로 나누면 중앙값이 15.13%다. 하향 이탈의 경우는 17.50%다. 이탈의 방향에 상관없이 큰 패턴이 작은 패턴보다 이탈 후 주가 움직임이 약간 크다.

가격 목표점 결정

가격 목표점을 구해보자. 먼저 패턴의 최고점에서 최저점까지 패턴의 높이를 잰다. 상향 이탈의 경우, 이탈 가격(주가가 추세선을 뚫은 지점)에 이 높이 값을 더한다. 59~62%의 경우 주가는 가격 목표점에 도달한다.

하향 이탈의 경우 이탈 가격에서 높이를 뺀다. 이렇게 해서 얻은 값이 가격 목표점이 되지만 적중률은 37~44%에 그친다. 따라서 상향 이탈이든 하향 이탈이든 가격 목표점을 구할 때는 패턴 높이 값의 반을 이용하는 게 현명하다 하겠다.

사례에서 배우기

아래는 내가 첫 번째 매수 때 메모해놓은 내용이다(그림 7.1의 A).

1998년 12월 8일. 500주 매수 주문을 내서 9.75에 매수가 이뤄졌다. RSI(일정 기간 동안 주가의 상승과 하락폭을 비교함으로써 추세의 강도를 판단하는 보조지표를 말한다. ─옮긴이)는 주식이 과매도 상태에 있고 주가가 바닥(확대형)을 찍었다고 말하고 있다. 유전 사업주는 어제 유가가 반등하면서 강세를 띠고 있다. MACD Moving Average Convergence & divergence(이동평균 수렴 확산 지수. 단기와 장기 이동평균선의 간격을 활용하여 추세를 판단하는 지표다. −옮긴이)는 어제 녹색으로 변했지만 아직 부정적이다. CCI에서는 3일 전 매수 신호가 나타났다. 14 그리고 17에 또 하나의 저항선이 있는 것 같다. 패턴의 바닥 대략 8에, 정확히 말하면 7.875에 손실제한주문을 해둬야 한다. 시장이 움직이는 방식을 보면 주가가 바닥을 치고 올라갈 것 같지만, 알 수 없는 일이다. 어쨌든 유가가 10달러 아래로 떨어질 것이라 예상해보면 지나친 낙관은 금물이다. 비관주의가 팽배해 있다. 불확실성 때문에 1,000주를 사려다가 500주를 샀다.

RSI
(relative Strength Index)
상대강도 지수. 웰스 와일더가 개발한 주가 모멘텀 지표다.

기술적 지표에 익숙한 사람들은 잘 알 테지만, RSI가 과매도 상태를 보여준다는 것은 주가가 예외적으로 낮아 매수의 적기라는 뜻이다. 하지만 주식은 내일 더 낮은 가격에 팔릴 수도 있는 것이다. MACD는 모멘텀이 상승세로 바뀌고 있다는 것을 시사하고 있었다(녹색). 스윙 트레이딩의 지표로 활용 중인 CCI에서는 내가 주식을 사기 3일 전에 매수 신호를 보여줬다(나는 CCI, RSI, MACD, 볼린저 밴드 같은 기술적 지표들을 활용한다. 이 책은 지표에 관한 책이 아니라 차트에 관한 책이기 때문에 이 책에서는 지표가 어떻게 기능하는지에 대해 자세히 설명하지 않았다).

2월 8일 나는 9.56에 1,000주를 다시 매입했는데 아쉽게도 이에 대해서는 기록을 남기지 않았다. 두 차례의 매수로 나는 약 14,500달러를 투자했다.

바닥 A와 B는 이브&이브 이중 바닥형이고 C가 확인 가격이다. 그때 이 패턴을 알아봤다면 나는 아마 4월 1일에 주식을 처분하지 않고 끝까지 가지고 있었을 것이다. 주가는 보통 그렇듯 이중 바닥형의 이탈 가격으로 하향 후퇴했다가 반등했다.

D에서부터 층계를 오르듯 상승해 층계참 F에서 잠깐 멈췄다가 E에서 패턴이 완료된 조정 상승형은 주가가 더 올라갈 것임을 보여준다. 주가는 다시 상승하기 전에 이 경우처럼 조정 단계(F)로 떨어지곤 한다. 나는 주가가 E로 급

상승하는 바람에 불안해했던 것 같다. 급등 뒤에 종종 급락이 일어나기 때문이다. 그림을 보면 주가가 빙판길의 바퀴처럼 미끄러져 이틀 동안의 상승으로 얻은 이익을 몽땅 까먹은 걸 확인할 수 있을 것이다.

나는 단기 추세가 변화했다고 생각하고서 주식을 13달러에 팔았다. 19,500달러가 내 손 안에 들어왔다. 어쨌든 나는 배당을 포함하여 약 35%, 즉 5,000달러 이상의 순수입을 올렸다.

하락 확대 쐐기형 descending broadening wedge

그림 7.2는 또 다른 확대형인 하락 확대 쐐기형을 보여준다. 6장에서 다룬 상승 확대 쐐기형과 비슷하지만 여기서는 추세선이 하향이다.

패턴의 특징과 확인 과정
다음과 같은 방법으로 하락 확대 쐐기형을 확인할 수 있다.
- 확성기 모양으로 넓어지는 2개의 하향 추세선을 찾는다.
- 주가는 적어도 두 차례는 각 추세선과 닿아야 한다.
- 주가는 추세선 사이를 가로질러야 한다.
- 거래량은 66%의 경우 증가세다.

거래에 유용한 불코우스키의 조언
나는 상승장에서 하향 이탈이 일어난 47개의 하락 확대 쐐기형과 상향 이탈이 일어난 270개의 하락 확대 쐐기형을 찾았다. 하향 이탈은 극히 드물기 때문에 여기서는 상향 이탈이 일어난 경우만을 다룰 것이다.

내 책 『차트 패턴 백과사전』 2판을 보면 작고, 넓은 하락 확대 쐐기형은 거래를 피해야 한다는 것을 알게 될 것이다. 패턴이 큰지 작은지 판단하기 위해서는 차트 패턴의 최고점과 최저점의 거리를 잰 다음 이탈 가격으로 나누어

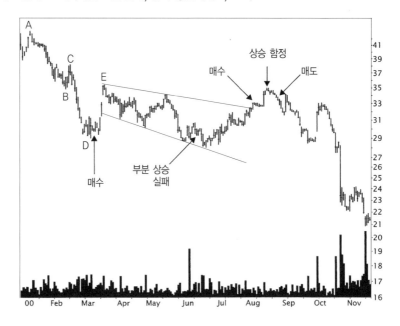

텍사스 인더스트리 (시멘트 및 골재, 뉴욕 증권거래소, TXI)

그림 7.2 하락 확대 쐐기형이 나타났지만 몇 주 뒤 상승 함정의 출현이 분명해졌다.

판단한다. 상승장에서 이 값이 21.77%의 중앙값보다 작으면 패턴은 작은 것
이다. 넓은지 좁은지에 대해서는 패턴의 폭이 중앙값인 52일과의 비교로 판
단한다. 이보다 길면 넓은 패턴이라고 한다. 이렇게 판단된 작고, 넓은 패턴
은 다른 형태의 패턴보다 이탈 후 주가 상승폭이 상당히 작아 평균 22%에 불
과하다. 반면 크고, 좁은 패턴은 이탈 후 주가 상승폭이 평균 49%다. 다음에
하락 확대 쐐기형을 볼 때는 이 점을 명심하라.

- 스윙 트레이더의 경우 추세선 사이에서 거래한다. 이 패턴은 사실 공매도
  거래를 해야 수익이 크다. 두 추세선이 모두 하향 추세선이기 때문이다. 위
  쪽 추세선에서 공매도하고 주가가 아래쪽 추세선에서 반등할 때 환매한다.

- 중기 주가 상승 뒤 패턴이 형성됐을 때 이탈 후 주가 상승폭이 가장 크다 (평균 39%). 장기 상승의 경우는 평균 35%이며, 단기 상승의 경우는 평균 33%다.
- 60%의 경우는 이탈 거래량이 30일 평균 거래량보다 많으며, 이때 이탈 후 평균 주가 상승폭은 38%다. 거래량이 적은 경우는 이탈 후 평균 주가 상승폭이 28%에 머문다.
- 거래량은 34%의 경우 감소세이고, 이럴 경우 이탈 후 평균 주가 상승폭은 35%다. 증가세의 경우는 33%다.
- 부분 하락은 87%의 경우 상향 이탈을 예고한다.
- 주가는 53%의 경우 하향 후퇴한다. 하향 후퇴가 일어나면 이탈 후 주가 상승폭이 낮아져 평균 37%다(하향 후퇴가 없는 경우는 평균 30%).
- 높이를 이탈 가격으로 나눴을 때 중앙값은 21.77%다. 이보다 큰 패턴은 작은 패턴보다 이탈 후 평균 주가 상승폭이 크다. 각각 43%와 26%다.

가격 목표점 결정

하락 확대 쐐기형의 가격 목표점은 패턴의 최고가다(그림 7.2의 E 지점). 주가가 목표 가격에 도달하는 경우는 79%다. 따라서 목표를 보수적으로 잡아야 한다. 큰 패턴의 경우에는 더욱 그렇다.

사례에서 배우기

나는 464개의 하락 확대 쐐기형을 연구한 뒤 79%의 경우 상향 이탈이 일어난다는 것을 알았다. 그래서 이 패턴을 거래해보기로 마음먹었다. 아래는 그림 7.2에서 볼 수 있는 3월의 거래에 관해 내가 남긴 기록이다.

2000년 3월 8일. 오늘 아침 주가가 29.88의 저가에서 조금 올랐을 때 주식을 400주 샀다. 매수는 30.06에서 이뤄졌다. 10일 정도 뒤에 회사가 실적을 발표할 것이다. 수익은 아마 예상보다 높을 것이다. 왜냐하면 1999년 4/4분기의 철강 판매가 향상됐기 때문이다. 시멘트 역시 판매 실적이 괜찮았을 것으로 예상된다. 앞을 내다보자면 경제 성장이 둔화되고 이 때문에 회사가 손해를 볼지도 모른다. 연방준비위원회는 이자율을 올릴 생각을 하고 있다. 하지만 이 주식의 주가는 어느 정도 수준을 회복하여 복합 머리어깨형이 완성되지 않을까 싶다. 그때가 되면 시장에서 빠져나와야 한다. 조정 하락형의 가격 목표점은 29.50이다.

조정 하락형은 계단형 패턴으로 A에서 D까지 진행됐는데 B에서 C까지는 조정 국면이다. 이상적인 패턴에서는 C에서 D까지의 하락이 A에서 B까지의 하락과 정확히 일치한다. 주가는 D에 도달한 후 종종 그림의 E처럼 조정 단계의 수준으로 되돌아간다. 실적이 발표되자 주가는 갭을 형성하며 E까지 급등했다. 나는 상황을 정확히 예측했으므로 이 거래는 괜찮은 스윙 트레이딩이 될 수 있었다. 정확히 내가 매수한 지점에서 산 뒤 실적 발표가 나오고 나서 바로 팔았다면 분명 그렇게 됐을 것이다. 나는 주식을 팔았을까? 아니다. 나는 주가가 39 또는 40으로 올라가 복합 머리어깨형(그림에 없는)의 또 다른 어깨가 만들어질 것이라고 예상했다. 머릿속에 복합 머리어깨형을 상상하며 한쪽 어깨를 그려보라. 하지만 복합형은 사실 드물게 나타난다. 그러므로 나는 내 예측을 과신하지 말았어야 했다.

8월에 나는 추가로 주식을 매수했다. 이때에 관해서는 다음과 같은 기록이 있다.

2000년 8월 3일. 오늘 아침 33.0625에 300주를 매수했다. 매수 이유는 다음과 같다. 거래량이 적은 가운데 하락 확대형에서 상향 이탈이 일어났다. 연방준비위원회는 특정한 종류의 도금 강판에 반덤핑 관세를 95.29%까지 부과할 예정이다. 이런 조치는 회사에 도움이 된다. 내 책 『차트 패턴 백과사전』에서 하락 확대 쐐기형의 통계수치를 조사해보니까 괜찮은 거래 같다는 생각이 든다. 가격 목표점은 36, 손실 목표는 30이다. 나는 주가가 43.38의 전고점까지 도달할 수도 있다고 생각한다.

내 꿈은 거의 재앙이 될 뻔했다. 주가가 상승 함정에서 고개를 수그렸기 때문이다. 상승 함정은 주가가 상향 이탈하여 매도자들이 몰려들었을 때 발생한다. 매수를 원했던 사람들은 이미 모두 샀기 때문에 주가를 더 높이 끌어올릴 만한 매수세가 없다. 그러면 당연히 주가가 떨어지고 주식 보유자들은 곤경에 처한다. 차트에서 추세선 이탈 후 주가가 곡선을 그리며 하향하는 것을 눈으로 확인할 수 있을 것이다. 이런 일이 일어나면 가지고 있던 주식을 즉시 처분하라. 만약 당신이 경험 많은 거래자라면 이때 주식을 공매도할 것이다.
내가 남긴 기록에 따르면 나는 이렇게 대처했다.

2000년 8월 23일. 700주를 33.56에 팔았다. 다른 주식들도 하락세인데 그런 상황 때문에 주가가 하락하고 있다는 생각이 든다. 모든 주식이 고점에서 1.50~2.50포인트 떨어졌다. 반전이 일어날 것 같지는 않다.

두 차례 거래에서 나는 배당금을 포함하여 7%, 즉 1,500달러 이상의 수익을 올렸다. 상승 함정에서 발을 빼지 않았다면 엄청난 손해를 봤을 것이다. 그런 사정을 감안하면 나쁘지 않은 성적이었다. 주가는 내가 매수한 지점에서 38% 하락하여 20.88에서 바닥을 쳤다.
다음 패턴을 알아보기 전에 부분 상승 실패partial rise failure를 보자. 부분 상승은 하향 이탈이 일어나리라는 신호다. 그림에서 이 신호는 주가가 아래쪽 추세선을 뚫지 못하고 반등하면서 의미가 없어졌다. 270개의 패턴을 조사한 결과 부분 상승이 실패하는 경우는 10%였다. 확률이 미미하기는 하지만 0은 아니라는 사실을 기억해두기 바란다.

상승 직각 확대형과 하락 직각 확대형right-angled broadening
formations, ascending and descending

그림 7.3은 2가지 형태의 직각 확대형, 즉 상승 직각 확대형과 하락 직각 확대형을 보여준다. 추세선 하나는 수평이고, 다른 하나는 경사가 져서 확대되는 형태를 만들고 있는 것에 유의하라. 패턴의 마지막에 부분 상승이나 부분 하락이 일어나면 주가가 추세선으로 되돌아왔을 때 이탈이 일어나리라는 신호다.

패턴의 특징과 확인 과정
상승 직각 확대형에서는 다음의 사항들을 확인해야 한다.
- 위쪽 추세선은 상향 추세선이다.
- 아래쪽 추세선은 수평선이다.
- 시간이 가면서 주가 움직임의 범위가 넓어진다.
- 주가가 적어도 두 차례 각 추세선에 닿거나 근접하여 제대로 된 확대형임을 확인할 수 있어야 한다.
- 상향 이탈이 일어나는 패턴은 51%의 경우 거래량이 증가세다. 하향 이탈은 55%의 경우 거래량이 증가세다.

아래는 하락 직각 확대형을 확인하는 방법이다. 대부분 상승 직각 확대형과 똑같다.
- 아래쪽 추세선은 하향한다.
- 위쪽 추세선은 수평이다.
- 시간이 가면서 주가 움직임의 범위가 넓어진다.
- 주가가 적어도 두 차례 각 추세선에 닿거나 근접하여 제대로 된 확대형임을 확인할 수 있어야 한다.
- 상향 이탈이 일어나는 패턴은 54%의 경우 거래량이 증가세다. 하향 이탈

휴즈 서플라이 (건축자재 소매, 뉴욕 증권거래소, HUG)

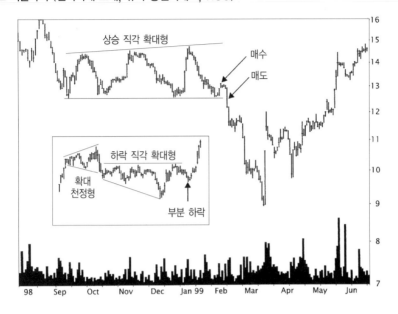

그림 7.3 그림은 상승 직각 확대형을, 그리고 삽입그림은 확대 천정형과 함께 나타난 하락 확대 직각형
을 보여준다.

은 59%의 경우 거래량이 증가세다.

거래에 유용한 불코우스키의 조언

그림 7.3의 삽입그림에는 하향 이탈이 일어난 확대 천정형을 볼 수 있다. 주
가가 바닥에서 올라와 패턴을 형성했기 때문에 천정형이라 한다. 이 예에서
는 확대 천정형 다음으로 하락 직각 확대형이 나타났다.

삽입그림의 하락 직각 확대형은 부분 하락이 일어난 점만을 빼면 흔한 형
태다. 주가는 위쪽 추세선에서부터 하락하지만, 아래쪽 추세선에 닿거나 근
접하지 않고 다시 위로 치솟아 패턴을 상향으로 이탈한다. 상승장의 하락 직

각 확대형에서 일어난 부분 하락은 87%의 경우 상향 이탈을 예고한다.

부분 상승이나 부분 하락을 찾을 때는 상승 직각 확대형이나 하락 직각 확대형이 이미 형성되어 있는지 확인하라. 패턴은 모든 확인 사항을 충족시켜야 한다. 또한 부분 상승이나 부분 하락은 이탈 후에 일어나서는 결코 안 된다.

부분 하락을 확인하는 한 가지 방법은 이전의 주가 상승폭에서 피보나치 되돌림을 하는 것이다. 주가가 아래쪽 추세선으로 62%가량 하락하면 부분 하락이라 생각하고 주식을 매입하라. 38%와 50%에서 주가가 멈추면, 이 또한 피보나치 되돌림으로서 유효하지만, 보다 위험하다. 주가가 거기서 더 떨어질 수 있기 때문이다.

그림 7.3 큰 차트에서는 상승 직각 확대형에서 매수 표시가 되어 있는 부분 상승을 볼 수 있다. 부분 상승은 주가가 아래쪽 추세선과 만난 후 상승하다가 얼마 못 가 하락할 때 생겨난다. 제대로 된 패턴에서는 74%의 경우 그림에서처럼 하향 이탈이 일어난다.

상승 직각 확대형이나 하락 직각 확대형이나 주가가 세 번째로 아래쪽 추세선을 만나 상승을 시작했을 때 주식을 매수해야 한다. 하지만 부분 상승이라는 것이 확인되거나 주가가 아래쪽 추세선을 이탈하면 그 즉시 주식을 매각해야 한다.

주가가 위쪽 추세선에서 멈출 때를 조심해야 하지만, 어쨌든 운이 좋으면 위쪽 추세선을 치고 오르는 상향 이탈이 일어날 것이다.

상승 직각 확대형의 경우 다음과 같은 추가적인 사항을 참고하라.
- 상승 직각 확대형은 66%의 이탈이 하향 이탈이므로 약세 패턴이다.
- 단기 주가 상승 뒤에 패턴이 형성될 경우 이탈 후 주가 상승폭이 가장 크다 (평균 30%). 중기 상승 뒤에는 평균 29%, 장기 상승 뒤에는 평균 26%다.
- 중기 상승과 장기 상승의 경우는 표본이 매우 적으므로 수치를 절대적인 것으로 생각해서는 안 된다. 단기 하락, 중기 하락, 장기 하락 뒤에 하향

이탈이 일어날 때 평균 주가 하락폭이 각각 20%, 11%, 12%다.

- 연중 최고가 근처에서 상향 이탈이 일어난 패턴은 이탈 후 주가 상승폭이 가장 크다(평균 31%). 연중 주가 범위를 3으로 나눴을 때 중간과 아래에 해당하는 구간은 모두 18%다. 하지만 표본 규모가 작다는 사실을 유념하기 바란다. 하향 이탈의 경우, 연중 주가 범위를 3으로 나눴을 때 맨 위, 중간, 맨 아래에 해당하는 구간은 각각 평균 주가 하락폭이 10%, 15%, 21%다.

**연중 주가 범위
(yearly price range),
연중 거래 범위
(yearly trading range)**

지난 12개월 동안 주식이 거래된 가격 범위. 연중 거래 범위를 결정하려면, 이탈 전날부터 시작하여 지난 12개월 동안의 최고점과 최저점을 찾아라. 나는 연중 가격 범위를 3으로 나눠 이탈 가격을 이 3개의 작은 범위와 비교한다.

- 거래량이 많은 상태에서 상향 이탈이 일어날 때 이탈 후 평균 주가 상승폭이 30%로 가장 크다. 거래량이 적을 때는 22%다. 하향 이탈 때는 주가가 평균 17% 하락한다. 거래량이 적을 때 하향 이탈이 일어나면 이탈 후 주가 하락폭은 평균 11%다.

- 패턴의 시작에서부터 끝까지 거래량이 감소세에 있는 패턴은 거래량이 증가세에 있는 패턴보다 이탈 후 평균 주가 상승폭이 더 크다.

- 부분 하락은 81%의 경우 상향 이탈을 예고한다.

- 주가는 47%의 경우 하향 후퇴하고(상향 이탈 시), 65%의 경우 상향 후퇴한다(하향 이탈 시). 하향 후퇴가 일어나면 이탈 후 주가 상승폭은 평균 23%로 낮아진다. 하향 후퇴가 없으면 35%다. 상향 후퇴의 경우는 비슷하다. 이탈 후 낙폭은 상향 후퇴가 일어날 경우 평균 15%이고 상향 후퇴가 없을 경우 평균 16%다.

- 패턴의 높이를 이탈 가격으로 나눴을 때 중앙값은 상향 이탈의 경우 13.24%이고, 하향 이탈의 경우 14.70%다. 이탈의 방향에 상관없이 큰 패턴은 작은 패턴보다 이탈 후 주가 움직임이 크다. 큰 패턴에서 상향 이탈이 일어나면 이탈 후 평균 주가 상승폭이 36%이고, 작은 패턴의 경우는 23%다. 하향 이탈은 평균 하락폭이 큰 패턴의 경우는 16%이고, 작은 패턴의 경우는 15%다.

하락 직각 확대형에 관한 다음 사항 또한 참고하기 바란다.

- 이탈 가운데 51%는 상향 이탈이다.
- 중기 또는 장기 주가 상승 뒤에 패턴이 나타날 경우 이탈 후 주가 상승폭이 가장 크다(평균 31%). 단기 상승 뒤에서는 평균 주가 상승폭이 28%다. 중기 상승과 장기 상승의 경우 표본이 매우 적으므로 수치를 절대적으로 신뢰해서는 안 된다. 하향 이탈은 낙폭이 평균 13%(단기), 23%(중기), 16%(장기)다. 이 역시 중기 하락과 장기 하락의 경우는 표본이 매우 적다.
- 연중 주가 범위의 중간 부분에서 상향 이탈이 일어날 경우 이탈 후 주가 상승폭이 가장 컸다(평균 37%). 윗부분은 평균 27%, 아랫부분은 평균 11%다. 하지만 연중 주가 범위의 중간 부분과 아랫부분은 표본이 매우 적다. 하향 이탈의 경우, 낙폭은 16%(중간 부분과 윗부분)와 14%(아랫부분)이며, 여기서는 연중 주가 범위의 중간 부분과 윗부분의 표본이 매우 적다.
- 상향 이탈은 거래량이 30일 평균보다 적을 때에 이탈 후 주가 상승폭이 크다(평균 37%. 이탈일의 거래량이 그보다 많은 경우는 평균 26%). 하향 이탈은 거래량이 많을 때 이탈 후 낙폭이 크다. 하지만 그 차이는 사실 미미하고 표본 역시 적다.
- 부분 하락은 63%의 경우 상향 이탈을 예고한다.
- 부분 상승은 54%의 경우 하향 이탈을 예고한다.
- 주가는 52%의 경우 하향 후퇴가 일어나고(상향 이탈 시), 51%의 경우 상향 후퇴가 일어난다(하향 이탈 시). 하향 후퇴가 일어나면 이탈 후 주가 상승폭이 평균 21%로 낮아진다. 하향 후퇴가 일어나지 않으면 36%다. 상향 후퇴의 경우도 비슷하다. 이탈 후 낙폭은 상향 후퇴가 일어나는 경우 평균 15%이고, 상향 후퇴가 일어나지 않는 경우 평균 16%다.
- 패턴의 높이를 이탈 가격으로 나누면 중앙값은, 상향 이탈의 경우 13.13% 이고 하향 이탈의 경우 14.20%다.
- 이탈의 방향에 상관없이 큰 패턴은 작은 패턴보다 이탈 후 주가 움직임이

크다. 큰 패턴에서 상향 이탈이 일어나면 이탈 후 평균 주가 상승폭이 35% 이고, 작은 패턴의 경우는 23%다. 하향 이탈은 평균 낙폭이 큰 패턴의 경우는 18%이고 작은 패턴의 경우는 13%다.

가격 목표점 결정

목표 가격을 알아보는 방법은 확대 천정형의 경우와 동일하다. 이탈 가격에 패턴의 높이를 더하거나(상향 이탈 시) 뺀다(하향 이탈 시). 상승 직각 확대형에서 상향 이탈이 일어나면 주가는 68%의 경우 목표 가격에 도달한다. 반면 하향 이탈이 일어난 경우에는 적중률이 32%밖에 안 된다. 하락 직각 확대형의 경우 상향 이탈은 63%의 경우 가격 목표점에 이르고, 하향 이탈은 44%의 경우 가격 목표점에 도달한다.

보다시피 적중률은 그다지 좋지 않은 편이다. 따라서 목표를 보수적으로 잡을 필요가 있다. 주가가 어디서 반전할지 좀더 잘 예측하고 싶다면 위아래에 저항선이나 지지선이 있는지 찾아봐야 할 것이다. 다른 많은 차트 패턴과 마찬가지로 가격 목표점을 찾는 데 패턴 높이의 반을 이용할 수도 있다.

사례에서 배우기

그림 7.3은 상승 직각 확대형의 거래 사례를 보여준다. 아래는 내가 이 거래를 돌아보며 쓴 글이다.

주가가 패턴을 가로질러 위쪽 추세선까지 상승하리라 예상하여, 주가가 상승세에 있다는 것이 분명해졌을 때 13달러에 800주를 샀다. 당시 나는 주식을 최소 10,000달러씩 샀는데 이번에는 10,400달러의 액수였다. 상승 중이던 주가가 고개를 수그리고 마침내 수평 추세선 밑으로 떨어졌을 때는 매도 신호였다. 600주는 12.38에서 손실제한주문에 걸려 처분됐고, 나머지 200주는 12.34에서 손실제한주문에 걸렸다. 이 거래로 약 500달러, 즉 5%

의 손실을 입었다. 그런데 뜻밖에 34달러의 배당이 나와 손해를 벌충할 수 있었다. 뭐, 대단한 금액은 아니라고 하더라도 어쨌든 그것은 예상치 못한 선물이었다.

"나도 공돈 좋아해요." 제이크가 말했다. "특히 그 돈이 낮은 세율이 적용되는 유자격 배당일 때는 말이죠." 하지만 사실 그때의 배당금은 주식 보유 기간이 너무 짧아 낮은 세율이 적용되지 않았다.

주가는 8.94달러로 떨어졌다. 내가 판 가격에서 28%나 하락한 것이다.

주가가 예상한 차트 패턴에 따라 움직이지 않으면 거래를 마감하라. 당장 그렇게 해야 한다! 당신이 이 주식을 거래하고 있었다면, 주식을 제때에 처분했을까 아니면 주가가 더 낮아질 때까지 가지고 있었을까? 생각해보기 바란다.

다이아몬드 천정형과 바닥형diamond top and bottoms

몇 년 전 나는 로맨스 소설을 쓴 적이 있다. 그 소설에서는 주인공이 여자 친구와 보석 상점에 가서 25,000달러를 주고 다이아몬드 반지를 산다. 하지만 나중에 그는 혼자 상점으로 돌아와 주인에게 반지를 모조 다이아몬드 반지로 바꿔달라고 한다. 그 뒤 여자 친구가 반지가 뒤바뀐 사실을 발견한다. 그녀는 그가 25,000달러를 도로 찾아간 것에 화가 나 그를 구두쇠라고 부른다. 그래서 싸움이 나고 본격적인 이야기가 시작된다.

다이아몬드형이 나와서 잠깐 해본 이야기다. 어쨌든 실제 다이아몬드나 컴퓨터 화면상의 다이아몬드형이나 예쁘지만 둘 다 다루기가 쉽지 않다.

그림 7.4는 2개의 다이아몬드형을 보여준다. 11월 초 주가는 A에서 곤두박질친 다음 밀집 구간을 거치며 다이아몬드 바닥형을 형성하고 B로 뛰어오른다. 주가가 A와 B에서 서로 비슷한 수준을 형성하고 있는 점에 유의하라. 급등(급락)은 종종 급락(급등)을 수반한다.

플로리다 락 인더스트리 (시멘트 및 골재, 뉴욕 증권거래소, FRK)

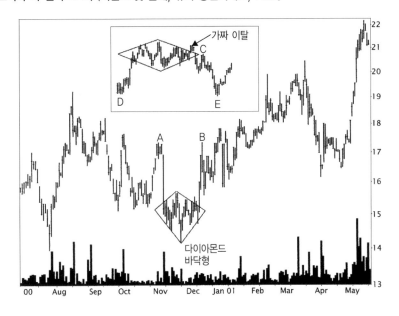

그림 7.4 다이아몬드 바닥형은 주가 급락 뒤에 나타난다. 그러고 나서 종종 급등이 뒤따라 주가가 원래
의 수준으로 되돌아가곤 한다.

삽입그림 안의 다이아몬드 천정형은 똑같은 다이아몬드형인데 위아래를
뒤집어놓은 모양이다. 물론 패턴 형성에 더 오랜 시간이 걸리긴 했다. 주가는
D에서 상승을 시작하여 E에서 하락을 마감한다. C는 상향 후퇴로 주가가 더
하락하기 전에 잠시 이탈 가격으로 되돌아온것이다. 하지만 패턴의 추세선에
서 지지를 받지 못하고 추세선 밑에 종가를 형성함으로써 조기 이탈(가짜 이
탈)임이 확인됐다. 때문에 이 차트 패턴은 예외형 다이아몬드형이라 할 수 있
으며 주가 하락세를 예고하고 있다고 하겠다.

큰 그림에서, 나의 경우라면 주식을 사더라도 이탈일 다음날-주가가 B에
서 고점을 찍은 전날-샀을 것이기 때문에 아마 큰 수익을 얻진 못했을 것 같

다. 민첩한 스윙 트레이더라면 다이아몬드형이 괜찮은 거래 대상이 될 테지만 다른 사람들은 이 패턴을 피하는 게 좋다. 그냥 주가의 흐름을 파악하는 지표 정도로 생각하라.

다이아몬드형에 관해 마지막으로 한마디만 더 하자. 다이아몬드형은 패턴 성취율이 무척 높지만(하향 이탈 항목에서는 1위로, 머리어깨형과 동률이다), 표본이 너무 적기 때문에 6장에서 다루지 않았다.

패턴의 특징과 확인 과정

다이아몬드형을 찾으려면 무엇을 확인해야 하는가? 확대 천정형이나 확대 바닥형 오른쪽으로 대칭 삼각형을 붙인다고 생각해보라. 그러면 다이아몬드형이 만들어질 것이다. 패턴 초반은 주가 움직임이 넓어지면서 고점은 점점 높아지고 저점은 점점 낮아진다(확대 천정형 또는 확대 바닥형). 그 뒤 주가 움직임이 바뀌어 고점이 점점 낮아지고 저점이 점점 높아진다(대칭 삼각형). 각 고점과 저점을 연결하여 추세선을 그리면 그림 7.4에 있는 것 같은 그림을 얻을 수 있을 것이다. 아마도 당신이 그린 다이아몬드형은 한쪽이 기울어지거나 모양이 비뚤어졌을 것이다. 사실 완벽한 다이아몬드형은 매우 드물다.

다이아몬드형의 확인 사항은 다음과 같다.

- 주가가 급등하거나 급락하는 때를 찾아라. 다이아몬드 천정형은 주가가 바닥에서 올라와 패턴을 만들고, 다이아몬드 바닥형은 주가가 천정에서 내려와 패턴을 만든다. 여기서는 일직선으로 내달리는 급등이나 급락이 핵심이다. 그렇다. 당신은 보통의 밀집 패턴에서도 다이아몬드형이 형성된 것을 볼 수 있을 것이다. 하지만 앞에 주가 급등이나 급락 현상이 있으면 다이아몬드형을 찾기가 훨씬 쉽다.
- 주가 움직임이 확대됐다가 좁아지면서 다이아몬드 모양이 만들어지는 것을 확인하라. 다이아몬드형은 보통 한쪽으로 치우친 모양을 하고 있다.
- 주가는 각 추세선과 한두 차례 만나야 한다. 하지만 이것은 추세선을 어떻

게 그리느냐에 따라 달라질 수 있다. 추세선을 그리면서 주가 움직임의 꼬리를 잘라내야 한다고 해서 곤혹스러워할 필요는 없다. 이따금 실제 다이아몬드 형태를 보기 위해서는 상상력이 요구될 때도 있다.

■ 다이아몬드형에서 66%는 거래량이 감소세다.

거래에 유용한 불코우스키의 조언

이제 거래에 관해 몇 가지 조언을 해보자. 그중 하나는 다이아몬드형을 비롯하여 주가 추세의 반전 신호가 되는 모든 차트 패턴에 적용되는데, 주가가 반전을 하기 위해서는 먼저 그만한 움직임이 있어야 한다는 것이다. 주가가 한두 달 횡보세를 유지하다가 갑자기 2달러가 뛴 다음 다이아몬드형이 만들어지고 반전했다 하자. 그러면 하락폭을 2달러로 예상해야 한다. 더 큰 낙폭을 기대하지 말라. 왜냐하면 다이아몬드형 반전을 불러온 주가 상승분이 2달러이기 때문이다. 때때로 더 큰 폭으로 주가가 하락하기도 한다. 하지만 낮은 확률에 모험을 할 필요는 없다.

다이아몬드형이 지속 패턴 또는 밀집 패턴 역할을 할 수도 있다. 즉 주가가 다이아몬드형을 형성하고 나서 계속하여 원래의 방향으로 진행하기도 한다는 것인데 이때는 다이아몬드형이 반기형이 될 수도 있다. 이런 경우 다이아몬드형 이전에 얼마나 상승(하락)했느냐 하는 변동폭이나 경과 시간, 경사가 이탈 후의 상승(하락)에 반영된다. 또한 목표 가격에 다가가거든 주가가 멈출 가능성이 큰 위쪽의 저항선이나 아래쪽의 지지선을 찾아봐야 한다. 이탈 후 주가 움직임은 패턴 형성 이전의 움직임보다 크지 않다는 사실 역시 명심해두라. 예컨대 내가 조사한 69개의 다이아몬드형을 보면, 다이아몬드형 이전의 낙폭이 평균 24%이고 이탈 후 낙폭은 21%였다.

내가 발견한 또 다른 이탈 조건은 바로 속도다. 패턴을 만드는 주가 움직임의 속도가 빠르면 느린 때보다 이탈 후 주가 상승폭이 크다. 예컨대 다이아몬드 천정형의 경우 패턴을 만드는 주가의 속도가 중앙값인 하루 7센트에 못 미치면 이탈 후 평균 주가 상승폭이 26%다. 그보다 높으면 평균 29% 상승한다. 다이아몬드 바닥형도 비슷하다. 속도가 낮으면 이탈 후 평균 낙폭은 17%지만 속도가 높으면 평균 23%나 하락한다. 주가가 빠른 속도로 차트 패턴을 만들면 이탈 후 주가도 빠른 속도로 상승한다. 이것은 차트 패턴이 지속 패턴이라는 전제에 따른다(반전이 아니라). 참고할 사항이 몇 가지 더 있다.

- 단기 추세 뒤에 패턴이 형성된 경우 중기나 장기 추세의 경우보다 이탈 후 주가 움직임이 더 크다. 그중 다이아몬드 천정형에서 하향 이탈이 일어났을 때 주가 움직임이 가장 크다. 단기 하락 뒤에 패턴이 형성되면 이탈 후 낙폭이 24%다. 중기 하락 뒤에는 평균 낙폭이 22%, 장기 하락 뒤에는 평균 낙폭이 15%다.

- 위쪽의 저항선이나 아래쪽의 지지선을 피하라. 하향 후퇴나 상향 후퇴가 일어나면 이탈 후 주가 움직임이 감소한다. 예컨대 다이아몬드 바닥형에서 상향 이탈 뒤 하향 후퇴가 일어나면 이탈 후 평균 30% 상승한다. 하지만 하향 후퇴가 일어나지 않으면 평균 상승폭이 43%다.

- 큰 패턴에서 이탈 후 주가 움직임이 크다. 패턴의 최고점에서 최저점까지 높이를 잰 다음 이 높이 값을 이탈 가격으로 나눈다. 다이아몬드 바닥형의 경우 이 값이 중앙값인 13%보다 높으면 큰 패턴이다. 다이아몬드 천정형의 경우에는 중앙값이 11%다.

- 거래량이 증가세에 있는 다이아몬드형이 거래량이 감소세에 있는 다이아몬드형보다 이탈 후 주가 움직임이 더 크다. 예컨대 다이아몬드 바닥형에서 상향 이탈이 일어나고 패턴 내에서 거래량이 증가세였다면 이탈 후 주가는 평균 41% 상승한다. 반면 거래량이 감소세였던 경우에는 상승폭이 평균 35%에 머문다.

- 다이아몬드 바닥형은 이탈이 연중 최저가 근처에서 일어났을 때 주가 움직임이 가장 크며(평균 42%), 연중 최고가 근처에서 가장 작다(평균 26%). 이탈의 방향은 상관없다.

가격 목표점 결정

그림 7.4에서 보듯이, 주가는 이탈 후에 종종 다이아몬드형 전에 이뤄진 주가 움직임을 그대로 반납한다. 물론 항상 그런 것은 아니다. 그렇더라도 거의 수직에 가까운 주가 급등 뒤에 다이아몬드형이 나타나면 주가가 시작점으로 되돌아갈 것으로 예상하라(다이아몬드형이 그림 7.4에서처럼 반전 패턴이라 하면).

　다이아몬드형의 가격 목표점을 계산하는 방법은 다른 차트 패턴의 경우와 다르지 않다. 높이(최고점에서 최저점까지)를 잰 다음 이 값을 이탈 가격에 더하거나(상향 이탈 시) 뺀다(하향 이탈 시). 이탈은 주가가 다이아몬드형의 추세선 경계 바깥으로 벗어날 때 일어난다. 다음은 이와 같은 계산법이 얼마나 잘 맞는지를 보여주고 있다.

- 다이아몬드 천정형, 상향 이탈: 69%
- 다이아몬드 천정형, 하향 이탈: 76%
- 다이아몬드 바닥형, 상향 이탈: 81%
- 다이아몬드 바닥형, 상향 이탈: 63%

　위와 같은 수치들은 높기는 하지만 100%에서 상당히 모자란다. 따라서 가격 목표점은 보수적으로 잡아야 한다. 또한 가까이에 지지선이나 저항선이 있다면 그곳에서 주가가 반전할 수 있다는 것을 알아두라. 그러지 않을 수도 있지만 어쨌든 대비해서 나쁠 것은 없다. 보다 안전한 가격 목표를 얻으려면 계산할 때 패턴 높이 값의 반을 이용하라.

사례에서 배우기

거래에 관한 기록들을 뒤지다가 다이아몬드형을 거래한 사례를 발견했다(그림 7.5). 공책에는 다음과 같이 씌어 있었다.

　2003년 8월 18일. 25.17달러에 주식을 450주 샀다(주식 분할 후로 따져). 이번에는 실적 깃발형earnings flag인데 그만 시기를 며칠 놓치고 말았다. 29.11을 목표 가격으로 잡고 지지선과 만나는 24 근처까지 주가가 떨어질 수 있다고 생각하고 있다. 둥그렇게 형성된 바닥의 저점인 대략 23.33에서는 주식을 팔아야 할 것 같다. 어림잡아 24를 매도 시점으로 잡았다. 목표 가격은 실적 깃발형의 경우 주가가 패턴의 고점에서 평균 19% 상승한다는 사실에 근거하고 있다.

실적 발표 전날의 가격에서 패턴의 최고점까지 10%밖에 상승하지 않았음에도 불구하고(대략 평균의 반) 주가가 더 상승하리라 기대하고 있었다. 불안하기는 했다. 대부분의 실적 깃발형이 그렇듯이, 하향 후퇴가 일어날 것 같아 거래를 하고 싶지 않은 마음도 있었다. 그러나 경기가 호전되면서 지수가 연중 최고치를 기록해가고 있었기 때문에 위험하지만 거래를 해보기로 했다. 그렇더라도 계속 주가 흐름을 주시해야 한다. 주가가 떨어지기 시작하면 매도를 고려해야 한다.

이 글을 쓰고 난 뒤 3대 2 주식 분할이 일어났기 때문에 주가는 분할 후 조정된 가격으로 표시했다. 주식 총량이 보통 때와 다른 것은 그 때문이다. 그림 7.5에서 보면 알 수 있듯이 7월에 실적 발표가 있었다. 주가는 수직으로 상승한 다음 페넌트형을 형성했다(이런 때 나타나는 페넌트형을 흔히 '실적 깃발형'이라 한다). 종가가 패턴의 최고점, 이 경우에는 B 위에서 형성됐을 때가 매수 신호다.

며칠 뒤에 내가 기록한 글은 사실 내가 시기를 놓치고 이틀이나 지나서 주식을 매수했기 때문에 씌어진 글이라 하겠다. 주가가 B에 이를 경우 자동적으로 매수가 실행되도록 역지정가주문을 해뒀더라면 훨씬 더 나은 거래가 됐을 것이다. 목표 가격은 B의 가격에 19%를 곱해 29.11로 잡았다. 아래쪽 하한선 24는 좋은 선택이었다. 10월 말 주가가 이곳에서 하락을 멈췄기 때문이다. 내가 말한 둥그렇게 형성된 바닥이란 사발처럼 생긴 A 지점이다.

그라코 (기계, 뉴욕 증권거래소, GGG)

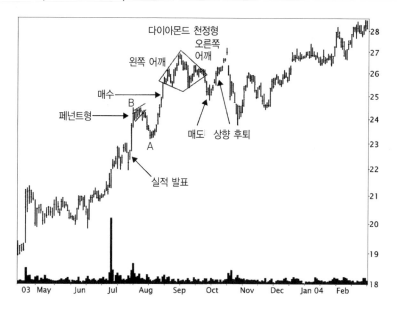

그림 7.5 나는 다이아몬드 천정형을 보고 놀라서 주식을 처분했다. 주가가 상승 시작점인 A로 다시 떨어질 것이라고 생각했기 때문이다.

아래는 내가 기록한 글이다.

　2003년 9월 29일. 시장은 거의 일주일 동안 급락했고 그라코의 주가도 손익분기점까지 떨어졌다. 머리어깨형이 확인됐고 따라서 매도 신호였다. 역사적으로 연중 최악의 달인 9월이 거의 다 지나갔지만 10월이라고 해서 크게 기대할 만한 것은 없다. 24~24.67에서 형성된 7월의 최고가가 지지선이 되어 하락을 막아줘야 할 것이다. 아마 주가는 그 수준까지 하락하지 않을까 싶다. 오늘 흐름이 바뀌면서 머리어깨형에서 상향 후퇴가 일어나 주가가 다시 올라가기를 바라는 도리밖에 없다.

다이아몬드 천정형이 생겨났을 때 하향 이탈이 일어나 주가 상승분을 다 까먹지 않을까 불안했다. 하지만 상승 추세가 계속되리라는 희망을 걸고 계속 가기로 마음먹었다. 그런데 이런, 오늘 아침 10시에 겨우 1센트 올랐다. 주가는 더 떨어져 23.33에서 멈추고 거기서부터 24.67의 거래 범위에서 움직일 것으로 예상된다. 주가가 23.10 이하로 떨어진다면 그때는 팔아야 한다.

그림 7.5에서 머리어깨형의 왼쪽 어깨와 오른쪽 어깨 그리고 두 어깨 사이에 치솟아 있는 머리를 볼 수 있을 것이다. 주가가 머리와 오른쪽 어깨 사이에서 형성된 바닥의 저가보다 아래로 떨어졌을 때는 매도 신호였다. 하지만 이 머리어깨형에서 상향 후퇴가 일어나리라는 내 예측 또한 틀리지 않았다. 내 글에 기록된 대로 다이아몬드 천정형의 하향 이탈은, 아무리 내가 무시하기로 했다 하더라도, 하락을 암시하는 징조임이 틀림없었다. 희망이 주가를 상승시키지는 않는다. 그 뒤 나는 다음과 같이 적었다.

어쨌든 주식을 팔았다. 왜 하락을 기다려 1,000달러를 잃겠는가? 주가가 떨어질 것을 안다면 지금 손익분기점 근처에서 팔고, 괜찮다 싶을 때에 다시 사들여야 할 것이다. 25.13에 팔렸다.

나는 이 거래에서 45달러를 잃었다. 훌륭하지 않은가? 실제로는 그러지 않았다 해도, 주가가 23달러(A 근처의 가격) 이하로 떨어졌다고 상상해보라.

이중 천정형 double tops

많은 투자자들이 이중 천정형이라는 이름을 잘 알고 있을 것이다. 하지만 이 패턴을 정확하게 찾아낼 수 있는 사람은 드물다. 사람들이 간과하는 것은 주가가 패턴을 확인시켜줘야 한다는 점이다. 종가가 두 천정 사이의 바닥 아래에서 형성되어야 2개의 천정으로 이뤄진 패턴이 진짜 이중 천정형이 된다는 뜻이다. 이에 관해서는 나중에 더 상세히 설명하기로 하고 우선 이중 천정형을 어떻게 확인하는지 알아보기로 하자.

패턴의 특징과 확인 과정

그림 7.6은 2가지 이중 천정형을 보여준다. 하나는 이브&이브형이고 다른 하나는 이브&아담형이다. 이중 바닥형과 마찬가지로, 이중 천정형은 아담형과 이브형의 4가지 조합으로 이뤄져 있다. 앞서 말했듯이 이브형은 넓고 둥그스름한 모습이다. 아담형은 좁고 보통 스파이크 모양의 바bar로 이뤄져 있다. 삽입그림에서 둘을 정확히 비교해볼 수 있다. 아담형이 길고 좁은 형태를 하고 있는 반면 이브형은 둥글고 넓다.

이중 천정형에서 확인해야 하는 사항은 다음과 같다.

- 주가가 상승세에서 이중 천정형을 형성해야 한다. 이미 언급했듯이 주가가 반전하기 위해서는 그전에 어떤 움직임이 있어야 한다. 이중 천정형은 반전 패턴이다.
- 아담 천정형은 좁고, 보통 1~2개의 길고 뾰족한 바bar로 구성되어 있다.
- 이브 천정형은 넓고 둥그스름한 형태다. 뾰족한 바bar가 있을 수 있지만, 이브 천정형에서는 이런 것이 여러 개이고 길이도 짧다.
- 어떤 조합이든 2개의 천정 사이에 있는 바닥은 보통 10~20% 혹은 그 이상으로 하락한다.
- 천정 간의 가격 차이는 미미하며 보통 0~3%다. 2개의 천정은 비슷한 수준에서 형성되어야 한다.
- 대부분의 천정들은 2~6주를 간격으로 하고 있지만 더 넓거나 좁을 수도 있다. 대략 2개월 이상 간격이 떨어져 있는 경우는 패턴 성취율이 떨어진다.
- 종가가 2개의 천정 사이에 있는 바닥 아래에서 형성되어야 한다. 그렇지 않으면 이중 천정형이라 할 수 없다. 이런 과정을 '확인'이라고 한다. 그

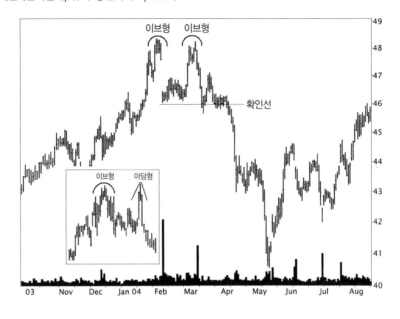

아메렌 (전기설비, 뉴욕 증권거래소, AEE)

그림 7.6 이브&이브 이중 천정형은 상승 추세의 반전 패턴이다. 그런데 종가가 확인선 아래에서 형성되고 나서야 이 패턴을 유효한 이중 천정형으로 확인할 수 있다.

림 7.6에서 확인선을 보라.

■ 거래량은 보통 오른쪽 천정보다 왼쪽 천정에서 더 많다. 이브&아담 천정형에서만 일관되게 오른쪽 천정의 거래량이 더 많다.

기술적으로 보자면 그림 7.6의 이브&이브 이중 천정형은 진짜 이중 천정형이 될 수 없다. 왜냐하면 2개의 천정 사이에 있는 주가 하락폭이 단지 5%에 지나지 않기 때문이다. 낙폭은 적어도 10%가 되어야 한다. 하지만 그림의 패턴을 보면 이브&이브 천정형이 어떤 모양이어야 하는지는 충분히 알 수 있을 것이다.

그림 7.7은 아담형과 이브형의 또 다른 2가지 조합을 보여준다. 아담 천정

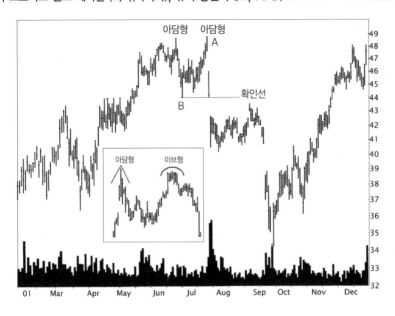

에어 프로덕트 앤드 케미컬 (화학(다각화), 뉴욕 증권거래소, APD)

그림 7.7 그림 7.6에 이어 아담형과 이브형의 조합으로 이뤄진 이중 천정형의 또 다른 2가지 형태를 볼 수 있다.

형은 하루 동안의 길고 뾰족한 주가 움직임을 보여주고 있으며, 이브 천정형은 둥글고 넓은 모양이다. 아담 천정형인지 이브 천정형인지 결정할 때는 먼저 2개의 천정형이 서로 비슷한지 판단해야 한다. 2개가 비슷하다면 이중 천정형은 이브&이브형이거나 아담&아담형이다. 그렇지 않다면 아담&이브형이거나 이브&아담형이다. 그림에서 제일 위쪽에 표시된 아담&아담형은 하루 동안의 뾰족한 바bar를 무시하면, 왼쪽으로 몇 주 정도 범위를 넓혀 봤을 때 이브형 천정이라 할 수도 있다.

천정형의 밑 부분을 보면, 쉬운 일은 아니지만, 아담형과 이브형을 구분하는 데 도움이 된다. 아담형은 보통 아래쪽도 좁은 형태를 유지하고 있고 이브형은 아래쪽으로 내려가면서 넓어진다. 삽입그림에서 이 사실을 확인할 수 있을 것이다. 그림 7.6의 삽입그림에서는 보다 명확하게 구분된다.

왜 이렇게 모양을 강조하는가? 왜냐하면 천정형의 모양에 따라 하향 이탈 후 성취율이 다르기 때문이다. 이브&이브 이중 천정형은 고전적인 차트 패턴이다. 이중 천정형이라 하면 아마도 사람들은 이 패턴을 머릿속에 떠올릴 것이다. 아담&아담형은 이탈 후 평균 낙폭이 가장 크며, 4가지 패턴 가운데 가장 낮은 손익분기 도달 실패율을 기록하고 있다. 하지만 추세 변화 뒤 주가 회복은 신통치 않은 편이다. 이런 이유로 이브&이브형이 전체적인 성취율 면에서 2위이고, 아담&아담형은 4위다. 다른 2가지도 13위(이브&아담형)와 15위(아담&이브형)로 패턴 성취율 리스트의 아래쪽에 자리해 있다(『차트 패턴 백과사전』 2판에 패턴들의 성취율에 관한 모든 통계수치를 정리해놓았다).

거래에 유용한 불코우스키의 조언

우선 이중 바닥형에 관한 통계수치 하나를 보도록 하자. 이중 천정형이 확인되기 전에 가지고 있던 주식을 처분하면 65%의 경우 당신은 실수를 한 것이다. 2개의 천정이 진짜 이중 천정임을 확인하기 전에 주가가 상승 추세를 재개할 확률이 65%기 때문이다. 그러므로 주식을 즉각 매도해야 할 이유가 특별히 없다면 주문을 내기 전에 확인이 될 때까지 기다려야 한다.

큰 패턴의 경우 현재 가격에서 확인 가격까지 거리가 얼마나 되는지 알아본다. 이 거리가 크다면 주식의 즉각 처분을 고려하라. 특히 전체 시장이나 해당 분야의 주식들이 하락세인 경우에는 즉시 처분해야 한다. 그러나 주가는 확인 가격까지 떨어졌다가 다시 상승할 수도 있다. 주식이 현재 거래되고 있는 가격과 확인 가격 사이에서 지지영역을 찾아라. 주가는 이런 지지영역에서 반전할 수 있다.

이탈 후 낙폭이 가장 작은 이중 천정형은 이브&아담형이다. 주가는 확인 가격에서 평균 15% 하락한다(최고는 18%이고, 다른 종류의 천정형도 모두

이 정도다). 순수한 거래를 가정하고 상승장의 이중 천정형 212개를 평균 낸 값이므로 실제 거래에서는 결과가 다를 것이다. 이 정도의 손실을 감수할 수 있겠는가? 감수할 수 없다면 이중 천정형이 확인되는 즉시 주식을 처분해야 할 것이다. 주식을 팔고 나서 나중에 더 낮은 가격에 되살 수 있다는 사실을 잊지 않으면 된다. 장기간의 '하락' 뒤에 이중 천정형이 나타나면 추세의 끝이 가까이 왔다는 뜻이다(주가는 추세 전환점에서 10~20% 위에 있을 것이고 아마 한 달도 안 남았을 것이다). 하지만 그렇더라도 이를 주식을 팔지 않는 핑계로 삼아서는 안 된다.

보고 있는 차트보다 시간 단위가 큰 차트를 펼쳐보라. 나 같은 경우는 일간 차트에서 주간 차트로 바꾼다. 이중 천정형이 평지 위에 불쑥 서 있는 두 그루의 삼나무처럼 보이면 주가가 다시 평지 수준으로 떨어질 것으로 예상해야 한다. 주가는 종종 상승했다가 원래 있던 수준으로 되돌아간다. 이중 천정형의 경사가 가파른 경우는 더욱 그렇다.

다음은 이중 천정형 가운데서 가장 흔한 이브&이브형에 관한 추가적인 조언들이다. 아래의 사실들은 다른 형태의 이중 천정형에도 적용해볼 수 있다.

- 단기 추세 뒤에 패턴이 형성되는 경우, 중기 추세나 장기 추세보다 이탈 후 낙폭이 더 크다(평균 20%). 중기 추세의 경우 평균 낙폭이 15%이며, 장기 추세의 경우 16%다.
- 아래쪽의 지지선을 살펴라. 상향 후퇴가 일어날 수 있기 때문이다. 이브& 이브형에서 상향 후퇴가 일어나면 이탈 후 낙폭이 작아진다. 상향 후퇴가 일어나는 경우는 평균 16%이고, 없는 경우는 평균 22%다.
- 패턴의 폭은 중앙값이 43일인데 폭이 이 중앙값보다 작은 이브&이브형을 찾아라. 좁은 패턴이 넓은 패턴보다 이탈 후 낙폭이 더 크다. 각각 20%와 16%다. 사실 4가지 패턴 모두에서 좁을 때 낙폭이 더 큰 것으로 나타났다.
- 패턴의 폭이 중앙값인 17.13%보다 높으면 큰 패턴이고, 그보다 낮으면 작은 패턴이다. 패턴의 폭은 우선 2개의 천정 중 더 높은 천정의 고점에서 두

천정 사이의 가장 낮은 바닥의 저점까지 거리를 잰 다음 이를 이탈 가격(바닥의 저점 가격)으로 나눈다. 4가지 패턴 모두 패턴이 클 때 이탈 후 낙폭이 큰 것으로 나타났다.

가격 목표점 결정

이중 천정형의 경우는 가격 목표점을 결정하는 방법이 잘 맞지 않기 때문에 이탈 가격에서 패턴 높이의 반을 빼는 방법이 적절하다 하겠다. 단 이브&이브형은 73%의 경우 가격 목표점에 도달한다.

예컨대 그림 7.8의 이브&이브형은 오른쪽 천정이 더 높아 9.06에 위치해 있다. 천정들 사이 가장 낮은 바닥의 저점은 7.63이다. 패턴 높이의 반은 9.06에서 7.63을 뺀 값을 2로 나눴더니 0.72가 나왔다. 이탈 가격 7.63에서 0.72를 빼면 가격 목표점은 6.91이다. 사실 주가는 이 가격 목표점에 도달하지 못하고 7.20에서 하락을 멈췄다.

사례에서 배우기

나는 이중 천정형을 가지고 있던 주식을 처분하기 위한 매도 신호로 활용한다. 이중 천정형이 확인되면 주가가 하락하리라는 것을 알 수 있다. 하지만 주가가 얼마나 하락하는가는 아래쪽의 지지선에 따라 결정된다. 시장이 취약하면 나는 주식을 즉시 처분한다. 계속하여 손실이 발생하리라는 걸 알고서도 주식을 갖고 있는 경우는 거의 없다. 다음의 글은 내가 이중 천정형을 어떻게 활용하는지 잘 보여주고 있다.

1996년 7월 22일. 주식을 5.81에 800주 매입했다. 어제 공책에 추세대 거래에 관해 써놓은 글에 따라서다. 공책에는 MACD의 경고에 의하면 바코 주식은 사서는 안 되고, 헬스 매니지먼트 시스템 주식은 기다려야 한다고 적혀 있었다. MACD는 OBV on balance volume(거래량이 주가에 선행함을 전제

베드 배스 앤드 비욘드 (소매, 나스닥, BBBY)

그림 7.8 나는 단기 하락 추세 뒤에 주가가 반전했을 때 주식을 매입했다.

로 하여 거래량 분석을 통해 주가를 분석하는 거래량 지표. – 옮긴이) 그리고 볼린저 밴드와 함께 움직인다. 베드 배스의 MACD는 매수 신호를 보내고 있었다. OBV와 볼린저 밴드 역시 베드 배스 주식을 매수하는 게 괜찮다는 것을 말해주고 있었다. 차트를 보니 주가는 추세대의 바닥에서 한동안 머물다가 3일 전에 반등했다. 내가 다소 늦게 뛰어들기는 했지만 그래도 주가가 계속 올라갈 것이라는 생각이 든다. 그전에는 전체 시장의 상황이 나쁘기 때문에(전체적으로 하락세) 주가가 계속 내려갈 것이라 생각해 매수에 나서지 않았다. 그 뒤 추세가 바뀌었으니 주식을 매수할 때다. 베드 배스는 30%에 달하는 신규 매장의 연간 증가율과 다른 펀더멘털 요소들을 고려해볼 때 장기 보유해도 괜찮을 듯싶었다. 자체 수익 증가에 따른 매장의 증가가 계속된다면 썩 좋은 주식이 될 것이다. 하지만 회사가 무리를 한 것이라면, 주가는 곧 떨어질 것이다.

10여 년 전 당시에는 나도 추세대를 무척 좋아했고, 그래서 그만큼 많은 연구를 하기도 했다. 하지만 이제는 거래를 할 때 추세대를 거의 고려하지 않는다. 거래 방식은 시간이 가면서 변화하는 법이다. 당신도 거래 지표들을 구세군 냄비에 집어넣는 여분의 동전처럼 대수롭지 않게 여기게 될 것이다. OBV와 MACD가 그런 예다. 나는 이 지표들을 더 이상 사용하지 않는다. 내가 거래하는 방식에 도움이 되지 않기 때문이다. 최근에는 볼린저 밴드도 안 보기 시작했다. 이런 지표들은 이 책의 범위를 넘어서지만, 어쨌든 나는 한때 지표들이 어떻게 기능하는지 알아보기 위해 과거의 거래를 조사하고 거래에 적용해보기도 했다. 이것은 중요하다. 실수로부터 배울 수 없다면, 비슷한 일이 다시 일어났을 때 실수를 반복할 것이기 때문이다.

선형 회귀
(linear regression)
일련의 숫자들에 따라 직선을 그리는 수학적 방법이다. 이 직선의 기울기가 추세를 알려준다.

추세대는 2개의 평행선으로 이뤄진 것이다. 주가의 선형 회귀 분석을 이용하여 중앙선을 만들면, 이 중앙선으로부터 얻은 2개의 표준 편차선이 평행을 이룬다. 추세대의 문제는 정확한 시작점과 마지막점을 어떻게 잡는가 하는 것이다. 그에 따라 추세대는 매우 다른 모양을 할 수 있다(추세대의 경사와 폭 모두). 주가가 추세대의 하단 선에 닿거나 근처에 갔을 때는 주식이 과매도 상태에 있다는 뜻이다. 따라서 매수 신호다. 나는 주가가 상향하는 하단 선에서 반등하자마자 주식을 샀다.

나는 또한 전체 시장도 체크했다는 것을 말해둬야 할 것이다. 나는 거래가 실패하는 가장 큰 원인은 전체 주식시장이 취약하기 때문이라고 생각한다. 거래하기 전에 늘 전체 시장과 해당 산업 부문의 추세를 체크하고 앞으로 주가의 향방이 어떻게 될지 예측하는 방법을 배우라.

그림 7.8의 삽입그림은 일간 차트로 매수 시점을 보여주고 있다(1996년 7월 22일). 주간 차트를 보면 매수 시점은 조정 상승형의 조정 단계 바닥에 위치해 있다. 따라서 앞으로 수익을 볼 수 있다는 뜻이겠다. 나는 1996년 10월 31일 6.22에 추가로 800주를 매수했다.

나는 1년 이상 이 주식을 보유하고 있었다. 내가 주식을 매수한 뒤 주가는 횡보세를 보였다. 1997년 초 마침내 주가가 움직이기 시작했다. 나는 이중 천정형이 나타나기 전까지는 상승세를 지켜보고만 있었다. 내 공책에는 다음과 같이 기록되어 있다.

1997년 10월 4일 일요일. 보유주식의 반(800주)에 대해 내일 시장가로 매수 주문을 냈다. 왜냐하면 이중 천정형이 형성되고 있기 때문이다. 확인 과정을 기다려야 한다는 것은 알고 있지만 9.06의 현재가에서 7.63으로 하락할 때까지 기다려야 한다면 무려 16% 하락폭이다. 주가가 계속하여 상승한다면(펀더멘털로 말하자면 그럴 가능성은 크다), 나는 아직 800주를 가지고 있기 때문에 그래도 괜찮다고 하겠다. 그리고 만약 주가가 패턴의 바닥, 즉 7.63으로 떨어지고 혹시 거기서 다시 18%(이중 천정형 반전의 평균 낙폭)가 더 떨어진다면, 다시 매수 기회를 찾을 수 있을 것이다.

그림 7.8은 내가 주식을 판 시점(8.88에 주문 체결)이 주가가 두 번째 이브 천정형을 형성하고 난 다음날임을 보여주고 있다. 스윙 트레이딩의 경우였다면 훌륭한 거래였다고 할 수 있을 것이다. 하지만 이 주식은 내가 장기간 보유하고 있었다는 점을 참고해야 한다.

주가는 예측대로 하락하면서 이중 천정형을 확인시켜줬다(사실 이런 일은 드물게 일어난다. 따져보면 세 번 가운데 한 번이다). 하지만 주가는 곧 이전 수준을 회복하고 이어 새로운 고가를 기록하면서 결국 2배가 됐다.

나는 이중 천정형에서 팔아 2,400달러, 52%의 수익을 봤다. 계속 가지고 있던 800주의 경우는, 1999년 2월 1일에 15.84에 팔아 7,650달러, 즉 153%의 수익을 냈다. 결국 나는 이중 천정형이 확인되기 전에 매도하여 단기간으로는 돈을 절약했다고 하지만 장기적으로 보면 손해를 본 것이다. 더욱이 이주식은 2003년 45달러의 고가를 기록했다. 내가 구매한 가격인 5.81에서 거의 8배나 올랐다. 사실 그 와중에 주가는 두 차례 45%가량의 큰 하락을 기록했다. 첫 번째 큰 하락은 내가 주식을 매수한 뒤 3개월 만에 찾아왔고.

제이크는 머리를 가로저었다. "당신 책은 여전히 지루해요. 이쯤에서 농담이 필요하다고요." 그가 손가락으로 컴퓨터 화면을 두드렸다. "트레인 스테이션이 기차가 서는 곳이면, 워크스테이션은 뭘까요?"

"제이크, 세상에는 세 부류의 사람이 있어요. 숫자를 제대로 세는 사람과 제대로 세지 못하는 사람. 이제 다시 일해야겠어요."

깃발형과 페넌트형flags and pennants

깃발형과 페넌트형은 스윙 트레이더들이 주로 거래하는 차트 패턴이다. 이들 패턴은 주가가 수직 상승하든가 아니면 아래로 곤두박질하든가 곧 판가름 날 상황에서 형성되는 밀집된 주가 움직임이다. 이들 패턴이 종종 그렇듯 주가 추세의 중간에 나타나면 반기형이라고 부른다. 불행히도 주가는 때때로 반전을 일으켜 사람들의 마음을 졸이게 한다. 또 예상된 방향대로 이탈이 일어난다고 해도 기껏해야 세 번 중 두 번만 가격 목표점에 도달할 뿐이다.

패턴의 특징과 확인 과정
깃발형이나 페넌트형을 어떻게 확인하는가? 둘의 차이점은 무엇인가? 그림 7.9는 6가지 형태의 깃발형과 페넌트형을 보여준다. 위쪽 3개가 페넌트형이고 깃발형은 아래쪽 3개다. 페넌트형의 경우는 2개의 추세선이 수렴하며(오른쪽으로 갈수록 서로 가까워지며) 깃발형의 경우는 본질적으로 2개의 추세

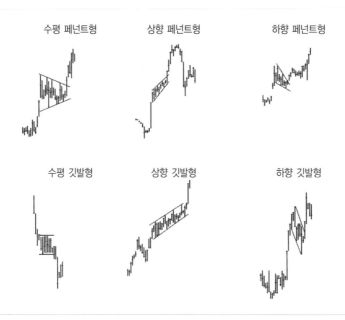

그림 7.9 페넌트형은 2개의 추세선이 수렴하고 깃발형은 평행을 이룬다. 두 패턴 모두 상향이든 하향이든 보통 주요한 주가 추세를 역행하여 형성된다(각 패턴의 가운데 예는 역행이 아니다).

선이 평행하다. 두 패턴은 상승세든 하락세든 주가가 가파른 움직임을 보인 뒤 숨을 고를 때 형성된다. 또 두 패턴 모두 형성되는 지점이 상승 도중이든 하락 중이든 상관없지만, 보통 기존의 주가 추세와는 반대된다. 따라서 주가가 하락하고 있다면 깃발형이나 페넌트형은 기울기가 보통 상향한다.

깃발형이나 페넌트형을 확인할 때는 다음과 같은 사항을 알아봐야 한다.

- 고점은 고점끼리, 저점은 저점끼리 이어 2개의 추세선을 그을 수 있는 차트를 찾아라. 추세선이 수렴하면 페넌트형이다. 추세선이 본질적으로 평행하면 깃발형이다.
- 페넌트형과 깃발형은 진행 기간이 3주 이하다. 그보다 긴 패턴은 추세대나 사각형, 대칭 삼각형, 쐐기형(상승이든 하락이든)이다.

■ 주가 상승 추세 또는 하락 추세에서 형성된 깃발형이나 페넌트형에서 깃대 부분은 예외적으로 가파르고 신속한 모양을 하고 있다.

■ 깃대에서 이탈 전날까지(말하자면 깃대를 제외한 깃발이나 페넌트 부분) 거래량은 88%의 경우 감소세다.

거래에 유용한 불코우스키의 조언

이 책을 쓰기 위해 깃발형을 조사하면서, 깃발형이나 페넌트형에서 이탈이 일어나기 전에 주식을 매수하라고 권하는 어떤 유명한 저자의 글을 읽게 됐다. 깃발형이나 페넌트형에서는 주가가 깃대나 추세선의 범위 위 또는 아래로 벗어날 때 이탈이 일어난다. '사례에서 배우기'에서는 이 저자의 충고에 따라 이탈 전에 주식을 매수했을 때 어떤 일이 벌어지는지 살펴볼 것이다. 사실 깃발형이나 페넌트형에서 이탈 전에 매수를 하면 손해를 볼 위험이 커진다. 이때문에 거래를 하기 전에 필히 이탈을 확인하는 게 좋다. 나는 실적 깃발형을 수없이 거래하면서 이탈 확인 뒤 거래하는 방식을 굳히게 됐다.

기존의 주가 추세와 기울기의 방향이 같은 깃발형과 페넌트형은 이탈 후 주가 상승폭이 더 클까? 나는 이 문제를 연구하여 그 답이 '아니요'라는 사실을 알아냈다. 그림 7.9의 가운데 그림 2개(상향 페넌트형과 상향 깃발형)가 이에 해당되는 예다. 이들 상향 패턴을 보다 흔히 볼 수 있는 하향 패턴(오른쪽 그림 2개)과 비교해보라. 또 기존의 주가 추세가 하락 추세일 수 있다는 사실도 잊지 말라(각각의 그림을 뒤집어서 생각해보라).

나는 526개의 깃발형과 470개의 페넌트형을 조사하여 깃발형이나 페넌트형의 기울기 방향이 기존의 주가 추세와 같을 때 이탈 후 주가 움직임이 줄어든다는 것을 발견했다. 예컨대 상승 추세에서 형성된 하향 페넌트형에서 상향 이탈이 일어날 경우 평균 주가 상승폭은 24%다. 반면 상향 페넌트형의 경우는 17%였다. 깃발형은 차이가 더 적다(20% 대 17%). 따라서 이탈 후 큰 주가 움직임을 기대한다면 기존 주가 추세와 기울기 방향이 반대되는 깃발형 또는 페넌트형을 선택해야 한다.

깃발형이나 페넌트형이 플랫형 기반의 천정 근처(상향 이탈 시)나 바닥 근처(하향 이탈 시)에서 생겨나면, 주가가 큰 폭으로 움직일 가능성이 크다. 플랫형 기반의 이탈 가격 근처에서 만들어진 차트 패턴은 무엇이든 마찬가지다. 당신도 기억하겠지만, 플랫형 기반은 주가가 수개월 동안 고가에서 저가까지 수평적으로 한정된 범위 안에서 움직일 때를 말한다. 이 범위에서 이탈이 일어나면 주가는 보통 크게 상승한다. 이탈 바로 전이나 바로 뒤에 형성된 차트 패턴들은 주가가 다시 움직임을 시작하기 전에 숨을 고르며 힘을 비축하는 영역으로 본다.

아래는 거래에 관한 추가적인 조언들이다.

- 이 말은 다시 한 번 할 만하다. 주가의 급등이나 급락 뒤에 나타난 깃발형과 페넌트형을 거래하라. 그림 7.10에서 1996년 1월의 깃발형을 보라. 이 깃발형의 깃대 부분에서 주가는 4일 동안 4포인트나 상승했다.

- 페넌트형이 깃발형보다 더 믿을 만하다. 다른 말로 하자면 이탈 후 평균 주가 상승폭이 깃발형보다 페넌트형이 더 높다는 것이다. 당신이 다소 늦게 뛰어들더라도 페넌트형에서 수익을 낼 기회가 더 많다.

- 조밀한 깃발형과 페넌트형은 느슨한 패턴보다 이탈 후 주가 움직임이 더 크다. 깃발형이나 페넌트형에서 느슨한 패턴은 주가가 추세선 범위 바깥으로 삐져나가거나 빈 공간이 많아 들쭉날쭉해 보인다. 반면 조밀한 패턴은 주가 움직임이 단단히 무리지어 있다. 그림 7.10의 삽입그림에서 느슨한 깃발형과 조밀한 깃발형의 예를 볼 수 있을 것이다.

- 위쪽의 저항선이나 아래쪽의 지지선을 피하라. 하향 후퇴 또는 상향 후퇴가 일어나는 패턴은 이탈 후 주가 움직임이 줄어든다. 예컨대 깃발형에서 상향 이탈이 일어났을 때 하향 후퇴가 뒤따르면 이탈 후 평균 주가 상승폭이 14%다. 하향 후퇴가 없으면 26%다.

- 주가는 작은 패턴 뒤에서보다 큰 패턴 뒤에서 더 크게 상승하고, 그 크기를

플로서브 (기계, 뉴욕 증권거래소, FLS)

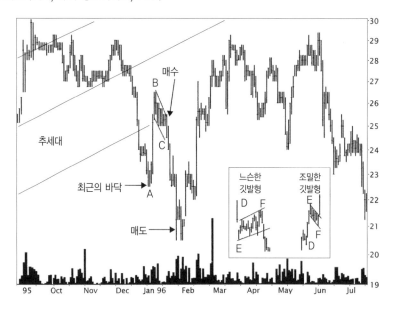

그림 7.10 이 깃발형은 예측과 달리 하향 이탈이 일어나 손해를 보고 말았다.

비교하면 2배 이상이다. 깃발형이나 페넌트형에서 최고점과 최저점까지 높이를 잰 다음(그림 7.10에서 보자면 A에서 B까지의 깃대 부분이 아니라 B에서 C까지를 말한다) 이 높이 값을 이탈 가격(C)으로 나눈다. 깃발형이나 페넌트형이나 그 중앙값은 6.68%다. 패턴이 이 중앙값을 넘으면 큰 패턴이고 그보다 작으면 작은 패턴이다.

■ 페넌트형의 경우 이탈 때 거래량이 30일 평균 거래량보다 많으면 거래량이 그보다 적을 때보다 이탈 후 평균 주가 상승폭이 상당히 크다(30% 대 20%). 깃발형의 경우는 대단한 차이가 없어 18% 대 16%다.

■ 깃발형과 페넌트형은 반기형이 되기도 한다. 통계수치에 의하면, 추세 시

작점에서 깃발형의 고점까지 계산하면 평균 15일에 22% 상승한다. 반면 깃발형의 저점에서 추세 마지막까지 계산하면, 평균하여 19일에 23% 상승한다. 페넌트형도 비슷하다. 페넌트형 이전에는 평균 14일에 27% 상승하고, 이후에는 평균 23일에 25% 상승한다. 이 숫자들은 평균치이기 때문에 항상 가격 목표점에 도달할 것이라고 단정 지어서는 안 된다. 목표를 보수적으로 잡고 보다 낮은 가격 목표점을 선택하라. '가격 목표점 결정'에서 이 문제를 보다 상세하게 다룰 것이다.

■ 페넌트형은 47%의 경우 하향 후퇴가 일어나고 31%의 경우 상향 후퇴가 일어난다.

■ 깃발형은 43%의 경우 하향 후퇴가 일어나고 46%의 경우 상향 후퇴가 일어난다.

가격 목표점 결정

깃발형과 페넌트형은 종종 주요 추세 중간에 나타나기 때문에 추세 방향을 감안하여 가격 목표점을 구해야 한다. 예컨대 그림 7.10을 보면, 고점은 26.50의 B이고 추세가 시작되는 점은 A의 저가 22.50이므로 높이는 4다. 상향 이탈 시, 깃발형의 저점(C, 25)에 높이 값을 더하면 가격 목표점은 29가 된다. 하지만 그림에서는 하향 이탈이 일어났으므로, 깃발형 끝점의 고가(C 바로 위의 25.50, 이탈일 전날의 고가)에서 높이를 빼면 가격 목표점은 21.50이다.

그림 7.10의 삽입그림을 보고 다음 식을 보면 가격 목표점을 어떻게 계산하는지 쉽게 이해할 수 있을 것이다. 깃발형이나 페넌트형이나 하향 이탈 시에는 가격 목표점을 F−(D−E)로 구하고, 상향 이탈 시에는 F+(E−D)로 구한다. D는 깃대의 시작점이고, E는 깃대의 끝점이다. F는 이탈 방향의 반대에 있는 끝점이다.

이 계산법은 상승 추세에서 나타난 깃발형의 경우 64% 들어맞고, 페넌트형의 경우에는 60% 들어맞는다. 따라서 가격 목표점은 보수적으로 잡아야 한다. 주가가 가격 목표점에 접근하면서 움직임을 멈춘다면, 움직임이 끝났다고 생각하고 차익 실현을 고려하라. 가격 목표점을 계산할 때 높이의 반값을 이용하면 수익을 낼 수 있는 확률이 더 커질 것이다.

사례에서 배우기

나는 스윙 트레이더라 할 수는 없다. 깃발형을 활발하게 거래하지도 않고 그냥 주가 움직임을 예측하는 정도로 쓴다. 여기서 깃발형을 거래할 때 생길 수 있는 난점을 보여줄까 한다. 그림 7.10의 거래를 보도록 하자.

1996년 1월 14일. 주가가 깃발형을 형성했다. 예상 상승폭은 4달러다. 이 깃발형은 추세대의 바닥에 있기도 하다. 나는 일단 400주를 사고 나서 주가가 오르기를 간절히 기도하고 있다. 만약 깃발형에 관한 예측이 들어맞는다면, 약 1,500달러의 순수익을 낼 수 있다. 주가가 추세대 사이에서 움직일 동안 주식을 가지고 있으면, 수익은 3,000달러에 이를 것이다. 손실제한주문은 22.25에, 최근에 형성된 저점(A) 바로 아래에 해뒀다. 나는 이 거래를 깃발형보다는 추세대를 보고 거래했다.

그림에는 3개의 추세대선이 있다. 가운데 추세대선은 주가의 선형 회귀선이다. 바깥쪽에 있는 2개의 선은 중앙의 선에서 나온 2개의 표준 편차선이다. 주가가 추세대의 바닥에 있기 때문에 상단으로 올라가기 전에 중앙까지(여기서 종종 멈춘다) 반등하리라는 추측은 타당했다. 공책에는 다음과 같이 기록되어 있다.

1996년 1월 17일. 내일이면 손실제한주문에 걸릴 것 같다. 오늘 종가가 22.75이고 내 손실제한주문 가격은 22.25이기 때문이다. 여기에는 교훈이 하나 있다. 즉 패턴에 대한 예측이 틀리면 팔아버리라는 것이다. 이 경우에는 거래량이 많은 가운데 깃발형이 무너지면서 매수 때보다 75센트가 떨어졌나. 이내 주식을 팔아야 했나. 팔았나면 약 900달러를 절약했을 것이나 (수수료를 포함한 300달러의 손실을 입기는 하지만). 그런데 이제 나는 1,200달러의 손실을 입게 될 것이다.

1996년 1월 23일. 오늘 손실제한주문에 걸려 내 주식이 22달러에 매도됐다. 나는 손실제한주문 가격을 22.13으로 8분의 1포인트 내리기도 했지만 낙폭을 벗어나지 못했다. 매일 주가를 지켜봤는데 아침에 올랐다가 마지막 시간에 가서 떨어졌다(하지만 오늘은 달랐다. 오늘은 아침부터 떨어졌다). 조종 세력이 있는 것 같은 느낌이었다. 오후에 어떤 뮤추얼 펀드가 어떤 이유에서인지 모르겠지만 주식을 투매하여 주가를 억지로 끌어내렸다. 아무래도 깃발형이 무너진 다음 주식을 바로 팔아버렸어야 했다. 하지만 그렇게 하지 못했기 때문에 1,361달러의 손실을 입었다. 살면서 배우리라.

이 거래를 끝내는 시점은 여러 가지 이유로 좋지 않았다. 차트 패턴이 예상대로 움직이지 않으면 팔고서 더 나은 상황을 찾아야 한다. 1월 17일에도 나는 그렇게 기록해놓았지만 정작 아무 일도 하지 않았다. 어차피 손실제한주문이 실행될 거라는 생각이 든다면, 그 즉시 팔아서 얼마간이라도 돈을 절약하는 게 낫지 않을까? 그런데 나는 손실제한주문 가격을 낮췄고—주식을 거래하는 사람들이 결코 하지 말아야 할 일이다—더 많은 돈을 잃었다. 나는 이 거래에서 9%를 헛되이 잃은 셈이다.

머리어깨형 head-and-shoulders top

탠디 사의 주식을 거래하고 있을 무렵, 나는 매일 주가를 체크하다가 머리어깨형이 홀로 서 있는 것을 발견했다. 그 모습을 보면서 해자에 둘러싸인 영국의 커다란 고성이 생각났다. 주가는 가파르고 신속하게 올라갔다가 패턴을 만들면서 역시 가파르고 신속한 움직임으로 내려왔다. 나는 이 패턴이 너무나 마음에 들어 인쇄를 하여 사무실 벽에다 붙여놓았다. 당시 나는 머리어깨형을 어떻게 찾아야 하는지 몰랐다. 하지만 그 매력에 반해 있었다.

패턴의 특징과 확인 과정

그림 7.11은 머리어깨형의 훌륭한 예를 보여주고 있다. 3개의 천정은 마치 성당의 첨탑처럼 서 있고, 가운데의 천정은 다른 2개의 천정보다 높이 치솟아 있다. 머리어깨형은 종가가 목선 아래로 떨어질 경우 유효한 패턴으로 확인된다. 하지만 그림에서처럼 목선의 경사가 가파를 때는 문제가 된다. 종가가 결코 목선 아래로 내려가지 않고, 이탈도 일어나지 않는다. 목선이 하향하는 머리어깨형의 경우는 종가가 A 아래로 떨어질 때 이탈이 일어나고 유효한 머리어깨형임이 확인되는 것으로 생각해야 할 것이다.

아래는 머리어깨형을 찾을 때 확인해야 할 사항들이다.

- 머리 양 옆으로 어깨가 형성되어야 한다. 머리는 두 어깨보다 높아야 한다.
- 어깨는 거의 같은 가격에서 천정을 형성해야 한다. 하지만 어느 정도의 차이는 허용된다. 머리어깨형이 당신의 새로 태어난 아기라고 상상해보라. 아마 당신은 한쪽 어깨가 처진 아기를 원하지는 않을 것이다.
- 어깨는 모양이 비슷해야 한다.
- 어깨는 머리에서 거의 같은 거리에 있어야 한다. 대칭이 중요한 요소다.
- 왼쪽 어깨 앞뒤의 5일 동안(이틀 전부터 이틀 후까지) 거래량이 가장 많을 확률이 43%, 머리의 5일이 가장 많을 확률은 40%, 오른쪽 어깨의 5일이

쉐브론 텍사코 (석유, 뉴욕 증권거래소, CVX)

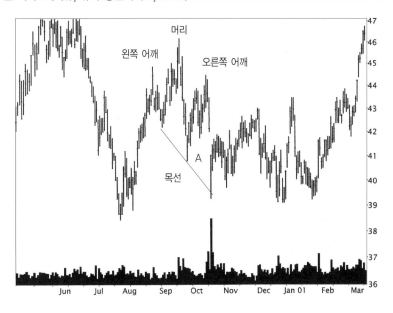

그림 7.11 머리어깨형은 가운데 천정이 가장 높은 3개의 천정을 갖는 패턴이다. 이 패턴은 종가가 목선 아래에 형성될 때 확인된다.

가장 많을 확률은 18%다.

■ 어깨에서 어깨까지 거래량은 63%의 경우 감소세다.

■ 종가가 상향 추세선 아래에서 형성될 때 그리고 하향 추세선의 경우에는 종가가 패턴의 가장 낮은 저점 아래에서 형성될 때 머리어깨형이 유효한 패턴으로 확인된다.

거래에 유용한 불코우스키의 조언

머리어깨형을 조사한 결과 주가가 빠른 속도로 움직이다가 머리어깨형을 만들면 이탈 후 하락세가 가파르다는 사실을 발견했다. 다이아몬드형도 대개 이런 주가 반응을 보였다. 요컨대 급등 뒤에는 급락이 따른다는 이야기다. 나는 속도를 조사하여 주가가 중앙값인 하루 6센트의 속도를 초과하여 상승하면 이탈 후 낙폭이 평균 25%라는 사실을 알아냈다. 속도가 그보다 느린 경우는 이탈 후 평균 낙폭이 18%였다. 조사는 605개의 머리어깨형을 대상으로 했다. 따라서 통계수치는 신뢰할 만하다. 그런데 주가가 빠른 속도로 상승한 경우에는 상향 후퇴가 일어날 가능성이 크다. 상승장에서는 그 확률이 54%다.

속도는 추세 시작점에서 차트 패턴까지 측정한다. 보통 차트 패턴을 보면 추세 시작점을 금방 발견할 수 있지만, 간혹 그렇지 않을 때도 있다. 나는 보다 엄격한 정의에 따르는 편인데(20%의 주가 변동), 추세 시작점을 찾는 방법에 관해서는 이 책의 용어 정리 편을 참고하기 바란다.

단기 주가 상승 뒤에 머리어깨형이 형성되면 중기 상승이나 장기 상승의 경우보다 이탈 후 낙폭이 크다(26%). 중기나 장기의 경우 모두 평균 낙폭이 19%다.

아래에 참고할 만한 몇 가지 사항을 추가한다.

- 50%의 경우 상향 후퇴가 일어난다.

- 상향 후퇴가 일어나면 이탈 후 낙폭이 작아진다. 상향 후퇴가 있을 때는 평균 20%이고, 상향 후퇴가 없을 때는 평균 24%다. 머리어깨형에서 공매도 거래를 하고 싶다면 아래쪽에 지지선이 있는 패턴은 피해야 한다.

- 높이를 이탈 가격으로 나눴을 때 그 값이 중앙값인 17.27%보다 큰 패턴은 작은 패턴보다 이탈 후 낙폭이 크다(평균 24% 대 20%). 높이는 머리어깨형의 가장 높은 고점과 가장 낮은 저점 사이의 거리를 잰다. 작고, 넓은 패턴(패턴 폭의 중앙값은 49일이다)은 거래를 피해야 한다. 이런 패턴은 이탈 후 낙폭이 17%에 불과하다.

- (어깨에서 어깨까지 측정했을 때) 거래량이 증가세에 있는 머리어깨형은 거래량이 감소세인 경우보다 이탈 후 평균 낙폭이 더 크다. 24% 대 21%다.

- 목선의 경사는 51%의 경우 상향한다. 평평한 경우는 4%이며, 45%의 경

우는 하향한다. 목선이 상향하는 패턴은 목선이 하향하는 경우보다 이탈 후 평균 낙폭이 더 크다(각각 23%와 21%다).
- 왼쪽 어깨의 고점이 오른쪽 어깨의 고점보다 높은 패턴이 이탈 후 평균 낙 폭이 더 크다. 각각 25%와 20%다.

가격 목표점 결정

머리어깨형의 가격 목표점을 결정하는 방법은 다른 차트 패턴과는 다르다. 그림 7.12의 삽입그림에서 보듯이, 우선 머리의 최고점에서 수직으로 목선까지의 거리를 재서 높이 값을 구한다. 이 값을 이탈 가격에서 빼면 목표 가격을 얻는다. 여기서 이탈 가격은 종가가 목선의 아래에서 형성되는 지점이다.

예컨대 삽입그림에서 머리의 고점이 12이고, 목선이 9, 이탈 시 종가가 10 이라고 하자. 높이는 12−9=3이므로 가격 목표점은 10−3=7이 될 것이다. 7이면 10에서 30%가 하락한 값이다. 이 정도면 사실 너무 큰 값이므로, 좀더 낮은 가격 목표점을 찾아야 할 것이다. 내가 시험해본 바로는 이런 계산법은 55%밖에 맞지 않는다. 동전을 던지는 것보다 약간 나은 확률이다. 그러니 아래쪽에 주가가 반등할 수 있는 지지선이 있는지 잘 살펴봐야 할 것이다.

보유하고 있는 주식의 주가가 머리어깨형을 형성하면 가격 목표점을 계산해보라. 예상 낙폭이 너무 크다면 지금 당장 팔아야 할까? 대부분의 경우, 답은 '그렇다'이다. 가격이 얼마나 떨어질지는 아무도 모르기 때문이다.

사례에서 배우기

모든 약세 패턴처럼 머리어깨형은 당신에게 매도하라고 큰소리로 외치고 있다. 당신이 귀를 기울이기만 한다면 그 소리를 들을 수 있을 것이다. 내가 이머리어깨형의 메시지를 듣고 극적인 폭락 가운데 어떻게 구사일생으로 빠져나왔는지 얘기해주겠다. 내 공책을 보도록 하자.

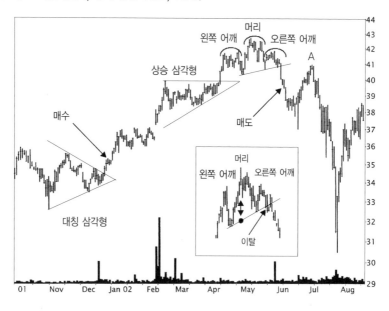

WPS 리소스 (전기설비, 뉴욕 증권거래소, WPS)

그림 7.12 대칭 삼각형에서 상향 이탈이 일어나면 매수 신호다. 반면 머리어깨형은 매도 신호다.

2001년 12월 20일. 35.10에서 300주 매수가 됐다. 내가 로그인했을 때 주문한 가격인 35.05보다 조금 오른 가격이다. 대칭 삼각형에서 상향 이탈 이 일어났다. 북 스코어book score는 +1이다. 배당률은 6%이며 하락폭은 한 정되어 있다. 32~34에 강력한 지지영역이 자리 잡고 있기 때문이다. 전고점 까지 상승이 예상된다.

그림 7.12를 보면 내가 어디서 주식을 매수했는지 알 수 있을 것이다. 대 칭 삼각형은 주식 거래자라면 누구든 익숙해져야 할 차트 패턴 가운데 하나 다. 주가는 이탈 전에 패턴을 이리저리 가로지른다. 위에서 말한 스코어는 차

트 패턴이 이탈 후에 어떻게 움직일지 예측하기 위한 계산법이다. 보다 상세한 설명은 내가 쓴 책『고전적인 차트 패턴을 거래하는 법』을 보라. 스코어가 0보다 크면 차트 패턴이 상승폭의 중앙값을 넘을 가능성이 크다는 뜻이다. 주가는 1.43달러 차이로 목표 가격인 44.55달러에 이르지 못했다. 하지만 두 차례의 배당금 지불이 있었다.

그림 7.12에서 내가 주식을 매수한 지점을 보면 작고 조밀한 깃발형이 있는 것을 알 수 있을 것이다. 이탈 바로 뒤에 생겨난 이 밀집 영역은 주가 상승세를 확인시켜준다. 스윙 트레이더는 이탈이 확인되는 시점을 찾은 뒤 근처에 조밀한 페넌트형이나 깃발형이 없는지도 살펴봐야 한다. 이런 패턴들이 있다면 주가의 수직 상승을 기대할 수 있다.

나는 주식을 장기 보유하여 배당금을 받고 싶었기 때문에 별다른 조바심 없이 주식을 계속 갖고 있었다. 이때 상승 삼각형이 나타나고 이어 운 좋게도 상향 이탈이 일어났다. 만약 하향 이탈이 일어났다면 장기 보유 의사에 상관없이 주식을 매도해야 했을 것이다. 그런데 그 뒤에 머리어깨형이 나타나 나는 불안해지기 시작했다. 다시 공책을 보자.

2002년 6월 5일. 오후에 WPS 주식 300주를 매도했다. 주가가 어림수 40의 지지선 아래로 떨어져 머리어깨형이 유효한 패턴으로 확인됐기 때문이다. 이자율이 높아졌고, 주가가 오랫동안 오름세를 계속했다는 생각도 들었다. 그래서 이제 그만 13%의 수익, 6%의 배당금을 현금으로 챙기는 것도 괜찮지 않을까 싶었다. 주식시장은 최근 고전하고 있고 공업주도 마찬가지다. 주식은 더 낮은 가격에 언제든 되살 수 있는 것 아닌가. 지지영역이 38~39이고 주가는 거기까지 내려갈 것 같다. 어쨌든 매도 주문은 39.52에 체결됐다.

내가 주식을 판 뒤 주가가 얼마나 떨어졌는지 볼 수 있을 것이다. 나는 보통 전날의 데이터를 보고 거래 여부를 판단하는데, 이 때문에 보통 적기를 하루 이틀 정도 놓친다. 스윙 트레이더라면 주가가 목선을 뚫는 게 분명해졌을 때 보다 빨리 주식을 매도했을 것이다.

주가는 예상대로 38~39에서 멈춘 다음 A로 상향 후퇴했다. 그런 후 41 언저리에서 30 바로 위까지 떨어졌다. 한 달 만에 26% 하락한 것이다. 주가가 A에서 하락할 때도 역시 같은 영역(37~38)에서 멈췄다가 다시 하락을 지속했다. 이 거래에서 나는 배당금을 포함하여 1,600달러, 15% 이상의 수익을 올렸다.

조정 상승형과 조정 하락형, 단순 ABC 조정형 measured move up, down and the simple ABC correction

조정형은 다른 차트 패턴과 다르다. 이탈이 일어나지 않기 때문이다. 따라서 패턴 성취율을 측정하기가 힘들다. 그래도 조정형은 베이컨에 필요한 프라이팬만큼 유용하다.

조정형은 3가지다. 조정 상승형, 조정 하락형, 단순 ABC 조정형이다. 단순 ABC 조정형은 사실 조정 하락형의 특별한 형태다. 조정형은 주가 움직임의 방향과 정도를 미리 알려주므로 매도 시점을 결정하기가 수월하다.

패턴의 특징과 확인 과정

그림 7.13은 조정형의 몇 가지 예를 보여준다. 2개는 상승형이고 다른 2개는 하락형이다. 조정 하락형은 지그재그 형태의 EFGA와 좀더 커다란 형태의 EADH이고, 조정 상승형은 ABCD와 HIJK다.

먼저 첫 번째 조정형 EFGA를 보자. 첫 번째 구간 EF의 길이는 두 번째 구간 GA의 길이와 같다. 여기서 FG 단계를 조정 단계라 부른다. 이때는 그전의 주가 하락폭에 대해 되돌림이 일어난다. 이와 비슷하게 ABCD에서 AB는 첫 번째 구간, CD는 두 번째 구간이며 BC가 조정 단계다.

에어가스 (화학, 뉴욕 증권거래소, ARG)

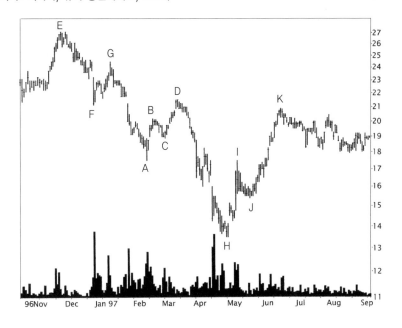

그림 7.13 EFGA, EADH, ABCD, HIJK 같은 다양한 조정형을 볼 수 있다.

조정형을 찾을 때 확인해야 할 사항은 다음과 같다.

■ 조정형은 기존 주가 추세의 반전 패턴이다. 조정 상승형의 경우 패턴이 시작되기 전에 주가는 하락세여야 한다. 조정 하락형의 경우는 패턴이 시작되기 전에 상승세여야 한다.

■ 첫 번째 구간은 거의 구부러져 있지 않은 직선이어야 한다.

■ 조정 단계는 첫 번째 구간에 비례한다. 여기서는 보통 첫 번째 구간의 주가 상승폭 또는 하락폭의 40~60%가량 되돌림이 일어난다. 더 큰 폭의 되돌림이 일어나지는 않는지 주의하라. 첫 번째 구간의 높이가 크면 되돌림도 크다. 첫 번째 구간의 높이가 작으면 되돌림도 작다. 수평으로 톱니 모

양을 하고 있는 패턴은 피해야 한다. 되돌림 폭이 너무 크기 때문이다.

- 두 번째 구간은 첫 번째 구간과 경사가 비슷해야 한다. 하지만 차이가 있을 수는 있다.
- 거래량은 패턴 전체에서 감소세다.

단순 ABC 조정형을 찾는 방법

그림 7.14는 단순 ABC 조정형을 보여준다. 이 패턴은 조정형에 조정형이 끼워 넣어진 형태다. 그림에서는 우선 EADF로 이어진 커다란 조정 상승형을 확인할 수 있다. 이 패턴에서는 대단히 큰 폭의 상승이 이뤄졌다. 이 패턴으로 거래한 이들이 어떤 상태일지 그 흥분 어린 목소리를 느껴보라.

만약 조정 하락형(ABCD) 뒤에서라도 이 패턴에 뛰어들었다면 당신 역시 상당한 수익을 거둘 수 있었을 것이다. 안에 끼워 넣어진 조정 하락형(ABCD)이 바로 단순 ABC 조정형이다. 이 패턴은 더 큰 패턴의 일부를 이루는데 제법 규모가 있는 조정 단계이자 되돌림이라 할 수 있다.

아래는 단순 ABC 조정형을 찾는 방법이다.

- E는 D 아래에 있어야 한다. 즉 조정 하락형에서 너무 큰 폭의 조정이 일어나서는 안 된다. 조정 하락형에서 조정 상승형의 시작점(E)이나 그 아래까지 되돌림이 일어나는 경우는 추가 상승에 실패할 확률이 높다.
- 그림 7.14의 ABCD 패턴과 같은 조정 하락형이 보다 큰 조정 상승형의 조정 단계가 된다. 이때 2개의 직선 하락 구간 AB와 CD로 이뤄진 단 하나의 조정 하락형만 있어야 한다. 만약 이 구간에서 뚜렷한 추세 전환점이 나타나면 그 패턴은 포기해야 한다.
- 조정 하락형에서 B, C, D는 A보다 아래에 있어야 한다. 특히 C가 A 위에 있지 않아야 하는 점에 유의해라. 조정 하락형에서 되돌림이 너무 큰 폭으로 일어나서는 안 된다.
- D에서는 강력한 주가 상승세가 시작되어야 한다.

야후! (인터넷, 나스닥, YHOO)

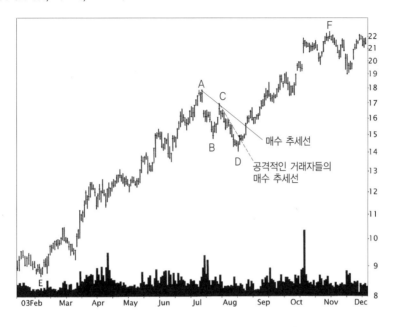

그림 7.14 이 차트에서는 커다란 조정 상승형 중간에 단순 ABC 조정형이 있는 것을 볼 수 있다.

  이상이 단순 ABC 조정형에 관한 설명이다. 사실 실제로는 이것보다 훨씬
간단하다. 조정 하락형과 조정 상승형을 식별할 수 있다면, 조정 상승형 안에
조정 하락형이 있는 모양을 찾기만 하면 된다. D에서 주가가 반전하면 매수
신호다.

거래에 유용한 불코우스키의 조언
아래는 단순 ABC 조정형을 거래하는 방법이다(그림 7.14 참조).
  ■ A에서 C까지 추세선을 그어 아래로 연장하라. 종가가 이 추세선을 넘어서
    면 매수 신호다.

- 보다 공격적인 거래자들은 C에서 아래로 추세선을 그려 종가가 추세선을 넘을 때 매수한다(그림에서 점선을 보라). 또한 종가가 저점 B의 장중 고가를 넘을 때도 유효한 매수 신호로 활용할 수 있다.
- 보다 보수적인 투자자들의 경우 종가가 C나 A를 상회할 경우 매수 신호다.
- 시장 전체와 해당 산업이 모두 상승 추세여서 주가가 상승 모멘텀을 확보했을을 때에만 매수하라.
- 매수선에서 매수한 후 주가가 A의 가격 수준에 이르면 반전할 경우에 대비하라. 36%의 경우 반전이 일어난다. 그리고 나서 주가가 떨어지면 이중천정형이 형성된다.

아래는 조정 상승형과 하락형을 거래하는 방법이다.

조정 상승형이나 조정 하락형을 거래하기는 어렵다. 왜냐하면 이 두 패턴은 생각과 달리 종종 기세가 금세 수그러들기 때문이다. 그러므로 조정 단계가 마무리된 뒤에 매수에 나서는 게 현명한 방법이다. B와 C 사이에서 기존 추세를 따르는 깃발형이나 페넌트형, 또는 또 다른 어떤 패턴이 나타나면(그림 7.15를 보라), 패턴의 고점을 따라 추세선을 그려보라. 그리고 종가가 그 선을 넘어서면 주식을 매수하라. 조정 하락형의 경우 주가가 아래쪽 추세선을 뚫으면 주식을 공매도하라.

어떤 경우든 주가가 반전하지는 않는지 잘 살펴봐야 한다. 그림 7.15에서처럼 주가는 급등할 수도 있고 B로 가다가 상승세가 끝나고 반전이 일어날 수도 있다. 주가가 B에서 C 사이에 기존의 추세를 따르지 않으면, 조정 상승형(조정 하락형)의 경우, 주가가 조정 단계의 고점(저점) 위(아래)로 상승(하락)할 때까지 기다려야 한다. 이렇게 이탈을 확인한다고 해도 성공이 보장되는 것은 아니다. 아무튼 조정형은 거래하기가 쉽지 않다. 나는 조정형을 대개 주간 움직임을 예측하는 데 활용한다. 이 패턴은 돈을 걸지 않을 때만 생각대로 움직이는 것 같다.

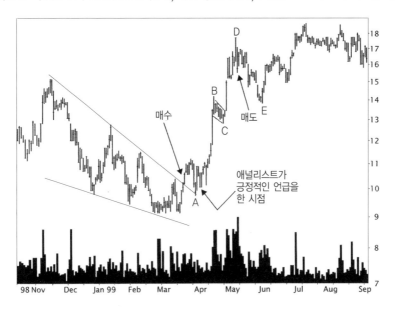

프리포트-맥모란 코퍼 앤드 골드 B (구리, 뉴욕 증권거래소, FCX)

그림 7.15 나는 하락 쐐기형이 마무리된 뒤 주식을 매수해서 조정 상승형의 고점에서 매도했다.

조정 상승형의 고점(그림 7.15에서는 D)이 이전의 주가 움직임에 의해 만들어진 하향 추세선을 가로지르면(그림에서는 보이지 않는다), 이곳에서 주가 반전이 일어날 것이라 예상할 수 있다. 예컨대 그림 7.13에서 고점 E와 G를 잇는 하향 추세선을 그려보면, 이 하향 추세선은 주가가 반전하는 ABCD의 고점 가까이에 있다. 조정 하락형 EADH가 H에서 하락을 멈추는데, 여기서 주가가 바닥점 F와 A를 잇는 하향 추세선과 만난다는 점에 주목하라.

다른 대부분의 차트 패턴처럼 조정형은 (조정 상승형의 경우) 위쪽의 저항선이나 (조정 하락형의 경우) 아래쪽의 지지선이 없을 경우에 패턴 성취율이 높다. 거래하기 전에 항시 위쪽에 저항선이 없는지 아래쪽에 지지선이 없는지 확인해야 한다. 주간 차트에서 추세선을 그리면 주가가 어디서 반전할 가능성이 높은지 드러난다. 이 방법이 조정형으로 얼마나 수익을 낼지 예측할 수 있는 그나마 효과적인 단 하나의 방법이다.

내가 거래하는 주식의 주가에서 어떤 차트 패턴이 나타나면, 나는 보통 패턴이 완료된 뒤 주가가 어떻게 될지 알아내려고 한다. 나는 이 조정형을 연구하여, 조정 상승형은 19%의 경우 주가가 조정 단계 위에 머물러 있다는 사실을 알아냈다. 35%의 경우는 주가가 조정 단계 내에서 멈추고, 31%는 조정 단계 아래까지 하락하지만 패턴의 시작점까지 가기 전에 멈춘다. 나머지 15%의 경우는 주가가 조정 상승형의 시작점 아래로 내려간다. 당신이 반드시 기억해야 할 것은 81%의 경우 주가가 조정 단계로 되돌아오고, 여기서 더 아래로 내려갈 수 있다는 점이다.

조정 하락형의 경우 16%는 조정 단계 아래에 머물러 있고, 35%는 조정 단계 내에서 상승을 멈춘다. 31%는 조정 단계 위까지 상승하지만 조정 하락형의 시작점 아래에서 머무른다. 18%는 조정 하락형의 시작점 위까지 상승을 지속한다. 통계수치는 조정 상승형의 경우와 비슷하다. 84%는 적어도 조정 단계까지 상승하고 어떤 때는 조정 단계를 넘어서기도 한다.

아래는 조정 상승형을 거래할 때 참고해야 할 추가적인 사항들이다.

- 조정 단계의 되돌림 폭이 크면 가격 목표점에 이를 가능성도 커진다.
- 거래량이 U자형을 보이는 패턴은 거래량이 돔형인 패턴보다 가격 목표점에 이를 가능성이 크다.
- 긴 조정 단계는 강력한 움직임을 의미한다. 조정 상승형의 경우 조정 단계가 중앙값인 26일보다 길면 두 번째 구간에서 주가가 평균 36% 상승한다. 짧을 경우는 29%다. 조정 하락형의 경우 조정 단계의 중앙값은 21일이다. 조정 단계가 중앙값보다 긴 경우 두 번째 구간의 평균 주가 하락폭은 28%이고 짧은 경우는 22%다. 조정 단계는 첫 번째 구간에 비례하기 때문에 넓은 패턴이 좁은 패턴보다 성취율이 더 높다고 생각할 수 있다.

조정 상승형과 조정 하락형의 성취율을 보자.

아래는 상승장에 나타난 577개 조정 상승형의 성취율이다.

- 첫 번째 구간에서는 주가가 평균 87일 동안 46% 상승한다.
- 조정 단계에서는 평균 32일 동안 47%의 되돌림이 일어난다.
- 두 번째 구간에서는 주가가 평균 60일 동안 32% 상승한다.
- 거래량은 61%의 경우 감소세다.
- 거래량은 62%의 경우 돔형이다.

아래는 상승장에 나타난 647개 조정 하락형의 성취율이다.

- 첫 번째 구간에서는 주가가 평균 61일 동안 27% 하락한다.
- 조정 단계에서는 평균 30일 동안 48%의 되돌림이 일어난다.
- 두 번째 구간에서는 주가가 평균 62일 동안 25% 하락한다.
- 거래량은 74%의 경우 감소세다.
- 거래량은 61%의 경우 돔형이다.

가격 목표점 결정

조정형의 강점은 예측력에 있다. 조정 상승의 가격 목표점을 결정하기 위해서는 첫 번째 구간 높이의 반값을 구한 다음 조정 단계의 가장 낮은 저점에 더해줘야 한다. 그림 7.15에서 보자면 우선 A(9.75)와 B(14.19)의 거리(높이)를 구하면 4.44다. 이 값의 반(2.22)을 C의 저점(12.81)에 더하면 가격 목표점 15.03을 구할 수 있다. 이런 계산법은 85% 들어맞는다.

조정 하락형도 계산하는 방법이 비슷하다. 예컨대 그림 7.13의 조정 하락형 EFGA에서 보자면, E에서 F까지의 높이를 구해서 반으로 나누고, 이 값을 G의 고점에서 빼주면 가격 목표점을 얻을 수 있다. 실제로 구해보면, E는 27.13이고 F는 21.13이므로, 높이는 6이다. G의 고점(24.50)에서 높이의 반인 3을 빼주면 가격 목표점은 21.50이 된다. 조정 하락형의 경우 주가는

83%의 경우 가격 목표점에 도달한다.

1,200개의 조정형을 테스트해본 결과, 조정 상승형에서 45%는 첫 번째 구간과 두 번째 구간의 길이가 같았다. 조정 하락형의 경우는 35%가 첫 번째 구간과 두 번째 구간의 길이가 같았다. 따라서 첫 번째 구간과 두 번째 구간이 꼭 똑같아야 한다고 고집해서는 안 되며, 가격 목표점을 계산할 때는 첫 번째 높이를 사용하는 게 좋다.

조정 단계에서는 보통 첫 번째 구간의 40~60% 되돌림이 일어난다. 이 값은 38%와 62%의 피보나치 되돌림 숫자와 비슷하다 하겠다.

사례에서 배우기

그림 7.15에서 나는 거의 완벽한 거래를 했다. 나는 하락 쐐기형이 만들어지는 것을 보고 10.50에 500주를 샀다. 하락 쐐기형에는 수렴하는 2개의 하향 추세선이 있었다. 상승폭을 계산하는 법에 따르면, 하락 쐐기형은 패턴의 최고점이 가격 목표점이다. 주가는 70%의 경우 가격 목표점에 도달한다. 따라서 내가 산 주식이 15달러까지 오를 가능성은 70%였다.

내가 주식을 매수한 뒤 주가가 상승하는 것을 볼 수 있을 것이다. 하지만 곧 하향 후퇴가 일어났다. 주가는 A에서 하락 쐐기형의 위쪽 추세선의 지지를 받고 상승을 재개했다. 며칠 뒤 어떤 광산주 애널리스트가 이 회사가 미국에서 1/4분기에 흑자를 낸 유일한 구리 생산업체가 될 것이라고 말했다. 인도네시아의 광산 덕분이라는 것이다. 그 후 주가가 마치 하늘로 발사된 로켓처럼 치솟아 B에서 멈췄다.

B로부터 이틀이 지난 뒤 회사는 수익이 33% 하락했다고 발표했다(하지만 여전히 흑자였다). 주가는 이런 소식을 무시하는 것처럼 보였다. 조정 상승형의 조정 단계가 계속되면서 BC에서 조밀한 깃발형이 만들어졌다.

주가는 힘을 비축한 뒤 다시 날아올라 둥그런 모양의 천정을 만들면서 멈췄다. 마치 낙하선이 펴진 듯한 모양이 만들어지며(D) 조정 상승형이 끝난 것이다. 나는 하루 뒤에 빠져나왔다. 16달러에 모든 주식을 처분하여 2,700 달러, 즉 51%의 상당한 이익을 냈다.

주가가 E로 떨어진 것을 보라. E는 조정 단계의 최고점 수준이다. 조정 상 승형이 끝나면 이 정도, 아니면 더 큰 하락이 일어나리라는 것을 예상하고 있 어야 한다.

파이프 천정형pipe tops

파이프 천정형은 몇 년 전에 발견한 패턴이다. 당시 나는 이중 천정형에서 천 정이 단 한 주 간격으로 떨어져 있다면 어떤 모양이 되고 또 성취율은 어떨까 궁금했다. 그래서 일간 차트와 주간 차트에서 이런 모양을 조사했고, 일간 차 트보다는 주간 차트에서 패턴을 파악하기가 더 낫다는 사실을 발견했다. 당 신은 파이프 바닥형이 어떻게 생겼는지 기억하고 있을 것이다. 파이프 바닥 형을 뒤집으면 파이프 천정형이 된다.

패턴의 특징과 확인 과정

그림 7.16은 몇 가지 파이프 천정형과 파이프 바닥형을 보여주고 있다. 두 패 턴 모두 유용한 반전 신호다. 그런데 A를 보자. 이 파이프형은 지속 패턴이 다. 주가가 이전 천정의 파이프에서 반전해 이미 하락세에 있었기 때문이다. 유감스럽게도 이 파이프 천정형은 기존의 하락 추세 마지막 근처에서 생겨났 다. 하지만 A 외에 이 그림에 나오는 파이프형들은 사실 반전 신호로 훨씬 더 유용하다. 1999년 9월의 고점에 있는 파이프형도 마찬가지다. 이 패턴은 정 확히 추세 반전을 보여주고 있다. 작은 땅에 살며 인근해 있는 이웃들 같은 B, C, D의 파이프 천정형은 지속 패턴이다.

삽입그림은 확인 과정을 보여준다. 종가가 스파이크 2개로 이뤄진 파이프 천정형의 저점보다 아래에서 형성됐을 때 확인 과정이 완료되고, 이때 파이프

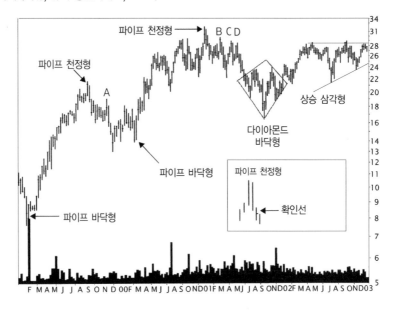

그림 7.16 다이아몬드 바닥형, 상승 삼각형과 함께 파이프 천정형, 파이프 바닥형을 볼 수 있는 주간 차트다. 삽입그림은 파이프 천정형의 경우 종가가 패턴의 최저점 아래로 내려갔을 때 유효한 패턴임이 확인된다는 것을 보여주고 있다.

천정형이 유효한 패턴이 되는 것이다. 확인 과정이 없으면 유효한 파이프 천정형이라 할 수 없다.

파이프 천정형을 찾으려면 다음의 방법을 따라야 한다.

■주간 차트를 활용한다. 일간 차트보다 파이프 천정형을 찾아내기가 더 쉽기 때문이다.

■고점에서 붙어 있는 스파이크 2개를 찾아라. 전년도에 형성된 대부분의 스파이크보다 길어야 하며, 다른 곳에 비해 불쑥 튀어나와 있어야 한다.

■2개의 스파이크는 상당 부분 겹쳐 있어야 한다.

248

- 2개의 스파이크에서 위쪽 끝을 비교했을 때 생기는 가격 차이는 보통 크지 않다. 하지만 1달러까지 차이가 날 수 있고, 고가의 주식에서는 더 큰 차이가 날 수도 있다. 중앙값은 13센트이고, 평균은 21센트다.
- 거래량을 따지자면, 62%의 경우 오른쪽 스파이크가 왼쪽 스파이크보다 적다.
- 종가가 스파이크 2개의 저점보다 낮을 때 유효한 패턴으로 확인된다.

거래에 유용한 불코우스키의 조언

경험 많은 거래자들에게는 공매도 거래도 괜찮지만 대부분의 투자자들에게는 위험성이 있다 할 것이다. 어쨌든 파이프 천정형은 주가 하락이 다가왔다는 신호다. 아래의 통계수치들은 당신이 파이프 천정형이 유효한 패턴으로 확인된 뒤 가지고 있던 주식을 처분해야 할지 말아야 할지 결정하는 데 도움을 줄 것이다.

- 41%의 경우 상향 후퇴가 일어난다.
- 상향 후퇴가 일어나면 이탈 후 낙폭이 작아진다. 평균 16%이고, 상향 후퇴가 없으면 이탈 후 평균 낙폭이 22%다. 아래쪽에 지지영역이 있다면 거기서 반전하기 쉽다. 주가가 지지영역으로 떨어질 때까지 당신은 손실을 감수하겠는가? 만약 주가가 더 떨어진다면 어떻게 하겠는가?
- 높이를 이탈 가격으로 나눴을 때 그 값이 중앙값인 10.23%보다 큰 패턴은 그보다 작은 패턴보다 이탈 후 낙폭이 크다(평균 23% 대 17%). 패턴의 높이는 2주 동안 형성된 패턴에서 제일 높은 스파이크와 제일 낮은 스파이크 사이의 거리다.
- 연중 거래 범위 중 최저 3분의 1 범위 내에 있는 파이프형의 낙폭이 가장 크다(22%). 중간과 맨 위에 있는 경우는 19%다.
- 스파이크가 긴 패턴은 스파이크가 짧은 패턴보다 이탈 후 낙폭이 크다. 이 때문에 스파이크가 예외적으로 긴 패턴을 찾아야 하는 것이다.
- 왼쪽 스파이크가 더 낮은 패턴이 오른쪽 스파이크가 더 낮은 패턴보다 이

탈 후 낙폭이 크다(평균 낙폭은 각각 21%와 18%다. 둘의 높이가 같은 경우는 20%다).

가격 목표점 결정

파이프 천정형의 가격 목표점을 결정하려면 패턴의 고가(두 스파이크에서 가장 높은 가격)에서 저가(두 스파이크에서 가장 낮은 가격)를 뺀 다음 그 값을 저가에서 빼주면 된다. 이 방법은 상승장에서 70% 맞는다.

예컨대 그림 7.17의 위쪽에 있는 삽입그림의 파이프 천정형은 고가가 10이고 저가가 9다. 따라서 둘의 차이인 1이 높이가 된다. 9에서 1을 빼면 가격 목표점은 8이다.

사례에서 배우기

제이크가 시가를 입에 물고 있었다. 그는 화면에 나타난 2000년 2월의 파이프 천정형에 너무나 몰두해 있었기 때문에 시가를 물고 있는 것도 잊어버렸다. 담뱃재와 불똥이 떨어지면서 그의 사무용 의자에 구멍이 났다. 그림 7.17이 그가 보고 있던 차트다.

파이프 천정형은 교회의 첨탑처럼 보인다. 하지만 제이크는 그것이 천상으로 가는 길을 가리키는 게 아님을 잘 알고 있었다. 일주일 뒤 저가가 낮아졌을 때 그는 평균가 14.61로 공매도를 했다. 그는 의자에 등을 기대고 앉아 시가를 뻐끔거렸다. 가파른 경사를 올라가는 기관차처럼 연기를 한가득 뿜어대면서.

그는 주가가 수평 밀집 구간(선 A로 표시된)으로 나타나는 지지영역까지 떨어질 수 있다고 판단했다. 나아가 주가가 B로 다시 주저앉을 가능성이 컸다. 왜 그런가? "주가가 너무 급작스럽게 상승했고 안정을 이루지 못했죠. 1999년 4월로 돌아가보면 다이아몬드 바닥형에서 주가가 급등했잖아요? 주가는 5주 동안 10에서 14로 상승했지만 그 뒤 곧바로 상승분을 몽땅 까먹었죠. 나는 앞으로 똑같은 일이 벌어질 거라고 생각해요."

바이오-래드 연구소 (의료 장비, 아메리카 증권거래소, BIO)

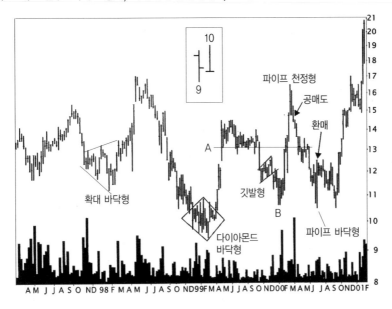

그림 7.17 파이프 천정형을 거래하면 큰 수익을 낼 수 있다.

　그의 바람은 그러했지만 일이 그렇게 잘 풀려나가는 것처럼 보이지는 않았
다. 주가가 A 지점에 이르자 머뭇거리기 시작했다. 그런데도 그는 태평했다.
그는 회사의 펀더멘털과 최근 소식을 다시 체크해보고는 자신이 발견한 사실
에 충분히 만족했다. 하지만 손실제한주문 가격을 현재 거래가에 바짝 붙여
살며시 변경해놓은 것을 봤다.
　주가는 계속 낮아졌다. 그리하여 B 지점에 도달했을 때 그는 환매를 시작
하여 10.75의 평균가에 포지션의 절반을 처분했다. 나머지 절반의 포지션은
가지고 있기로 했다. 다음 주는 주가가 더 낮아지기는 했지만, 그는 불안을
느꼈다. 주가가 1포인트, 거의 10% 상승하자 그는 평균가 12.40에 나머지
포지션을 모두 처분했다.

상승 삼각형과 대칭 삼각형 ascending and symmetrical triangles

거래 기록을 체크하다가 대칭 삼각형 뒤에 하락 삼각형이 나온 경우 대부분의 거래에서 성공을 거뒀다는 사실을 발견했다. 하지만 상승 삼각형 거래는 결과가 좋지 않았다. 운이란 게 때에 따라 다를 터이므로 시간이 가다 보면 좋은 결과를 얻을 수 있잖을까 생각한다. 나는 현재 2개의 상승 삼각형을 거래하고 있다. 둘 다 매수한 다음날부터 수익을 내고 있고 그래서 기대에 차 있다(둘 다 단시간에 큰 이익을 내고 있다!).

패턴의 특징과 확인 과정

그림 7.18은 2개의 대칭 삼각형과 1개의 상승 삼각형을 보여준다. 대칭 삼각형에는 수렴하는 2개의 추세선이 주가의 움직임을 한정하고 있다. 이탈 방향은 이탈이 일어나기 전까지는 알 수 없다. 상승 삼각형은 위쪽 추세선이 수평이지만 아래쪽 추세선은 상향이다. 상향 이탈을 예측하겠지만 그림에서처럼 하향 이탈이 일어날 수도 있다. 이탈 방향은 알 수 없기 때문에 실제 발생할 때까지 기다리는 게 중요하다.

삼각형 패턴을 확인할 때 핵심적인 사항은 천정이나 바닥을 따라 이어진 직선을 찾는 것이다. 당신은 주가 차트를 보고 원하는 대로, 판단에 따라 이런 직선들을 그릴 수 있다. 그런 다음에는 곡선으로 나타나는 주가의 흐름을 살펴보라. 이 직선과 곡선 사이에 당신이 찾아야 할 모든 것이 있다. 삼각형은 거대한 호수 위에 떠 있는 뭉게구름 같은 것이다.

삼각형은 사실 자주 나타나는 차트 패턴인데 어쨌든 아래에서 확인 방법을 알려주도록 하겠다.

상승 삼각형은 이렇게 찾는다.
- 비슷한 가격에 위치한 고점들을 찾아라(수평 천정).

알버말 (화학, 뉴욕 증권거래소, ALB)

그림 7.18 2개의 대칭 삼각형이 생기고 곧 커다란 상승 삼각형이 나타났다.

- 저점이 점점 더 높아지는 주가 흐름 형태를 찾아라. 저점끼리 이으면 추세선이 상향이어야 한다.
- 주가는 적어도 두 차례 각 추세선과 만나야 한다(네 번의 추세 반전).
- 주가가 패턴을 위아래로 왕복하여 패턴에는 빈 공간이 거의 없어야 한다.
- 2개의 추세선은 삼각형의 꼭짓점에 수렴해야 한다.
- 패턴의 시작점부터 이탈 전날까지 거래량은 77%의 경우 감소세에 있다.
- 종가가 추세선의 경계를 벗어났을 때 이탈이 일어난다. 70%의 경우 상향이탈이 일어난다.

대칭 삼각형은 이렇게 찾는다.

■ 수렴하는 주가 추세를 찾아라. 바닥은 높아지고 천정은 낮아지는 형태다.

■ 천정끼리, 바닥끼리 2개의 수렴하는 추세선을 그리면, 두 추세선은 삼각형의 꼭짓점에서 만난다.

■ 주가는 적어도 두 차례 각 추세선과 만나야 한다(네 번의 추세 반전).

■ 주가가 패턴을 위아래로 왕복하여 패턴에는 빈 공간이 거의 없어야 한다.

■ 패턴의 시작점부터 이탈 전날까지 거래량은 86%의 경우 감소세에 있다.

■ 종가가 추세선의 경계를 벗어났을 때 이탈이 일어난다. 54%의 경우 상향 이탈이 일어난다.

거래에 유용한 불코우스키의 조언

대칭 삼각형은 상승 추세의 시작 부분에서 형성되면 큰 폭의 주가 움직임을 예상할 수 있다. 이것은 원래 서로 다른 두 곳의 출처로부터 얻은 정보인데, 나는 이 정보가 믿을 만한지 직접 차트에서 조사를 해보기로 했다. 그 결과 주간 차트에서 보면 이 정보가 믿을 만한 것임을 쉽게 확인할 수 있었다. 대칭 삼각형은 시작점이 아니라 추세 중간에 나타날 경우 거래 실패 확률이 높다. 여기서 추세는 주간 차트에 나타나는 장기 주가 추세를 말하는 것이다.

상승 삼각형에 관해 알아야 할 추가적인 사항이다.

■ 57%의 경우 하향 후퇴가 일어나고, 49%의 경우 상향 후퇴가 일어난다.

■ 거래를 하기 전에 늘 지지선과 저항선을 체크해야 한다. 거기서 상향 후퇴나 하향 후퇴가 일어나기 쉽기 때문이다. 상향 후퇴가 일어나면 이탈 후 낙폭은 평균 17%로 감소한다. 상향 후퇴가 없는 경우는 평균 20%다. 하향 후퇴의 경우는 그 차이가 더욱 벌어진다. 하향 후퇴가 일어나는 경우 이탈 후 평균 주가 상승폭은 31%이며, 하향 후퇴가 없는 경우는 41%다. 위쪽에 저항선이 있거나 아래쪽에 지지선이 있다면 주가는 거기서 반전하기 쉽

고, 당신은 손실을 볼 수 있다.

- 큰 패턴이 작은 패턴보다 성취율이 높다. 패턴 높이를 이탈 가격으로 나눴을 때 그 값이 중앙값인 10.13%(상향 이탈 시) 혹은 12.02%(하향 이탈 시)보다 높으면 큰 패턴이다. 예컨대 큰 패턴은 이탈 후 평균 주가 상승폭이 44%이고, 작은 패턴은 30%다.
- 주가의 장기 상승 뒤에 패턴이 출현한 경우 이탈 후 평균 주가 상승폭은 37%다. 주가의 단기 상승 뒤에 패턴이 출현한 경우는 이탈 후 평균 주가 상승폭이 41%다.

대칭 삼각형에 관해 참고할 만한 사항은 아래와 같다.

- 54%의 경우 하향 후퇴가 일어나고 59%의 경우 상향 후퇴가 일어난다.
- 상향 후퇴가 일어나면 이탈 후 낙폭은 평균 15%로 감소한다. 상향 후퇴가 없는 경우는 평균 21%다. 상향 이탈의 경우 하향 후퇴가 일어나면 이탈 후 평균 주가 상승폭은 25%이고, 하향 후퇴가 없으면 38%다.
- 큰 패턴이 작은 패턴보다 성취율이 높다. 패턴 높이를 이탈 가격으로 나눴을 때 그 값이 중앙값인 14.48%(상향 이탈 시) 혹은 14.50%(하향 이탈 시)보다 높으면 큰 패턴이다. 큰 패턴은 이탈 후 평균 주가 상승폭이 38%이고, 작은 패턴은 26%다.
- 이탈일의 거래량이 30일 평균 거래량보다 많은 패턴은 이탈 후 주가 움직임이 더 크다. 예컨대 대칭 삼각형의 경우 이탈일의 거래량이 30일 평균 거래량보다 많으면 이탈 후 평균 주가 상승폭이 35%다. 적은 경우는 그 값은 24%로 줄어든다.
- 크고, 좁은 패턴이 성취율이 가장 높다. 큰 패턴과 작은 패턴을 구분하는 데는 이미 설명한 높이의 중앙값을 이용한다. 좁은 패턴은 폭이 중앙값인 42일(상향 이탈) 혹은 39일(하향 이탈)보다 짧을 때를 말한다. 크고, 좁은 대칭 삼각형에서 상향 이탈이 일어나면 이탈 후 평균 주가 상승폭은 41%

다. 이와 대조적으로 작고, 넓은 삼각형에서 상향 이탈이 일어나면 평균 상승폭은 단 25%에 그친다.

- 대칭 삼각형의 경우 연중 주가 범위의 아래쪽 3분의 1에서 이탈이 일어날 경우, 다른 연중 거래 범위에서 이탈이 일어날 때보다 상승폭이 더 크다. 연중 최고가 근처에서 이탈이 일어나는 경우 주가 상승폭이 가장 작다. 추세 시작점에 있는 대칭 삼각형을 찾아야 하는 것도 이런 이유 때문이다.

가격 목표점 결정

방법은 지금까지 우리가 봐왔던 것과 똑같다. 하지만 이외에 조금 다른 계산 방법도 있다. 우선 통상적인 방법을 보기로 하자. 그림 7.19의 삽입그림을 보라. 2004년 8월에 형성된 대칭 삼각형을 그대로 옮긴 것이다. 가격 목표점은 F에서 G까지 패턴 높이를 잰 다음 그 값을 H의 이탈 가격(이탈일에 추세선과 주가가 교차하는 지점)에 더하거나 빼서 구할 수 있다.

상승 삼각형에서는 패턴 높이가 패턴의 가장 낮은 저점과 수평 추세선 사이의 거리다. 상향 이탈의 경우 이 값을 이탈 가격에 더하고, 하향 이탈의 경우는 뺀다.

가격 목표점을 결정하는 또 다른 방법은 패턴의 시작점에서 상향 추세선(상향 이탈 시) 또는 하향 추세선(하향 이탈 시)을 따라 평행선을 긋는 것이다. 삽입그림을 보면 F에서 시작하여 직선 GH에 평행하게 직선(FD)이 그려져 있는 것을 볼 수 있다. 주가가 삼각형을 이탈하는 지점에서 위쪽으로 가상의 수직선을 그으면 연장한 직선 FD와 만나는 점이 생긴다. 바로 여기가 가격 목표점이 된다.

만약 하향 이탈이 일어난다면 G에서 시작하여 직선 FH에 평행한 직선을 그려 판단한다(그림에는 나와 있지 않다). 상향 이탈의 경우와 마찬가지로 주가가 대칭 삼각형을 이탈할 때 이 직선과 교차하는 점이 가격 목표점이 된다. 이 계산법은 상승 삼각형이나 하락 삼각형이나 모두 잘 맞는다.

퀘스타 (천연가스, 뉴욕 증권거래소, STR)

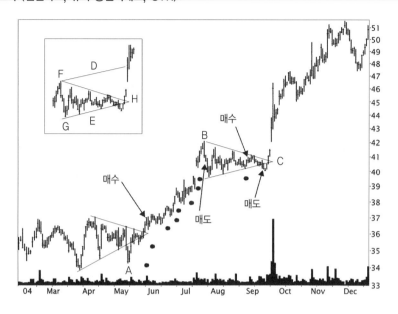

그림 7.19 2개의 대칭 삼각형이 거래 기회를 만들어줬다. 검은 점들은 손실제한주문을 해둔 가격점들이다.

이상의 두 가지 방법을 모두 활용하여 가격 목표점을 결정하려면, (주가가 반전하기 쉬운) 지지선 또는 저항선에 가장 가깝거나 패턴에 가장 가까운 가격 목표점을 선택해야 한다. 가격 목표점을 보수적으로 잡아서 손해 볼 일은 없다.

상승 삼각형의 경우 통상적인 방법은 상향 이탈 시 성공률이 75%이고, 하향 이탈 시 성공률은 68%다. 대칭 삼각형의 경우 상향 이탈 시 66%의 경우 가격 목표점에 도달하고 하향 이탈 시는 48%의 경우 가격 목표점에 도달한다. 이런 통계수치들은 모두 80% 이하이므로, 가격 목표점을 결정하는 데 신중을 기할 것을 권한다.

사례에서 배우기

제이크는 입이 귀에 걸리도록 미소를 짓고 있었다. 의기양양한 태도였다. "퀘스타를 보고 있군요. 나도 삼각형 보고 두 차례 퀘스타 주식을 거래했는데, 얘기해줄까요?"

그림 7.19는 2개의 대칭 삼각형을 보여준다. 둘 다 하향 이탈이 일어났지만 예외형 패턴이다.

"예외형 패턴은 사실 아주 좋은 기회죠. 왜냐하면 모든 사람들이 돈을 잃을까 봐 걱정이 이만저만 아니거든요. 이런 때는 시장에 들어가기가 수월하죠." 제이크가 말했다. "이탈이 일어나고 나서 이틀 뒤에 첫 번째로 주식을 매수했죠."

그는 36.85에 400주를 매입했다. 그런 다음 34.19에 손실제한주문을 해뒀다. 5월 초 하향 이탈 때 주가가 하락을 멈춘 저점 바로 아래다. 삼각형의 꼭짓점이 지지영역이지만 그는 만일의 경우를 생각하여 손실제한주문 가격을 훨씬 더 아래로 잡았다.

차트의 검은 점들에서 보듯이 주가가 오르자 그는 손실제한주문 가격을 따라 올렸다. 점들이 그가 손실제한주문을 해둔 가격과 일자를 알려주고 있다. 보다시피 검은 점들은 주가가 기록해간 고가에 충실히 대응하고 있다. 주가가 새로운 고가를 기록하면 손실제한주문 가격을 올려야 한다는 얘기다.

"주가가 가파르게 상승하기 시작하면서 손실제한주문 가격을 40.75로 바짝 붙여놓았죠. 갑작스런 주가 급등은 오래갈 수 없는 법이잖아요. 그리고 실제로 다음날 손실제한주문에 걸렸어요."

그가 염두에 둔 가격 목표점은 39.26이었다. 이탈 가격에 삼각형의 높이를 더한 값이다. 따져보자면 그는 예상보다 더 큰 수익을 낸 셈이었다. "1,500달러, 10% 이상 이익을 낸 거죠."

"하지만 두 번째 거래 때는 영락없이 털리고 말았어요." 그는 40.91에 400

주를 샀다. 그는 대칭 삼각형이 상향 이탈하리라 예상했다. 그가 주문을 냈을 때 S&P500이 하락세였음에도 불구하고 퀘스타의 주가는 더 높아졌다. 이로써 상승 동력을 확인할 수 있었지만, 천연가스 가격이 하락세였다. "가스 관련 회사에게는 안 좋은 소식이죠." 그가 말하며 미소를 지었다. 그러다가 코를 킁킁거리더니 마치 악취라도 맡은 듯 코를 찡그렸다.

그는 주가가 조정 상승형을 만들면서 48에 도달할 것이라고 판단했다(A의 34.26과 B의 42.06은 차이가 7.8이다. 이 값을 삼각형의 꼭짓점인 C의 40.50에 더한 후 반올림한 것이다). 그리고 40이 지지선이 되어 손실을 최소한으로 막아줄 것이라 생각했다. 하지만 주간 차트에서 보자면 하향 이탈이 일어날 경우 주가는 36의 밀집 구간으로 되돌아갈 수도 있었다. 4~5월에 대칭 삼각형이 형성됐던 지점이다.

주식을 매수한 뒤 그는 손실 목표를 3.6%로 잡고 39.43에 손실제한주문을 해뒀다. 그가 39.43을 택한 것은 이 가격이 삼각형의 아래인 동시에 39.50의 어림수 아래이기도 하기 때문이었다(아마 보통 사람들은 50센트 단위로 주문을 넣을 것이다).

"종가가 대칭 삼각형의 아래쪽 범위를 벗어났을 때 매수를 해야겠다고 생각했죠. 같은 산업 부문의 다른 주식들은 주가가 치솟고 있었는데도 퀘스타 주식은 횡보세를 보였어요. 그래요. 그렇게 주가가 오른 뒤에는 밀집 구간을 예상할 수 있죠. 하지만 어쨌든 주가가 내 예상대로 움직이지 않은 거라고요." 그는 2%, 300달러의 손실을 보고 주식을 40.20에 팔았다.

차트 패턴이 예상대로 움직이지 않는 것은 언제나 주식을 처분하는 충분한 이유가 된다. 주가가 36이나 그 이하로 떨어진다고 상상해보라. 주가가 어떻게 됐는지는 당신이 차트를 보고 확인할 수 있을 것이다. 주가는 하루 뒤 바닥을 찍고 대칭 삼각형의 위쪽 추세선을 뚫은 뒤 계속하여 상승했다. 그럼에도 불구하고 주가 움직임이 예상을 벗어나는 순간 제이크가 손절매를 시도한 것은 잘한 일이라 생각한다.

삼중 천정형 triple tops

많은 사람들이 삼중 천정형을 알고 있지만 이 패턴을 실제로 발견하는 사람은 거의 없다. 왜냐하면 매우 드문 패턴인데다 대개 하락장에서 나타나기 때문이다. 주가가 똑같은 가격에서 두 번째로 천정을 형성하는 일은 흔히 일어나지만, 세 번째 천정도 똑같은 가격에서 형성되는 것은 흔히 일어나는 일이 아니다. 세 번째 천정은 위쪽의 저항선이 강력하다는 것을 보여주며, 수익을 낼 수 있는 기회나 아니면 스마트 머니가 당신에게 손해를 입히기 전에 시장에서 빠져나올 수 있는 기회를 제공해준다.

패턴의 특징과 확인 과정

그림 7.20은 천정 1, 2, 3으로 이뤄진 삼중 천정형을 보여준다. 패턴의 가장 낮은 바닥으로부터 그어놓은 확인선을 유심히 보라. 종가가 확인선 아래로 내려가면 이 3개의 천정으로 이뤄진 패턴은 유효한 삼중 천정형으로 확인된다. 그것은 주가가 마치 폭포 아래로 떨어지는 뗏목처럼 폭락할 것임을 예상할 수 있다는 뜻이다. 유효한 패턴으로 확인되지 않을 경우에는 삼중 천정형이 아니며, 그냥 주가 흐름이 좀더 요란한 것뿐이라 할 수도 있겠다.

　삼중 천정형은 드물다. 따라서 자주 볼 것이라고 기대해서는 안 된다. 당신이 거래할 때에 두 차례의 천정이 같은 가격에서 만들어지고 주가가 세 번째로 천정을 형성하려고 한다 해도 삼중 천정형이 생겨날 것이라고 예상하지 않는 게 좋다. 주가가 계속 상승하여 이전 고점을 돌파하거나 아니면 다른 2개 천정의 가격에 도달하기 전에 반락할 가능성이 훨씬 높다.

　나는 삼중 천정형을 어떻게 예측할까 오랫동안 고민해왔다. 삼중 천정형을 발견하려면 무엇을 찾아야 하는가? 다음의 지침을 따르라.

　■3개의 천정을 찾되 모두 서로 분리되고 뚜렷하게 드러나는 천정이어야 한

그림 7.20 삼중 천정형(천정 1, 2, 3)이 주가 하락 바로 전에 나타났다. 종가가 확인선 아래로 내려갈 때에야 비로소 3개의 천정으로 이뤄진 패턴은 유효한 삼중 천정형이 된다.

다. 모양은 대개 날카로운 역 V자형이거나 아니면 하루 동안의 스파이크로 이뤄져 있다.

■ 3개의 천정은 모두 비슷한 가격을 찍어야 한다. 종종 가운데 천정은 다른 2개의 천정보다 약간 아래쪽으로 처져 있기도 한다.

■ 거래량은 59%의 경우 감소세다. 하지만 보통 천정 부근에서는 거래량이 많다. 대개 첫 번째 천정에서 거래량이 가장 많다.

■ 종가가 패턴의 가장 낮은 바닥보다 아래로 내려갔을 때 유효한 삼중 천정형으로 확인된다.

■ 삼중 천정형은 상승장보다는 하락장에서 더 많이 생겨난다.

그림 7.20의 천정 4, 5, 6은 삼중 천정형인가? 그렇다. 3개의 천정은 고유한 천정형을 형성하고 있다. 이 천정형을 밀집 패턴의 일부라 할 수는 없다 (천정 5가 의심스럽게 보이기는 하지만). 이 세 천정은 똑같은 가격을 찍지는 않았지만 가격이 매우 근접해 있다. 가운데 천정이 다른 2개의 천정보다 1.7% 아래에 있을 뿐이다. 거래량은 감소세인데 첫 번째 천정에서 가장 많다. 마지막으로 종가가 패턴의 가장 낮은 바닥(A) 아래로 내려가면서 유효한 패턴임이 확인됐다.

이따금 삼중 천정형은 하락 직각 확대형이기도 하다. 패턴의 바닥, 특히 왼쪽 패턴의 바닥을 보라. 만약 패턴에서 바닥을 연결하는 하향 추세선을 그릴 수 있다면, 그 패턴은 확대형이 된다. 이 패턴을 거래하려면 부분 상승이나 부분 하락을 찾아야 할 것이다.

거래에 유용한 불코우스키의 조언

삼중 천정형에 있는 2개의 바닥을 이어 상향 추세선을 그릴 수 있다면 이 추세선을 매도 신호로 활용하라(종가가 이 추세선 밑으로 내려갈 때). 그러면 확인 과정을 기다리지 않고(종가가 그림 7.21의 B 아래로 내려가기를 기다리지 않고) 훨씬 더 빨리 거래를 끝낼 수 있을 것이다.

또 다른 조언은 천정 2와 3에 관한 것이다. 그림 7.21에서와 같이 천정 3이 가운데 있는 천정 2보다 아래에 있으면, 하락이 더 클 것으로 예상해야 한다. 천정이 더 낮아졌다는 것은 주가의 상승 기반이 약하다는 뜻이다. 주가가 새로운 고가를 시도하다가 실패했기 때문이다.

삼중 천정형은 실패율이 높다. 10%의 경우는 이탈 뒤 최소 5%도 하락하지 않는다. 주가가 얼마나 떨어질지 예측하려면 아래쪽에 지지선이 어디 있는지 찾아라.

주가가 지지영역까지 내려갔다가 반등한다면, 당신은 이만한 손실을 감수할 수 있겠는가? 만약 주가가 거기서 더 떨어져 그 다음의 지지영역까지 내려

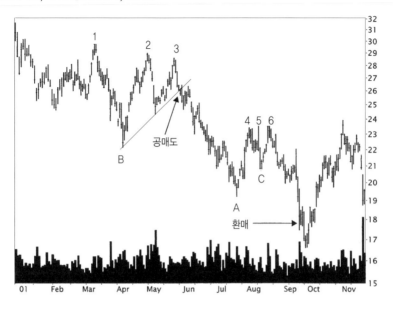

그림 7.21 앞의 그림과 비슷하게 2개의 삼중 천정형이 나타났다. 다른 주식이지만 같은 산업 부문이다.

간다면 어떻게 하겠는가?

　주가가 삼중 천정형을 만들면서 얼마만큼 올랐는지 측정하고 38~62%의 피보나치 되돌림이 일어나지 않았는지 따져보라. 주가는 종종 이 정도로 떨어졌다가 원래 수준을 회복한 다음 새로운 고가를 기록해가곤 한다. 시장 전체와 해당 산업 부문이 함께 오르고 있고 당신이 주식을 오랫동안 보유하고 있을 때(아니면 세금 문제 때문에 주식을 장기간 보유하고 싶어할 때)는 계속 가지고 있는 것도 괜찮다. 그렇지 않다면 종가가 확인선(상향 추세선이든 가장 낮은 바닥이든) 아래로 내려가거든 즉시 매도해야 한다.

　마지막으로 신속한 주가 상승(중앙값인 하루 10센트의 속도를 넘을 경우)

뒤에 삼중 천정형이 형성되면, 주가 상승 속도가 낮은 경우보다 이탈 후 낙폭이 더 크다. 나는 추세 시작점에서 패턴 최고점까지 주가 속도를 측정하는데, 부록의 용어 사전에서 추세 시작점을 찾는 방법을 확인하기 바란다. 주간 차트를 보면 이런 점들이 잘 드러난다. 주가가 미끄러지듯 거의 수평에 가까운 움직임을 보이다가 삼중 천정형을 형성하면, 하향 이탈이 일어나더라도 신속하게 반등하기 쉽다.

아래는 추가적인 참고 사항들이다.

- 61%의 경우 상향 후퇴가 일어난다.
- 상향 후퇴가 일어나면 이탈 후 낙폭이 감소한다. 평균 18%이고, 상향 후퇴가 없으면 평균 21%다. 거래를 하기 전에 아래쪽에 지지선이 있는지 꼭 살펴봐야 한다.
- 패턴이 연중 거래 범위의 위쪽 3분의 1 내에서 형성되는 경우 낙폭이 가장 크다(평균 21%). 중간은 평균 19%, 아래쪽은 18%다.
- 3개의 천정 사이에서 거래량이 증가세에 있으면 이탈 후 낙폭이 크다. 평균 21%이며, 거래량이 감소세인 경우는 평균 18%다.
- 크고, 좁은 패턴이 다른 형태의 패턴들보다 이탈 후 낙폭이 크다. 평균 23%다. 높이는 패턴의 최고점과 최저점 사이의 거리를 최저점의 가격으로 나누어서 구한다. 그 값이 (상승장의 경우) 중앙값인 19.44%를 넘으면 큰 패턴이라 할 수 있다. 패턴의 진행 기간이 중앙값인 75일보다 짧으면 좁은 패턴이다. 작고, 넓은 패턴은 거래를 피하라. 이런 패턴은 이탈 후 평균 낙폭이 17%에 불과하다.
- 삼중 천정형의 4분의 1은 이탈 후 첫 주에 최저점에 도달한다. 3분의 1은 2주가 안 되어 바닥에 도달한다.

가격 목표점 결정

계산법에 따라 가격 목표점을 찾아보자. 가격 목표점은 이탈 가격에서 패턴

의 높이를 뺀다. 높이는 패턴의 최고점에서 최저점을 뺀 값
이다. 이탈 가격은 통상적으로 그림 7.21에서처럼 추세선
과 교차할 때의 가격을 기준으로 한다.

예컨대 그림 7.21에서 삼중 천정형 4, 5, 6의 가격 목표
점을 구하자면, 천정 6의 가격에서 C를 뺀 값을 구한 다음
C에서 이 값을 빼야 한다. 그러면 가격 목표점은 18이다.
상승장에서 주가는 겨우 40%의 경우에만 가격 목표점에

최저점(ultimate low)

나는 이탈이 일어나고 나서 주가
가 20% 이상 올라가기 전의 가
장 낮은 저점을 최저점으로 본다.
종가가 패턴의 고가보다 높아지
면 나는 더 이상 주가를 추적하
지 않는다. 누구든 이 가격에 손
실제한주문을 해뒀으리라 가정하
기 때문이다.

도달한다. 따라서 가격 목표점을 예상보다 줄여 잡아야 한다. 이탈 가격과 가
격 목표점 사이에 지지선이 있으면 주가가 거기서 멈출 것이라고 예상해야 한
다. 그렇지 않을 수도 있지만 어쨌든 그것이 주식을 거래하는 방법이다.

또 달러를 %로 바꾸어 낙폭을 측정해보라. 그림 7.21에서 주가는 이탈 가
격 아래로 2.79, 즉 13.5% 떨어질 것으로 예상된다. 이것은 충분히 가능한 일
처럼 보인다. 낙폭을 상대적으로 작게 잡았기 때문이다. 하지만 만약 낙폭을
30%나 40% 정도로 기대한다면 그다지 가망은 없어 보인다.

사례에서 배우기

그림 7.21의 차트는 그림 7.20의 차트와 비슷하다. 이 둘은 같은 산업 부문
의 다른 주식인데 같은 기간 동안 비슷한 주가 움직임을 보여준다.

"이번에는 평소처럼 패턴 확인 과정을 기다리지 않고 추세선 이탈 때 공매
도 거래를 했어요." 제이크가 패턴의 최저점인 B를 가리키며 말했다.

그는 왜 공매도 거래를 했을까? "S&P500 지수를 체크해봤는데, 2000년 9
월 하락을 시작했더군요. 11월의 저점과 고점에서 시작되는 추세선을 그리니
까 하락 확대형이 만들어졌어요." 아래로 내려뜨린 확성기 모양을 생각해보
라. "주가 패턴이 완벽하지는 않았어요. 하지만 주가가 5월에 위쪽 추세선에
닿고 다시 고개를 수그리며 하락을 시작했을 때 나는 이제 더 이상 주가 상승
은 없다고 결론을 내렸죠. 이때의 하락으로 삼중 천정형의 천정 3이 만들어진

거예요."

이 주식의 주가와 S&P500 지수 모두 계단형으로 하락하여, 9월 말 바닥을 형성했다. 제이크는 천정 3에서 A까지의 낙폭을 계산하여 천정 6에서 이 낙폭의 반값을 뺐다. 주가 움직임을 일종의 조정 하락형으로 보고 가격 목표점을 구한 것이다. 가격 목표점은 19 바로 밑이었다.

그런데 A에서 주가가 상승을 시작했는데 그전에 왜 환매를 하지 않았을까?

"3에서 A까지 급락한 뒤에는 대개 되돌림이 일어나죠. 나는 62%까지 상승 되돌림을 감수하겠다고 생각했어요. 그런데 주가는 겨우 반쯤 오르다가 삼중 천정형을 만들더라고요. 그래서 삼중 천정형을 보고 가격 목표점을 새로 결정했죠. 조정 하락형의 가격 목표점과도 일치하던걸요."

주가가 가격 목표점에 도달한 뒤 9월 중순 횡보세를 시작했을 때 그는 공매도한 주식을 되샀다. "22에서 18로 급락했기 때문에 반전이 일어나 주가가 22로 되돌아갈까 봐 염려되더군요. 그래서 거래를 끝냈던 거예요."

Chapter **08**

주가 변동성 높은 이벤트 패턴

08

이벤트 패턴은 자주 생겨나며, 어떤 것은 몇 달 만에 한 번씩 생겨나기도 한다. 당신도 많은 이벤트 패턴을 거래할 수 있지만 이벤트 패턴이 매우 위험하다는 것을 알아둬야 한다. 이벤트 패턴을 거래하여 수익을 내기 위해서는 상당한 기술이 요구된다. 나는 이 장에서 이벤트 패턴을 거래하는 기술 대부분을 다뤘다.

주가 변동성 높은 이벤트 패턴

나는 거의 10개에 달하는 이벤트 패턴을 발견했다. 이벤트 패턴은 자주 생겨나며, 어떤 것은 몇 달 만에 한 번씩 생겨나기도 한다. 당신도 많은 이벤트 패턴을 거래할 수 있지만 이벤트 패턴이 매우 위험하다는 것을 알아둬야 한다 (차트 패턴보다 실패율이 훨씬 높다). 이벤트 패턴을 거래하여 수익을 내기 위해서는 상당한 기술이 요구된다. 나는 이 장에서 이벤트 패턴을 거래하는 기술 대부분을 다뤘다.

데드 캣 바운스 dead-cat bounce

제이크는 마치 약이라도 먹은 것처럼 초점을 잃고 흐리멍텅한 눈으로 사무실에 들어왔다. "다시 관절염이라도 도진 건가요?" 나는 그가 무엇 때문에 괴로워하는지 몰랐지만 우선 아무렇게나 물어봤다.

"그걸 농담이라고 하는 거예요?"

나는 그가 말을 꺼낼 준비가 될 때까지 다시 원고에 고개를 파묻었다.

"머크 사가 시장에서 바이옥스(진통 소염제)를 회수하기로 했어요. 주가는 어제의 종가 45.07에서 대략 32까지 폭락했구요. 거의 1,000주나 가지고 있는데."

"죽은 고양이라 하더라도 아주 높은 곳에서 떨어지면 조금은 튀어오르는 법이죠."

"예? 그러면 내가 어떻게 해야 된다는 거죠?" 그가 나를 바라봤다. 그는 얼굴이 백짓장처럼 하얘졌고, 마치 물수건에서 마지막 한 방울의 물을 짜낼 때처럼 주먹을 꽉 쥐고 있었다. 얼굴에 근심의 주름살들이 자글자글했다. 뭐, 그다지 마음에 드는 모습은 아니었지만 어쨌든 나한테는 해결책이 있었다.

"반등할 때를 기다렸다가 천정을 형성하면 가지고 있던 주식을 모두 처분하고 공매도 거래를 하세요."

그의 얼굴에 다시 화색이 돌았고 입 꼬리가 올라갔다. 그는 의자에서 공처럼 튕겨 일어나 문을 향했다.

그림 8.1은 머크 사의 주식이 어떻게 됐는지 보여주고 있다. 이벤트 하락이 일어나 주가는 28% 하락한 다음 반등했다. 하지만 이틀 뒤 주가는 다시 하락했고 마침내 25.60에서 바닥을 기록했다. 합하면 낙폭이 무려 43%다.

주식을 오랫동안 거래하다 보면 언젠가 한 번쯤은 데드 캣 바운스 현상에 걸리기 마련이다. 나 같은 경우는 이런 경우가 세 차례 있었고, 모두 15,000달러의 손실을 입었다.

전형적인 데드 캣 바운스는 그림 8.1의 삽입그림에서 그 형태를 확인할 수 있다. 스마트 머니의 투자자들은 무엇인가가 잘못됐다는 것을 감지하고 A에서 투매를 시작한다. 머크 사의 경우는 주가가 6월에 고점을 기록했다가 9월에 사건이 일어났다. 스마트 머니는 이때 재빨리 시장에서 빠져나간다.

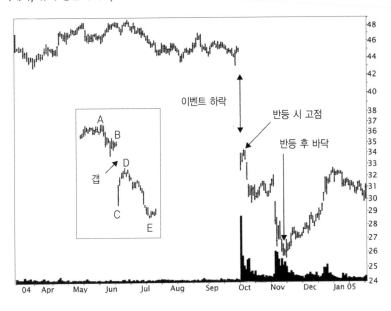

그림 8.1 주가는 회사가 바이옥스를 시장에서 회수하겠다고 발표하면서 하루 동안 28%나 떨어졌다. 주가는 며칠 뒤 소폭 상승한 뒤 하락세를 지속했다.

이벤트 하락이 일어나면 주가는 상당히 큰 폭으로 떨어진다. 그림에서 보듯 B에서 C까지나 된다. 그런 다음에는 증권회사들이 경쟁적으로 광고를 시작한다. "50달러도 좋은 가격인데 25달러면 완전 횡재죠." "대 바겐세일이에요! 1달러 하던 주식을 30센트에 살 수 있어요. 공격적으로 매수에 나서야 해요." 선전과 광고가 주가를 끌어올려 주가는 D로 반등한다. 스마트 머니의 투자자들은 이때 주식을 처분하고 공매도를 하기 시작한다.

회사가 주식을 되사들일 것이라고 발표하고 내부자들이 자신들은 미친 듯이 주식을 사들이고 있다고 말한다면, 주가가 회복될지도 모르지만 그런 일은 매우 드물다. 대부분의 경우 주가는 계속하여 떨어져 C의 이벤트 하락 가격보다 아래인 E까지 내려간다. 이런 사건이 실적과 관련되어 있으면 3개월 내에 또 한 차례 데드 캣 바운스가 일어날 가능성이 크다.

통계수치로 보는 데드 캣 바운스 현상

나는 데드 캣 바운스 현상을 폭넓게 조사했다(거의 700건). 내가 발견한 사실들을 말하자면 우선 이 패턴은 44%의 경우 연중 거래 범위의 가운데에서 일어난다. 이 패턴이 연중 고가의 3분의 1 범위 내에서 형성되는 것은 단지 25%의 경우에 해당될 뿐이다. 물론 스마트 머니의 거래자들이 주식을 팔면서 주가는 더 낮아진다.

이벤트 하락폭은 평균 31%지만 그 범위는 15%에서 75% 이상이다. 이벤트 하락폭은 사건 발표 전날의 종가에서 주가가 반등하기 전 기록한 저가까지를 측정한다. 폭락 다음날 46%의 경우 주가는 더 낮은 저가를 기록했다. 17%의 경우는 그 다음날 더 낮은 저가를 기록했고, 9%는 그 다음날에도, 3%는 그 다음날에도 더 낮은 저가를 기록했다. 74%의 경우 갭이 발생했다.

주가가 이벤트 하락으로 바닥을 치면 반등을 시작한다(C에서 D로). 이 단계에서 주가는 평균 28% 상승하고 그 기간은 평균 23일 소요된다. 22%의 경우는 반등이 충분하여 이벤트 하락 동안 생겨난 갭을 메운다.

그 다음에 다시 하락이 시작되어 주가는 반등 시 고점(D)에서 새로운 저점(E)으로 평균 30% 떨어진다. 평균하면 바닥을 치기까지 49일이 걸린다. 내가 조사한 바로, 모든 게 끝나면 이 패턴의 67%는 이벤트 하락 시의 저가(C)보다 18% 아래에서 바닥을 기록한다.

26%의 경우는 이런 최초의 급락 뒤 3개월 내에 또 다른 급락(최소 15%)이 일어난다. 6개월 내에 최소 15% 급락이 일어날 확률은 38%다. 주가가 회복되는 경우를 보자면, 38%의 경우는 3개월 내에 이벤트 하락갭이 메워진다. 6개월 내에 메워질 확률은 58%다.

거래에 유용한 불코우스키의 조언

만약 이 패턴에 걸릴 경우 최선은 반등을 기다렸다가 적절한 때 보유주식을 모두 처분하고 나오는 것이다. 상향 추세선을 그려보면 빠져나올 시기를 결정하기 쉽다. 주가가 상승하는 동안 형성된 바닥을 따라 추세선을 그린다. 종가가 이 추세선 밑으로 떨어지면 주식을 매도하라. 주가가 계속하여 하락할 가능성이 크기 때문이다. 게다가 3개월이나 6개월 안에 이 현상이 또 일어날 수도 있다.

공격적인 거래자들은 반등 때 주가가 고점(그림 8.1의 D)에 도달하면 공매도 거래를 한다. 그런 경우 주가는 E로 내려가면서 중간에 이벤트 하락 때의 저점(C)에 멈출 수 있으므로 유심히 지켜봐야 한다.

어떤 주식의 주가에서 투자하고 싶은 마음을 불러일으키는 매력적인 차트 패턴을 본다고 해도 이전 6개월 내에 데드 캣 바운스가 일어났다면 거래를 피해야 한다. 이 현상이 있었던 주식의 차트 패턴은 거래 실패율이 매우 높다.

사례에서 배우기

"내가 데드 캣 바운스를 어떻게 거래했는지 알려드리죠." 제이크가 그렇게 말하며 언젠가처럼 나를 일하고 있던 의자에서 밀어냈다. 그가 에어가스의 차트를 화면에 띄웠다(그림 8.2). "나는 역 머리어깨형에서 이탈이 일어난 후 15.49에 500주를 매수했어요." 가격 목표점 계산법에 따르면 주가는 그가 주식을 매수한 지점보다 별로 높지 않은 15.63까지 오를 것으로 예측됐다.

"예상 수익폭이 그 정도밖에 안 되는데 왜 굳이 거래한 거죠?"

그는 어깨를 으쓱해 보이더니 말했다. "그냥 저항선이 있는 18달러까지는 쉽게 올라갈 거라는 생각이 들더라고요. 또 6월의 고점인 21달러까지 도달할지도 모르겠다 싶었고. 운만 따른다면 27달러의 전고점도 지나쳐서, 그야말로 주가가 로켓처럼 하늘을 날 거라는 생각이 들었던 거예요."

"우와, 꿈이 크신데요?"

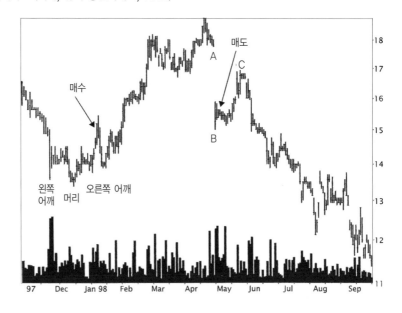

그림 8.2 제이크는 역 머리어깨형에서 상향 이탈이 일어난 후 주식을 매입하여 데드 캣 바운스 현상의
반등 초기에 주식을 처분했다.

"웃을 일이 아니에요. 정말로 내 생각이 맞았다니까요. 주가는 정말 18달
러를 넘어섰어요."

"여기서 무슨 일인가 일어난 것 같은데요?" 나는 화면에서 A를 가리켰다.

"실적 발표가 있었어요. 순식간에 15%나 급락했죠(A에서 B로). 나는 주
가가 반등하기를 기다렸어요. 그래서 반등하자마자 싹 팔아치웠죠. 근데 알
고 보니까 너무 빨리 판 거더라고요. 주가는 C까지 올라가서 거의 갭을 메워
버렸죠."

"돈은 좀 번 거예요?"

"네. 22달러요. 뭐, 별로 대단해 보이지는 않지만 결과가 더 나쁠 수도 있

밀라크론 (기계, 뉴욕 증권거래소, MZ)

예외형
하락 삼각형

이탈

그림 8.3 희소식이 발표되자 주가는 A와 F에서 급등했다. 하지만 주가 상승은 단기간에 그쳤다.

었던 거니까." 차트에서는 보이지 않지만 이후 주가는 거의 직선으로 7.88까지 폭락했다. 그 후 14로 반등했다가 제이크가 매도한 시점부터 약 2년 뒤인 2000년 6월에는 결국 4.63으로 주저앉았다.

역 데드 캣 바운스 inverted dead-cat bounce

회사가 예기치 않은 희소식을 발표하면 주가는 어떻게 될까? 때때로 주가는 하루 만에 5%, 10%, 20% 혹은 그 이상으로 급등한다. 하지만 그런 다음에는 하락이 따른다. 그림 8.3에서 2가지 예를 볼 수 있을 것이다. 첫 번째는 A인데, 이때 은행들이 외상매출금에 관련된 유동성 보강 장치를 확대한다는 소식이 들렸다. 나는 사실 그게 무슨 소리인지 모르지만, 어쨌든 시장은 그 소식을 환영했다. 주가는 26%나 상승하여 B에서 고점을 찍었다. 하지만 주가는 며칠 동안 수평적 움직임을 보이더니 C로 급락했다. 낙폭은 무려 39%였다.

F에서는 회사가 분기 판매 실적이 그전까지의 예상을 상회한다고 발표했다. 이 소식이 전해지자 주가는 전날의 종가보다 47%나 올라 D에서 천정을 쳤다. 그 뒤 다시 하락이 시작됐고 이번에는 결국 59%나 폭락했다.

나는 이런 현상, 즉 하루 이틀 동안 급등했다가 급락하는 현상을 역 데드 캣 바운스라고 이름 붙였다.

거래에 유용한 불코우스키의 조언

매매 결정이 비교적 쉬운 입장인 스윙 트레이더는 하루 동안 큰 폭의 주가 상승(5% 이상)이 일어났을 경우 매도를 생각해봐야 한다. 그러니까 어떤 소식이 알려져 주가가 뛰어오르면 그 다음날 팔아치울 생각을 해봐야 한다는 것이다. 내가 조사한, 거의 31,000번에 달하는 사례를 보면, 이런 일이 일어났을 때는 가지고 있던 주식을 처분하는 게 현명한 선택이었다. 왜냐하면 대개 좋은 소식이 알려진 다음날 주가가 천정을 치고, 그 뒤에는 반전이 일어나 상승분의 일부 또는 전부가 사라져버리기 때문이다.

그렇지만 그 외 투자자라면 그 시점에서 매수냐 매도냐를 선택하기가 그렇게 간단하지 않다. 왜냐하면 이따금 주가가 계속하여 상승세를 타기도 하기 때문이다. 주식시장 전체와 해당 산업 부문이 주가의 향방에 영향을 미치는 것 같다. 따라서 주식을 가지고 있을지 아니면 처분할지 결정할 때는 이런 변수들을 꼭 체크해봐야 한다. 주가가 수직 상승했지만 그 기간이 하루 이틀을 넘을 때는 주식을 보유하고 있는 편이 낫다. 추가적인 이익을 예고하는 깃발형이나 페넌트형을 형성할 가능성이 있기 때문이다.

깃발형이나 페넌트형이 만들어지면 이탈 방향을 보고 매매 결정을 하라.

아브제닉스 (제약, 나스닥, ABGX)

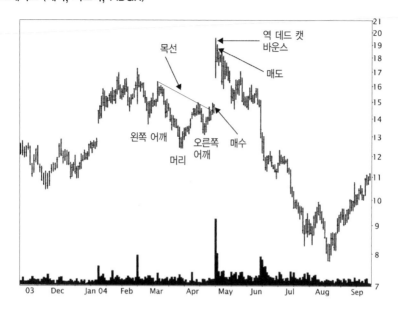

그림 8.4 나는 예기치 않은 주가 상승이 있기 전날 주식을 매수하여 다음날 처분했다.

이탈이 상향이면 주식을 갖고 있어야 한다. 반면 하향 이탈은 매도 신호다. 마지막으로 한마디 더 하자면, 이익을 내면 파산하는 법은 결코 없다.

사례에서 배우기 1

그림 8.4는 내가 역 데드 캣 바운스 현상을 활용하여 어떻게 거래했는지 보여준다. 원래는 『고전적인 차트 패턴을 거래하는 법』에서 설명한 적이 있지만, 나로서는 여기서 다시 이 거래에 관해 얘기하는 게 뿌듯하다. 나는 역 머리어깨형에서 이탈이 일어났을 때 주식을 매수하여 이틀 뒤 처분하고 25%의 수익을 올렸다. 다음은 자세한 내용이다.

주가가 연중 최고가 근처에서 거래되면서 나는 이 종목의 주가가 16이나 17로 다시 상승하여 이중 천정형이 형성되리라 예상했다. 운이 좋으면 더 위로도 올라갈 것 같았다. 역 머리어깨형이 만들어지는 것을 봤을 때 나는 거래를 하기로 결심했다. 종가가 하향 목선을 넘어서면서 매수 신호가 나타났다. 나는 14.68의 평균가에 1,000주를 샀다. 손실제한주문은 13 바로 아래, 오른쪽 어깨의 저가보다 약간 아래인 12.94에 해뒀다.

『고전적인 차트 패턴을 거래하는 법』을 보면 알겠지만, 머리어깨형의 스코어는 +3이다. 나는 보통 스코어가 음수인 차트 패턴은 거래하지 않는다. 스코어가 양수이므로 주가가 스코어 시스템으로 예측한 18.59의 목표가에 도달할 가능성이 컸다. 이 목표가는 29.03%의 상승 중앙값을 이탈 가격에 더해서 구한 것이다.

내가 주식을 산 다음날 주가는 20%나 상승했다. 하지만 나는 아직까지도 왜 그때 주가가 그렇게 크게 올랐는지 이유를 모른다. 이틀 만에 커다란 수익을 올리자 벌어들인 것을 다시 모두 토해내야 하는 일이 없도록 조심해야겠다 싶었다. 그래서 상황을 검토한 뒤에 주식을 처분하기로 마음먹었다. 주식은 18.308에 매도됐으며 나는 3일간의 거래로 25%, 즉 3,600달러의 수익을 올렸다. 그리고 이날 회사가 실적을 발표했다.

다음날 무슨 일이 일어났는지 생각하면 지금도 가슴이 철렁 내려앉는 것 같다. 그림 8.4를 보라. 주가는 계속 폭락하여 7.76까지 내려갔다. 내가 주식을 매수하기 전의 고점보다 60%나 하락한 가격이다. 와우!

사례에서 배우기 2

"뭐 해요?" 나는 제이크에게 말을 걸었다. 그는 그네에 앉아 있었다. 하지만 그네를 타지는 않고 두꺼운 종이 뭉치를 붙든 채 가만 앉아 있었다.

"당신 원고를 읽고 있어요." 그가 종이를 쳐들었다. 늦여름 바람에 종이가 펄럭였다. "역 데드 캣 바운스 부분이에요. 나도 이 패턴을 거래한 적이 있어요."

JLG 인더스트리(기계, 뉴욕 증권거래소, JLG)

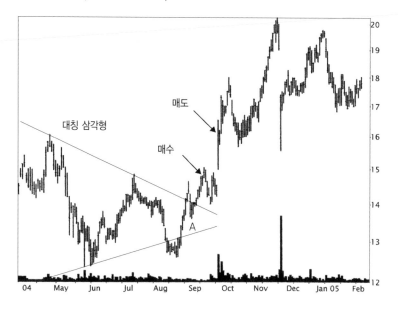

그림 8.5 제이크는 대칭 삼각형에서 이탈이 일어났을 때 주식을 사서 주가가 치솟은 날 팔았다.

그림 8.5는 그가 어떻게 역 데드 캣 바운스 패턴을 거래했는지 보여준다. 8월에 커다란 대칭 삼각형의 바닥에서 하향 이탈이 일어났다. 이 추세선은 잘못 그려진 것처럼 보이지만, 사실은 정확한 것이다. 삼각형의 나머지 부분은 그림 바깥에 있는데 보다 넓은 시간 범위로 보면 정확한 삼각형을 그리고 있다.

"이 대칭 삼각형은 스코어가 +1이고(스코어 시스템을 활용하면), 가격 목표점이 18.46이죠. 실적 발표가 2주 뒤에 있고, 따라서 도박이 될 수 있었지만 그래도 거래를 하고 싶었어요. 같은 산업 부문의 다른 주식들과 주식시장 전체가 상승세에 있었기 때문에 괜찮을 거라는 생각이 들었던 거죠. 그래서 평균가 14.60에 1,000주를 샀죠."

그는 13.60에 손실제한주문을 해뒀다. 그림 8.5의 A 지점이다. 만약 손실제한주문에 걸린다면 그는 약 7%의 손실을 보게 된다. 그는 18.46의 목표가가 좀 지나치다고 생각했고, 주가가 2004년 1월의 고가(그림에는 없는)인 16.70에서 멈출 것이라고 짐작했다.

"예외형 대칭 삼각형 같았죠." 대칭 삼각형에서 하향 이탈이 일어났지만 곧바로 방향을 바꿔 위쪽 추세선을 뚫었기 때문에 추가적인 상승이 예상됐다.

"회사가 실적을 발표하자 주가가 치솟더군요." 장중 고가는 16.54에 달했다. 전날의 종가보다 15% 오른 수준이었다. "1월의 고가에 근접했기 때문에 나는 주가가 천정을 쳤다고 생각했어요. 그래서 장이 마감되기 5분 전에 주식을 모두 처분했죠." 16.18에 매도 계약이 체결됐다. 따라서 그는 2주 동안 거의 1,550달러, 즉 10%의 수익을 올린 것이다.

그가 주식을 계속 보유하고 있었다면 어떻게 됐을지 확인하라. 주가는 20.26에서 천정을 쳤다. 그가 이 가격에 주식을 팔았다면 39%, 약 6,000달러의 수익을 올렸을 것이다.

배드 어닝 서프라이즈 bad earnings surprise

"나 정말 사랑에 빠졌나 봐요." 제이크가 사무실로 걸어 들어오면서 말했다. 얼굴에는 과연 사랑에 빠졌음직한 미소가 가득했고 양 볼에는 예의 그 보조개가 또렷하게 나타났다.

"그 남자 이름은 뭔가요?"

"내 참, 그 무슨 말도 안 되는 소리랍니까." 그가 내 컴퓨터 앞으로 와서 주식 기호를 친 다음 화면을 가리켰다. "내가 사랑하는 건 휴즈 서플라이라고요."

그의 거래에 관해 알아보기 전에 실적 부진이 발표됐을 때 어떤 일이 일어나는지 먼저 알아보기로 하자. 회사가 실적을 발표하면 가능한 시장 반응은 3가지다. 주가가 올라가거나 내려가거나 아무 반응도 없거나이다. 여기서는

홈디포 (건축자재 소매, 뉴욕 증권거래소, HD)

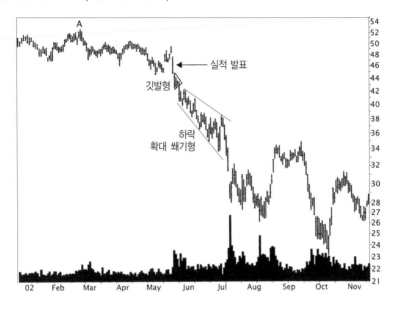

그림 8.6 실적 발표 후 주가는 계단 형태로 하락했다.

실적 발표로 하향 이탈이 일어났을 때를 다룰 것이다. 하향 이탈은 종가가 실적 발표 날의 저가보다 낮아졌을 때를 말한다. 그림 8.6은 2가지 사례를 보여준다.

첫 번째 발표는 A에서 이뤄졌다. 결과는 예상대로였지만 그래도 주가가 떨어졌다. 이틀 뒤 종가가 실적 발표일의 저가 아래로 떨어졌다. 따라서 하향 이탈이 일어난 것이었다. 발표 다음날 어떤 내부자는 정확히 50만 달러를 주고 10,000주를 샀다. 제이크라도 이렇게 나쁜 타이밍에 주식을 사지는 않았을 텐데(반년도 안 돼서 주가는 반 토막이 났다).

3개월 뒤인 5월에 회사는 다시 분기 실적을 발표했다. 결과는 예상보다 좋았지만 대차 대조표상으로는 경쟁사인 로우스 사가 보여주고 있는 종류의 성장 가능성을 찾을 수 없었다. 주가는 어떻게 됐을까? 주가는 갭을 형성하며 크게 떨어졌고 장중에도 큰 폭의 변동성을 보였으며, 결국 저가에 가까운 종가로 마감됐다. 이를 시작으로 이후 주가는 작은 깃발형을 형성한 다음 하락 확대 쐐기형을 만들었다. 주가는 2003년 1월에 20달러 근처까지 떨어졌다 (그림에서는 보이지 않는다).

패턴의 특징과 확인 과정

아래는 나쁜 실적이 발표되고 나서 적당한 거래 환경을 확인하기 위해 알아봐야 할 사항들이다.

- 전체 시장과 해당 산업 부문 역시 하락세에 있어야 한다. 하락세가 계속될 것 같은가? 그렇지 않다면 다른 뚜렷한 이유가 없는 한 공매도 거래를 피하라.
- 실적 발표일의 고가~저가 범위는 30일 평균의 고가~저가 범위보다 넓어야 한다. 고가~저가 범위는 넓을수록 좋다. 실적 발표일에 평균 고가~저가 범위보다 2배 혹은 3배 넓은 범위가 형성되면 하향 이탈 후 주가가 큰 폭으로 떨어진다.
- 공매도를 할 생각이라면 종가가 발표일의 저가 아래로 내려가 하향 이탈이 일어나는 것을 확인해야 한다. 주가는 일주일 만에 바닥을 치고 반등을 시작할지도 모른다. 그럴 경우에는 즉시 포지션을 청산해야 한다.

거래에 유용한 불코우스키의 조언

이 패턴은 초보 투자자들에게는 맞지 않는다. 실적 발표 후 주가가 떨어질 때 하는 공매도 거래는 경험 많은 거래자들에게만 한정되어야 할 것이다. 아래는 이들을 위한 유용한 거래 정보다.

- 순수한 거래를 가정할 때 주가는 상승장에서 평균 13% 하락하고, 하락장에서는 평균 17% 하락한다.

- 주가가 최저점에 도달하는 데는 약 한 달이 걸린다.

- 패턴 가운데 31%는 5% 넘게 하락하지 못한다. 반이 넘는 51%의 경우는 10% 이상 하락하지 못한다. 이런 통계수치를 유념하여 거래를 결정할 때는 신중해야 한다.

- 상승장에서 패턴의 47%는 한 주 안에 최저점에 도달한다. 하락장에서는 48%다.

- 이 패턴은 연중 저가의 3분의 1 범위 안에서 이탈이 일어날 경우 하락폭이 가장 크다.

- 41%의 경우 상향 후퇴가 일어나며 상향 후퇴가 일어나면 이탈 후 낙폭은 줄어든다. 따라서 아래쪽 가까이에 지지선이 있을 경우에는 그 패턴의 거래를 피해야 한다.

- 높이를 이탈 가격으로 나눴을 때 그 값이 중앙값 5.01%보다 크면 이탈 후 낙폭이 크다.

- 가격 목표점을 구하려면 실적 발표 당일의 높이(저가와 고가의 차이)를 측정한 다음 저가에서 그 값을 뺀다. 69%의 경우 가격 목표점에 도달한다.

사례에서 배우기

그림 8.7이 이제부터 살펴볼 거래다.

"나는 이탈갭이 형성된 다음 주식을 샀어요." 제이크가 말했다. 이탈갭은 보통 많은 거래량 가운데 주가가 밀집 구간을 벗어나면서 발생한다. 주가가 크게 뛰어 오늘의 저가가 어제의 고가를 넘어서면서 주가 차트에 빈 공간이 생기게 되는 것이다. 주가가 계속 올라 갭은 한동안 메워지지 않았다. 갭이 메워진다는 것은 주가가 하락하여 차트상 왼쪽에 있는 건너뛴 가격대를 덮는다는 뜻이다. 이탈갭은 2%는 첫 주에, 23%는 한 달 내에, 46%는 세 달 내에, 66%는 1년 안에 메워진다. 하지만 34%의 갭은 열린 채 남아 있다.

"하락 추세에서 샀단 말이에요?" 내가 놀라서 물었다. "용감하군요."

휴즈 서플라이 (건축자재 소매, 뉴욕 증권거래소, HUG)

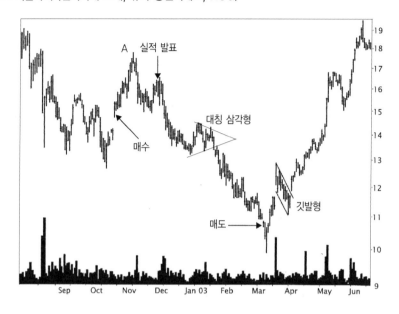

그림 8.7 제이크는 이탈갭에서 주식을 사서 너무 오래 품고 있었다. 그의 애정이 무색하게 부진한 실적
이 발표되자 주가는 폭락했다.

"네." 제이크가 말했다. "나는 이탈갭이 추세 변화를 보여준다고 생각했어
요. 한동안은 내 생각이 맞았고요."

주가는 A에서 고점을 찍었고 회사가 11월에 실적을 발표했을 때 그보다 좀
더 낮은 고점이 형성됐다.

"고점이 낮아졌을 때 주식을 처분해야 했어요. 주가가 두 고점 사이의 바닥
보다 낮아지면 추세 변화가 확인되는 거니까요."

"그건 나도 알아요." 그는 대답을 하면서도 별로 즐거워하는 빛이 아니었
다. 머릿속으로는 계속 높아져가는 건강보험료를 생각하고 있는 게 뻔했다.

그림 8.7에서 보듯이 주가는 실적 발표 후 하락했다.

"대칭 삼각형에서 하향 이탈이 일어났을 때 왜 주식을 팔지 않았죠?"

그는 어깨를 으쓱하더니 자신의 구두코를 내려다봤다. 한참 후 고개를 든 제이크는 이렇게 말했다. "바닥을 찍기 이틀 전에 주식을 팔았어요. 정말, 이런 사실을 믿을 수 있겠어요?"

"제이크, 누구나 실수를 하는 법이에요. 중요한 건 실수로부터 배운 게 있느냐는 거죠."

"물론 배운 게 있어요. 이제 더 이상 휴즈 서플라이를 사랑하지는 않겠다는 거죠."

굿 어닝 서프라이즈 good earnings surprise

실적이 좋다는 발표가 나오면 주가는 올라간다. 때때로 상승갭이 형성되기도 한다. 하지만 29%의 경우는 이탈 후에 최소 5%도 상승하지 않고, 48%의 경우는 최소 10%도 상승하지 않는다. 따라서 경험 많은 거래자들만 이 패턴을 거래해야 할 것이다. 그렇긴 하지만 당신이 주식을 보유하고 있다면 분기마다 양호한 실적이 발표됐을 때 주가가 어떻게 움직이는지는 알아둘 만한 가치가 있다고 하겠다.

그림 8.8의 차트는 하락 추세의 바닥에서 실적 발표가 있었을 때를 보여준다. 실적 발표로 운명의 반전이 이뤄졌다. 주가는 처음으로 여자아이에게 키스하는 남자아이처럼 움직였다. 며칠 동안 멈칫거리고 수줍어하고 지그재그로 움직였다. 발표 후 일주일이 지나자 주가는 마침내 상향 이탈한 다음 횡보세를 보이며 대칭 삼각형을 형성했다. 대칭 삼각형에서 이탈이 일어나자 주가는 조정 상승형의 형태로 급상승했다.

패턴의 특징과 확인 과정
아래는 호실적이 발표됐을 때 거래를 위해 확인해야 할 사항들이다.

포레스트 오일 (석유, 뉴욕 증권거래소, FST)

조정 상승형

실적 발표

대칭 삼각형

상향 이탈

그림 8.8 실적 발표 뒤 상향 이탈이 일어나는 데 일주일이 걸렸지만, 주가 상승은 충분히 기다릴 만한 가치가 있었다.

■ 주가는 상승 추세에 있어야 한다. 전체 시장이 상승세에 있을 때 이탈 후 주가 상승폭이 크다.

■ 해당 산업 부문 역시 상승세에 있는 주식을 거래해야 한다.

■ 발표일은 장중 주가 범위가 넓거나 아니면 상승갭이 있어야 한다. 장중 주가 범위는 넓을수록 좋다. 장중 주가 범위가 30일 평균보다 넓어야 이탈 후 주가 상승폭이 크다. 갭은 매수 열기를 보여준다.

■ 이탈을 기다려라. 이탈은 종가가 발표일의 장중 고가를 넘어설 때를 말한다.

거래에 유용한 불코우스키의 조언

이 이벤트 패턴을 조사하는 동안 거래에 유용한 몇 가지 사항들을 찾았다. 아래의 정보들을 참고하기 바란다.

- 평균 주가 상승폭은 24%다.
- 패턴이 연중 저가의 3분의 1 범위 내에서 발생했을 때 이탈 후 주가 상승폭이 가장 크다. 하지만 이런 경우는 드물어 발생 빈도는 26%에 불과했다.
- 패턴이 연중 거래 범위의 가운데에서 발생하는 경우 이탈 후 주가 상승폭이 가장 작다.
- 41%의 경우 하향 후퇴가 일어난다. 하향 후퇴가 일어나면 이탈 후 주가 상승폭이 줄어든다. 따라서 이벤트 패턴은 위쪽에 저항선이 있는지 잘 살펴보고 신중하게 선택해야 한다.
- 41%의 경우는 첫 주에 최고점에 도달한다.

> **최고점(최저점) 도달 시간**
> 이탈일에서 최고점(또는 최저점)까지 도달하는 데 걸리는 평균 시간

- 큰 패턴은 작은 패턴보다 이탈 후 주가 상승폭이 크다. 이탈 가격으로 고가~저가 범위를 나눴을 때 그 값이 중앙값인 4.57%보다 크면 큰 패턴이라 한다.
- 가격 목표점을 구하려면 패턴의 높이를 잰 다음 그 값을 발표일의 장중 고가에 더하면 된다. 주가는 75%의 경우 가격 목표점에 도달한다.

사례에서 배우기

그림 8.9를 보자. 주가가 대칭 삼각형을 형성하는 막바지에 실적이 발표되면서 상향 이탈이 일어난다.

"리넨 주식은 31.75에 400주를 샀죠." 제이크가 말했다. "주가가 예측대로 움직이지 않는다 해도 대칭 삼각형이 지지영역이 되어줄 거라 생각되더군요. 차트에서 보다시피 5월 초부터 정말로 이 정도 수준에서 지지선이 형성됐지요."

가격 목표점은 조정 상승형으로 따지면 34.09, 대략 34였다. 이 가격 목표

리넨 N 씽스(소매, 뉴욕 증권거래소, LIN)

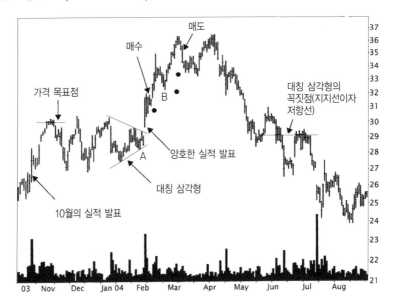

그림 8.9 양호한 실적 발표 덕분에 거래에서 수익이 발생했다. 검은 점은 손실제한주문을 해둔 지점이다. 왼쪽의 대칭 삼각형의 꼭지점에서 수평으로 선을 그으면 오른쪽의 지지와 저항선이 됨을 알 수 있다.

점은 실적 발표 전날의 종가 28.54에서 주가가 하루 뒤 찍은 고점 32까지의 차이를 매수 전날의 저가에 더해서 얻은 값이다.

"10월의 실적 발표 때도 가격 목표점 계산법이 들어맞았고(가격 목표점 30) 나는 이번에도 가격 목표점이 맞을 거라고 생각했어요." 제이크가 말했다. "낙폭은 28달러 남짓에서 기록한 최근 저가를 염두에 두고 있었고요." 그러면 12%의 손실을 보게 되는데 그는 그 정도면 손실이 약간 크다고 생각했다.

"처음에는 주가가 28까지 떨어지면 주식을 처분하리라 마음먹었죠. 그 뒤에는 앞의 바닥 바로 아래에, 30.84에 손실제한주문을 해뒀어요(2월에 있는

288

첫 번째 검은 점)." 당신은 마음속으로만 손실제한주문을 해둬서는 안 된다. 마음만 먹고 실제 주문을 해두지 않으면 어떻게 될까? 주가를 지켜보다가 마음먹었던 손실제한주문 가격까지 주가가 밀리면 주식을 팔 수 있을까? 이런 일은 의지가 굳고 능숙한 전문가들이나 할 수 있는 일이다.

그림 8.9의 검은 점은 그가 언제, 그리고 어디에 손실제한주문을 해뒀는지 보여주고 있다. 그는 주가가 치솟자 앞의 바닥 바로 아래의 32.13에 손실제한주문을 냈다. 그리고 다음날에는 장이 마감된 뒤 손실제한주문 가격을 33.23으로 올렸다.

그는 손실제한주문에 걸렸을까? 아니다. "CCI가 발산하고 있고 RSI가 과매수 상태이기 때문에 팔았죠. 시장이 하락세였고 주가가 떨어지면서 상향 추세선을 뚫었고요."

CCI는 단기적인 거래 기회를 보여주는 지표다. 주가가 A에서 상승하고 있다 하더라도 지표가 하락 추세이면 발산이 일어난다. RSI는 지수가 70을 넘으면 과매수 상태에 있다고 판단한다. 이런 지표에 관한 설명은 이 책의 범위를 넘어서는 것이므로, 당신이 스스로 이 주식에 관한 지표들을 조사하고 평가해보기 바란다.

이때 S&P500은 삼중 천정형을 만들고 나서 급락하고 있는 상태였다. 제이크가 말한 추세선이란 A와 B를 잇는 추세선인데, 고점 근처에서 주가 흐름과 교차하고 있다. 이런 상황들을 고려해보면 분명 주식을 처분해야 할 때가 온 것이었다.

"35.20에 팔렸죠." 그는 수월하게 34의 가격 목표점을 달성했고 1,350달러, 거의 11%의 이익을 거둬들였다.

실적 깃발형 earnings flag

이벤트 패턴 가운데 열광할 만한 패턴이 있다면 실적 깃발형이다. 이탈 후 주가 상승폭이 5%를 넘지 못하는 경우가 10%이지만 이벤트 패턴치고는 괜찮은 편이다. 이탈 후 평균 주가 상승폭은 34%인데 이 또한 괜찮은 통계수치다. 이 두 수치로 평가할 때 실적 깃발형은 이벤트 패턴 가운데 최고의 성취율이라 할 만하다.

그림 8.10은 실적 깃발형이 어떤 모양인지 보여준다. 주가는 확대 천정형과 다이아몬드 바닥형을 만든 뒤 하락하여 9월에 바닥을 찍었다. 그런 다음 다시 고개를 들고 상승하여 반전 상승 가리비형을 만든 다음 B에서 바닥을 형성했다. 11월 초 실적 발표가 있기 전에 스마트 머니가 이미 주식으로 유입되어 주가는 B의 저가에서 급등하기 시작했다. 실적 발표는 시장에 희소식이 됐고 주가는 계속 상승하여 A에서 천정을 쳤다. 그런 다음 횡보세를 보이며 페넌트형(AC의 실적 깃발형)을 형성했다. 페넌트형에서 상향 이탈이 일어날 때가 매수 신호다.

이 실적 깃발형이 깃발형이 아니라 페넌트형임에 주의하라. 실적 깃발형은 사실 명칭이 좀 이상하다. 이벤트 패턴에서 깃발 부분은 대개 짧고 불규칙한 주가 움직임으로 나타나는 경우가 더 잦기 때문이다. 어찌 됐든 패턴이 깃발이나 페넌트 모양을 취하면, 종가가 위쪽 추세선을 넘어섰을 때를 매수 신호로 활용하라. 그렇지 않으면 보다 보수적으로 종가가 깃대 부분의 고가를 넘어섰을 때를 매수 신호로 삼아라. 그림 8.10에서 깃대는 B에서 A로 거의 수직에 가까운 움직임을 보여주고 있다. 페넌트형이 짧고 불규칙한 주가 움직임으로 이뤄져 있으면 종가가 A(패턴의 최고점)를 넘었을 때가 매수 신호가 된다.

어드미니스태프 (인적 자원, 뉴욕 증권거래소, ASF)

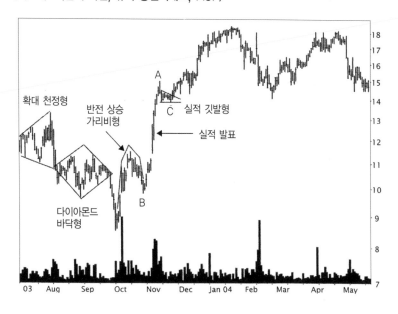

그림 8.10 가파른 주가 상승이 있은 뒤 실적 깃발형이 나타났다.

패턴의 특징과 확인 과정

실적 깃발형을 고를 때는 아래와 같은 경우를 찾아라.

- 실적이 발표된 날이나 (장이 마감될 때는) 그 다음 거래일에 큰 폭으로 주가가 움직여야 한다.
- 실적 발표부터 깃발까지 깃대 부분에서 주가가 직선으로 상승하는 경우, 깃대 형성 기간은 중앙값이 5일이다.
- 패턴의 깃발 부분은 어떤 모양도 가능하다. 주가 밀집 구간(주가가 수평적인 움직임을 보이는 영역)을 찾아라. 이때를 주식을 매수하기 위해 돈 끌어올 데를 찾는 기회로 삼아라.

- 상향 이탈이 일어나기를 기다린다. 주가가 깃발형의 추세선을 뚫을 때나 추세선이 없을 때는 종가가 이벤트 패턴의 고가(보통 깃대의 고점)를 넘어 설 때를 이탈 시점으로 삼아라.

이 가운데 가장 중요한 사항은 주가가 직선으로 상승해야 한다는 점이라 할 수 있다. 보통 깃발형이나 페넌트형을 거래할 때처럼 주가의 수직 상승은 필수적인 것이다. 주가가 수직 상승했다는 것은 그만큼 매수세가 강력하다는 것을 보여준다. 밀집 구간이 끝나면 주가는 상승을 재개할 것이다. 하지만 실적 깃발형에 수직에 가까운 깃대가 없거든 거래를 하지 말라.

거래에 유용한 불코우스키의 조언
거래에 관한 아래의 조언과 정보들을 활용하면 많은 도움이 될 것이다.
- 대부분의 실적 깃발형은 지속 패턴이지만, 반전 패턴으로 작용할 때 이탈 후 주가 움직임이 더 크다. 반전 패턴일 경우에는 평균 주가 상승폭이 38% 이며, 지속 패턴일 경우에는 33%다.
- 이탈부터 최고점까지의 평균 상승일은 114일(거의 4개월)이다. 따라서 주가가 완전히 오르기를 기다리기까지는 오랜 시간이 걸린다.
- 깃발형의 폭(깃대 부분은 제외)에서 이탈이 일어나는 데는 평균 18일이 걸린다.
- 대부분의 깃발형은 연중 거래 범위의 위쪽 3분의 1 안에서 형성된다. 하지만 연중 거래 범위의 아래쪽 3분의 1에서 형성되는 패턴이 평균 주가 상승폭이 가장 크다(48%).
- 연중 거래 범위의 중간 3분의 1에서 형성된 패턴은 이탈 후 주가 상승폭이 가장 작다. 이런 패턴은 피해야 한다.
- 63%의 경우 하향 후퇴가 일어난다. 하향 후퇴가 일어나면 주가 상승폭이 작아지므로 위쪽에 저항선이 있는 패턴은 피해야 한다.

■ 큰 패턴이 작은 패턴보다 이탈 후 주가 상승폭이 크다. 높이를 이탈 가격으로 나눴을 때 그 값이 중앙값인 13.56%보다 크면 큰 패턴이다. 높이는 깃대의 바닥(주가 급등이 시작되는 지점)에서 이벤트 패턴의 고점까지 잰 거리다.

■ 어떤 패턴은 첫 주에 고점을 찍으므로 이때 주식을 처분하고 수익을 거둬들여야 한다.

■ 가격 목표점을 결정하려면, 깃대의 바닥에서 패턴의 고점까지 높이를 재고, 이 값을 깃발형의 저점(깃발 부분의 가장 낮은 가격)에 더한다. 그 결과가 가격 목표점이고 상승장에서는 86%의 경우 가격 목표점에 도달한다.

사례에서 배우기

제이크가 화면을 가리켰다(그림 8.11을 보라). "내가 거래를 어떻게 했는지 보세요. 이건 특히나 자랑할 만한 거라니까요."

그는 20.88에 500주를 매수했다. 실적 발표가 있은 뒤였고, 게다가 깃발형 위에서였다.

"왜 이렇게 늦게 들어간 거죠?"

그는 어깨를 으쓱했다. "아예 안 들어가는 것보다는 낫지 않아요?" 그는 주가가 천천히 상승하여 가격 목표점 24에 도달할 것으로 예상했다. 여기서 탄력을 받는다면 위에 있는 저항선을 만나기 전인 25나 26까지 올라갈지도 모른다고 생각했다.

깃대의 바닥이 15 근처이고 깃대의 고점이 20이라고 생각하면 높이는 5달러다. 실적 깃발형의 꼭짓점 19에서 이 5달러를 더하면 제이크가 가격 목표점으로 생각하는 24가 된다. 그림에서 보다시피 주가는 가격 목표점에 도달하지는 못했다. 높이의 반값을 이용하여 더 근접한 가격 목표점을 구하면, 21.50이 될 것이다.

차트 위의 검은 점들은 손실제한주문이 지정되어 있는 가격과 일자를 보여

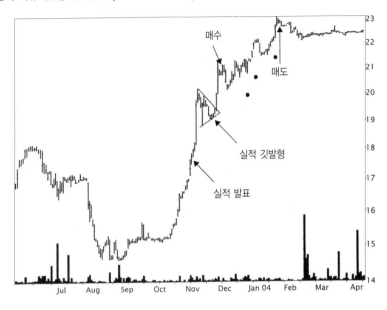

버틀러 매뉴팩춰링 (건축자재, 뉴욕 증권거래소, BBR)

그림 8.11 제이크는 실적 깃발형이 나타난 뒤 늦게 매수에 나섰지만, 매도 시점이 거의 완벽했다.

준다. 그는 전저점(각 점에서 왼쪽 약간 위에 있는) 바로 아래에 손실제한주
문을 해두는 것을 좋아한다.

그는 한 주 동안 회사의 펀더멘털을 조사했는데, 발견한 사실이 만족스럽
지 못했다. "차트를 보니 주가가 지난 5년 동안 네 차례나 1월에 고점을 기록
했더라고요. 거의 1,000달러 수익이 났고 돌아오는 2월에는 실적 발표가 예
정되어 있었기 때문에 아무래도 주식을 보유하고 있으면서 위험을 감수하고
싶은 생각이 안 들더군요."

CCI와 RSI는 10월부터 12월까지 모두 약세 다이버전스를 보여주고 있었
다. 따라서 주가 하락세가 예상됐다. 하지만 1월에는 둘 다 추세 예측이 상승

세로 바뀌었다. 그렇지만 RSI는 과매수 영역에 있었고 주가는 볼린저 밴드의 상한선을 약간 벗어나 있었다. 주가는 며칠 또는 몇 주 동안 밴드를 따라 움직일 수도 있었지만 어쨌든 약세 신호였다. 주가는 궁극적으로 하락하여 아래쪽 밴드에서 튕겨져 올라올 것이다. ROC rate of change(가격 변화율. 일정 시점의 가격 변화를 백분율로 나타내 모멘텀을 판단하는 지표-옮긴이) 역시 상승 모멘텀이 소진되어가고 있는 것을 보여줬다. 이러한 약세 다이버전스는 지난 두 달 동안 계속되고 있었다. 제이크는 이 모든 단서를 종합하여 매도를 결정했다.

그는 가장 최근의 손실제한주문을 시장가 매도 주문으로 바꾸었고 주식은 22.88에 팔렸다. 이로써 그는 970달러, 즉 9%의 수익을 올렸다.

주식 등급 하향 조정 stock downgrades

증권회사에서 자신이 갖고 있는 주식의 등급을 하향 조정하여 주가가 떨어지는 것을 지켜보는 일만큼 화나는 일은 별로 없을 것이다. 하지만 주식 등급의 하향 조정과 관련하여 놀라운 일은 등급이 떨어진 경우에도 39%의 주식은 상향 이탈한다는 것이다. 등급 하향 조정은 48%의 경우 주가가 연중 거래 범위의 아래쪽 3분의 1에 있을 때 실행된다. 나는 691회의 주식 등급 하향 조정 사례를 조사했는데, 그중에서는 단 30%만이 연중 거래 범위의 위쪽 3분의 1에서 일어났다. 사실 경고가 가장 필요한 때는 이때일 것이다.

그림 8.12는 뉴스거리가 될 만한 여러 사건들을 보여주고 있다. 첫째 어떤 증권회사가 7월에 주식의 등급을 상향 조정했다. 당신은 차트에서 이것이 얼마나 대단한 사기였는지 볼 수 있을 것이다. 만약 그들의 조언대로 주식을 샀다면, 당신은 다섯 달 만에 30% 손실을 봤을 것이다. 주식 상향 조정 뒤 한 주 만에 회사는 예상과 빗나간 실적을 발표했고 주가는 나이아가라 폭포처럼 아래로 곤두박질쳤다.

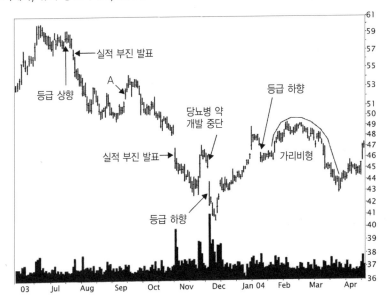

머크 (제약, 뉴욕 증권거래소, MRK)

그림 8.12 연중 고가 근처에서 등급 상향 조정이 있었고, 12월에 연중 저가 근처에서 등급 하향 조정이 발표됐다.

A에서는 어떤 펀드회사에서 경제신문에 머크 사의 주가가 다음해에 70달러에 도달할 수 있을 거라고 말했다. 그 무렵 주가는 최고가가 54.30이었다 (펀드회사의 예측이 있고 나서 이틀 뒤에 기록한 것). 그런데 주가는 그로부터 1년 뒤에 45.64의 종가에 머물러 있었다. 70달러에 한참 모자라는 가격이다.

10월 중순 또 다시 실망스런 실적 발표가 있자 주가는 폭락했다. 11월 중순 머크 사는 새로운 콜레스테롤 약이 심장마비와의 전쟁에서 유망한 미래를 보여주고 있다고 발표했다. 이런 발표 덕분에 주가는 상승했지만 단 며칠로 그쳤다.

그러고 나서 머크 사가 당뇨병 약의 개발을 중단했다는 소식이 전해졌다.

다음날 주가는 하락갭을 형성했고 2개의 거대 증권회사에서 주식 등급을 하향 조정했다. 등급 하향은 적절한 조치처럼 보였다. 하지만 차트에서 보다시피 이 조치는 주가가 거의 연중 저가 근처에 있을 때 이뤄졌다. 등급 하향이 6월의 60달러 근처에서 이뤄졌다면 사실 훨씬 더 적절했을 것이다.

　주가가 회복될 무렵 2004년 1월에 또 다시 등급 하향이 있었다. 주가는 이 소식으로 인해 갭을 형성하며 떨어졌지만 곧 반등했다. 상승하던 주가는 다시 고개를 수그리며 반전 하락 가리비형을 만들었다. 그림에는 없지만 그 뒤 주가는 횡보세를 유지했다. 그러다가 2004년 10월 머크 사가 바이옥스 회수를 발표하면서 큰 폭으로 떨어졌다(그림 8.1 참조).

패턴의 특징과 확인 과정

증권회사에서 특급 대우를 받지 않는 한, 당신은 눈앞에 터지기 전에는 주식의 등급 하향 소식에 대해 알 수 없을 것이다. 그때쯤이면 주가는 갭을 형성하면서 하락해 있을지 모른다. 주식 등급 하향 조정 때에 거래를 하고 싶다면 아래의 사항을 확인하라.

- 금융기관(증권회사, 투자 은행 등)이 주식 등급 하향을 발표한다.
- 장중 거래 범위가 큰 때를 찾아라. 장중 거래 범위는 클수록 좋다. 적어도 30일 평균 장중 고가~저가 범위보다 커야 한다.
- 종가가 발표일의 저가보다 내려가면 하향 이탈이 일어난다. 61%의 경우 하향 이탈이 일어나므로 거래는 하향하는 쪽으로 해야 한다.
- 주식 등급 하향 조정 때는 보통 거래량이 많아진다.

거래에 유용한 불코우스키의 조언

다음의 조언과 일반적인 정보는 당신이 주식 등급 하향 때 손실을 피하거나 어쩌면 상당한 돈을 벌 수 있도록 도움을 줄 것이다.

- 상향 이탈이 일어나더라도 주가는 곧 고개를 수그리고 하락하리라 예상할

수 있다. 그림 8.12를 보면 2004년 1월에 주식 등급 하향 조정이 일어나고 나서 바로 이런 일이 벌어졌다는 것을 알 수 있다. 37%의 경우 주가는 발표 뒤 일주일 내에 하락을 시작한다. 50%는 주가가 한 달 내에 고점을 찍는다. 주가가 고점을 찍을 때까지 기다렸다가 주식을 처분하거나, 공매도 거래를 하라. (등급 하향 조정 뒤) 일단 주가가 고점을 찍으면 평균 하락폭은 상승장에서는 30%다(하지만 이 수치가 순수한 거래에 기초했다는 것을 기억해야 한다).

- 상향 이탈 뒤 평균 상승폭은 27%다. 하향 이탈이 일어나면 상승장에서 평균 14%, 하락장에서 평균 19% 하락한다.
- 상향 이탈 뒤 주가가 최고점에 도달하는 데는 평균 79일이 걸리고, 하향 이탈 뒤 주가가 최저점에 도달하는 데는 평균 26일이 걸린다.
- 하향 이탈이나 상향 이탈이 일어나고 나서 대략 25%의 주식은 추세 반전이 일어나기 전까지 원래의 방향으로 5% 이상 움직이지 못한다. 거의 반은 10%(하향 이탈)나 15%(상향 이탈)를 넘지 못한다.
- 상향 이탈이나 하향 이탈이나 연중 거래 범위의 아래쪽 3분의 1에서 일어났을 때 이탈 후 움직임이 크다.
- 하향 후퇴나 상향 후퇴는 각각 49%와 48% 일어난다. 상향 후퇴는 하향 이탈 후 낙폭을 줄인다. 따라서 주식 등급 하향이 발표되고 하향 이탈이 일어났을 때라도 상향 후퇴가 있었다면 거래를 피해야 한다. 아래쪽에 지지선이 있는지도 살펴야 한다.
- 큰 패턴이 작은 패턴보다 이탈 후 주가 움직임이 크다. 상승장에서는 높이를 이탈 가격으로 나누어, 그 값을 5.75%의 중앙값과 비교해 큰 패턴과 작은 패턴으로 구분하라. 하락장에서는 중앙값 6.52%와 비교하라.
- 가격 목표점을 결정하는 방법은 상향 이탈의 경우 71%, 하향 이탈의 경우 69% 맞는다. 발표일의 높이를 잰 다음 그 값을 상향 이탈(하향 이탈) 시 고점(저점)에 더하면(빼면) 가격 목표점을 구할 수 있다.

다우 케미컬 (화학, 뉴욕 증권거래소, DOW)

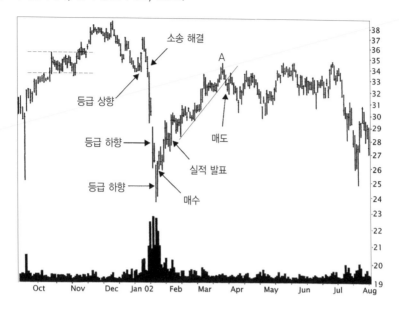

그림 8.13 제이크는 주가가 바닥을 쳤을 때 주식을 사서 주가가 추세선을 이탈했을 때 팔았다.

사례에서 배우기

그림 8.13을 보자. 12월에 한 증권회사가 이 주식의 등급을 상향 조정했다. 주가는 실적이 기대에 미치지 못하리라는 경고에도 불구하고 이틀간 상승했다. 그러고 나서 주가는 무서운 속도로 폭락했다. 다우 케미컬은 중간에 석면과 관련된 소송을 해결했지만 주가는 계속 하락했다. 3일 뒤 한 증권회사가 주식 등급을 하향했고, 주가는 단 하루 동안 또다시 11%나 내려갔다. 이틀 뒤 주가가 거의 바닥까지 내려간 상태에서 또 다른 증권회사가 주식 등급 하향을 발표했다.

제이크는 이때쯤 다우 케미컬 주식에 관심을 갖기 시작했다. 주가가 8거래일 동안 36% 하락한 뒤, 그는 반등을 기대하면서 거래에 나서기로 마음먹었다. 그는 주가가 올라가기 시작한 날 주식을 매수했다.

"거의 폭포수처럼 수직 폭락했던 게 중요해요." 제이크가 말했다. "그렇지 않았다면 이 주식에 손대지 않았을 거예요."

1월 말 발표된 실적이 예상보다 나빴지만 주가는 그 뒤 가파르게 상승했다. 제이크는 주가가 형성한 바닥을 따라 그림 8.13에서 보듯 단기 추세선을 그었다. 그는 주가가 A에서 멈출 것이라고 예상했다. 이곳에 전해 9월에 형성된 저항선이 있었기 때문이다(왼쪽에 점선으로 표시된 부분). 종가가 추세선 밑으로 내려가자 그는 다음날 주식을 처분했다.

주식 등급 상향 조정 stock upgrades

나는 698회의 주식 등급 상향 결과를 조사하면서 내가 한 거래들을 다시 검토해봤다. 한 가지 깨달은 사실은 주식 등급 상향 조정이 발표되면 이탈 방향에 상관없이 보통 반전이 일어난다는 것이었다.

그림 8.14에서 그 첫 번째 사례를 볼 수 있다. 2002년 새해가 시작될 무렵, 한 증권회사에서 주식 등급을 상향했고, 이 소식이 알려지자 주가는 갭을 형성하며 급등했다. 주가는 더 올라가 A에서 고점을 찍었다. 그런 다음 주가를 끌어올렸던 매수 열기가 식으면서 매도 압력이 주가를 내리눌렀다. 주가는 B로 떨어졌다.

또 다른 증권회사가 예상보다 좋은 회사 실적이 발표된 날에 주식 등급의 상향 조정을 발표했다. 이 소식이 전해지자 주가는 또 다시 갭을 형성하며 상승했다. 하지만 이번에는 주가가 더 높은 고점을 형성하지 못했다. 주가는 고개를 수그렸고 17달러 근처에서 하락을 시작해 2002년 10월에는 4달러 아래까지 떨어졌다. 무려 80%의 낙폭이었다.

"여기 고점에서 주식을 산 투자자가 적어도 한 명은 있었을 거라고 생각하

EMC (컴퓨터 및 주변기기, 뉴욕 증권거래소, EMC)

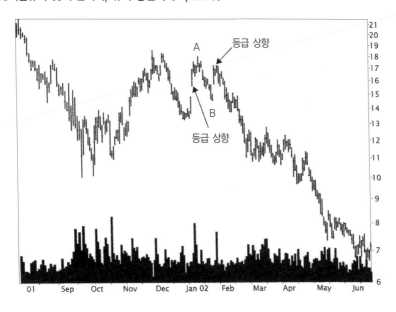

그림 8.14 등급 상향 후 상향 이탈이 일어났지만 주가는 고개를 수그리고 아래로 곤두박질쳤다.

면…" 제이크가 말하며 손가락으로 A를 가리켰다. "그 사람이 주가가 바닥을 치기 전에 주식을 팔아치울 머리는 있었을까 의심스러워요."

그림 8.14의 주가 패턴을 눈여겨보라. 등급 상향 뒤 상향 이탈이 일어나고 며칠에서 몇 주 사이에서 주가 하락이 뒤따랐다. 이런 주가 움직임은 주식 등급 상향 후 흔히 일어나는 일이다. 모두가 그렇다는 것은 아니지만 상승장에서는 반 이상이 3주 내에 추세가 하락세로 바뀐다. 하락장에서는 53%가 1~2주 내에 하락세로 바뀐다.

그림 8.15는 하향 이탈이 어떻게 일어나는지 보여주고 있다. 어떤 증권회사가 11월 말 주식 등급을 중립에서 상향시켰다. 한 주 동안 주가는 상향 이

아메리트레이드 A (증권 중개, 나스닥, AMTD)

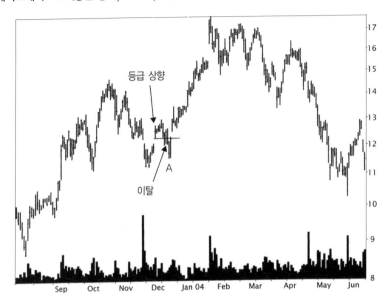

그림 8.15 등급 상향 뒤 하향 이탈이 일어났지만 주가는 곧 반등해 큰 폭으로 상승했다.

탈하는 것처럼 보였다. 하지만 주가는 종가상으로 발표일에 형성된 고가를 한 번도 넘어서지 못했다. 오히려 주가는 하락하기 시작했고 마침내 종가가 발표일의 저가 아래로 떨어졌다. 하향 이탈이 일어난 것이다. 그 다음 무슨 일이 일어났는지 보도록 하자. 일간 차트로 볼 때 이틀 뒤 A에서 파이프 바닥형이 만들어졌고(파이프 바닥형은 주간 차트에서 나타날 때 더 신뢰할 만하다), 오른쪽 바bar가 더 높은 종가를 기록했다. 당일 고가에 인접한 가격이었다. 다음 한 달 동안 주가는 계속 상승하여 마침내 A의 저가에서 53%나 오른 천정을 형성했다.

이 차트에서는 하향 이탈이 일어났지만 주가가 곧 상승하여 상당히 큰 상

302

승폭을 기록했음을 보여준다. 이 예와 같이 반 이상의 경우가 하향 이탈 뒤 첫 주에 바닥을 찍고 나서 상당히 큰 폭으로 상승한다.

패턴의 특징과 확인 과정

이제 등급 상향 시 주가가 어떤 반응을 보이는지 알게 됐을 것이다. 당신은 등급 상향이 거래를 할 만한 이벤트 패턴이라고 생각하는가? 거래를 하고자 한다면 아래의 사항들을 확인하라.

- 증권회사가 주식 등급을 상향 조정하고, 해당 주식을 추천 목록이나 우선 목록, 관심 목록에 추가해야 한다.
- 발표일에 장중 거래 범위(고가~저가 범위)가 큰지 살펴보라. 적어도 30일 평균보다는 커야 한다.
- 종가가 발표일의 장중 고가를 넘거나(상향) 장중 저가에 못 미칠 때(하향) 이탈이 일어난다.
- 상향 이탈 때는 통상적으로 거래량이 많지만 하향 이탈은 대개 평균적인 거래량을 보인다.

거래에 유용한 불코우스키의 조언

주식 등급 상향 조정 때 거래를 하고 싶다면 아래의 조언들을 참고하라. 여기서 대부분의 조언은 상향 이탈 시 주가가 계속 상승하고 하향 이탈 시는 주가가 계속 하락하는 것으로 가정했다.

- 상향 이탈의 경우 주가는 고점을 찍기 전에 보통 1~3주 동안 상승한다.
- 하향 이탈의 경우 주가는 보통 하락하다가 2주도 안 되어 반등하기 시작한다.
- 신속한 거래를 원하는 스윙 트레이더의 경우 이탈 방향으로 거래를 해야 하지만, 주가가 금세 반전할지 모른다는 사실을 염두에 둬야 한다.
- 상향 이탈 뒤 평균 주가 상승폭은 24%다. 상승장에서 하향 이탈이 일어나

면 평균 낙폭은 12%다. 이 두 수치는 수수료 없는 순수한 거래를 가정하고 있다.

■ 상향 이탈 시 주가가 일단 최고점에 도달하면 그 뒤 평균 30% 하락한다. 하향 이탈 시 주가가 최저점에 이르면 그 뒤 평균 44% 상승한다.

■ 주가가 최고점에 도달하는 데는 평균 61일이 소요되고, 최저점에 도달하는 데는 평균 25일이 소요된다.

■ 등급 상향 시 18%의 경우는 주가가 최소 5%도 상승하지 못한다. 하향 이탈 때는 38%의 경우 낙폭이 5%에도 미치지 못한다. 하향 이탈 때 거래하려면 특히 주의해야 한다.

■ 상향 이탈은 연중 거래 범위의 위쪽 3분의 1에서 일어날 경우 주가 상승폭이 가장 크다. 하향 이탈은 연중 거래 범위의 아래쪽 3분의 1에서 일어날 경우 주가 하락폭이 가장 크다.

■ 상향 이탈 때 공매도 거래를 원하거나 하향 이탈 때 주식을 갖고 있으려면, 주가 움직임이 가장 작은 쪽을 택해야 한다. 즉 연중 거래 범위의 위쪽 3분의 1에서 일어난 하향 이탈 혹은 연중 거래 범위의 아래쪽 3분의 1에서 일어난 상향 이탈을 찾아야 하는 것이다. 이 두 경우가 반전하기 전까지의 주가 움직임이 가장 작기 때문이다.

■ 63%의 경우 하향 후퇴가 일어난다. 상향 후퇴는 상승장에서 37%의 경우 일어난다.

■ 큰 패턴을 선택하라. 높이를 이탈 가격으로 나눴을 때 그 값이 중앙값인 5.61%보다 크면 큰 패턴이다. 큰 패턴에서 상향 이탈이 일어나면 주가 상승폭이 크다. 하향 이탈의 경우에도 큰 패턴이 작은 패턴보다 낙폭이 크다. 하향 이탈의 경우는 높이를 이탈 가격으로 나눴을 때 그 값이 중앙값인 5.32%보다 크면 큰 패턴이다.

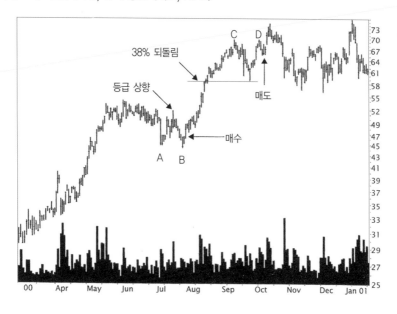

애너다코 페트롤륨 (석유, 뉴욕 증권거래소, APC)

그림 8.16 주가는 등급 상향 후 이중 바닥형을 형성했다.

사례에서 배우기

개장 전에 사무실에 도착했는데 제이크가 벌써 책상 앞에서 자판을 두드리고 있었다. "이번 거래를 한번 보세요. 그리고 어떤 생각이 드는지 말해줘요."

그림 8.16은 제이크의 거래를 보여준다. 등급 상향 발표 당일, 주가는 큰 폭으로 움직였지만 종가는 장중 저가 근처에서 형성됐다. 일간 차트에는 꼬리 모양이 나타났다. 며칠 뒤 주가가 하락하여 하향 이탈이 일어났다. 그 뒤 주가가 A에서 반등했을 때 제이크는 주식을 매수했다.

"이중 바닥형이네요?"

그가 고개를 끄덕였다.

"그런데 패턴이 확인되는 걸 기다리지 않았네요?"

"그럴 필요가 없었어요. 상승 추세에서 이중 바닥형이 생긴 거고, 게다가 등급 상향도 있었으니까 생각해볼 것도 없었죠. 하지만 내 판단이 틀렸을 경우를 대비해서 손실제한주문을 해두기는 했어요."

주가는 9월에 불안 심리가 발목을 잡을 때까지 급상승했다. 그런 후 C에서 고점을 찍고 하락했다. B에서 따져 38%의 되돌림이 일어난 다음 주가는 바닥을 만들고 D로 상승했다.

주가가 C와 거의 같은 수준인 D에서 고점을 찍었을 때, 제이크는 추세 변화가 일어날 것이라 생각했다. "그래서 주가가 다시 고점에서 떨어졌을 때 주식을 팔았죠."

Chapter 09

큰 수익의 기회가 되는 예외형 패턴

09

아마 당신은 예상을 빗나간 차트 패턴을 거래한다는 얘기는 아마 들어본 적이 없을 것이다. 나는 이탈 후 추세 변화 전까지 주가 움직임이 10%에도 못 미치는 패턴을 예외형 패턴으로 간주한다. 이 장에서는 예외형 차트 패턴에 대해 자세히 알아볼 것이다.

큰 수익의 기회가 되는
예외형 패턴

"보여요?" 내가 화면 위의 주가 움직임을 손가락으로 가리키며 제이크에게 말했다. "예외형 머리어깨형이에요. 이걸 사요. 돈깨나 만질 거예요."

"정말이에요?"

"내가 언제 거짓말하는 거 봤어요?"

잠깐 동안 그는 눈썹을 치켜세우며 생각하더니 컴퓨터로 돌아가 즉시 주문을 냈다. 나는 미소 지었다. 왜냐하면 나는 이미 그 주식을 가지고 있었기 때문이다.

나는 어떤 유명한 뮤추얼 펀드 판매인을 생각하고 제이크에게 내 주식을 팔아야겠다고 마음먹은 것이다. 그 뮤추얼 펀드 판매인은 몇 년 전 나와 똑같은 일을 했다. 그는 여기저기 토크쇼에 나와 어떤 주식을 선전했다. 그러고 나서 다음 주 그의 회사는 그 주식을 투매하기 시작했다. 이 사건은 후에 사람들에게 큰 이야깃거리가 됐다. 하지만 그럼에도 불구하고 그는 지금도 여전히 어딘가에서 엉터리 펀드를 팔고 있을 것이다.

거래자들은 오래전부터 예외형 패턴에 대해 알고 있었다. 하지만 나는 여기서 예외형 패턴을 새롭게 다루고자 한다. 아마 당신은 예상을 빗나간 차트 패턴을 거래한다는 얘기는 아마 들어본 적이 없을 것이다. 나는 이탈 후 추세 변화 전까지 주가 움직임이 10%에도 못 미치는 패턴을 예외형 패턴으로 간주한다. 이 장에서는 예외형 차트 패턴에 대해 자세히 알아볼 것이다.

예외형 확대 패턴 busted broadening patterns

그림 9.1은 여러 형태의 예외형 확대 패턴을 보여주고 있다. 상단 왼쪽에 있

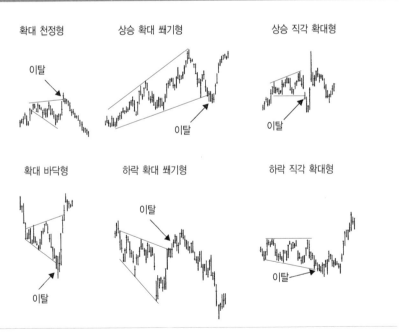

그림 9.1 여러 형태의 예외형 확대 패턴

는 패턴부터 시계 방향을 따라 얘기해보기로 하자. 내가 가지고 있는 자료에는 예외형 확대 패턴이 별로 없다. 따라서 통계수치에 너무 의존해서는 안 될 것이다. 표본이 추가되면 숫자는 쉽게 바뀔 수 있다. 참고로 말하자면, 내가 조사한 바로는 완전한 확대형에서 상향 이탈이 일어나면 상승장에서 평균 주가 상승폭은 36%다. 하향 이탈의 경우는 평균 낙폭이 18%다. 이런 수치를 아래쪽의 표에 제시한 예외형의 수치와 비교해볼 수도 있을 것이다. 내가 언급한 모든 통계수치는 수수료 없는 순수한 거래를 가정하고 있으므로 당신의 경우는 결과가 상당히 다를 수 있다.

확대 천정형

확대 천정형은 옆의 그림에서 보듯이 주가가 패턴의 고점을 벗어나지만 멀리 가지 못할 때 예외형이 된다. 그 뒤 주가는 아래로 고개를 수그리고 패턴의 바닥 아래로 떨어진다. 이로써 확대 천정형이 예외형임이 확인된다.

확대 천정형은 하향 후퇴가 일어날 확률이 54%이고 상향 후퇴가 일어날 확률이 48%다(표 9.1을 보라). 왜 하향 후퇴와 상향 후퇴에 신경 써야 하는가? 상향 이탈 뒤에 하향 후퇴가 일어나면 당신은 예외형이라고 판단하고 거래에 나설지도 모른다. 그러면 몇 달치의 건강보험료를 날려버릴 수도 있다. 은퇴가 가까운 사람들은 그 말이 무슨 뜻인지 잘 알 것이다. 공매도 거래를 하거나 보유주식을 처분하기 전에 종가가 패턴의 가장 낮은 바닥 아래로 떨어질 때까지 기다려야 한다. 주가가 이 정도로 떨어지면, 그 후로 더 떨어질 가능

표 9.1

구분	상향 이탈	하향 이탈
후퇴가 일어날 확률	54%	48%
이탈 후 반전 시 주가 변화폭	−31%(표본 38개)	56%(표본 54개)

성이 크다. 하향 이탈이 일어난 뒤 주가가 반전한 뒤에도 주식을 매수하기 전에 주가가 패턴의 고점을 벗어날 때까지 기다려야 한다.

나는 상승장에서 상향 이탈이 일어난 확대 천정형 183개를 조사했으나 예외형은 단 38개(21%)를 발견했을 뿐이다. 하향 이탈은 182개가 완전한 형태였고, 54개(30%)가 예외형이었다. 그만큼 예외형의 확대 천정형은 드물다.

확대 천정형에서 주가가 하향 이탈한 뒤 반전할 경우 평균 상승폭은 56%다. 주가가 상향 이탈한 뒤 하락할 경우 낙폭은 평균 31%다. 표 9.1을 보라(표에서 음수는 하락폭을 말한다. 이하 모든 표에서 동일).

상승 확대 쐐기형

옆의 그림은 상승 확대 쐐기형에서 하향 이탈이 일어났을 때를 보여준다. 하향 이탈 뒤 주가는 다시 상승하여 마침내 종가가 패턴의 고점을 넘어서게 된다. 이런 일이 일어나면 예외형 패턴이 되며 이때가 매수 시기다.

상승 확대 쐐기형은 하향 후퇴가 일어날 확률이 50%이고 상향 후퇴가 일어날 확률은 57%다(표 9.2를 보라). 나는 상승장에서 상향 후퇴가 일어난 패턴은 95개 그리고 하향 후퇴가 일어난 패턴은 29개를 찾아냈다. 예외형 패턴은 이탈의 방향에 따라 주가가 43% 오르거나 36% 내려갔다.

상향 이탈이 일어나는 상승 확대 쐐기형을 거래하기는 쉽지 않다. 언제 이탈이 일어나는지 결정하는 일이 어렵기 때문이다. 상승 확대 쐐기형에서 상

표 9.2

구분	상향 이탈	하향 이탈
후퇴가 일어날 확률	50%	57%
이탈 후 반전 시 주가 변화폭	−36%(표본 5개)	43%(표본 38개)

향 이탈이 실패하면 주가는 하락하여 아래쪽의 상향 추세선과 만난다. 종가가 그 추세선 밑으로 떨어지면 예외형임이 확인되고 순수한 공매도 신호가 된다. 하지만 아쉽게도 이 패턴에서는 주가가 그다지 많이 하락하지 않는다(하향 이탈이 일어나는 모든 차트 패턴의 평균보다 다소 낮다).

하향 이탈 시 종가가 패턴의 최고점을 넘었을 때 주식을 매수해야 한다. 하지만 주가가 위쪽 추세선에 다가가면서 반전이 일어나지 않는지 주의해야 한다.

상승 직각 확대형

옆의 그림은 또 하나의 확대형에서 하향 이탈이 일어나지만 곧 반전하여 주가가 급등하는 것을 보여주고 있다. 주가가 차트 패턴의 고점을 넘어서면서 이 차트 패턴은 예외형임이 확인된다. 주가가 상향 이탈한 뒤 반전 하락하는 경우에도 예외형의 확인 과정은 똑같다. 주가가 아래쪽의 수평 추세선 밑으로 내려가야 하는 것이다.

표 9.3에서 상향 후퇴나 하향 후퇴가 일어날 확률을 볼 수 있을 것이다. 상승 직각 확대형에서 이탈 뒤에 상향 후퇴가 일어날 확률은 65%다. 따져보면 세 번 중 두 번꼴이다. 주가가 상향 후퇴한 것을 보고 주식을 사고 싶어할 수 있지만, 주가가 고개를 수그리고 다시 떨어질 가능성이 크므로 주의해야 한다. 따라서 주식을 매수하기 전에 종가가 패턴의 최고가를 넘을 때까지 기다려야 한다. 종가가 패턴의 최고가를 넘으면 그 뒤로 주가가 계속하여 오를 가

표 9.3

구분	상향 이탈	하향 이탈
후퇴가 일어날 확률	47%	65%
이탈 후 반전 시 주가 변화폭	−26%(표본 16개)	50%(표본 63개)

능성이 크다. 상향 이탈의 경우 보유주식을 처분하거나 공매도 거래를 하기 전에 종가가 아래쪽 추세선 밑으로 떨어질 때를 기다려야 한다.

예외형 패턴을 보면 일단 반전하고 나면 50% 상승하거나 26% 하락한다. 상향 이탈의 경우는 표본이 매우 적지만 어쨌든 이 수치를 거래하는 데 참고로 삼을 수는 있을 것이다.

확대 바닥형

옆의 그림은 확대 바닥형을 보여준다. 이 패턴은 주가가 위쪽에서 내려와 패턴을 형성한다는 점을 빼면 확대 천정형과 매우 비슷하다. 이 예에서 종가는 아래쪽 추세선 밑으로 내려가지만 멀리 가지 못하고 곧 반전한다. 그리고 위쪽 추세선을 뚫고 나가 상승을 계속한다. 이탈이 하향이지만 더 이상 하락을 지속하지 못하기 때문에 이 패턴은 예외형이다. 상향 이탈이 일어나지만 곧 반전이 일어나 주가가 하락하는 경우도 똑같이 예외형 패턴이라고 하겠다.

표 9.4는 하향 후퇴 또는 상향 후퇴가 일어날 확률이 거의 같다는 것을 보여준다. 둘 다 40%가 약간 넘는다. 거의 250개의 패턴을 조사했는데 예외형은 찾기가 힘들었다. 어쨌든 적은 표본이라 하더라도 이를 근거로 하자. 예외형 패턴에서는 상승 시 평균 상승폭이 49%이고 하락 시 평균 하락폭이 31%다. 예외형에서는 하향 이탈이 일어나고 추세 반전 뒤 상승이 시작되고, 상향 이탈이 일어나고 추세 반전 뒤 하락이 시작된다.

표 9.4

구분	상향 이탈	하향 이탈
후퇴가 일어날 확률	41%	42%
이탈 후 반전 시 주가 변화폭	−31%(표본 20개)	49%(표본 18개)

다른 많은 확대형의 경우처럼 주가가 패턴을 가로질러 종가가 전고점(공격적인 거래자들의 경우 전저점)이나 위쪽 추세선 범위(가장 안전한 경우)를 벗어날 때 주식을 매수해야 한다. 즉, 매수 가능 지점은 전저점, 전고점, 추세선 위쪽이 있는데 제시한 순으로 안전도가 낮다. 주가는 추세선 근처에서 반전할 수 있으므로 이 사실을 염두에 둬야 한다.

하락 확대 쐐기형

옆의 그림은 예외형 하락 확대 쐐기형이다. 상향 이탈이 일어나지만 주가는 주춤거리다가 고개를 수그리고 곧 급락한다. 종가가 패턴의 저점 아래로 떨어지면 예외형 패턴임이 확인된다. 하향 이탈이 일어났다가 반전하여 패턴의 고점 위로 치솟는 경우에도 똑같은 방법으로 예외형인지 아닌지를 확인한다. 하락 확대 쐐기형은 이탈 후 주가 움직임이 큰 편인데 예외형을 찾아보기가 힘들다.

상승장에서 상향 이탈이 일어난 270개 패턴과 하향 이탈이 일어난 47개 패턴을 조사했다. 단 51개의 패턴만이 반전이 일어나기 전 주가 움직임이 10%에 미치지 못했다. 표 9.5에서 보다시피 하향 이탈 때 반전 후 움직임이 더 크다.

상향 후퇴나 하향 후퇴나 일어날 확률은 53%로 똑같다. 예외형 패턴은 34% 상승하든지 아니면 26% 하락했다. 표본 규모가 너무 작기 때문에 이 수치를 너무 신뢰해서는 안 될 것이다.

표 9.5

구분	상향 이탈	하향 이탈
후퇴가 일어날 확률	53%	53%
이탈 후 반전 시 주가 변화폭	−26%(표본 43개)	34%(표본 8개)

상향 이탈의 경우 주가가 패턴의 저점 아래로 떨어지면 주식을 처분하든가 아니면 공매도 거래를 하라. 주가가 아래쪽 추세선 가까이로 접근하면 반전이 일어나지 않는지 주의해야 한다.

하향 이탈의 경우 반등하여 종가가 위쪽 추세선을 넘어설 때 주식을 매수하라. 주가가 패턴의 시작 부분에서 기록된 고가에서 멈출 수 있기 때문에 주의해야 한다. 가격 목표점이 가까워질 때는 손실제한주문을 바짝 붙여둬야 한다.

그림 7.2에서 예외형 하락 쐐기형을 볼 수 있다. 상향 이탈이 일어났지만 반락하여 큰 폭의 하락세를 보인 경우다.

하락 직각 확대형

마지막 여섯 번째 패턴은 하락 직각 확대형이다. 그림에서 주가는 하향 이탈했다가 한번 주춤거리고 나서 숨 가쁘게 치솟는다. 종가가 위쪽의 수평 추세선을 넘어서면 이 패턴은 예외형임이 확인된다. 예외형은 상향 이탈이 일어났더라도 주가가 곤두박질치는 경우가 있으므로 주의해야 한다.

표 9.6에서 보다시피, 이탈 후 주가는 50%를 약간 넘는 확률로 상향 후퇴나 하향 후퇴가 일어나 이탈 가격으로 되돌아간다. 이런 되돌림 뒤에 주가가 계속 같은 방향으로 나아가면 예외형 패턴이 된다. 평균 낙폭은 26%이고 평균 상승폭은 52%다. 191개의 패턴을 조사했는데, 이번 역시 예외형의 표본

표 9.6

구분	상향 이탈	하향 이탈
후퇴가 일어날 확률	52%	51%
이탈 후 반전 시 주가 변화폭	-26%(표본 28개)	52%(표본 23개)

규모가 작았다는 것을 말해둬야겠다.

상향 이탈의 경우 주가는 하향 후퇴한 뒤 계속 하락하여 마침내 가장 낮은 바닥 아래로 내려가 예외형 패턴이 된다. 공매도 거래를 하기 전에 주가가 아래쪽 추세선을 이탈하는지 확인할 필요는 없지만 해당 산업 부문과 전체 시장이 역시 하락세에 있는지는 봐야 한다. 이들의 추세가 하락세가 아니라면 공매도 거래를 하기 전에 종가가 아래쪽 추세선 밑으로 내려갈 때까지 기다리는 것이 현명하다.

하향 이탈의 경우 주식 매수 전에 주가가 반등하여 종가가 위쪽 추세선을 넘을 때까지 기다려야 한다. 그림 9.1의 여섯 번째 예는 바로 이런 상황을 보여준다.

사례에서 배우기

"또 내가 했던 거래를 예로 드는 거예요?" 컴퓨터 앞에서 한참 열중해서 일하고 있는데 제이크가 내 얼굴 앞으로 불쑥 손을 들이밀며 말했다. 그는 가끔 화가 날 만한 행동을 한다.

"당신이 큰돈을 잃은 거래를 예로 들어볼 생각인데요."

그는 눈이 세모꼴이 됐고 표정도 심각해졌다. "설마 JCB 엔터프라이즈 주식 샀다가 9만 달러 잃었던 걸 말하려는 건 아니겠죠?"

나는 웃음을 터뜨렸다. "아하, 9만 달러나 됐나요? 나도 때로는 그런 식으로 내가 얼마나 큰 손해를 봤는지 사람들에게 들키는 경우가 있지요." 나는 자판을 두드려 컴퓨터 화면에 그림 9.2의 차트가 나타나게 했다.

"하향 이탈이 일어났을 때 그걸 보기는 했지만 공매도 거래를 하고 싶은 생각이 안 들더라고요." 제이크가 말했다. "그래서 지켜보고만 있었죠."

며칠 뒤 주가가 확대형의 최고점까지 올라갔다. "내가 주식을 산 게 그때죠." 그는 38% 피보나치 되돌림 수준으로 손실제한주문을 해뒀다. 갭의 바닥에 가까운 지점이다(A). 갭은 보통 지지영역이나 저항영역이 된다. 차트 오

노블 (유전 서비스·장비, 뉴욕 증권거래소, NE)

그림 9.2 이 예외형 확대 바닥형은 하향 이탈이 일어난 뒤 주가가 오히려 급상승하지만 상승은 오래가지 못했다.

른쪽에 B라고 표시한 곳에서 주가가 멈추는 것을 볼 수 있을 것이다. B는 갭의 바닥과 같은 높이에 있다.

주가는 4월 말까지 약간 올랐다가 3일 만에 4포인트가 떨어졌다. "폭락이 시작된 것 같더라고요. 무슨 일이 일어날지 기다리고만 있을 수는 없었죠. 그래서 손실제한주문에 걸리기 전에 주식을 미리 처분해서 돈을 아꼈어요." 주가는 이탈 가격 25달러의 지지영역마저 붕괴시켰다. 따라서 그가 주식을 처분한 것은 현명한 선택이었다. 만약 가지고 있었다면 얼마나 큰 손해를 입었을지 확인할 수 있을 것이다.

318

다이아몬드형diamonds, 이중형doubles, 머리어깨형head-and-shoulders

그림 9.3은 또 다른 예외형 패턴들을 보여준다. 다이아몬드 천정형과 바닥형, 이중 천정형과 바닥형, 머리어깨형과 역 머리어깨형이다. 각 패턴의 천정형이 윗줄에 있고, 바닥형은 아랫줄이다. 지금부터 이 각 패턴들에 대해 설명하겠다.

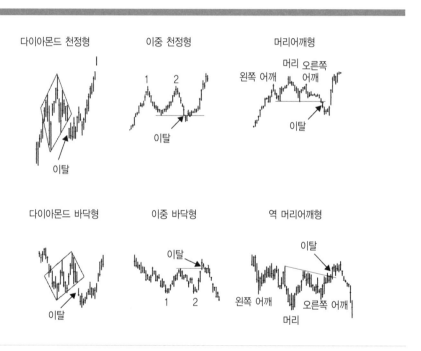

그림 9.3 예외형의 다이아몬드형, 이중 천정형, 이중 바닥형, 머리어깨형을 보여준다.

다이아몬드 천정형

한쪽 방향으로 이탈이 일어나지만 주가가 반전하여 반대 방향으로 큰 폭으로 움직일 때 예외형 다이아몬드 천정형이 된다. 옆의 그림에서 볼 수 있는 다이아몬드 천정형에서는 하향 이탈이 일어났다가 반전하여 종가가 패턴의 고점을 넘어서면서 예외형 패턴이 된다.

상향 후퇴나 하향 후퇴가 일어날 확률은 60%가 안 된다(표 9.7을 보라). 주식 매수 전에 주가가 이탈 후 반전하여 다이아몬드형의 천정(하향 이탈 시)이나 바닥(상향 이탈 시)을 벗어날 때까지 기다려야 한다. 서둘러 거래를 하면 상향 후퇴 때나 하향 후퇴 때 시장에 들어가는 상황이 발생할 수 있다. 이런 때는 보통 주가가 원래의 이탈 방향으로 다시 움직이기 시작한다.

몇 개 안 되는 표본을 근거로 판단하면 예외형은 반전 시 주가 움직임이 크지 않다. 따라서 다른 종류의 예외형을 거래하는 것이 나을 것이다(그림 7.4의 삽입그림은 가짜 이탈 또는 상향 이탈이 일어난 예외형 다이아몬드 천정형을 보여준다).

표 9.7

구분	상향 이탈	하향 이탈
후퇴가 일어날 확률	59%	57%
이탈 후 반전 시 주가 변화폭	−23%(표본 22개)	32%(표본 28개)

이중 천정형

하향 이탈이 일어나지만 주가가 많이 떨어지지 않고 반등하여 패턴의 최고점을 넘어설 때 예외형 이중 천정형이 된다. 나는 다른 모든 이중 천정형을 대표하

여 이브&이브 이중 천정형을 예로 삼았다. 이중 천정형은 이탈 방향이 하나이기 때문에 표에는 상향 이탈 부분이 없다. 표 9.8에서 보듯이 상향 후퇴가 일어날 확률은 59%이며 예외형 이중 천정형의 평균 주가 상승폭은 74%다. 이중 천정형과 달리 위쪽과 아래쪽으로 모두 이탈이 일어날 수 있는 패턴들은 상향 이탈의 경우 주가 움직임을 음수로 표현했다. 74%의 상승폭은 무척 높은 수익률이고, 표본의 수도 많기 때문에 이 수치는 믿을 만하다. 하지만 수수료 없는 순수한 거래에 근거했다는 사실을 감안해야 한다.

이중 천정형 거래는 쉽다. 패턴이 진짜 이중 천정형으로 확인될 경우, 즉 종가가 두 천정 사이의 바닥보다 아래로 내려갈 경우, 주가가 반전하여 바로 앞에 있는 천정을 넘어설 때까지 기다리면 된다.

천정을 연결하여 추세선을 그려보라. 추세선이 하향하면 종가가 추세선을 넘어설 때 주식을 매수하라. 상향 추세선은 무시하라. 이때는 종가가 바로 앞에 있는 천정을 넘어설 때를 매수 시점으로 삼는다.

이중 천정형이 확인되지 않을 때(종가가 패턴의 바닥 아래로 내려가지 않고 상승할 때)에도 이 패턴으로 거래를 할 수 있다. 하지만 이때 패턴은 다른 모든 면에서 이중 천정형의 요구 조건(두 천정의 시간적 간격, 두 천정의 가격 차이, 천정과 바닥 사이의 거리 등과 관련된)을 충족시켜야 한다. 주가가 앞에 있는 고점 위로 상승하거나 아니면 2개의 저점을 연결한 하향 추세선 위로 올라갈 때 주식을 매수하라.

표 9.8

구분	하향 이탈
상향 후퇴가 일어날 확률	59%
이탈 후 반전 시 주가 변화폭	74%(표본 62개)

머리어깨형

예외형 머리어깨형은 원래의 패턴에 상향 후퇴가 일어난 모양과 비슷하다. 단 이렇게 상향 후퇴한 주가가 계속 상승하여 패턴의 천정을 넘어섬으로써 예외형임이 확인되어야 한다.

표 9.9에서 보듯이, 머리어깨형은 하향 이탈이 일어나면 50%의 경우 상향 후퇴가 뒤따른다. 주가가 같은 방향(위쪽)으로 계속 움직여갈 경우 평균 주가 상승폭은 53%다. 예외형 패턴 중에서 이 정도 상승폭은 큰 것이며, 표본 규모가 크기 때문에 신뢰할 만하다고 하겠다.

머리어깨형은 거래 방법이 2가지다. 하나는 확인된 패턴(종가가 목선 아래나 오른쪽 바닥의 저가 아래로 내려가는)을 선택하는 것이고, 다른 하나는 확인되지 않은 패턴을 선택하는 것이다. 위의 그림에서는 확인된 머리어깨형을 볼 수 있다.

공격적인 거래자라면 오른쪽 어깨의 고점을 넘어 종가가 형성될 때 매수할 수 있다. 단, 주가는 머리의 고점에 가까워지면서 멈춰버릴 수 있다는 사실을 명심해야 한다. 머리와 오른쪽 어깨를 잇는 하향 추세선을 그릴 수도 있다. 종가가 이 추세선을 이탈했을 때 주식을 매수하라. 장기 투자자들은 종가가 머리의 고점을 넘어설 때까지 기다렸다가 매수해야 할 것이다.

표 9.9

구분	하향 이탈
상향 후퇴가 일어날 확률	50%
이탈 후 반전 시 주가 변화폭	53%(표본 68개)

다이아몬드 바닥형

나는 거의 300개의 다이아몬드 바닥형을 발견했지만 예외형은 거의 없었다. 옆의 그림은 어렵게 찾아낸 예외형의 예다. 하향 이탈이 일어나지만 금세 주가가 회복되고 마침내 패턴의 고점 위로 올라간다.

표 9.10에서 보듯이, 하향 후퇴가 일어날 확률은 53%지만 상향 후퇴가 일어날 확률은 71%다. 예외형에서 주가 반전 시 평균 주가 상승폭은 34%이며 평균 낙폭은 25%다.

다이아몬드 바닥형은 다이아몬드 천정형과 같은 식으로 거래하라. 주식 매수 전에 주가가 패턴의 최고점 위로 상승하거나 최저점 아래로 떨어지기를 기다려야 한다. 너무 일찍 시장에 들어가면 실패할 가능성이 커진다.

표 9.10

구분	상향 이탈	하향 이탈
후퇴가 일어날 확률	53%	71%
이탈 후 반전 시 주가 변화폭	−25%(표본 16개)	34%(표본 15개)

이중 바닥형

예외형 이중 바닥형은 수평의 바닥과 위쪽의 상향 추세선으로 이뤄진 상승 직각 확대형을 생각나게 한다. 예외형 이중 바닥형에서 주가는 상향 이탈한 뒤 하락한다. 종가가 2개의 저점 아래에 형성될 때 유효한 예외형임이 확인된다.

이중 바닥형에서는 한 방향에서 이탈이 일어난다. 따라서 표 9.11은 상향 이탈만 나와 있다. 55%의 경우 하향 후퇴가 일어나므로 종가가 패턴의 최저점 아래로 떨어지기 전에 섣불리 포지션을 취해서는 안 된다.

예외형은 평균 낙폭이 32%다. 이 정도면 괜찮은 것이다. 이중 천정형에서처럼 예외형 이중 바닥형은 2가지 방법으로 거래할 수 있다. 패턴이 확인되지 않은 상태에서 주식을 매수하거나 패턴이 확인될 때까지 기다리는 것이다. 그림 9.3에서는 확인된 예외형을 볼 수 있다.

이 패턴을 거래하는 가장 안전한 방법은 종가가 이중 바닥형의 가장 낮은 바닥 아래로 내려갈 때까지 기다리는 것이다. 2개의 바닥을 잇는 추세선이 상향 추세선이라면, 종가가 이 추세선 밑으로 떨어지면 이 또한 거래 신호가 될 수 있을 것이다. 이렇게 추세선을 이용하여 한 발 일찍 공매도 거래를 할 때, 주가가 2개의 바닥 근처에서 멈추면서 삼중 천정형을 만들 수도 있으니 조심해야 한다.

표 9.11

구분	상향 이탈
하향 후퇴가 일어날 확률	55%
이탈 후 반전 시 주가 변화폭	−32%(표본 58개)

역 머리어깨형

예외형 역 머리어깨형은 상향 이탈이 일어났다가 반전하여 주가가 폭락할 때 만들어진다. 옆의 예가 바로 그런 상황을 보여준다.

역 머리어깨형에서 하향 후퇴가 일어날 확률은 45%다(표 9.12를 보라). 예외형의 평균 낙폭은 28%다.

역 머리어깨형을 거래하는 방법은 다른 예외형 패턴들의 경우와 비슷하다. 이탈이 일어난 뒤 반전하여 주가는 하락할 것이다. 종가가 오른쪽 어깨의 저점 아래로 내려가면, 가지고 있던 주식을 처분하고 공매도 거래를 하라. 그보다 덜 공격적인 거래자들은 거래 전에 주가가 머리 아래로 하락하기를 기다려야 한다. 그렇지 않으면 주가가 왼쪽 어깨의 바닥이나 머리 수준에서 멈추거나 반전하는지를 살펴 거래한다. 시장에 빨리 들어갈 수 있는 또 하나의 방법으로 머리와 오른쪽 어깨의 바닥을 잇는 추세선을 활용할 수도 있다. 종가가 이 추세선 밑으로 떨어지면 주식을 공매도하거나 보유주식을 처분하라. 또다시 말하지만 주가가 머리 수준으로 하락하면서 도중에 멈추지는 않는지 잘 살펴야 한다.

예외형 역 머리어깨형은 거래 전에 패턴 확인(종가가 목선을 넘는 상황)을 위해 기다릴 필요가 없다. 3개의 바닥이 예외형 역 머리어깨형 같지만 유효한 패턴으로 확인되지 않고 대신 주가가 오른쪽 어깨를 형성한 뒤 하락할 경우에는, 앞서 말한 방법에 따라 거래하면 된다.

표 9.12

구분	상향 이탈
하향 후퇴가 일어날 확률	45%
이탈 후 반전 시 주가 변화폭	−28%(표본 53개)

사례에서 배우기

이따금 차트 패턴을 너무 늦게 발견하여 적기를 놓치고 거래를 할까 말까 망설인 경우가 있었을 것이다. 내 경험으로 보자면 좋은 가격에 시장에 들어갈 수 없거나 주가가 이미 멀리 달아나버렸다면 거래를 포기하는 게 낫다. 시세를 봤을 때 주가가 하락세면 나는 주식을 매수하지 않는다. 왜냐하면 주가가 떨어지고 있기 때문이다. 몇 분 뒤면 주식이 더 싸질 게 분명하지 않은가.

또한 장중에 주가가 너무 치솟을 때도 주식을 사지 않는다. 왜냐하면 내가 주식을 사자마자 하락세로 바뀌어 내 주식이 손실제한주문에 걸리면서 손실을 보고 시장에서 나와야 할지도 모르기 때문이다. 안전지대는 이 두 범위 사

홀리 (석유, 뉴욕 증권거래소, HOC)

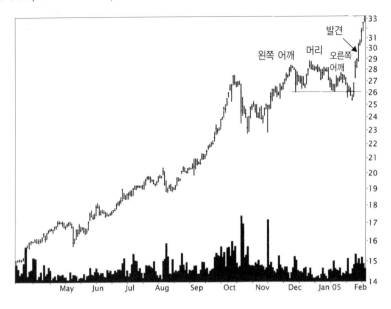

그림 9.4 제이크는 차트 패턴을 너무 늦게 발견했기 때문에 거래 기회를 놓쳤다.

이 어딘가에 있다. 주가는 상승하고 있어야 하지만 상승 속도가 너무 급해서는 안 된다.

그림 9.4에서 그 사례를 보도록 하자. 제이크가 이 패턴을 발견했을 때는 머리어깨형이라는 데까지 확인됐지만 지금은 다시 상승하여 머리 위로 넘어가 있었다. 예외형이 만들어진 것이다.

"어떻게 해야 할까요?" 그가 물었다.

"하향 후퇴를 기다린 다음 사요." 나는 그가 지금 당장 사고 싶어한다는 것을 알 수 있었다. 그는 손목을 빙글빙글 돌렸다가 방 안을 돌아다녔다가 하면서 어떤 식으로든 결정을 내리려 했다. "제이크, 주식과 사랑에 빠지지는 말아요. 다른 주식들은 많아요."

그는 나를 올려다봤고 내 말이 옳다는 것을 깨달았다. 그는 컴퓨터 쪽으로 돌아가 머리를 컴퓨터 화면의 빛 속에 묻었다.

내가 제이크에게 그림 9.4의 주식에 관해 말해주고 나서 몇 주 뒤까지 주가는 하향 후퇴하지 않았다. 그래서 제이크는 거래 기회를 놓치고 말았다. 주가는 45남짓까지 올라갔다. 그가 좋은 기회를 놓친 것일까? 그렇기는 하다. 사실 주가가 그렇게 급등하리라고는 예상하지 못했다. 그런 경우는 흔치 않기 때문이다. 하지만 그럼에도 불구하고 거래에 신중을 기하고 늦게 거래에 뛰어드는 일은 삼가는 게 현명한 처사라고 하겠다.

패턴을 일찍 발견했다면 그는 28.78(고점보다 1센트 위)에 매수 가격을 지정해놓았거나 아니면 머리와 오른쪽 어깨의 고점들을 연결하여 추세선을 그렸을 것이다. 종가가 이 추세선을 넘는 27.78 위에서 형성되었을 때 매수했다면 그는 좀더 일찍 거래에 뛰어들 수 있었을 것이다. 하지만 더 큰 위험을 감수해야 하는 것은 어쩔 수 없다. 종종 상향 후퇴는 주가를 오른쪽 어깨의 고점 높이나 그보다 약간 높은 곳까지 끌어올리는 데 그치곤 한다. 하지만 그가 정말로 27.28에 주식을 샀다면 주당 15~17달러는 벌 수 있었을 것이다.

"모든 건 타이밍이에요." 내가 그에게 말했다.

그가 시계를 들여다봤다. "11시군요."

그 외의 예외형 패턴

그림 9.5는 나머지 예외형 패턴들을 보여준다.

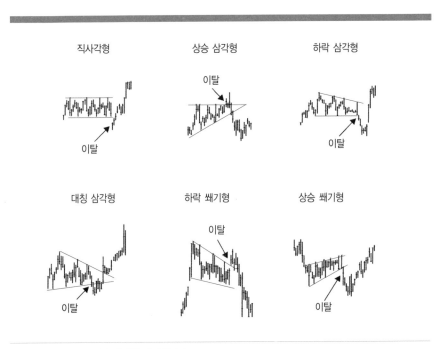

그림 9.5 또 다른 6개의 예외형 패턴들이다.

직사각형

직사각형은 어느 방향으로든 이탈이 일어날 수 있다. 하지만 이때 주가가 반전하여 패턴을 가로질러 반대쪽으로 나가버리면 예외형이 된다. 이때가 거래의 적기인데, 옆의 그림이 그 예를 보여주고 있다.

여기서는 다른 모든 직사각형을 대표하여 직사각형 천정형을 다뤘다. 표본이 가장 많기 때문이다(676개). 표 9.13은 수치를 보여준다. 직사각형에서 하향 후퇴가 일어날 확률은 64%이고 상향 후퇴가 일어날 확률은 58%다. 주가가 새로운 방향으로 계속 움직이면 예외형 직사각형이 되며 상승 시 평균 상승폭은 52%, 하락 시 평균 낙폭은 25%다. 하향 이탈의 경우는 표본이 적다.

앞의 그림은 직사각형 천정형에서 하향 이탈이 일어났을 때를 보여준다. 이때 상향 후퇴가 뒤따르고 주가가 패턴의 고점을 넘어가버렸다. 이처럼 주가가 패턴을 가로질러 다른 쪽으로 넘어가 추세선의 경계 바깥에서 종가가 형성됐을 때만 예외형임을 확인하고 새로운 추세에 뛰어들어야 한다.

그림처럼 하향 이탈 뒤 주가가 사각형 패턴 쪽으로 되돌아오면 부분 하락을 찾아보라. 만약 부분 하락이 직사각형 안에서 생겨나면 상향 이탈을 기대할 수 있는 매수 신호다.

표 9.13

구분	상향 이탈	하향 이탈
후퇴가 일어날 확률	64%	58%
이탈 후 반전 시 주가 변화폭	−25%(표본 57개)	52%(표본 22개)

상승 삼각형

상승 삼각형은 어느 방향으로든 이탈이 일어날 수 있다. 옆의 그림은 상향 이탈이 일어나지만 하향 후퇴가 뒤따라 주가가 아래쪽 추세선을 지나쳐 아래로 떨어진다. 이로써 예외형 패턴임이 확인된다.

표 9.14에서 보듯이 상향 이탈에서 하향 후퇴가 일어날 확률은 57%다. 주가가 계속하여 하락하면 예외형 패턴이 된다. 이때 평균 낙폭은 24%다. 하향 이탈에서 상향 후퇴가 일어날 확률은 49%이고, 예외형 패턴이 되면 평균 주가 상승폭은 45%다. 다시 말하지만 이 수치들은 평균값이며 수수료 없는 순수한 거래를 가정하고 있다.

앞의 그림은 상승 삼각형에서 상향 이탈이 일어났다가 주가가 하락한 모습을 보여준다. 공격적인 거래자들은 종가가 상향 추세선 밑으로 떨어졌을 때 공매도 거래를 하거나 보유주식을 처분해야 할 것이다. 이때 주가가 패턴의 가장 낮은 바닥에 접근하면서 멈추지는 않는지 주의해야 한다. 보수적인 거래자들은 예외형에서 주가가 패턴의 가장 낮은 바닥 아래로 떨어질 때까지 기다렸다가 거래에 들어가야 할 것이다.

상승 삼각형에서 하향 이탈이 일어났다가 주가가 상승하는 경우는 종가가 위쪽 추세선을 넘어섰을 때 주식을 매수해야 한다.

7장의 그림 7.18에서 당신은 예외형 상승 삼각형을 볼 수 있을 것이다. 이 예외형 패턴에서는 하향 이탈이 일어났다가 다시 주가가 상승했다. 낙폭은 8%로, 10% 미만의 주가 움직임이라는 예외형의 조건에 부합한다. 5장의 그

표 9.14

구분	상향 이탈	하향 이탈
후퇴가 일어날 확률	57%	49%
이탈 후 반전 시 주가 변화폭	−24%(표본 149개)	45%(표본 46개)

림 5.1도 예외형 상승 삼각형의 또 다른 예를 보여주고 있다. 하지만 이 패턴은 약간 미덥지 못하다. 주가가 상향 이탈했다가 겨우 4일 동안 하락한 뒤 상승갭을 형성하며 다시 삼각형 안으로 뛰어들었기 때문이다.

하락 삼각형

옆의 그림은 하락 삼각형에 하향 이탈이 일어난 모습을 보여준다. 종가가 위쪽의 하향 추세선을 넘어섰을 때 예외형이 된다.

표 9.15에서 하향 후퇴 또는 상향 후퇴가 일어날 확률을 확인할 수 있을 것이다. 예외형에서 주가 반전 시 하락폭이나 상승폭이 얼마나 되는지 보라. 하향 이탈이 일어났다가 주가가 치솟아 패턴을 벗어나는 예외형의 경우는 평균 상승폭이 60%이며, 그 표본은 180개다. 아마 당신은 이 통계수치에 매력을 느낄 것이다. 상향 이탈이 일어났다가 주가가 하락한 경우도 당신의 흥미를 끌 만하다. 평균 낙폭 26%면 괜찮은 수치다.

공격적인 거래자들은 주가가 상향 추세선을 이탈하자마자 주식 매수에 나설 것이다. 보수적인 거래자들은 주가가 패턴의 최고점을 넘어설 때까지 기다려야 한다. 일단 주가가 패턴 밖으로 나가면 계속하여 상승할 가능성이 크다.

전체 시장과 동일 산업 부문의 다른 주식들을 체크하는 일을 잊지 말아야 한다. 추세의 방향이 똑같다면 거래에서 수익을 낼 확률은 커질 것이다.

8장의 그림 8.3은 예외형 하락 삼각형의 예를 보여준다. 주가는 아래쪽 추세선을 살짝 이탈한 뒤 상당히 큰 폭으로 상승했다. 또 다른 예외형 하락 삼각

표 9.15

구분	상향 이탈	하향 이탈
후퇴가 일어날 확률	37%	54%
이탈 후 반전 시 주가 변화폭	−26%(표본 77개)	60%(표본 180개)

형의 예는 6장의 그림 6.12에서 볼 수 있다.

대칭 삼각형

 대칭 삼각형은 여름날 내내 오이 농장에서 볼 수 있는 진딧물만큼이나 흔하다. 옆의 그림은 예외형 대칭 삼각형의 예를 보여준다. 주가가 한 방향으로 이탈했다가 반대 방향으로 움직여 패턴을 벗어나면 예외형이다.

이런 움직임은 언제나 그렇지는 않지만 종종 큰 폭의 상승이나 하락을 가져온다. 표 9.16을 보자. 하향 후퇴가 일어날 확률은 37%이고, 상향 후퇴가 일어날 확률은 그보다 좀더 많은 59%다. 주가가 하향 이탈했다가 반전하여 패턴 바깥으로 나가는 경우는 평균 상승폭이 43%다. 상향 이탈했다 하락하는 경우는 평균 낙폭이 26%다. 두 방향 모두 표본이 많으므로 통계수치는 신뢰할 만하다.

대칭 삼각형에서 이탈이 일어난 뒤 주가가 반전하면 새로운 추세를 따라 거래하라. 종가가 반전 후 새롭게 추세선을 넘으면 포지션을 취하라. 8장의 그림 8.5는 이 같은 예를 보여준다. 주가는 하향 이탈했다가 반전하여 상향 이탈한 뒤 큰 폭으로 상승했다. 7장의 그림 7.19는 2개의 예외형 대칭 삼각형을 보여준다. 그림 7.18의 차트에서는 5월에 예외형 대칭 삼각형을 볼 수 있을 것이다.

반전이 불안하다면, 특히 전체 시장과 해당 산업 부문이 주가와 반대되는 추

표 9.16

구분	상향 이탈	하향 이탈
후퇴가 일어날 확률	37%	59%
이탈 후 반전 시 주가 변화폭	-26%(표본 97개)	43%(표본 97개)

세에 있을 경우, 거래 전에 주가가 패턴의 최고점이나 최저점을 벗어날 때까지 기다려야 한다. 주가는 대개 전고점이나 전저점에서 멈추거나 반전한다.

하락 쐐기형

나는 상승형이든 하락형이든 쐐기형에는 그다지 관심이 없다. 다른 거래자들은 열심히 찾는 것 같은데 내 생각에 이 패턴은 다른 패턴에 비해 예상 수익률이 낮다. 쐐기형에서는 주가가 대개 패턴의 고점에 걸려서 반전을 일으킨다. 이 때문에 전문적인 스윙 트레이더로서 이런 형태의 움직임만을 노리지 않는 한 수익을 내기가 쉽지 않다. 위 그림은 예외형 하락 쐐기형을 보여준다. 상향 이탈이 일어나지만 주가가 곧 하락하고 만다.

표 9.17은 통계치를 보여준다. 반 이상 하향 후퇴가 일어나고 세 번 중 두 번은 상향 후퇴가 일어난다. 얼마 안 되는 표본이지만 이를 근거로 통계를 내면 예외형 패턴에서 하향 이탈이 일어났다가 반전할 경우 평균 주가 상승폭은 51%다. 상향 이탈했다가 주가가 떨어질 경우에는 낙폭이 평균 19%다.

하락 쐐기형은 다른 차트 패턴처럼 거래하면 된다. 한쪽 방향으로 이탈이 일어났다가 주가가 반전하여 반대쪽의 추세선을 뚫으면 포지션을 취하라. 주가가 상승하면 패턴의 고점 근처에서 멈추지 않는지 주의해야 한다. 이곳이 보통 저항영역이 되기 때문이다.

예컨대 바로 앞 그림은 하락 쐐기형에서 상향 이탈이 일어난 모습을 보여

표 9.17

구분	상향 이탈	하향 이탈
후퇴가 일어날 확률	56%	69%
이탈 후 반전 시 주가 변화폭	−19%(표본 53개)	51%(표본 21개)

주고 있다. 종가가 아래쪽 추세선 밑으로 떨어지면 보유주식을 처분하거나 공매도 거래를 하라.

상승 쐐기형

옆의 그림을 보면 상승 쐐기형에서 하향 이탈이 일어난 다음 주가가 다시 상승하여 패턴의 최고점을 넘어섰고, 이로써 예외형 패턴임이 확인됐다.

표 9.18은 상승 쐐기형에서 하향 후퇴와 상향 후퇴가 일어날 확률이 각각 73%와 63%임을 보여준다. 예외형에서는 평균 주가 상승폭이 43%이며 평균 낙폭은 26%다. 여기서 84개의 표본을 통해 구한 43%의 평균 상승폭은 특히 신뢰할 만하다. 일부 거래자들이 쐐기형을 좋아하는 것도 이 때문일 것이다. 그들도 예외형을 찾는 법을 잘 알고 있는 게 틀림없다.

위 그림은 상승 쐐기형에서 하향 이탈이 일어난 모습을 보여주고 있다. 이런 상황에서는 종가가 위쪽 추세선 위로 올라갈 경우 주식을 매수해야 한다. 상향 이탈의 경우에는 종가가 아래쪽 추세선 밑으로 내려갈 때가 매수 신호다. 주가가 패턴의 가장 낮은 바닥 근처까지 갔을 때는 멈추거나 반전하지 않는지 주의해서 지켜봐야 한다.

표 9.18

구분	상향 이탈	하향 이탈
후퇴가 일어날 확률	73%	63%
이탈 후 반전 시 주가 변화폭	-26%(표본 25개)	43%(표본 84개)

암젠 (생명 공학, 나스닥, AMGN)

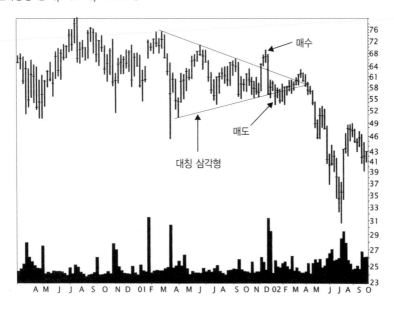

그림 9.6 대칭 삼각형에서 상향 이탈이 일어나지만 주가는 곧 하락하여 종가가 아래쪽 추세선 밑으로 내려간다. 이로써 예외형 패턴임이 확인된다. 이 차트는 주간 차트다.

사례에서 배우기

그림 9.6은 제이크가 거래한 주식의 주간 차트다. 그는 65.33의 시장가에 200주를 매수했다. 그는 이렇게 말했다. "암젠이 2005년까지 20%의 연간 성장을 목표로 잡았는데, 나는 그 말을 믿을 정도로 멍청했던 거예요. 문제는 그들의 목표와 주가는 아무 상관도 없다는 거였죠."

그는 대칭 삼각형에서 상향 이탈이 일어났을 때 주식을 샀다. "주가가 67의 저항선에서 멈추고 다시 74에서 멈출 거라고 예상했죠. 지지선은 55랑 또 59~60에 있었고." 그가 주식을 매수한 주에 주가는 67을 넘어 69까지 올라갔다. 하지만 주가는 곧 대칭 삼각형 아래로 떨어져 53.28을 기록했다. 그의 예상대로 55~57은 강력한 지지영역으로 작용했지만, 59~60의 지지영역은 주가 하락을 약간 늦추는 정도에 그쳤다.

"나는 주식을 오랫동안 보유하고 싶었어요. 주가가 연중 고가 근처에서 거래되고 있었기 때문이죠." 그가 설명했다. "74까지 오르면 수익이 13%예요. 사실 그보다 큰 수익을 원하고 있었으니 당연히 좀더 오래 갖고 있어야겠다고 생각했죠."

그가 주식을 매수하고 나서 10일 뒤 암젠 사에서 BT기업인 이뮤넥스를 매입한다고 발표했다. 그러고 나서 주가가 하락했다. 하향 후퇴가 일어나 몇 주 뒤 종가가 아래쪽 추세선 밑으로 내려갔다. 새해가 시작되고 나서 며칠 뒤 주가는 55의 지지선까지 이탈했다.

"오랫동안 주식을 갖고 싶다 해도, 그것이 날마다 내 잔고를 축낸다면 다른 생각이 들기 마련이죠." 그는 17%, 즉 2,250달러의 엄청난 손해를 보고 54.20에 주식을 처분했다. "끔찍한 출혈이었어요. 나는 상향 후퇴가 일어난 뒤 주가가 다시 삼각형 바닥으로 떨어지고 계속하여 하락할 거라고 예상했어요." 실제로 상향 후퇴가 일어나고 나서 주가는 계속 상승하여 위쪽 추세선을 넘어섰다가 다시 하락했다. 7월에는 주가가 30.57로 곤두박질쳤다. 그가 주식을 매수한 가격의 반도 안 되는 가격이었다.

그림 9.6의 패턴은 상향 이탈이 일어나고 나서 주가가 하락하여 하향 이탈이 일어난 다음 다시 주가가 상승했다. 그리하여 종가가 위쪽 추세선을 넘었지만 또다시 반전하여 크게 하락했다. 어느 때 주식을 사느냐에 상관없이 상향 이탈이든 하향 이탈이든 손실을 보기 쉽다는 것을 알 수 있을 것이다. 그림과 같은 이중 반전은 자주 있는 일이다. 따라서 당신에게 이런 일이 일어난다고 해도 놀라지 말기 바라며 예외형 패턴을 계속 거래하여 큰 수익을 내기를 빈다. 당신도 완성형보다 예외형 패턴을 거래하는 게 수익이 더 높다는 것을 알게 될 것이다. 하지만 예외형 패턴도 완벽하지 않다는 것을 명심하라.

Chapter **10**

그 외의 거래 사례(종합)

10

이 장에서는 각 거래 사례를 퀴즈로 활용해 당신들이 배운 사실들을 한번 테스트해보기 바란다. 먼저 주식을 거래할 만한 충분한 이유가 있는지 판단해보라. 전체 시장을 보고 거래 지표를 살펴보라. 그리고 차트 패턴을 찾아라. 각 회사의 주식 차트를 두 번 보여줄 텐데, 첫 번째는 설명이 별로 없다. 당신은 이 첫 번째 차트를 보고서 거래를 할 만한 가치가 있는지 판단해야 한다. 두 번째 차트는 내가 어떻게 거래했는지를 보여줄 것이다.

그 외의
거래 사례(종합)

이 장에서는 내가 시장에서 실제 거래했던 사례들을 추가로 다룰 것이다. 각 거래 사례를 퀴즈로 활용해 당신들이 배운 사실들을 한번 테스트해보기 바란다.

가장 좋은 방법은 각 거래의 차트를 컴퓨터에 띄워놓고 당신이 직접 거래를 한다고 생각해보는 것이다. 먼저 주식을 거래할 만한 충분한 이유가 있는지 판단해보라. 전체 시장을 보고 거래 지표를 살펴보라. 그리고 차트 패턴을 찾아라. 왜냐하면 이 책은 차트 책이기 때문이다. 각 회사의 주식 차트를 두 번 보여줄 텐데, 첫 번째는 설명이 별로 없다. 당신은 이 첫 번째 차트를 보고서 거래를 할 만한 가치가 있는지 판단해야 한다. 두 번째 차트는 내가 어떻게 거래했는지를 보여줄 것이다.

IMC 글로벌

그림 10.1은 IMC 글로벌의 차트를 보여준다. 2004년 8월 미국 법무부는 IMC 글로벌과 카길 사의 한 부문의 합병을 허가했다. 따라서 주가는 앞으로 크게 치솟을지 모른다.

딸 지나의 생일이 다가오고 있고 당신은 지나에게 새 차를 선물로 주고 싶어한다. 그런데 문제는 현금이 얼마 없다는 것이다. 이제 당신은 돈을 좀 벌기 위해 그림 10.1의 주식을 거래하려고 한다. A에서 당신은 주식을 사겠는가, 가지고 있겠는가, 팔겠는가(이미 보유하고 있다면), 아니면 공매도하겠는가(앞으로 주가가 떨어져 더 싼 가격에 되살 수 있다는 가정 아래)?

물론 아무것도 하지 않을 수도 있다. 하지만 지나는 선물을 받지 못하면 화를 낼 것이고 당신의 아내에게 아빠가(또는 남편에게 엄마가) 거짓말을 했다고 이를지도 모른다.

하긴 조급한 마음으로(선물 살 돈이 필요하기 때문에) 거래를 하면 대개 손실을 본다. 이상하게도 돈이 필요할 때는 꼭 거래가 나쁜 방향으로 흐른다. 그렇다면 돈 문제가 절박한 게 아니라고 하자. 그냥 한 주 동안 하와이의 방갈로에서 휴가를 보내고 싶은 게 전부라고 해보자. 주식으로 돈을 번다면 소형 제트기의 기름 값과 다른 여러 비용들을 대고, 특히 당신이 지나와 비행기 뒤에서 게임을 즐기는 동안 비행기를 조종해줄 조종사에게 보수를 줄 수 있을 것이다.

주가가 연중 고가 근처에 있기 때문에 공매도 거래를 하고 싶지는 않을 것이다. 주가가 새로운 고가를 기록하면 계속 새로운 고가를 기록해갈 가능성이 크기 때문이다. 그렇다고 팔고 싶지도 않을 것이다. 주가가 계속 오르고 있기 때문이다. 내일이면 주가가 더 높아질 텐데 왜 오늘 주식을 팔겠는가? 그렇다면 주식을 사는 일밖에 남지 않았다. 주가가 이렇게 높은데 왜 주식을 사야 하는가? 왜냐하면 모멘텀 때문이다.

IMC 글로벌 (화학, 뉴욕 증권거래소, IGL)

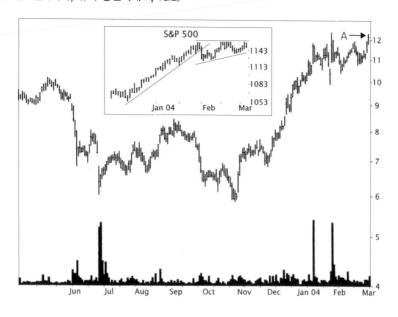

그림 10.1 당신은 A에서 주식을 사겠는가, 팔겠는가, 가지고 있겠는가, 아니면 공매도하겠는가?

    그림 10.1의 삽입그림은 S&P500 지수를 보여준다. 상승 삼각형에서 상향 이탈이 일어나면 지수가 새로운 고가를 기록하게 될 것이다.

    그림 10.2의 차트는 내가 어떻게 주식을 거래했는지 보여준다. 주가는 A 에서 B로 상승했고, 그 뒤 횡보세를 보이며 높고 조밀한 깃발형을 형성했다. 물론 B 이후의 주가 움직임은 깃발형, 심지어는 페넌트형처럼도 보이지 않는 게 사실이다. 하지만 현실에서는 이것이 흔한 일이며 일부 패턴들은 모양이 불규칙하다. 여기서 중요한 것은 두 달 만에 주가가 A에서 거의 두 배로 뛰어 올랐다는 사실이다.

    A의 저가는 5.82이고 B의 고가는 12.40이다. 이는 주가가 이제 상승장에

IMC 글로벌 (화학, 뉴욕 증권거래소, IGL)

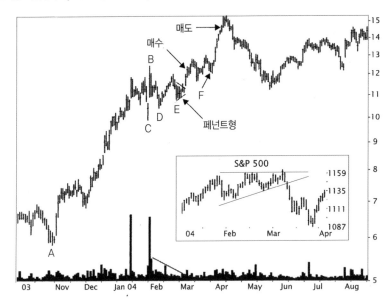

그림 10.2 주가는 상승했고 나는 천정을 치기 며칠 전에 주식을 매도했다.

서 주가가 13.14로 올라갈 확률이 90%라는 뜻이다. 이것을 어떻게 아는가? 가격 목표점을 계산하는 방법에 따라 우선 추세 시작점의 저가(A)에서 깃발형의 고가(B)까지의 거리를 재면 그 값은 6.58이다. 이 값의 반(3.29)을 깃발형의 저가(C의 9.85)에 더하면 가격 목표점을 구할 수 있다. C가 예외적인 값이기 때문에 보다 높은 저점(D 같은)을 활용하고 싶어하는 사람도 있을 것이다.

손실제한주문은 어디에 둬야 할까? E 지점의 저가 아래가 좋을 것이다. 조밀한 페넌트형이 주가를 지지해줄 것으로 생각되기 때문이다. E의 저가는 10.76이다. 따라서 나는 10.67에 손실제한주문을 해뒀다. 특이한 숫자지만

(어림수를 피하려다 보니), E의 저가에서 충분히 떨어져 있다 하겠다.

가격 목표점을 13.14로 잡고 10.67을 손실제한주문 가격으로 생각한다면 거래를 위한 완벽한 조건을 마련해놓은 셈이다. 주가는 12.20에 거래되고 있었다. 당신은 주식을 사겠는가? 당신의 판단이 틀려 주가가 내려간다면, 13%의 손실을 입을 것이다. 이 손실이 당신에게는 너무 큰 것인가?

대답이 '그렇다' 라면, 변동성 손실제한주문 방법을 이용하라. 우선 그 전한 달 동안의 고가와 저가의 차이를 평균하면, 그 값은 41센트가 된다. 이 값에 1.5를 곱해서 구한 62센트를 현재의 저가 11.80에서 빼준다. 그러면 11.18이 나오는데, 이 값이 손실제한주문 가격이 되는 것이다. 11.18에 손실제한주문을 해두면, 손실 가능액을 8%로 줄일 수 있다. 저가의 주식(주가가 20달러 미만)은 고가의 주식보다 변동성이 높다는 것을 명심하라. 손실제한주문 가격을 이렇게 바짝 붙여두는 게 여기서는 통했을 텐데, 그래도 나는 그 정도면 너무 현재가에 가깝다는 생각이다.

2004년 3월 2일, 나는 시장에서 12.20에 주식 1,000주를 매수했다. 내 공책을 보면 나는 13.14 그리고 14.36을 가격 목표점으로 삼고 있었다. 14.36은 2004년 2월 27일(내가 주식을 매수하기 이틀 전)의 저가 11.07을 이용해서 얻은 값이다. 가까운 가격 목표점은 8%의 수익을, 먼 가격 목표점은 18%의 수익을 예상하고 있었다.

손실제한주문은 10.67에 해뒀다. 나중에는 이 가격의 손실제한주문을 취소하고 F의 11.57에 새로운 손실제한주문을 해놓았다. 주식시장 전체가 취약해졌기 때문이기도 하고, 또 손실제한주문 가격과 현재가와의 차이를 줄이고 싶었기 때문이다. 이 가격은 F의 왼쪽에 있는 3월 10일의 저가 바로 아래다. 3월 30일에는 손실제한주문 가격을 11.93으로 올렸고, 하루 뒤에는 12.93으로 올렸다. 다음날 나는 주식을 팔기로 마음먹었다.

다음은 내가 공책에 적은 글이다.

2004년 4월 1일. 나는 주식을 팔기로 결심했다. 시장이 지난 며칠 동안 강세였기 때문이다. 주가는 아직 어떤 패턴에서 상향 후퇴가 진행되고 있는 것 같다(일부 지표에서 보면 대칭 삼각형). 이 주식의 주가는 모멘텀이 둔화되는 것을 보여주는데 지난 6일 동안 계속 상승해왔기 때문이다. 따라서 이제는 떨어질 때가 됐고 그전에 돈을 찾아 빠져나가려는 것이다. RSI는 과매수 상태라고 말하고 있고 CCI는 내일이면 매도 타이밍이라고 말할 가능성이 크다. CCI가 내려가면서 곧 DCCI 선과 만날 것 같기 때문이다. 이전의 자료를 살펴보다가 네댓 차례의 연속적인 주가 상승을 발견하고 그 결과를 조사해보기도 했다. 주가가 가파르게 상승했기 때문에 상승폭의 50% 되돌림이 예상된다. 그렇다면 2,100달러의 수익 가운데 1,500달러를 반납해야 하는데 그럴 수는 없는 노릇이다. 그래서 주식을 처분할 생각이다.

이 글을 분석해보자. 어떤 차트 패턴의 상향 후퇴라면 상향 후퇴가 마무리된 뒤에는 주가가 하락한다는 뜻이다. 추세가 하락세로 바뀔 때 주식을 보유하고 있는 것은 물살을 거슬러 헤엄치는 것과 비슷하다. 그것은 어떤 거래자도 원하지 않을 일이다. 주가의 모멘텀이 둔화되면서 추세 반전이 암시되고 있었다. RSI(16일 기간)가 과매수 상태라고 말했다는 것은 거래자들이 주가를 지탱될 수 없는 수준으로 끌어 올려놓았다는 것을 의미한다. 물론 주가는 거기서 더 올라갈 수 있고, 실제로 종종 그러기도 한다. 하지만 RSI는 분명 상황이 좋지 않다는 것을 말해주고 있었다. CCI(20일 기간)와 DCCI(지수 평활한 CCI의 5일 이동평균)는 매도 시기라고 말하고 있었다. 이는 매도 결정을 뒷받침해주는 단기 지표들이었다. 나는 또 과거의 주가 기록을 들여다보고서 주가가 며칠간 연속적으로 상승했을 때 대개 반전이 일어났다는 사실을 발견했다. 이 모든 사실로 인해 나는 팔아야 될 때임을 확신했던 것이다.

나는 한번에 1,000주를 모두 처분했다. 반은 팔고 반을 가지고 있겠다는 것이 마치 반창고를 천천히 떼는 일과 같다는 생각이 들었기 때문이다. 그러면 고통은 더 오래간다. 결국 나는 반씩 팔지 않고 한꺼번에 팔아 더 많은 돈을 수익으로 남길 수 있었다.

삽입그림은 내가 주식을 판 날까지 S&P500의 흐름을 보여준다. 3월 초 S&P500에서는 상승 삼각형에서 하향 이탈이 일어났지만, IMC 글로벌의 주가는 이런 시장의 하향 움직임을 무시했다. 3월에는 S&P500 지수나 IMC 글로벌의 주가나 모두 상승세에 있었던 것을 알 수 있다.

나는 이 거래에서 2,000달러 이상, 즉 17% 수익을 올렸다. 지나의 차를 사기에는 부족한 돈이었지만 어쨌든 시작치고는 괜찮았다. 그냥 조립식 장난감을 사주는 게 어떨까 하는 생각이 들었다. 그러면 벤츠도 충분히 사줄 수 있을 텐데. 딸에게 벤츠를 사줬다고 하면 사람들은 아마 입을 쩍 벌린 채 아무 말도 못할 것이다.

자이언트 인더스트리

그림 10.3에서 다음번 거래 사례를 보자. 그림에서 주가는 계속 낮은 수준에서 머물러 있다가 8월의 저가에서 상승을 시작한다. 주가는 약 45도 각도의 경사를 이루며 상승했는데, 이런 때는 보통 강력한 상승이 길게 이어지곤 한다. 사실이 그랬다. 주가는 다음 해 3월에 고점을 찍고 나서 하락했고, 잠깐 숨을 고르면서 그 뒤에 움직일 힘을 비축했다. 하지만 주가가 어느 방향으로 움직일지는 몰랐다. 거래량도 주가의 뒤를 쫓았고 비슷한 지점에서 천정을 형성했다. 이제 당신은 이 주식을 사겠는가, 갖고 있겠는가, 팔겠는가, 공매도하겠는가, 아니면 아예 거래를 피하겠는가?

삽입그림의 S&P500 지수가 실마리를 제공한다. 상승 삼각형에서 하향 이탈이 일어나 지수는 아래쪽의 상향 추세선을 뚫었다. 지수는 다시 추세선까

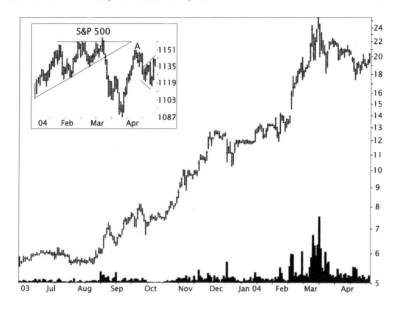

자이언트 인더스트리 (석유, 뉴욕 증권거래소, GI)

그림 10.3 당신은 이 주식을 사겠는가, 갖고 있겠는가, 팔겠는가, 공매도하겠는가, 아니면 아예 거래를 피하겠는가?

지 돌아갔고(A), 그 뒤 재차 떨어져 소규모의 확대 바닥형을 형성했다.

S&P500 지수의 상향 후퇴가 이 주식을 거래하는 열쇠라는 게 내 생각이다. 주가나 지수에서 상향 후퇴가 일어나면, 주가나 지수는 대개 이탈 방향으로 계속 움직인다. 이 경우에는 아래쪽이다. 이를 근거로 판단해보면 지수는 원래처럼 계속 내려갈 것이라고 예상할 수 있다. 그러면 이 주식의 주가는 지수의 하락세를 뒤따를 것인가?

그림 10.4에서 거래 상황을 보여주겠다. 높고 조밀한 깃발형이 하나 보일 것이다. 그리고 보다 높은 곳에 느슨한 깃발형도 하나 있다. 느슨한 깃발형은 조밀한 형태보다 자주 예측에서 빗나가고 패턴 성취율도 떨어진다. 둘의 차

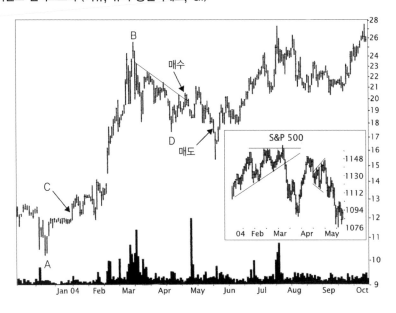

자이언트 인더스트리 (석유, 뉴욕 증권거래소, GI)

그림 10.4 높고 조밀한 깃발형은 상향 이탈 뒤에 상승을 이어나가는 데 실패했다.

이는 모양에 있다. 조밀한 깃발형은 주가 움직임이 촘촘하고, 고가와 저가가 양쪽의 추세선을 따라 가지런히 정렬해 있다. 반면 느슨한 깃발형은 주가 움직임이 위아래로 요동을 치듯 나 있다. 예컨대 그림 10.2에서 조밀한 페넌트형을 볼 수 있는데, 함께 있는 깃발형은 느슨한 형태다.

그림 10.4로 돌아와 보면, 2003년 12월 A에서 바닥을 친 주가는 C에서 상승세를 시작하여 B에서 고점을 찍는다. B의 주가는 A에서 따지면 거의 3배 상승한 가격이고, C의 상승 시작점으로부터 한 달 뒤에서 따져봐도 두 배를 쉽게 뛰어넘는 가격이다.

종가가 하향 추세선을 넘어섰을 때 나는 높고 조밀한 깃발형에서 상향 이탈이 일어났다고 생각하고 20.38에 800주를 매수했다. 높고 조밀한 깃발형에서 이탈이 일어난 데다가 잘 나가는 산업 부문이었기 때문에 매수를 했던 것이다.

삽입그림은 전체 시장의 추세를 보여준다. 3월 초부터 지수는 하락세로 바뀌어 내가 주식을 산 날에는 더 낮은 수치를 기록했다. 시장의 하락세는 주식의 장기 보유에 전혀 도움이 되지 않는다.

나는 주가가 다시 며칠 동안 상승하여 커다란 이중 천정형이 형성될 것이라고 예상했다. 1월부터 3월까지의 고점 3개가 첫 번째 천정을 이루고 있다고 보면, 두 번째 천정은 지금 만들어지고 있는 중이라는 게 내 판단이었다. S&P500 지수는 내가 주식을 살 무렵 확대 바닥형을 만들어가고 있는 중이었다.

손실제한주문 가격은 15% 아래인 17.30이었다. '손실제한주문 가격으로는 너무 멀리 떨어져 있다.' 내 거래 기록에는 그렇게 씌어 있다. 그 말 자체가 일종의 경고다. 손실제한주문 가격이 너무 멀리 떨어져 있어야 한다면, 그 거래는 포기하라. 손실제한주문을 17.30에 해둔 것은 그 가격이 전저점 D보다 5센트 아래이기 때문이었다. 같은 부문의 다른 주식들 대부분이 연중 고가 근처에 있었고 멀리 도약할 태세였기 때문에 손실제한주문 가격이 그만큼 멀리 떨어져 있어도 별 걱정을 하지 않았던 것 같다. 한마디로 나는 거래가 성공하리라 지나치게 확신하고 있었던 것이다.

가격 목표점은 25.70이었다. 주가가 상승을 시작한 C에서 B의 고점 사이의 거리를 재서 높고 조밀한 깃발형의 높이를 구한 다음 이 값의 반(6.35)을 이탈 전날의 종가에 더하여 가격 목표점을 구했다.

주가는 곧바로 하락했다가 반등의 조짐을 보였다. 사람들은 보통 성공적인 거래는 출발부터 좋아야 한다고 말한다. 신통치 못한 거래는 일찍부터 주가가 하락한다는 것이다. 맞는 얘기다. 그 얘기에 동감한다. 사실 이 거래가 바로 그런 경우였다.

나는 주식을 매수하고 나서 이틀 뒤 17.30에 손실제한주문을 해놓았다. 변동성은 지난 한 달간 1.01달러였으므로, 변동성 손실제한주문 방법을 활용하자면 현재가의 1.50달러 아래에 손실제한주문을 해둬야 했을 것이다. 그렇다면 손실제한주문 가격은 17.80인데, 내가 실제로 손실제한주문을 해둔 가격보다 현재가에 조금 더 가까운 가격이다.

5월 19일 주가가 손실제한주문 가격까지 떨어져 5센트 아래인 17.25에서 주식이 처분됐다. 나는 2,500달러, 즉 16%의 손실을 입었다. 내가 감수할 수 있는 손실의 두 배나 되는 액수였다.

S&P500 지수가 4월의 고가에서 급락하면서 자이언트의 주가를 함께 끌어내렸다. 주가를 보자. 나는 바닥을 치기 하루 전에 주식을 처분한 셈이다. 만약 주식을 그냥 가지고 있었더라면 주가는 25.70의 가격 목표점까지 넘어섰을 것이다.

내가 내린 매도 결정은 옳았던 것일까? 물론 그렇다. 다시 생각해서 손실제한주문을 없애거나 하향 조정하면, 손실은 통제할 수 없는 수준이 된다. 거래가 성공적으로 끝난다고 하더라도 수익의 규모는 작아질 것이다. 왜냐하면 당신은 손실을 본다는 생각이 너무 두려워 거래에서 수익이 나자마자 주식을 팔아치울 것이기 때문이다.

이메일로 알게 된 어떤 지인에게 이런 문제가 있었다. 그는 너무 일찍 주식을 처분하는 게 문제였는데 나에게 도움을 줄 수 없는지 물어왔다. 나는 그에게 하루 동안 너무 자주 주가를 체크하는 것은 좋지 않다고 충고했다. 그냥 손실제한주문을 해둔 다음 신경 쓰지 말라고 얘기해줬다. "주가는 하루에 한 번만 보세요. 장이 마감한 뒤에." 그가 다시 이메일을 보내왔는데, 사실 자신은 하루에 많게는 스무 차례나 주가를 체크한다고 했다. 내가 사장이라면 직원의 그런 행동은 그다지 마음에 들지 않을 것 같다.

램 리서치

그림 10.5는 다음번 사례 연구의 대상이 되는 주간 차트다. 삽입그림은 주식 시장이 중기 하락세에 있는 것을 보여준다. 나스닥 종합 지수는 S&P500과 비슷했다. 일련의 고점들이 하락하면서 차트가 끝날 때까지 하락세를 이어갔다. 램 리서치의 주가 또한 2004년 들어서면서 하락세였지만 하락 모멘텀이 둔화되어갔다. 당신은 이 주식을 거래하겠는가? 거래를 한다면 어떤 방향으로 하겠는가?

먼저 S&P500 지수에 대해 얘기해보자. 차트 패턴은 조정 상승형이라고 볼 수 있다. 788의 저점에서 차트의 고점까지가 첫 번째 구간이다. 조정 단계는

램 리서치 (반도체장비, 나스닥, LRCX)

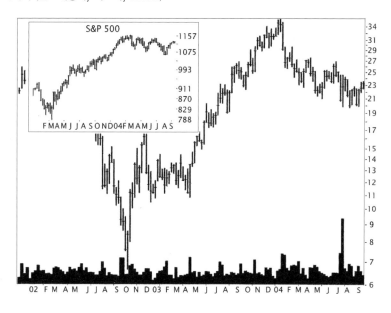

그림 10.5 주간 차트로 나타낸 주가 흐름이다. 당신은 이 주식을 사겠는가, 갖고 있겠는가, 팔겠는가, 공매도하겠는가, 아니면 아예 거래를 피하겠는가?

1157 근처의 고점 오른쪽에 있는 하락 구간이다. 이 패턴이 조정 상승형이 맞다면, 가격이 조정 단계를 벗어났을 때 두 번째 구간에서 다시 큰 폭으로 상승할 것이다.

지수가 삼중 하락 천정형을 보여주고 있다는 해석도 가능하다. 종가가 삼중 천정형에 있는 가장 낮은 바닥 아래로 내려갔을 때 확인이 완료된다. 이 패턴에서는 지수가 오른쪽의 마지막 바닥 앞에서 1075로 떨어지면서 삼중 하락 천정형의 확인이 마무리됐다. 이 삼중 하락 천정형에서 약간 특별한 점이 있다면, 확인 과정 뒤에 지수가 하락하는 게 아니라 상승했다는 점이다.

한 가지 해석은 가격이 상승할 것이라 하고 있고, 다른 한 가지 해석은 가격이 하락할 것이라고 예측하고 있다. 어느 해석이 옳은가? 우리는 S&P500 지수가 아니라 주식을 거래하고 있기 때문에 지수의 상승이나 하락이 그다지 문제될 게 없다고 생각할지 모른다. 하지만 내 생각은 다르다. 전체 주식시장의 추세는 무척 중요하다. 나는 주가가 올라갈 것이라는 데 한 표를 던지고 싶다. 실제도 여기서 삼중 하락 천정형이 확인됐지만 주가는 곧 상승했다. 일간 차트로 지수를 더 면밀히 들여다보면 상황을 보다 명확하게 알 수 있을 것이다.

그림 10.6은 내가 어떻게 주식을 거래했는지 보여준다. 삽입그림에서 보면, S&P500 지수는 실제로 상승했다(차트의 끝 부분이 내가 주식을 판 시점이다).

거래에 관해 말하자면, 장이 마감되기 5분 전에 나는 23.10에 700주를 매수했다. 둥근 바닥형을 거래하고 싶었기 때문이다. 중간 지점이 지나자마자 주식을 매수하면 굉장한 이익을 남길 수 있으리라 생각했다. 내 공책에도 그런 글이 씌어 있었다.

같은 반도체 부문에 있는 다른 회사들에 비해 펀더멘털이 좋은 편이다. 삼중 바닥형(그림 10.6의 1, 2, 3)과 파이프 바닥형이 추세의 마지막에서 둥근 바닥형을 만들고 있다. 주가가 전고점을 회복하는 데는 9개월이 걸릴지

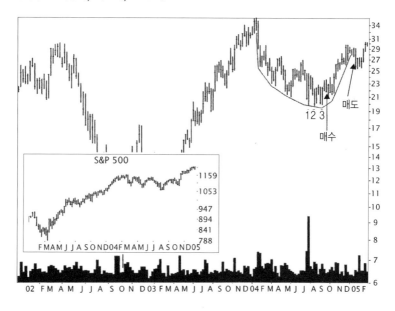

그림 10.6 둥근 바닥형을 거래하여 이익을 낸 경우다. S&P500 지수도 매수 시점과 매도 시점 사이에서 상승하며 패턴과 호응했다.

모른다. 하지만 전망은 매우 밝다. 주가가 치솟았다가 둥근 바닥형의 저점으로 떨어질 것을 예상해야 한다. 둥근 바닥형에서는 종종 그런 일이 일어난다. 주가가 30을 넘을 때 팔 준비를 해야 한다. 이 거래는 자신이 있다.

파이프 바닥형은 내가 주식을 매수한 시점 왼쪽의 두 주 동안 생겨난 평행한 주가 스파이크로 알 수 있다(차트의 3). 삼중 바닥형의 1, 2, 3은 비슷한 가격에서 형성된 3개의 전저점이다. 삼중 바닥형은 내가 주식을 매수하기 전까지 유효한 패턴으로 확인(종가가 패턴의 최고점을 넘어서는 과정)이 이뤄지지는 않았다. 둥근 바닥형에서 주가가 '치솟는다'고 말하는 것은 바닥이 둥글어지는 동안 추세가 하락세에서 상승세로 바뀌며 주가가 '도약'하기 때문

352

이다. 그러면 주가는 곧 약간 높아진 가격에서 안정을 찾은 뒤 다시 위쪽으로 상승을 이어가기 시작한다. 그런데 이 거래에서는 이런 도약이 일어나지 않았다.

나는 15%의 손실을 염두에 두고 손실제한주문을 19.64에 해뒀다. 이 가격은 둥근 바닥형의 가장 낮은 저점보다 7센트 아래에 있다. '상당한 손실을 감수하더라도 주가가 33의 전고점에 도달할 때까지 기다릴 것이다.' 나는 이번 거래를 장기 거래로 봤고, 목표를 달성하기 위해서는 손실이 크더라도 버티겠다고 생각했다.

일간 차트로 200일 이동평균을 구해보니 나스닥 지수가 이동평균선 위에 있었다. 나는 전체 시장이 상승하고 램 리서치의 주가도 33의 목표점에 도달할 것이라고 예상했다.

거래가 진행되면서 나는 손실제한주문의 가격을 24.83(2004년 11월 17일), 25.47(12월 6일), 27.13(12월 16일)으로 차근차근 올렸다.

2005년 1월 4일 새해가 시작되고 주식시장의 발목을 붙든 하락세로 인해 램 리서치의 주식이 손실제한주문에 걸렸고, 내 주식은 27.131에 모두 처분됐다. 내 이익은 2,800달러, 17%였다.

"나도 할래요." 제이크가 말했다.

나는 몸으로 컴퓨터 화면을 감싸쥐려 했다. 하지만 늦었다. 그가 이미 내가 쓴 글을 읽고 있었다.

"내가 KB 홈 주식으로 400만 달러를 벌어들인 거 알죠? 그 거래를 다뤄보고 싶군요."

나는 고개를 돌려 그를 바라봤다. "이건 입문용 책이에요. '주식 거래로 백만장자 되기' 같은 책이 아니라고요."

"그럼 뒤에 0을 몇 개 빼서 예로 삼으면 될 거 아니겠어요?" 그러고 나서 그가 눈을 치떴다. "그런데 혹시… 당신도 그러고 있던 거 아니었나요?"

EMC

그림 10.7을 보자. 그림에서 주가는 분명히 하락세에 있다. 그렇다면 당신은 공매도 거래를 해야 할까? 삽입그림은 S&P500 지수를 보여준다. 이 두 차트는 모두 주간 차트다. S&P500 지수는 2004년 8월에 바닥을 치고 몇 주 동안 상승했다. 마지막 주에는 종가가 전주보다 낮아졌다. 따라서 지수는 하락할지 모른다. 이런 상황에서 EMC 주식을 거래하겠는가?

차트를 보면서 나는 거래를 할 만하다고 생각했다. 차트의 오른쪽 끝에 있는 평행하는 하향 스파이크 2개가 파이프 바닥형을 이루고 있다.

이 패턴은 그 다음 주 종가가 2개의 스파이크 중 높은 고가를 넘어서면서

EMC (컴퓨터 및 주변기기, 뉴욕 증권거래소, EMC)

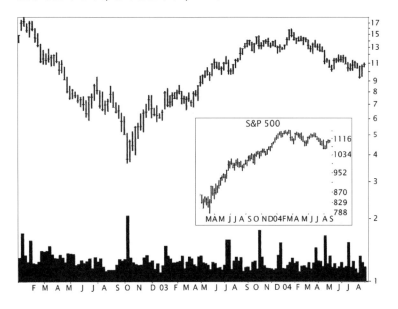

그림 10.7 주가는 하락세에 있지만 전체 시장은 몇 주 동안 상승하고 있었다. 당신은 이 주식을 거래하겠는가?

EMC (컴퓨터 및 주변기기, 뉴욕 증권거래소, EMC)

그림 10.8 이 차트는 두 차례의 매수 주문과 한 차례의 매도 주문을 보여준다. 검은 점은 손실제한주문
가격이다.

유효한 파이프 바닥형임이 확인됐다.

그림 10.8은 일간 차트이고, 삽입그림은 내가 주식을 매도한 날까지의
S&P500 지수를 보여주고 있다. A가 주간 차트에서 파이프 바닥형이 형성된
지점이다. 공책에 씌어 있는 거래 기록을 보자.

2004년 8월 26일. 11달러에 1,400주의 역지정가주문을 냈다. 주가는 횡
보세를 보이며, 밀집 구간을 형성했다. 샤크 32형shark 32 pattern(3일 연속 고
가가 낮아지고 저가는 높아지는 대칭 삼각형)이 보인다. 나는 이 밀집 구간에
서 상향 이탈이 일어나기를 기대하고 있다. 회사의 펀더멘털이 주가를 뒷받침

하고 있다. 증권회사들도 매수를 추천하면서 주가가 올라가고 있다. 마지막 실적 발표도 좋았다. 매수 이유: 파이프 바닥형.

11달러의 역지정가주문은 체결되지 않았다. 주가가 11까지 도달하는 데 실패했기 때문이다.

8월 30일 10.53에 1,400주를 샀다. 6%의 손실을 염두에 두고 (어림수 10의 아래인) 9.91에 손실제한주문을 해뒀다. 가격 목표점은 위쪽의 저항선이 자리하고 있는 12달러였다. 9월 말 주가가 그 근처에서 멈췄고, 상승 쐐기형의 바닥에서 지지영역이 형성된 것을 보면 타당한 선택이었다고 하겠다. 다시 내가 기록한 글을 보자.

S&P500 지수는 하락 확대 쐐기형에서 하향 이탈이 일어나리라는 게 내 생각이었다. 하지만 그러지 않았다.

매수 이유: 파이프 바닥형에서 벗어난 주가는 10.50에서 강력한 지지를 받았다. 시장은 9월로 들어가면서 흔들리기 시작했다. 다우존스 산업 지수는 20포인트나 떨어졌고, 나스닥도 마찬가지였다. 이전 큰 폭의 하락(8월)으로 매도 세력은 떨어져나갔고, 작은 샤크 32형을 포함하는 대칭 삼각형은 곧 이탈이 일어나리라는 것을 암시했다. 거래량 역시 감소세를 보임으로써 이탈이 임박했다는 것을 뒷받침했다. 이탈이 위쪽으로 일어나기를 바랄 뿐이다.

나는 9월 14일에 손실제한주문 가격을 손익분기점인 10.53으로 올렸다. 하지만 한 주 뒤 현재가에 너무 가깝다는 생각에 이를 취소했다.

주가는 하향 후퇴했고, 추가적인 상승의 근거를 찾고 있었다. 주식을 추가로 매수하는 것도 좋은데, 어쨌든 소폭의 하락으로 손실제한주문에 걸리는 일은 없도록 하고 싶었다.

하향 후퇴는 B 지점 아래까지 주가가 내려오는 것을 가리킨다.

같은 날 나는 1,100주의 주식을 추가로 매수했다. 보통은 1,400주를 주문하는데, 이렇게 한 이유는 주가 움직임이 혼란스럽고 주가가 더 낮아졌기 때문이다. '주가는 상승하는 데 어려움이 있는 것처럼 보이고, 현재로서는 예상대로 움직이고 있지 않다.' 주문은 10.96에 체결됐다. 9.91에 2,500주에 대한 손실제한주문을 해뒀다.

매수 이유: 하향 후퇴 뒤 매수한다. 하향 후퇴는 시장에 들어갈 수 있는 또 다른 기회다. 2004년 8월 13일에서 9월 14일까지 주가 상승의 38% 피보나치 되돌림 수준이 현재가를 뒷받침하고 있다.

A에서 시작된 상승폭의 되돌림에 의한 B에서 두 번째 매수 시점까지의 하락을 얘기하는 것이다.

나는 주가가 올라가는 동안 손실제한주문 가격을 점차 높여갔다. 도합 네 차례 올렸으며, 마지막 손실제한주문 가격은 13.53이었다. 시점은 12월 중순인데, 차트 위의 검은 점이 위치와 가격을 보여주고 있다. 손실제한주문 가격이 전저점이나 어림수—각각의 경우 지지영역으로 작용하는—아래에 위치하고 있는 점에 유의하라.

지금 생각해보면 주가가 대칭 삼각형에서 하향 이탈했을 때 좀더 일찍 주식을 처분했어야 했다. 주가가 1달러 내려갈 때마다 2,500달러의 손실을 입는 셈이므로 적절한 매도 시기가 중요할 수밖에 없었다. 그렇다고 해도 나는 이 거래로 7,000달러, 26%의 수익을 올렸다. 내가 주식을 판 뒤 주가는 더 내려갔다.

롬 앤드 하스

그림 10.9는 롬 앤드 하스의 주가 차트이고 삽입그림은 S&P500 지수 차트다. S&P500 지수는 직각 하락 확대 천정형을 형성했다. 하지만 여기서 롬 앤드 하스의 주가가 어느 방향으로 움직일지 단서를 찾을 수 있겠는가? 이 패턴의 경우 51%에서 상향 이탈이 일어난다. 따라서 확률이 별 도움이 되지 않는다. 당신은 이 주식을 거래하겠는가?

지수는 수평적 움직임을 보이고 있었지만 주가는 실적 발표 후 새로운 고가를 기록했다. 5월과 6월의 쌍둥이 천정(A와 B)은 종가가 두 천정 사이의 저점보다 1센트를 하회하면서 유효한 이중 천정형으로 확인됐다. 하지만 곧

롬 앤드 하스 (화학, 뉴욕 증권거래소, ROH)

그림 10.9 실적 발표는 주가가 앞으로 어떻게 움직일지 예측하는 실마리를 제공한다. 당신은 이 주식을 거래하겠는가?

롬 앤드 하스 (화학, 뉴욕 증권거래소, ROH)

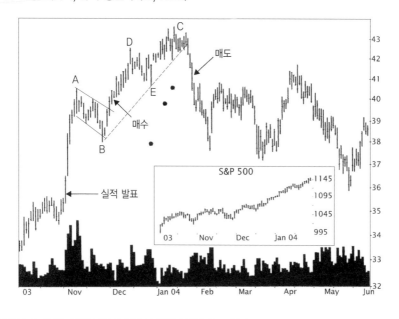

그림 10.10 적기에 들어갔지만 제때에 빠져나오지 못했기 때문에, 수익이 950달러에서 115달러로 줄어들었다.

주가가 반등하여 천정 B 위로 치솟으면서 이 패턴은 예외형이 됐고, 주가의 강력한 상승이 이어졌다.

그림 10.10은 내가 이 주식을 어떻게 거래했는지 보여주는 차트다. 내가 써놓은 글을 보자.

2003년 11월 26일. 나는 300주 매수 주문을 냈고 주문은 40.12에 체결 됐다. 이번에는 실적 깃발형을 거래하는 것이다. 10월 30일 35.36에서 분기 보고서가 발표되면서 깃대가 형성되기 시작했다. 주가는 40.57에서 고점을 찍었다(A). 따라서 상승폭은 5.21이다. 그렇다면 주가는 깃발형의 저가

38.05(B)에서 43.26(C)으로 상승한다는 의미다. 나는 주가가 45까지는 상승하리라고 희망적 관측을 했다. 45는 어림수이므로 그곳에서 저항이 있을 것을 감안한 것이다. 어제, 종가는 깃발형의 위쪽 하향 추세선을 뚫으면서 매수 신호를 보냈다. 화학주는 약세장에서 강한 주식인데, 이 또한 거래에 유리한 점이다. 거래량은 깃대에서 증가하고 깃발 부분에서는 감소했다. 한편 오늘은 추수감사절 전날이므로 거래량이 적고 변동성이 높을 것이다. 38.90(손실제한주문 가격)에 팔리게 두거나 아니면 45에 매도 주문을 해야한다. 주간 차트에서 보면, 깃발형의 저점은 3월 말과 7월 말의 고점을 이은 장기 상향 추세선과 일치한다.

실적 깃발형은 깃대(실적 발표 후 주가가 거의 수직으로 상승한 부분)와 A에서 B까지의 깃발 부분으로 이뤄져 있다. 깃발형에서 주가는 추세선 위에서 거래되고 있다. 내가 말한 장기 추세선이 주가를 지지해주는 역할을 할 것이다. 그림 10.10의 검은 점은 내가 손실제한주문을 해둔 위치와 가격을 나타낸다. 첫 번째 손실제한주문은 2003년 12월 22일의 38이었다. 12월 31일에는 손실제한주문 가격을 39.90으로 올렸고, 2004년 1월 7일에는 40.65로 올렸다.

거래는 큰 성공을 가져올 것 같았다. 주가는 내가 주식을 산 이후로 계속 상승했고, 작은 조정 상승형을 만들며 더 높이 올라가고 있었다(B에서 D까지가 첫 번째 구간이고, D에서 E까지는 조정 단계, E에서 C까지는 두 번째 구간이다).

내가 이 거래에 관해 쓴 글을 보자.

2004년 1월 22일. 주가가 내가 손실제한주문을 해둔 40.65 아래로 떨어지면서 내 주식은 40.60에 모두 매도됐다. 유가와 천연가스의 가격이 치솟은 탓이었다. 만약 거래를 다시 할 수만 있다면, 조정 상승형의 목표 가격인

43.26에서 매도 주문을 낼 것이다. 그렇다면 두 달 동안 950달러를 번 셈이 된다. 사실 주가가 추세선을 뚫고 하향할 때는 걱정이 되기 시작했다. 이를 매도 신호로 삼았어야 했는데, 나는 주가가 더 올라갈 수 있도록 기회를 주고 싶었다. 나는 주가가 반등하여 더 높이 올라갈 것이라고 예상했던 것이다. 결국 수익은 겨우 115달러에 그치고 말았다.

유가와 천연가스의 가격이 오르면서 화학제품 생산 비용이 올랐다. 석유와 천연가스가 화학제품의 원료가 되기 때문이다. 정밀화학 회사는 기초 화학제품을 생산하는 회사보다 유가와 천연가스의 가격 변동에 덜 민감하다.

내가 언급한 조정 상승형은 실적 발표 후 A까지 상승한 첫 번째 구간과 B까지의 조정 단계 그리고 C까지의 두 번째 구간으로 이뤄져 있다. 이상적인 조정 상승형에서는 추세 시작점에서 A까지의 상승이 B에서 C까지의 상승과 똑같아야 한다. 이 경우에는 거의 똑같다. 하지만 나는 상승폭을 계산할 때 추세 시작점이 아니라 실적 발표 시점을 이용했다.

내가 말한 추세선은 차트에 점선으로 표시되어 있다. 종가가 이 점선 아래로 내려가면 매도 신호였는데 나는 이를 무시했다. 추세선 이탈이 일어난 다음날 주식을 팔았다면, 이 거래로 550달러를 벌었을 것이다. 삽입그림은 롬 앤드 하스의 주식이 하락하기 시작하는 동안 S&P500 지수가 거의 직선 형태로 상승하고 있는 것을 보여준다. 전체 주식시장의 흐름이 주가를 지지하는 데 도움을 주지 못했던 것이다.

이 거래를 되돌아보자면, 만약 주가가 43.26의 예상된 가격 목표점에 도달했을 때 매도 주문을 냈다면 완벽한 성공이 됐을 것이다. 혹은 주가가 추세선을 하향 이탈했을 때, 그때라도 주식을 팔았다면 얼마 정도는 더 건졌을 것이다. 그나마 위안이 되는 것은 어쨌거나 주식을 팔았다는 사실이다. 주가가 35.90으로 떨어질 때까지 가지고 있었다면 정말 나는 큰 타격을 입었을 것이다.

JLG 인더스트리

그림 10.11의 JLG 인더스트리는 9월 말 실적 발표 후 주가가 크게 치솟았다. 그전에 주가는 이브&이브 이중 바닥형을 확인한 상태였다. 종가가 두 바닥 사이의 고점을 넘어섰던 것이다. 차트 패턴이 주가가 상승할 것임을 시사하고 있었고 실제로 상승했다. 주가는 10월 초 고점을 찍었다. 상승은 커다란 W자형의 왼쪽 부분(차트상의 W)을 능가했다. W자형은 양쪽 부분의 높이가 길고 그 사이에 2개의 바닥을 갖고 있는 형태다.

삽입그림은 JLG 인더스트리의 주가 차트와 끝 날짜가 같은 S&P500 지수 차트를 보여주고 있다. 당신은 이 주식을 거래하겠는가? 하겠다면, 어떻게 하

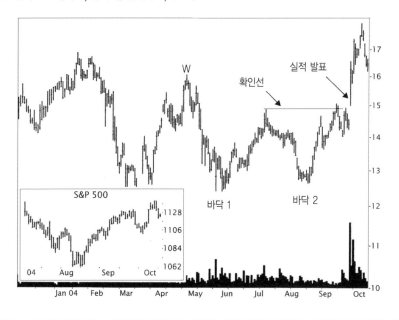

JLG 인더스트리(기계, 뉴욕 증권거래소, JLG)

그림 10.11 주가는 급등 뒤에 하락하는 중이다. 당신은 이 주식을 어떻게 거래하겠는가?

겠는가?

나는 이번에는 16.43달러에 1,000주를 샀다. 그림 10.12의 거래에 관해 내가 써놓은 기록을 보도록 하자.

2004년 10월 11일. 주가가 14.21의 저가(A)에서 17.98의 고가(B)까지 이어진 상승분의 62% 피보나치 되돌림 수준에 접근해가고 있다. 내 생각에는 3일 동안 더 하락한 뒤, 어쩌면 오늘까지 하락하고 나서, 내일이면 주가가 상승할 것 같다. 더 많은 거래자들이 콜럼버스 기념일 휴일에서 돌아와 주가를 끌어올리는 데 일조할 것이다. 물론 주가가 수평적인 움직임을 보이며 이후의 상승을 위한 힘을 비축할지도 모른다. 손실제한주문은 14.43에 해뒀

JLG 인더스트리(기계, 뉴욕 증권거래소, JLG)

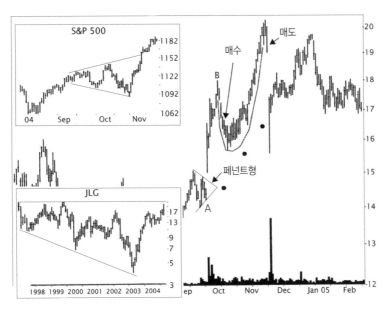

그림 10.12 이번의 스윙 트레이딩은 성공적이었다. 상승 가리비형에서 빠져나온 순간이 거의 완벽했다.

다. 이 가격은 갭보다 아래이고 페넌트형의 꼭짓점보다 아래이며 62%의 되돌림 수준보다 아래다. 감수할 손실은 크다. 12%나 된다. 가격 목표점은 17.45달러로, 17.50의 어림수 저항선 아래이고, 또 꼬리 형태의 고가(B) 17.98보다 아래다.

내가 말한 꼬리란 B에 있는 불쑥 튀어나온 바bar를 가리킨다. 그림 10.12의 검은 점들은 내가 손실제한주문을 해둔 위치와 가격을 나타내고 있다.

S&P500 지수는 하락세로 전망된다. 하지만 확대형에서 부분 하락이 일어나 지수가 다시 고개를 쳐들지도 모른다. 사실 내 생각에는 하락하던 주가가 상향의 추세선에서 지지를 받을 것 같다. 그러면 다시 상승할 것이다. 오늘 지수는 약간 상승했다.

그림 10.12의 위쪽 삽입그림에서는 확대형을 볼 수 있고, 그림 10.11의 삽입그림은 내가 주문을 냈을 때 S&P500 지수가 어떻게 움직이고 있었는지 보여준다. 또한 부분 하락이 어디서 일어날 수 있을지 보여준다. 지수가 올라선다면 차트 끝부분에서 주가가 반등할 것이다. 그러나 실제로는 지수가 계속 하락했고 결국 확대형의 아래쪽 추세선에 도달했다(그림 10.12에서 위쪽 삽입그림의 10월을 보라).

주가가 상승하면서 나는 손실제한주문 가격을 15.48로, 16.43으로 올렸다. 차트의 검은 점에서 볼 수 있듯이 위치는 모두 전저점의 바로 밑이다. 마지막 손실제한주문 가격인 16.43은 현재가인 19.65보다 한참 아래에 있었다. 무려 16% 낮은 수준이다.

주가는 상승 가리비형이라는 차트 패턴을 따라 움직였다. 주가가 고점을 찍은 다음날, 나는 시장가로 1,000주 매도 주문을 냈다. 주문은 19.85에 체결됐다. 내 공책의 기록을 보도록 하자.

매도 이유: 어림수 20을 쳤다. 월간 차트(그림 10.12의 아래쪽 삽입그림)에서 보면, 20은 하락 직각 확대형의 수평 추세선과 곧 만나게 되는 지점이다. 주가는 18로 떨어졌다가(이전 상승분의 50% 되돌림 수준) 이 추세선을 뚫으리라 예상된다. 되돌림 수준의 바닥에서, 즉 18에서 다시 매수해야 한다. 주가는 그동안 되돌림 없이 너무 오랫동안 상승세를 유지해왔다. 위쪽의 저항선이 주가가 더 이상 상승하지 못하도록 막을 게 분명하다. 거래량은 주가가 상승하는데도 감소하고 있다. 주가는 21(그전의 수평 추세선이 있던 곳)까지 솟았다가 하락할 수도 있다. 상승 가리비형에서는 되돌림이 일어나 손잡이 모양이 만들어질 것이다. 나는 되돌림이 일어나기 전에 빠져나와 주가가 충분히 떨어진 뒤 주식을 되살 생각이다.

그날 JLG 인더스트리는 장이 마감된 후에 실적을 발표했다. 다음날 주가는 하락갭을 형성하며 18 아래로 떨어졌다. 나는 운 좋게도 되돌림이 일어난 저가에서 주식을 매수하여 고점 근처에서 매도했다. 거의 완벽한 거래였다. 수익은 3,400달러, 21%였다.

사우스웨스트 에어라인

그림 10.13의 차트 위쪽에 하락 삼각형이 형성되어 있는 것을 볼 수 있을 것이다. 여기서 하향 이탈이 일어났고, 그 뒤 A에서 상향 후퇴가 뒤따라 일어나면서 거래자들은 진정한 하락이 시작되기 전에 주식을 처분하거나 공매도 거래를 할 수 있는 기회를 얻었다. 이 항공주는 난기류를 만나 3일간 급강하한 뒤 밀집 구간에 들어갔다. 주가는 12월에 이 가격대에서 횡보세를 보인 다음 계속하여 하락했지만, 전보다는 하락 속도가 늦춰졌다.

S&P500 지수는 하락 확대 쐐기형을 보여주고 있지만 빈 공간이 무척 많다. 5월 초의 고점이 더 올라가 위쪽 추세선에 닿았더라면 훨씬 더 좋은 모양

사우스웨스트 에어라인 (항공 운송, 뉴욕 증권거래소, LUV)

그림 10.13 하락 삼각형에서 하향 이탈 뒤에 A에서 상향 후퇴가 일어났다. 주가는 그 뒤 급락했다. 2004년 6월이라면, 당신은 이 주식을 거래하겠는가?

이 만들어졌을 것이다.

사우스웨스트 에어라인의 주가와 S&P500 지수를 본 뒤, 당신은 이 주식을 거래하겠는가? 거래를 한다면, 왜 하려는지 설명해보라.

그림 10.14는 내가 어떻게 이 주식을 거래했는지 그리고 주가 움직임은 어떻게 됐는지 보여주고 있다. 삽입그림의 S&P500 지수는 하락 확대 쐐기형 대신 4월에는 확대 바닥형을, 6월에는 대칭 삼각형을 만들어놓았다. 여기에 대칭 삼각형은 지수가 약간 상승했다가 급락하면서 예외형이 됐다.

그림 10.14에서는 4월에서 5월까지 하락 직각 확대형이 만들어진 것을 볼 수 있다. 여기서 상향 이탈이 일어났지만, 하향 후퇴로 인해 주가는 위쪽 추세

366

사우스웨스트 에어라인 (항공 운송, 뉴욕 증권거래소, LUV)

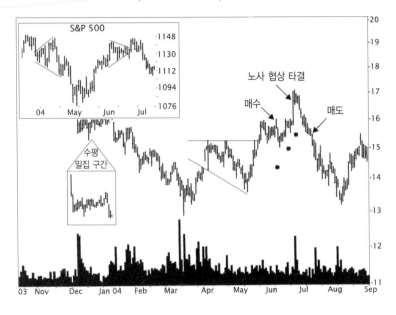

그림 10.14 확대형에 하향 후퇴가 일어난 뒤 역 데드 캣 바운스 현상이 있었다. 나는 여기서 너무 늦게
나왔다.

선으로 돌아왔다. 주가는 그 뒤 위쪽으로 멀리 달아나는 데 어려움을 겪었다.
거래에 관한 내 기록을 보기로 하자.

나는 15.81에 1,000주의 주식을 사서 10% 아래인 14.27에 손실제한주문
을 해뒀다. 이 가격은 2004년 4월 21일의 저가 바로 밑이다. 가격 목표점은
17로 잡았다. 하락 직각 확대형의 가격 목표점을 계산하는 방법대로
15.30+(15.30−13.56)의 식으로 구했다. 다른 항공주들은 하락세에 있었
다. 그래서 사실은 거래의 성공을 확신할 수 없었다. 장기적으로 따지자면
이 주식은 괜찮다. 하지만 단기적으로 따지자면 누가 확신하겠는가?

패턴을 보면 S&P500 지수는 현재 하락세다. 전체 시장의 방향을 예측해 보자. 다우존스 운송업 지수는 1월의 전고가에 도달하면 곧 멈춰버릴 것이다. S&P500 지수도 마찬가지다.

매수 이유: 하락 직각 확대형에서 일어난 하향 후퇴가 마무리됐다. 유가가 하락세에 있지만 대부분의 연료는 어떤 가격 완충망을 두고 구입되므로, 그 점이 큰 영향을 끼치지는 못할 것이다. 2003년의 12월의 수평 밀집 구간(아래쪽 삽입그림)을 통과한다면, 주가 상승의 가능성은 커질 것이다.

차트상의 검은 점들은 손실제한주문의 가격과 위치를 보여주고 있다. 하락 직각 확대형의 가격 목표점을 결정하려면, 위쪽의 수평 추세선에서 패턴의 가장 낮은 바닥까지 높이를 재서 이탈 가격(위쪽 추세선의 값)에 더해야 한다. 12월의 수평 밀집 구간을 삽입그림에 확대해놓았는데, 주가는 내가 주식을 매수한 시점의 앞뒤 몇 주 동안 이 구간의 수준에서 멈춰 있었다.

6월 25일 회사는 2년간 지속된 승무원 노조와의 협상 뒤 임시적인 합의에 도달했다고 발표했다. 이 소식에 주가는 거의 8%나 상승했다. 나는 역 데드 캣 바운스 패턴을 생각하고 매도를 고려했다. 내 연구에 따르면 주가가 5~20% 상승했을 때는 주가가 다시 하락하여 상승으로 인한 이익의 거의 전부를 잃게 되는 경우가 많으며, 때로는 그보다 더 잃을 수도 있었다. 하지만 나는 주식을 보유하고 있기로 결심했다. 20%의 이익을 바라보고 있는 나로서는 8%가 성에 차지 않았기 때문이다. 하지만 주가는 정확히 17의 가격 목표점을 건드렸는데, 이것은 분명 매도 신호였다. 만약 여기서 주식을 팔았다면, 나는 1,100달러 이상을 벌었을 것이다.

내 연구의 예측대로 주가는 곧 요동치더니 아래로 곤두박질쳤다. 나는 7월 13일 낙하산을 쥐고 비행기에서 뛰어내렸다. 매도 체결 가격은 15.41이었다.

다행히 주가가 상당히 오른 뒤라 이 거래로 나는 단 430달러, 3%에 못 미치는 손해를 봤을 뿐이다.

Chapter **11**

거래에 성공하기 위한 체크리스트(종합)

11

당신이 시장에서 돈을 벌고 있지 못하다면, 아마 손실제한주문을 활용하지 않기 때문일 가능성이 크다. 당신이 돈을 벌고 있다면, 모든 주식의 주가가 오르는 상승장에서일 것이다. 그러나 주가가 상승을 멈춘다면 당신은 어떻게 하겠는가? 매번 거래를 할 때마다 즉시 손실제한주문을 해두도록 하라.

거래에 성공하기 위한 체크리스트(종합)

체크리스트로 들어가기 전에 내가 어떻게 하루를 보내는지 알려주고 싶다. 나는 포지션 트레이더다. 즉, 데이 트레이딩은 하지 않고 몇 주, 몇 달, 심지어는 몇 년간 주식을 보유한다. 나는 관심을 가지고 있는 주식들을 검토한 다음, 흥미로운 사항이 없으면 그날은 일을 마감한다. 주식 거래 없이 몇 주씩이나 지나갈 수도 있다. 나는 보통 하루에 한 시간가량 거래할 만한 주식을 찾거나 새로운 정보들을 수집한다. 나머지는 자유 시간이다.

나는 <월 스트리트 저널>을 읽는 것으로 하루를 시작한다. 나는 읽는 속도가 느리고 또 신문을 읽는 것을 좋아하기 때문에 신문을 읽는 데 1시간 반 정도가 걸린다. 내가 관심을 가지고 있는 회사에 관한 중요한 소식은 동그라미를 쳐둔다. 이런 소식은 주로 주식 등급 상향이나 등급 하향, 실적보고서, 내부 거래, 월별 판매 기록,

데이 트레이딩(day trading)
보통 하루에 거래를 시작하고 끝내는 매매기법

큰 폭의 주가 움직임(데드 캣 바운스) 등에 관한 것이다. 신문을 다 읽은 뒤, 나는 위층의 사무실로 올라가 최신 주가 시세와 신문의 소식들을 정리하여 데이터화한다.

이 일을 마치면 나는 관심을 갖고 있는 350개의 주식에 대해 산업 실적별로 등급을 매긴다. 나는 이를 '산업상대강도industry relative strength'라고 부른다. 이런 등급화로 어떤 산업 부문이 잘나가고 어떤 산업 부문이 그렇지 못한지 쉽게 알 수 있다.

나는 또 스스로 '필터filters'라고 부르는 것으로 내가 보유하고 있는 포지션을 조사한다. 필터는 기술 지표들을 주가에 적용하여, 다이버전스와 거래 신호들을 내게 알려준다. 하지만 나는 이를 대단한 것으로 여기지는 않으며, 산업 등급이나 기술 지표들의 신호를 '배경 설명' 정도로 생각한다. 이런 것들을 보면서, 시장과 내 주식이 어떤 흐름을 보이고 있는지 감을 잡는 것이다. 때로는 여기서 주식을 곧 팔아야 한다고 알려주는 약세 다이버전스를 발견하기도 한다.

그 후에는 보유 포지션의 가치를 살펴보고 내 자산을 평가한다. 그러고 나서는 주가 차트를 보며 매도 신호를 찾거나 손실제한주문(때로는 상향 조정해야 할 필요가 있는)을 체크하거나 간혹 매수 기회를 찾는다. 이따금 주가가 손실제한주문에 근접하는 경우가 있는데, 그럴 때면 나는 주가가 손실제한주문에 걸리기 전에 주식을 판다. 이런 식으로 조금이나마 손실을 줄인다.

마지막으로 내가 하는 일은 관심을 갖고 있는 모든 주식을 검토하는 일이다. 각 주식은 산업별로 그리고 알파벳순으로 정리되어 있다. 나는 이런 식으로 각각의 산업이 어떻게 돌아가고 있는지 감을 잡는다. 흥미로운 것을 발견하면, 해당 산업에서 무슨 일이 일어났는지 살펴보고 다른 주식들은 새로운 소식에 어떤 반응을 보이는지 체크한다. 많은 주식들이 똑같은 차트 패턴을 보여주기 때문에, 이런 방법으로 여러 주식 가운데 가장 큰 반응을 보인 주식을 선택할 수 있다.

350개 주식을 검토하는 일은 짧게는 15분, 길게는 1시간 이상이 걸릴 수 있다. 시장이 하락세에 있으면, 주식의 조사와 검토에 많은 시간을 들이지 않는다. 왜냐하면 거래를 해봤자 돈을 잃을 것을 알기 때문이다. 시장이 상승세에 있을 때에는 더 많은 시간을 들여 거래 기회를 찾는다. 마음에 드는 기회가 있으면, 그때부터 열심히 조사하기 시작한다.

이봐요. 나는 제이크요. 토머스는 내가 지금 그의 컴퓨터로 들어가서 이 글을 남기고 있는 것을 몰라요. 운이 좋다면, 이 글도 인쇄되어 당신이 볼 수 있을 거요. 기회만 된다면, 나는 돈이 나를 행복하게 해주지 못한다는 사실을 모든 사람에게 알리고 싶어요. 그가 오는군요. 안녕!

매매 결정을 내리기 전에

다음의 체크리스트에서 당신은 중복되는 글들을 읽을 수 있을 것이다. 주식을 사지 말아야 하는 이유는 종종 매도를 해야 하는 이유와 똑같다.

주식을 매수하기 전에 당신이 체크해야 할 것은 다음과 같다.

- **시장 전체를 체크하라.** 나는 매일 몇 차례 S&P500 지수, 다우존스 산업·운송업·공업 지수, 나스닥 종합 지수를 검토한다. 그중에서 S&P500 지수를 전체 시장의 지표로 삼는다.
- **시장 추세를 체크하라.** 시장 추세를 좇아 거래하라. 나의 경우를 얘기하자면 시장이 상승세에 있을 때는 주식을 매수하고, 시장이 하락하고 있을 때는 현금을 쌓아두고 있든가 아니면 공업주를 사서 배당금을 챙긴다.

  전체 시장을 조사할 때 나는 지지영역과 저항영역을 찾고 나서 주가 움직임을 예측한다. 시장이 상승할 것 같으면 적극적으로 매수하고 시장이 하락할 것 같으면 매수하지 않는다. 하지만 보통 전체 시장이나 해당 산업이 하락할 거라는 이유만으로 주식을 팔지는 않는다.
- **주간 차트(혹은 시간 단위가 한 단계 높은 차트)를 보고 시장의 추세에 주의**

를 기울여라. 그러면 날마다 일어나 컴퓨터 화면을 어지럽히는 난잡한 주가 요동에서 벗어나 정말로 거래를 할 수 있는 추세를 볼 수 있을 것이다.

■ **해당 산업을 체크하라.** 동일 산업의 다른 주식들을 체크하여 거래의 성공 가능 여부를 판단해보라.

 ※다른 주식들이 고점을 찍었다는 신호를 보이는가? 그렇다면 거래의 포기를 고려하라.

 ※다른 주식들이 바닥을 쳤는가? 그렇다면 주가가 반전할 경우 주식을 매수할 시기다.

 ※화면상에 여러 개의 주식을 펼쳐볼 수 있다면, 어떤 주식이 다른 주식들을 선도하는지 찾고, 그 주식에서 주가의 향방에 대한 단서를 얻어라.

■ **주간 차트를 보라.** 나는 일간 차트로 차트 패턴들을 찾는데, 내가 거래하고 싶은 주식이 있을 경우 위협이 되는 차트 패턴은 없는지 알아보기 위해 주간 차트를 본다. 때로는 월간 차트를 본다. 당신이 데이 트레이더라면 통상 사용하는 차트보다 시간 단위가 한 단계 높은 차트를 보라.

 ※주가의 추세가 시간 단위가 더 짧은 차트와 똑같은 방향인가? 그렇다면 그 차트는 당신의 매수 결정을 뒷받침해줄 것이다.

 ※어떤 알려진 패턴을 찾을 수 있는가? 내 소프트웨어는 내가 이미 알고 있는 모든 차트 패턴을 보여주기 때문에 차트 패턴을 찾기 위해 수고할 필요가 없다.

 ※아래쪽의 지지선이나 위쪽의 저항선이 보이는가? 그러면 지지선이나 저항선에서 상향 후퇴나 하향 후퇴가 일어나 주가 움직임이 줄어들 수 있다. 조심하라.

 ※추세선을 그려 주가가 나중에 어디서 추세선에 튕겨져 나올지 예측해보라.

■ **차트 패턴에 스코어를 매겨라.** 나는 내 책 『고전적인 차트 패턴을 거래하는 법』을 이용하여 차트 패턴의 스코어를 매기고 주가가 가격 목표점에 도달할 가능성은 얼마나 되는지 가늠한다. 스코어가 음수이면 나는 보통 거래를 포기한다. 그 덕분에 잃지 않은 돈만 해도 상당하다.

■ **현재 차트 패턴의 과거를 조사하라.** 거래하려고 하는 차트 패턴이 있으면,

그 패턴이 해당 주식의 주가에서 등장했던 경우를 찾아보고 패턴 성취율이 어떠했는지 조사해보라.

- **지표를 체크하라.** 지표는 당신에게 무엇을 알려주는가? 나는 CCI(20일 기간의 CCI, 5일 기간의 DCCI)를 이용한다. CCI는 단기 거래 신호를 알려주는데 여기에 신경을 쓰지는 않는다. 나는 주가의 다이버전스를 체크하는 데 CCI를 이용한다. CCI가 낮아지는 고점들을 보여주는 반면 주가는 고점들이 높아질 경우 주가가 하락할 가능성이 크다. 그런 일이 금세 일어나지 않을 수도 있지만, 어쨌든 주가는 하락세로 바뀔 것이다. 강세 다이버전스에서는 그 반대다. 만약 CCI에서는 고점들이 높아지는 반면 주가는 낮아지고 있다면, 주가는 곧 상승세로 바뀔 것이다. 결국에는 말이다. 나는 천정이나 바닥이 한 달에서 6주 간격으로 떨어져 있을 때를 좋아한다. 간격이 그보다 큰 천정이나 바닥을 이용한 다이버전스는 신뢰도가 떨어진다. 나는 다음의 기술 지표들을 이용한다.

※RSI(RSI, 16일 기간, 70/30 과매수/과매도): 다이버전스를 알아보기 위해 이용하거나 과매수(너무 비싼)나 과매도(너무 싼)의 지표로 활용한다. 많이 활용하지는 않는다. CCI로 다이버전스에 대해 더 잘 알 수 있고, 주식은 과매도 또는 과매수 상태로 몇 달 동안 있을 수 있기 때문이다. 기본적인 설정으로는 1년 이상 어떤 신호도 얻지 못할 때도 있다.

※볼린저 밴드(20일 이동평균선을 이용): 볼린저 밴드의 폭이 좁을 때(변동성이 낮을 때)는 주가가 앞으로 큰 폭으로 움직일 것이라는 뜻이다. 주가는 종종 한쪽 밴드에서 다른 쪽 밴드로 옮겨간다. 특히 밴드가 수평적인 움직임을 보이고 주가가 이런 밴드와 만날 때 그런 일이 자주 일어난다.

※주가와 지표가 서로 발산하는가?

※지표는 거래 신호를 보여주고 있는가?

※스윙 실패(failure swing)를 체크하라. 작은 M형 또는 W형의 스윙 실패가 단기 추세 변화 신호일 수도 있다.

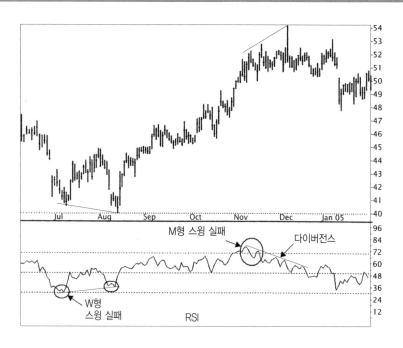

그림 11.1 주가와 RSI 지표가 발산하고(추세선을 보라), 추세 전환점에서 스윙 실패가 나타났다(동그라미를 보라).

※그림 11.1은 주가와 RSI의 다이버전스 그리고 스윙 실패를 보여주고 있다. 추세선은 7월(강세 다이버전스)과 11월(약세 다이버전스)에 주가와 지표가 발산(서로 다른 방향으로 향함)하는 것을 보여준다. 스윙 실패는 동그라미로 표시되어 있는데, 주가 추세의 단기 전환점을 보여준다. 스윙 실패가 수평 시그널선(RSI의 경우는 30선 또는 70선)에 걸쳐야 하고 주가가 취할 방향을 가리켜야 한다는 글을 읽은 적이 있는데, 그것이 그렇게 중요한지는 모르겠다. 예컨대 그림 11.1에서는 11월의 스윙 실패만이 그런 요구 조건을 따르고 있으며, 여기서 주가가 상승세에서 횡보세로 바뀌고 있다. W형 스윙 실패 역시 제때에 주가 추세 변화 신호를 나타내고 있다.

- **산업상대강도를 조사하라.** 산업상대강도는 RSI와 다르다. 나는 날마다 체크하는 35개 이상 산업 부문의 상대강도를 측정한다. 이런 산업 부문은 그간의 주가 변화를 토대로 등급화되어 있다(나는 대개 현재 종가와 6개월 전 종가의 차이를 활용한다). 실적이 좋은 상위 10개 산업 부문과 빠른 속도로 등급이 올라오는 산업 부문의 주식에 집중한다. 실적이 좋은 산업 부문은 몇 개월 동안 계속 잘해나가는 게 보통이다.

- **거래 전에 시세를 살펴라.** 시세가 지난번 체크해봤을 때보다 나쁘다면 매수를 늦춰라. 나중에 가격이 내릴 거라면 왜 지금 사야 하는가?

- **주가 추세가 상승세인가?** 매수 전에 주가가 상승세로 바뀌기를 기다려라. 그보다는 아예 주가가 오르고 있는 주식을 사서 하락 반전이 되기 전에 파는 것이 나을 것이다. 추세를 판단하려면 주간 차트(아니면 시간 단위가 한 단계 높은 차트)를 보라.

- **주가가 많이 올라 있으면 거래를 포기하라.** 주가가 많이 오른 주식은 매수하지 말라. 당신이 매수한 뒤에 주가는 하락할 것이다. 그렇다면 얼마나 올라야 많이 오른 것인가? 나는 보통 75센트 오른 주식은 거래를 포기한다. 하지만 주식마다 다르다. 주가는 전날보다 높아야 하지만 너무 높으면 안 되고, 상승세에 있는 주식을 매수 대상으로 삼아라.

- **주가가 연중 고가 근처에서 거래되고 있는가?** 나는 연중 저가 근처에서 주식을 매수하면 손실이 커진다는 것을 배웠다. 이런 때는 예외 없이 주가가 떨어졌기 때문이다. 대신 나는 연중 고가 근처에서 차트 패턴을 발견하면 주식을 매수했다. 이런 때는 상향 이탈이 일어나 신고가를 기록하기가 쉽기 때문이다. 주가가 신고가를 기록하면 그전의 저항영역이 있는지를 걱정할 필요가 없다(어림수의 경우는 제외하고). 이탈이 일어나면 주가는 모멘텀을 받아 수월하게 상승한다. 그러면 나는 손실제한주문 가격을 올려줌으로써 이전의 상승분을 까먹지 않도록 대응하기만 하면 된다.

- **위쪽의 저항선을 찾아라.** 주가가 얼마나 오르면 저항선과 만나게 되는가?

그 거리가 대단치 않다면 거래를 포기하라.

■ **아래쪽의 지지선을 찾아라.** 주가가 떨어지기 시작하면 얼마나 떨어질지 알고 싶을 것이다. 가까운 지지선을 찾으면 손실제한주문 가격을 결정하는 데 도움이 된다. 손실제한주문은 가까이 있는 아래쪽 지지선의 바로 밑에 해둬야 한다.

■ **손실제한주문 가격을 머릿속으로만 생각해놓지 말라.** 경험 많은 전문가 또는 특별하게 의지가 강한 사람이 아니라면 그 가격까지 하락했을 때 자신의 주식을 매도할 수 있는 사람은 그렇게 많지 않다. 충분히 고통을 받다가 내팽개치는데 대개는 반등이 임박해서 그렇게 한다.

■ **상향 후퇴 또는 하향 후퇴가 일어날 것 같은가?** 주가는 보통 며칠이면 이탈 가격으로 되돌아온다. 주가가 다시 원래의 이탈 방향으로 움직일 경우에는 포지션을 새로 취하거나 더 늘리는 것을 고려해보라. 하지만 통계를 보면 상향 후퇴 또는 하향 후퇴가 일어난 차트 패턴은 그렇지 않은 차트 패턴보다 성취율이 떨어진다.

■ **데드 캣 바운스 현상을 체크하라.** 나는 거래 시점 이전 6개월~1년 동안 데드 캣 바운스 현상을 보인 주식은 거래하지 않는다. 실적에 문제가 있는 회사들은 대개 이 현상이 연이어 일어난다.

■ **주가 추세는 영원하지 않다.** 며칠 동안 연속적으로 가격이 상승한 주식을 살 경우 고점 근처에서 사게 될 가능성이 커진다. 가격이 연속적으로 하락한 주식도 그와 마찬가지여서 당신이 주식을 판 뒤에는 추세가 금세 반전할지도 모른다. 물론 그렇다고 하락하는 주식을 영원히 가지고 있어야 한다는 얘기는 아니다.

■ **주가와 시장이 다이버전스를 보이거든 거래를 하지 말라.** 장중에 전체 시장이 상승세에 있는 동안 어떤 주식이 하락세에 있다면, 그 주식은 사지 말아야 한다.

어떻게 팔 것인가?

이 이야기는 너무나 중요하기 때문에 여기에 따로 하고자 한다.

손실제한주문을 활용하라. 내 경우를 보자면 내가 대부분의 거래에서 빠져나올 때는 바로 손실제한주문에 걸릴 때였다. 나는 주가가 올라가면 손실제한주문 가격도 올린다. 이런 식으로 하면 매도가 용이하다. 다른 난해한 지표들에 의존하는 대신 주가가 나를 밀쳐내게 하는 것이다. 당신이 시장에서 돈을 벌고 있지 못하다면, 아마 손실제한주문을 활용하지 않기 때문일 가능성이 크다. 당신이 돈을 벌고 있다면, 모든 주식의 주가가 오르는 상승장에서일 것이다. 그러나 주가가 상승을 멈춘다면 당신은 어떻게 하겠는가? 매번 거래를 할 때마다 즉시 손실제한주문을 해두도록 하라.

언제 팔 것인가?

각각의 거래 상황은 저마다 다르다. 하지만 경험이 풍부해지면서 당신은 적당한 시기가 되면 매도를 외치는 내면의 목소리를 들을 수 있게 될 것이다. 그 목소리에 귀를 기울여라. (일부 거래는 이 책에 설명되어 있지만) 내가 많은 거래에서 고가에 주식을 매도할 수 있었던 것은 강력한 증거와 함께 들려오는 이런 목소리에 귀를 기울였던 덕분이다. 그 목소리를 당신에게 직접 들려줄 수는 없기 때문에, 여기에 매도 신호가 될 만한 강력한 증거들을 목록으로 만들어놓았다.

- **주가가 손실제한주문에 걸리려 한다.** 그렇다면 즉시 팔아치워라. 주가가 손실제한주문에 걸릴 것을 안다면 무엇 때문에 기다려야 하는가? 약간이라도 높은 가격대에서 매도하여 손실액을 줄이는 것이 현명하다.
- **약세 차트 패턴에서 하향 이탈이 일어났다.** 이것은 전형적인 매도 신호다. 즉시 주식을 처분하라. 주가가 올라가리라 기대한다고 해서 실제로 추세가

바뀌지는 않는다. 만약 추세가 바뀐다고 해도 상향 후퇴에 불과하므로 주가는 어쨌든 다시 떨어질 것이다. 지금 즉시 매도하라!

- **종가가 상향 추세선 아래에서 형성됐다.** 이것은 추세 변화의 첫 번째 징후다. 하지만 나는 보통 더 이상의 증거를 기다리는 대신 주식을 매도한다. 추세선이 길수록 더 신뢰할 만하다는 사실을 기억하라. 주간 차트(아니면 시간 단위가 한 단계 높은 차트)를 보고 다시 한 번 추세선을 확인하라.

- **주가 상승 후의 되돌림 수준을 측정해보라.** 대부분은 그전 주가 상승의 38%, 50%, 62% 되돌림 수준에 머물 것이다. 이들 수준을 넘어서면 주가가 더 떨어질 것이라고 예상해야 한다.

- **1-2-3 추세 변화 확인기법으로 추세 변화를 확인하라.** 3장에서 다룬 1-2-3 추세 변화 확인기법을 기억하라. 추세가 변화하면 시장에서 서둘러 빠져나오라.

- **주가가 가격 목표점에 도달했다.** 나는 많은 거래에서 주가가 멈추거나 반전하기 전에 어디까지 올라갈지 정확하게 예측하곤 한다. 스윙 트레이딩(주가 곡선 중 골짜기에서 산꼭대기까지, 즉 반전과 반전 사이의 움직임을 대상으로 하는 단기 거래)이라면 가격 목표점(아니면 가장 가까운 저항영역 약간 아래)에 매도 주문을 내야 한다. 그러면 대개 고점 근처에서 주식을 처분하고 빠져나올 수 있다. 그 외의 경우는 주가가 올라감에 따라 손실제한주문을 높여주는 방법을 사용한다.

- **전체 시장이 하락세다.** 시장이 다른 주식들과 함께 당신의 주식을 밑으로 끌어당기고 있으니 빠져나와야 할 시간이다. 주간 차트를 한번 펼쳐보라. 추세가 하락세라면 주식을 처분하라.

- **동일 산업 부문의 주식들이 천정을 치고 있다.** 동일 산업 부문의 주식에서 약세 차트 패턴이 등장하면 경고 신호다. 다른 주식들이 하락세로 바뀌면 매도를 고려하라. 흐름을 거슬러 오랫동안 앞으로 나아갈 수 있는 주식은 드물다.

- **주간 차트를 보라.** 새로운 차트 패턴, 추세선, 지지영역과 저항영역 모두가 주가 차트에 나타난다. 따라서 주간 차트를 보고 이들을 매도 신호로 이용해야 한다.

- **시장은 상승세지만 내 주식은 하락세다.** 나는 주가 시세를 볼 때 다우존스 산업 지수, 나스닥 종합 지수, S&P500 지수도 함께 체크한다. 다우존스 지수가 100포인트 상승한 반면 내 주식은 하락했다면, 나는 무슨 이유 때문인지 알고 싶어진다. 나는 장중에 이런 다이버전스를 알게 되더라도 즉각적인 매도 신호가 아니라 일종의 경고로 받아들인다. 때때로 거기에는 납득할 만한 이유가 있다. 현재 내 엑슨 주식의 주가는 떨어지고 있는데 전체 주식시장은 맹렬하게 상승하고 있다. 다이버전스가 발생한 것이다. 하지만 이 자체가 매도 신호는 아니다. 왜냐하면 거기에는 유가 하락이라는 납득할 만한 이유가 있기 때문이다. 대신 나는 그 경고에 따라 유가 하락세가 지속될 것인지를 체크할 것이다.

- **과거의 주가 움직임을 조사하라.** 지난번 주가가 새로운 고가를 기록했을 때나 수직 상승했을 때, 보합세를 유지하며 밀집 구간을 형성했을 때, 며칠 동안 몇 포인트가 빠졌을 때, 전고점에서 멈췄을 때, 이런 때 무슨 일이 일어났는가? 과거의 반응을 보면 주가가 앞으로 어떻게 움직일지 단서를 얻을 수 있다. 하지만 과거의 움직임에 지나치게 의존하면 아마 주가는 당신을 놀라게 할 것이다. 나는 슈왑의 주식을 보다가 과거 두 차례의 주식 분할 때에 주가가 하락했다는 것을 발견하고, 세 번째 주식 분할 때 주식을 판 적이 있다. 하지만 그 뒤 주가는 예상과 달리 큰 폭으로 상승했다.

- **지표를 체크하라.** 당신이 즐겨 사용하는 지표에서 매도 신호를 보내고 있는가? 많은 지표를 체크하면 모순만 늘어난다. 10개의 지표를 체크하면, 일부는 팔라 하고, 일부는 사라 하고, 일부는 가지고 있으라 할 것이다. 그렇다면 최상의 지표-주가-는 뭐라고 하는가? 주가는 올라가고 있는가 아니면 내려가고 있는가? 주가는 상승 추세인가 아니면 하락 추세인가? 모르

는가? 그렇다면 주간 차트를 펼친 다음 주가가 상승하고 있는지 아니면 하락하고 있는지 물어보라. 하락하고 있으면 팔라.

- **지표와 주가가 다이버전스를 보인다.** 이것은 보통 신뢰할 만한 매도 신호다. 하지만 자동적인 매도 신호는 아니다. 주가와 지표 사이에는 몇 달 동안 괴리가 생겼다가 주가가 하락할 수 있는데 반드시 그런 것은 아니다.
- **지표상의 스윙 실패** 지표상에 나타나는 M형 또는 W형 스윙 실패는 단기 전환점을 정확하게 알려준다.
- **위쪽의 저항선** 주가가 위쪽의 저항선을 치고 이제 아래로 향하고 있는가? 그렇다면 팔라.
- **하향 후퇴 또는 상향 후퇴가 일어나는 중인가?** 책에서 이에 관한 부분을 찾아 다시 읽어라. 하향 후퇴 또는 상향 후퇴는 대개 이탈 뒤에 일어난다. 주가가 하향 후퇴 뒤 상승을 재개하면 주식을 새로 또는 추가로 매수하라. 상향 후퇴는 보통 주가 하락이 재개되기 전에 마지막으로 주식을 처분할 수 있는 기회가 된다. 매도 신호를 받아들이고 시장에서 빠져나오라.

놓쳐서는 안 되는 거래의 기본

나 제이크요. 당신이 살아 있는지 죽어 있는지 아무도 관심이 없다는 생각이 들면, 자동차 할부금을 몇 차례 건너뛰어 봐요. 안녕!

아래의 거래에 관한 일반적인 조언도 참고하기 바란다.

- **손실제한주문을 바짝 붙여라.** 동일 산업 부문의 다른 주식들이 하락하기 시작하면, 당신이 보유하고 있는 주식의 손실제한주문을 현재가에 바짝 붙여두라. 주가가 며칠 만에 몇 포인트가 오를 때도 손실제한주문을 바짝 붙여라. 주가가 반전하여 이익의 상당 부분을 까먹을 수 있기 때문이다. 8장에서 역 데드 캣 바운스에 관한 내용을 읽어보라.
- **큰 패턴을 거래하라.** 큰 패턴은 작은 패턴보다 패턴 성취율이 뛰어나다. 이

사실에는 예외가 없다. 그렇다면 큰 패턴은 무엇이고 작은 패턴은 무엇인가? 그것은 패턴마다 다르므로, 완벽한 설명은 내 책『차트 패턴 백과사전』 2판을 참고하기 바란다.

- **주가 범위가 좁혀지는 경우** 일간 고가~저가 범위가 좁아지는 경우에는 추세 변화를 예상해야 한다. 예컨대 대칭 삼각형은 추세선이 좁혀지면서 이런 모양을 보여준다. 주가 범위가 줄어들고 거래량이 감소한 후 이탈이 일어난다.

- **예외형 패턴을 잊지 말라.** 차트 패턴에서 하향 이탈이 일어난 뒤 주가가 금세 반전하면 그 뒤 예상보다 훨씬 높게 주가가 치솟는다. 이 흐름을 타야 한다.

- **추세를 거래하라.** 전체 주식시장과 해당 산업 부문이 상승세에 있으면 상향 이탈이 일어난 주식을 선택하라. 추세에 거스르는 거래는 하지 말라. 예컨대 전체 주식시장과 해당 산업 부문이 하락세에 있는데 상승세에 있는 주식은 거래를 피하라. 시장과 산업의 추세가 반전하지 않는 한, 주가 상승은 기대에 미치지 못할 것이다. 전체 시장이 하락세임에도 주식을 산 경우, 전체 시장의 추세가 곧 반전할 것이라는 예상만 있으면 괜찮다. 전체 시장의 추세 반전을 기다리는 동안 손실제한주문에 걸리는 일이 없기를 바랄 뿐이다.

- **반전 패턴에는 반전시킬 만한 어떤 움직임이 먼저 있어야 한다.** 예컨대 평평한 주가 흐름에서 몇 포인트 위로 다이아몬드 천정형이 생겨나고 그 뒤 하향 이탈이 일어난다면, 주가는 이 평평한 흐름으로 되돌아올 것이라고 예상해야 한다.

- **애버리징을 하지 말라.** 이 충고를 무시하더라도 어쩌면 당신은 하락 추세를 잘 극복할 수 있을지 모른다. 하지만 당신이 보유하고 있는 주식의 회사명이 엔론이나 월드컴이나 펜 센트럴이나 유나이티드 에어라인 등등이 아니어야 할 것이다.

주가가 하락하면 매도를 고려하라. 언젠가는 추세 반전이 이뤄지리라 기대하면서 포지션을 늘려서는 안 된다. 안 그럴 수도 있지만, 대개는 주가가 바닥을 찍기 바로 며칠 전에 지쳐서 주식을 모조리 처분하게 된다. 매수량을 늘려 주가를 끌어올릴 생각은 말아야 한다. 제이크조차 그만한 돈은 없다. 그는 요즘 잘나간다.

- **장중 차트로 거래하라.** 거래 주문을 낼 때는 장중 차트 아니면 시간 단위가 좀더 짧은 차트를 보라. 시간 단위가 좀더 짧은 차트를 보면 주가 움직임을 세밀히 들여다볼 수 있고, 지지영역과 저항영역을 명확하게 알 수 있다. 나는 매수 때는 1분 차트와 5분 차트를 활용한다.

- **주가가 올라가면 손실제한주문 가격도 올려야 한다.** 변동성을 체크하고, 손실제한주문 가격이 현재 가격 변동성에 1.5를 곱한 값보다 떨어져 있도록 하라(상세한 사항은 5장의 변동성 손실제한주문을 참고하라).

- **손실제한주문 가격은 절대 낮추지 말라.** 손실제한주문 가격을 낮추고 싶다는 생각이 들 때는 차라리 주식을 팔아버려라. 절대 주식과는 사랑에 빠지지 말라.

- **날마다 똑같은 주식들을 모니터하라.** 주식들과 친숙해져야 한다. 잘 알지 못하는 주식에는 투자하지 말라. 시간이 가면 당신은 주식이 언제 비싸지는지 그리고 언제 싸지는지 알게 될 것이다. 이것이 당신에게 주식을 언제 사고 언제 팔아야 하는지 알려주는 목소리다.

- **자신에게 맞는 차트 패턴을 택하라.** 어떤 패턴은 다른 패턴보다 패턴 성취율이 낫다. 패턴을 잘 골라 거래하면서 그 패턴에 관한 한 전문가가 되어라. 별난 패턴을 발견하면 tbul@hotmail.com으로 내게도 알려주기 바란다.

- **거래에 관한 기록을 적고, 그 기록을 주기적으로 검토하라.** 나는 각각의 거래를 기록하고 그 기록을 되풀이해 들여다본다. 나는 거기서 적절한 매수 시점, 매도 시점, 내가 가지고 있는 나쁜 습관 따위를 찾는다. 이런 공부는 꽤 도움이 된다. 나는 공책에 날짜, 거래 시간, 거래한 주식의 수, 주문 형

태(제한주문, 시장가주문, 지정가주문), 주문이 체결된 가격, 손실제한주문 가격, 가격 목표점, S&P500 지수의 미래 추세(예측), 매수 이유 또는 매도 이유를 항상 기록한다.

■ **탐구하라.** 주식 거래는 노력을 필요로 한다. 당신은 자신의 거래 기술을 확신할 수 있어야 한다. 그러지 않으면 거래 신호를 보고도 섣불리 거래에 뛰어들지 못할 것이다. 새로운 기법을 찾아내 기술을 풍성하게 하고 효과가 없는 기법들은 과감히 버려라.

■ **분산 투자하라.** 어떤 유전 서비스 회사의 주가 차트에서 대칭 삼각형을 발견했다면, 동일 산업 부문의 다른 주식들도 똑같은 패턴을 보여줄 가능성이 크다. 그렇다고 그 모든 주식을 사지는 말라. 나 같은 경우는 가장 유망한 종목을 선택하고 다른 산업 부문으로 넘어간다.

■ **과도한 분산 투자는 삼가라.** "한때는 내 포트폴리오에 40개 이상의 주식 종목이 있었죠." 제이크가 말했다. "그런데 그 모든 종목을 다 모니터할 수가 없더라고요." 설마, 농담이겠지. 보통 내 포트폴리오에는 10개 미만의 종목이 있다.

■ **상품을 체크하라.** 나는 석유, 구리, 천연가스의 가격을 관찰한다. 내가 모니터하는 많은 산업 부문이 이런 원자재에 의존하고 있기 때문이다. 원유의 가격이 치솟으면 항공, 운송, 화학 산업이 곤란을 겪는 반면 유전 서비스 회사, 정유 업체, 굴착 회사는 이익을 볼 것이다.

■ **거래 방식을 조정하라.** 시장은 시간이 가면서 변한다. 당신의 거래 방식이나 기술도 시장에 맞춰 변해야 한다. 시장이 불안하게 방향을 못 잡고 요동치면 나는 단기 거래를 한다. 시장이 추세를 따라 움직이면 나 역시 여유를 찾고 주식 보유 기간도 늘어난다.

■ **채팅방의 잡담은 무시하라.** 내가 했던 몇 차례 최악의 거래들은 모두 시나리오 트레이딩 때문이었다. 나는 석유 생산 부족으로 유가의 상승이 예상된다는 소문을 듣고서 석유 정제 업체의 주식을 산 적이 있다. 이때 유가가

하락하는 바람에 시장에서 탈탈 털려서 나와야 했다. 인터넷 채팅방에 국한된 얘기가 아니다. 신문 기사나 TV 뉴스의 경우도 마찬가지다. 시나리오에 따라 거래하지 말라. 장기 투자자들은 시나리오 트레이딩을 잘할 수 있을 터인데, 그들은 몇 년이고 기다릴 수 있기 때문이다.

■ **뭔가 의문이 들면, 당신이 실수를 하고 있다는 뜻이다.** 거래에 의문이 생기면, 그래서 누군가의 견해를 묻고 싶다면, 거래를 그만두라. 다른 사람에게 쓸데없이 돈을 갖다 바치지 말라.

■ **가격 목표점을 정하라.** 경험이 생기면, 주가가 언제 전환할지 식별할 수 있는 능력이 생기게 된다. 차트 패턴의 가격 목표점을 결정하는 방법(보통 이탈 가격에 패턴의 높이를 더하는 방법)으로 목표 가격을 정하라. 보다 보수적으로는 패턴 높이의 반값을 이탈 가격에 더하라. 목표 가격이 위쪽의 저항선과 비슷한 경우는 금맥을 찾은 것이다. 저항선의 바로 아래에서 매도하라. 조금 이를 수 있지만 어쨌든 이익을 내면 파산하는 법은 결코 없다.

■ **매수 시기를 자꾸 놓칠 때** 계속하여 거래 시기를 놓친다는 생각이 들 때는 이탈 가격보다 1센트 높은 가격에 매수 주문을 해둬라. 나도 이런 방법을 이용하는데, 잘 들어맞는다. 조기 이탈은 자주 일어나지 않으므로(예컨대 삼각형의 경우, 3~22%다) 염려할 필요가 없다.

■ **상향 후퇴 또는 하향 후퇴를 주의하라.** 주가는 이탈 후 평균 3일이면 반전하고, 보통 10~11일이면 이탈 가격으로 되돌아온다. 따라서 주의해야 한다. 86%의 경우 주가가 원래의 이탈 방향으로 다시 움직일 것이라는 믿음을 가져라.

■ **공매도 거래를 하지 말라.** 롱 포지션으로 수익을 낼 수 없다면 숏 포지션으로도 수익을 낼 수 없다. 먼저 모의 거래를 해보기 바란다.

■ **주가는 상승 때보다 하락 때 더 빠르게 움직인다.** 나는 이탈에서 최고점 또는 저점에 이르는 시간의 통계치를 조사하면서 이 사실을 발견했다. 주가는 상향 이탈보다 하향 이탈 후 더 신속하고 더 가파르게 움직인다. 이 때

문에 손실제한주문을 이용하여 거래에서 나와야 하는 필요성이 더 커진다. 제때에 매도하지 못하면 손실은 급속하게 불어날 것이다.

다시 제이크요. 돈을 빌릴 때는 비관주의자들한테 빌리세요. 비관주의자들은 돈을 돌려받으리라 기대하지 않으니까. 안녕!

- **주가는 하락장에서 이탈 뒤 한 달이면 반전한다.** 이것은 상승장에도 들어맞는 얘기지만 빈도는 좀 덜하다. 한 달이라는 기간 역시 패턴마다 다른데, 이보다 짧은 경우는 적고 긴 경우는 많다. 이탈 후 5~7주가 특히 많다. 내가 발견한 것은 이탈 후 한 달에 최저점에 도달하는 패턴이 약간 많다는 것이다. 따라서 주가가 매번 정확하게 반전할 것이라고 예상해서는 안 될 것이다.

- **주가는 이탈 후 첫 주에 가장 큰 폭으로 움직인다.** 나는 실패율을 조사하면서 이 사실을 발견했다. 이는 이탈이 일어나면 서둘러 거래에 나서야 할 필요성을 일깨워준다. 가장 좋은 방법은 이탈 가격의 1센트 위에 매수 주문을 해두는 것이다. 그러면 일찍 주식을 매수할 수 있다. 또 만약 하향 후퇴가 일어난다 해도 손실을 보면서 쫓겨나지는 않을 것이다.

패턴의 이탈 위치로 성취율을 예측하라

표 11.1은 연중 주가 범위 어디에서 차트 패턴의 성취율이 가장 좋은지 보여주고 있다. 패턴 성취율이 가장 좋을 때가 연중 주가 범위의 위쪽일 때는 고, 가운데일 때는 중, 아래쪽일 때는 저라고 표시했다.

상향 이탈 총수: 고 13, 중 7, 저 9

하향 이탈 총수: 고 5, 중 6, 저 14

통계수치는 연중 거래 범위의 위쪽 3분의 1에서 상향 이탈의 성취율이 최상임을 보여준다. 하향 이탈은 연중 거래 범위의 아래쪽 3분의 1에서 성취율이 최상이다. 이것이 무슨 뜻인지 차분히 음미해보도록 하라. 주가가 새로운

표 11.1 이탈 위치에 따른 성취율

차트 패턴	최상의 패턴 성취율을 보이는 연중 주가 범위
확대 바닥형, 하향 이탈	저
확대 바닥형, 상향 이탈	고
상승 직각 확대형, 하향 이탈	저
상승 직각 확대형, 상향 이탈	고
하락 직각 확대형, 하향 이탈	중, 고
상승 직각 확대형, 상향 이탈	중
확대 천정형, 하향 이탈	저
확대 천정형, 상향 이탈	고
상승 확대 쐐기형, 하향 이탈	저
상승 확대 쐐기형, 상향 이탈	중, 고
하락 확대 쐐기형, 하향 이탈	저
하락 확대 쐐기형, 상향 이탈	저, 중, 고
다이아몬드 바닥형, 하향 이탈	저
다이아몬드 바닥형, 상향 이탈	저
다이아몬드 천정형, 하향 이탈	저, 중
다이아몬드 천정형, 상향 이탈	중
아담&아담 이중 바닥형, 상향 이탈	저
아담&이브 이중 바닥형, 상향 이탈	고
이브&아담 이중 바닥형, 상향 이탈	저
이브&이브 이중 바닥형, 상향 이탈	저
아담&아담 이중 천정형, 하향 이탈	고
아담&이브 이중 천정형, 하향 이탈	중
이브&아담 이중 천정형, 하향 이탈	저, 고
이브&이브 이중 천정형, 하향 이탈	고
깃발형, 하향 이탈	저
깃발형, 상향 이탈	고

차트 패턴	최상의 패턴 성취율을 보이는 연중 주가 범위
높고 조밀한 깃발형, 상향 이탈	중
역 머리어깨형, 상향 이탈	고
역 머리어깨형, 복합형, 상향 이탈	중
머리어깨형, 하향 이탈	중
머리어깨형, 복합형, 하향 이탈	중
페넌트형, 하향 이탈	저
페넌트형, 상향 이탈	저
파이프 바닥형, 상향 이탈	고
파이프 천정형, 하향 이탈	저
둥근 바닥형, 상향 이탈	고
반전 상승 가리비형, 상향 이탈	저
삼중 상승 바닥형, 상향 이탈	고
상승 삼각형, 하향 이탈	저, 중
상승 삼각형, 상향 이탈	고
하락 삼각형, 하향 이탈	저
하락 삼각형, 상향 이탈	저, 고
대칭 삼각형, 하향 이탈	저
대칭 삼각형, 상향 이탈	저
삼중 바닥형, 상향 이탈	중
삼중 천정형, 하향 이탈	고

고가를 기록할 때 주식을 사고, 주가가 새로운 저가를 기록할 때 공매도를 하라는 것이다.

표 11.2는 이벤트 패턴이 연중 주가 범위의 어디에서 가장 성취율이 좋은지 보여준다. 패턴 성취율이 가장 좋을 때가 연중 주가 범위의 위쪽일 때는 고, 가운데일 때는 중, 아래쪽일 때는 저라고 표시했다.

표 11.2 연중 주가 범위에서 이벤트 패턴의 이탈 위치에 따른 성취율

이벤트 패턴	최상의 패턴 성취율을 보이는 연중 주가 범위
데드 캣 바운스, 하향 이탈	고
배드 어닝 서프라이즈	저
굿 어닝 서프라이즈	저
실적 깃발형, 상향 이탈	저
주식 등급 하향 조정, 하향 이탈	저
주식 등급 하향 조정, 상향 이탈	저
주식 등급 상향 조정, 하향 이탈	저
주식 등급 상향 조정, 상향 이탈	고

상향 이탈 총수: 고 1, 중 0, 저 3.

하향 이탈 총수: 고 1, 중 0, 저 3.

이벤트 패턴에서는 상향 이탈이나 하향 이탈이나 연중 주가 범위의 아래쪽 3분의 1에서 일어났을 때 성취율이 최상이다.

거래에 임하기 전 최종 심리 체크리스트

이 체크리스트는 당신 자신의 거래 심리를 분석하는 데 도움을 줄 것이다. 보다 상세한 정보는 2장을 참고하기 바란다.

- **당신은 지금 정말로 원해서 주식을 거래하고 있는 것인가?** 때때로 나는 시장이 상승세에 있는데 나만 소외되어 있다는 이유로 차트 패턴을 이리저리

찾게 된다. 또 어떤 때는 끔찍한 거래를 한 뒤 이를 만회하기 위해 며칠 뒤에 또 다른 거래를 하기도 한다.

다시 제이크요. 토머스가 이런 글들을 발견하면 나를 죽이려 들 테지만, 이렇게 여기저기 글을 써놓으면 어쨌든 일부는 남아서 그대로 인쇄되리라 믿어요. 그런데 당신은 연구가 쥐에게서 암을 키운다는 사실을 알고 있나요? 안녕!

- **지금 거래를 안 하고 있는가?** 거래를 너무 자주 해도 문제지만 거래를 너무 안 해도 문제다. 당신은 손실을 입는 것이 두려워 거래 자체를 아예 피하고 있을지 모른다. 이를 극복하기 위해서는 충분한 연구를 통해 자신의 거래 기술과 방식에 대한 확신을 가져야 한다. 그런 다음 다시 게임을 시작하라.

- **몇 차례 손실제한주문에 걸렸다면 시장에서 나와라.** 2005년 초 거래하는 주식마다 손실제한주문에 걸리는 일이 발생했는데, 그것은 시장이 하락하고 있다는 뜻이었다. 그래서 나는 시장에서 현금을 빼낸 뒤 주식시장이 하락하도록 그냥 내버려뒀다. 그 뒤 바닥 패턴들이 무수히 나타나는 것을 봤을 때 다시 흥미를 갖기 시작했다. 그게 바로 차트의 매력 아니겠는가. 시장이 상승하거나 활기를 찾으면 강세 패턴이 등장하는 것이다. 하락장에서는 강세 패턴이 사라지므로 당신은 시장에서 빠져나와 주가가 조정을 거치는 동안 지켜보고 있기만 하면 되는 것이다.

- **시스템을 따르라.** 당신의 거래 시스템을 따르면 더 많은 돈을 벌지 않을까? 시스템이 거래 신호를 보냈을 때 왜 이를 무시했는지 자신에게 설명해보라.

- **과도한 거래를 삼가라.** 처음 주식 거래를 시작했을 때 나는 거래를 하면 할수록 성적이 나빠지는 것을 알았다. 하지만 경험이 쌓이면서 거래를 할수록 더 많은 돈을 벌게 됐다. 경험이 부족한 데이 트레이더의 경우도 마찬가지일 것이다. 그들은 날마다 시장에서 100달러 혹은 500달러만 벌 수 있으면 충분하다고 생각할 것이다. 제이크는 내게 이런 말을 한 적이 있다. "100만 번의 거래에서 1달러씩만 번다면 백만장자가 되는 것 아니겠어요?" 포지션 트레이딩이나 장기 투자로 돈을 벌 수 없는 사람이 데이 트레

이딩이나 스윙 트레이딩으로 돈을 벌 수 있을 것 같지는 않다. 우선 주식의 보유 기간을 늘리고, 거래 경험이 쌓이거든 보유 기간을 줄여가는 쪽으로 거래하라.

■ **실수에서 배워라.** 당신은 실수를 할 것이다. 그렇지만 거래를 주기적으로 검토하지 않으면 나쁜 습관이 생겨 결국 더 큰 손실을 보게 될 것이다.

■ **긍정적인 면에 집중하라.** 당신이 오늘 입은 손실은 지난주 얻은 커다란 이익에 비하면 조족지혈에 불과하다.

■ **지나치게 안달하지 말라.** 모든 거래를 편안하게 여겨라. 손실을 봤다고 괴로워하지 말고 이익을 봤다고 해서 너무 흥분하지 말라. 어떤 사람이 이메일로 나에게 이익을 키우지 못하는 자신의 습관에 대해 질문을 해왔다. "도와주실 수 있나요?" 나는 그가 주가에 너무 신경을 쓰는 것 같다고 말해줬다. 그는 일도 등한시하면서 주가 시세를 너무 자주 들여다봤고, 1센트를 벌고 잃는 데 지나치게 집착했다. 나는 그에게 하루가 끝날 때 한 번 주가를 체크하든가 아니면 주간 차트를 보고 주식을 거래하라고 조언해줬다. 그는 현재 스트레스도 별로 받지 않으면서 훨씬 더 능숙하게 주식을 거래하고 있다.

■ **이익을 무시하라.** 거래가 성공해서 혹은 돈을 너무 많이 벌어 불안해지면 (내 말을 믿기를. 이런 일이 진짜 일어난다) 벌어들인 이익을 생각하지 말라. 돈에 신경을 쓰지 말고 자신의 거래 기술을 향상시키는 데 집중하라. 큰돈을 버는 데 익숙해져야 한다.

■ **거래 계획을 따르라.** 그러지 않는다면 무엇을 보고 거래를 하겠는가? 거래를 계획하고 계획대로 거래하라.

■ **초조해져 있을 때는 거래하지 말라.** 너무 흥분해 있을 때도 마찬가지다. 나는 상승장에서 이런 일을 겪었다. 내가 가지고 있는 주식들이 정말로 폭발적으로 상승했다. 내가 고른 주식은 모두 상승했다. 그런데 그때 막대한 손실이 눈앞에 다가왔다는 사실을 알았다. 추세가 전환됐을 때 나는 손실제

한주문을 너무 멀리 해둔 상태였고, 그래서 큰돈을 잃고 말았다.

■ **성공률이 높은 거래기법을 버리는 경우** 상승장에서 당신이 손대는 주식마다 금맥을 발견하면 따분해지기 쉽다. 그래서 원래의 거래기법을 내던지고 좀더 흥미로운 것을 찾아 나설 수도 있다. 내가 아는 어떤 사람은 차트 패턴을 거래하여 열 번 중 아홉 번은 수익을 냈다. 그는 지겨워서인지 자신의 거래기법을 무시하고 브리엑스라는 회사에 큰돈을 투자했다. 나중에 이 회사가 주가를 조작한 사실이 밝혀지면서 그는 투자한 대부분의 돈을 잃고 말았다.

다시 제이크요. 이 나라를 아름다운 나라로 지켜주세요. 맥주 캔이나 삼키라구요. 안녕!

Chapter **12**

패턴 성취율을 보여주는 통계수치(종합)

12 이 장의 통계 자료는 상승장에서 나타난 차트 패턴만을 대상으로 하고 있다. 수치는 수백 회, 때로는 수천 회의 거래를 반영하고 있다. 하지만 비용 등을 계산에 넣지 않은 순수한 거래이므로 당신의 거래 결과가 이와 정확히 일치하기를 기대할 수는 없다.

패턴 성취율을 보여주는 통계수치(종합)

표 12.1과 12.2의 통계 자료는 상승장에서 나타난 차트 패턴만을 대상으로 하고 있다. 수치는 수백 회, 때로는 수천 회의 거래를 반영하고 있다. 하지만 비용 등을 계산에 넣지 않은 순수한 거래이므로 당신의 거래 결과가 이와 정확히 일치하기를 기대할 수는 없다.

표에서 모든 차트 패턴과 이벤트 패턴을 다루고 있는 것은 아니다. 따라서 순위에 없는 숫자가 있을 수 있다. 상승장과 하락장의 모든 차트 패턴과 이벤트 패턴을 다룬 완벽한 목록은 내 책『차트 패턴 백과사전』의 2판을 보라.

차트 패턴의 성취율과 순위

표를 볼 때는 다음의 사항을 참고하기 바란다.

- 평균 상승폭 또는 낙폭은 이탈 가격에서 최고점 또는 저점까지 이르는 가격 차이를 평균한 값이다.
- 손익분기 도달 실패율은 이탈 후 주가 상승폭 또는 낙폭이 5%에 미치지 못할 확률을 말한다.
- 추세 마감 후 변화는 주가가 최고점이나 저점에 도달할 경우, 추세가 다시 변하기 전까지 주가 움직임의 폭을 나타낸다.
- 하향 후퇴는 상향 이탈 때 일어나고 상향 후퇴는 하향 이탈 때 일어난다.
- 순위는 평균 상승폭 또는 낙폭, 손익분기 도달 실패율, 추세 마감 후 변화를 토대로 등급을 매긴 것이다. 2개의 패턴이 순위가 똑같을 수 있고, 같은 패턴이라도 상향 이탈 때와 하향 이탈 때 순위가 다를 수 있다.
- N/A는 해당 사항이 없다는 뜻이다. 일부 차트 패턴과 이벤트 패턴의 성취율은 다른 패턴과 다르게 측정되며(조정 상승형, 깃발형, 페넌트형, 갭 등), 따라서 순위를 매기지 않았다.

표 12.1 차트 패턴의 성취율과 순위

차트 패턴	평균 상승폭 또는 낙폭 (%)	손익분기 도달 실패율 (%)	추세 마감 후 변화(%)	하향 후퇴 또는 상향 후퇴(%)	순위
확대 바닥형, 하향 이탈	−15	16	52	42	17
확대 바닥형, 상향 이탈	27	10	−34	41	17
상승 직각 확대형, 하향 이탈	−15	20	53	65	19
상승 직각 확대형, 상향 이탈	29	11	−31	47	19
하락 직각 확대형, 하향 이탈	−15	14	55	51	13
하락 직각 확대형, 상향 이탈	28	19	−26	52	23
확대 천정형, 하향 이탈	−15	18	53	48	18
확대 천정형, 상향 이탈	29	15	−33	54	19
상승 확대 쐐기형, 하향 이탈	−17	11	49	57	14
상승 확대 쐐기형, 상향 이탈	38	2	−31	50	6
하락 확대 쐐기형, 하향 이탈	−20	9	47	53	11
하락 확대 쐐기형, 상향 이탈	33	6	−33	53	12
다이아몬드 바닥형, 하향 이탈	−21	10	59	71	1
다이아몬드 바닥형, 상향 이탈	36	4	−33	53	8
다이아몬드 천정형, 하향 이탈	−21	6	47	57	7
다이아몬드 천정형, 상향 이탈	27	10	−29	59	21
아담&아담 이중 바닥형, 상향 이탈	35	5	−33	64	10
아담&이브 이중 바닥형, 상향 이탈	37	5	−33	59	8
이브&아담 이중 바닥형, 상향 이탈	35	4	−31	57	11
이브&이브 이중 바닥형, 상향 이탈	40	4	−31	55	6
아담&아담 이중 천정형, 하향 이탈	−19	8	54	61	4
아담&이브 이중 천정형, 하향 이탈	−18	14	50	59	15
이브&아담 이중 천정형, 하향 이탈	−15	13	54	64	13
이브&이브 이중 천정형, 하향 이탈	−18	11	63	59	2
깃발형, 하향 이탈	N/A	2	41	46	N/A

차트 패턴	평균 상승폭 또는 낙폭 (%)	손익분기 도달 실패율 (%)	추세 마감 후 변화(%)	하향 후퇴 또는 상향 후퇴(%)	순위
깃발형, 상향 이탈	N/A	4	−22	43	N/A
높고 조밀한 깃발형, 상향 이탈	69	0	−36	54	1
갭	N/A	N/A	N/A	N/A	N/A
역 머리어깨형, 상향 이탈	38	3	−31	45	7
역 머리어깨형, 복합형, 상향 이탈	39	4	−29	63	9
머리어깨형, 하향 이탈	−22	4	51	50	1
머리어깨형, 복합형, 하향 이탈	−23	4	48	67	3
조정 하락형	N/A	N/A	46	N/A	N/A
조정 상승형	N/A	N/A	−26	N/A	N/A
페넌트형, 하향 이탈	N/A	4	40	31	N/A
페넌트형, 상향 이탈	N/A	2	−25	47	N/A
파이프 바닥형, 상향 이탈	45	5	−33	44	2
파이프 천정형, 하향 이탈	−20	11	56	41	4
둥근 바닥형, 상향 이탈	43	5	−31	40	5
둥근 천정형, 하향 이탈	−19	12	57	48	5
둥근 천정형, 상향 이탈	37	9	−31	53	13
반전 상승 가리비형, 상향 이탈	43	4	−32	61	3
삼중 상승 바닥형, 상향 이탈	41	5	−33	60	4
상승 삼각형, 하향 이탈	−19	11	52	49	9
상승 삼각형, 상향 이탈	35	13	−29	57	17
하락 삼각형, 하향 이탈	−16	16	60	54	10
하락 삼각형, 상향 이탈	47	7	−30	37	5
대칭 삼각형, 하향 이탈	−17	13	50	59	15
대칭 삼각형, 상향 이탈	31	9	−31	37	16
삼중 바닥형, 상향 이탈	37	4	−33	64%	7
삼중 천정형, 하향 이탈	−19	10	53	61	7

이벤트 패턴의 성취율과 순위

이벤트 패턴은 차트 패턴과 따로 순위를 매겼다. 패턴 성취율은 똑같은 방법으로 측정했다.

표 12.2 이벤트 패턴의 성취율과 순위

이벤트 패턴	평균 상승폭 또는 낙폭 (%)	손익분기 도달 실패율 (%)	추세 마감 후 변화(%)	하향 후퇴 또는 상향 후퇴(%)	순위
데드 캣 바운스	N/A	N/A	N/A	N/A	N/A
역 데드 캣 바운스	N/A	N/A	N/A	N/A	N/A
배드 어닝 서프라이즈, 하향 이탈	−13	31	51	41	3
굿 어닝 서프라이즈, 상향 이탈	24	29	−27	41	5
실적 깃발형, 상향 이탈	34	10	−33	63	1
주식 등급 하향 조정, 하향 이탈	−14	26	50	48	2
주식 등급 하향 조정, 상향 이탈	27	25	−30	49	3
주식 등급 상향 조정, 하향 이탈	−12	38	44	37	5
주식 등급 상향 조정, 상향 이탈	24	18	−30	63	2

차트 패턴의 이탈 위치

표 12.3 차트 패턴의 이탈 위치

차트 패턴	이탈 위치
확대형, 모든 종류	종가가 추세선 경계를 넘어선 지점
다이아몬드 천정형과 바닥형	종가가 추세선 경계를 넘어선 지점
이중 바닥형, 모든 종류	종가가 두 바닥 사이의 최고점을 넘어선 지점
이중 천정형, 모든 종류	종가가 두 천정 사이의 최저점을 넘어선 지점
깃발형	종가가 추세선 경계를 넘어선 지점
높고 조밀한 깃발형	종가가 추세선 경계 혹은 패턴의 최고점을 넘어선 지점
머리어깨형, 천정형	종가가 상향 목선 아래로 떨어지거나, 하향 목선의 경우 머리와 오른쪽 어깨 사이의 저가 아래로 떨어진 시점
조정 상승형 또는 하락형	해당 사항 없음
페넌트형	종가가 추세선 경계를 넘어선 지점
파이프 바닥형	종가가 패턴의 최고점을 넘어선 지점
파이프 천정형	종가가 패턴의 최저점 아래로 떨어진 지점
둥근 바닥형	종가가 오른쪽 가장자리를 넘어선 지점
반전 상승 가리비형	종가가 패턴의 최고점을 넘어선 지점
삼중 상승 바닥형	종가가 패턴의 최고점을 넘어선 지점
상승 삼각형	종가가 추세선 경계를 넘어선 지점
하락 삼각형	종가가 추세선 경계를 넘어선 지점
대칭 삼각형	종가가 추세선 경계를 넘어선 지점
삼중 바닥형	종가가 패턴의 최고점을 넘어선 지점
삼중 천정형	종가가 패턴의 최저점 아래로 떨어진 지점

에필로그

투투투- 가까이 다가온 헬리콥터 소리가 정적을 깨뜨렸다. 그때 나는 발코니 의자에 앉아 다리를 난간에 올려놓은 채 언덕 사이로 융단처럼 펼쳐져 있는 소나무 숲을 바라보고 있었다. 물방울이 튀는 소리를 듣고서 나는 난간 바로 너머에 있는 연못을, 연못 위에 일어나는 잔물결을 내려다봤다. 이 높은 곳에서 보자면, 연못이 저 너머의 언덕과 계곡을 차단시켜주는 방벽 역할을 하는 것을 잘 알 수 있다. 이곳은 내가 가장 좋아하는 곳, 나의 은신처다.

제이크가 한 손에는 샴페인, 다른 한 손에는 잔을 들고 헬리콥터에서 튀어나왔다. "당신이 여기 있을 거라 생각했죠." 그가 말했다.

잠깐 동안 나는 그가 샴페인 병을 발코니에 내던지고 나서 인생의 새로운 시작을 선언하는 게 아닐까 상상해봤다. 하지만 그는 그러지 않았다. 대신 병의 포일을 벗겼다.

예상대로 코르크 마개가 서까래에 맞고 튀어 내 어깨를 때리고 나서 바닥에서 팽그르르 돌았다. 영화에서처럼, 샴페인 거품이 넘치면서 제이크의 손을 적시고 삼나무 바닥으로 흘러내렸다.

"당신을 처음 봤을 때, 나는 당신이 강도짓을 하러 온 줄 알았어요." 내가 말했다.

"그게 거래자들이 하는 일이잖아요. 다른 사람들로부터 돈을 훔치는 거죠. 돈 훔치는 비결을 알려줘서 고마워요."

우리는 잔을 부딪쳤다. 청명한 크리스털 소리가 울리자 홍관조가 우리 쪽으로 고개를 돌렸다. 돔페리뇽은 맛이 놀라웠다. 바람의 향기에 봄의 미각을 담고 있었다.

나는 헬리콥터를 가리켰다. 프로펠러가 아직 돌고 있었다. "저거 새로 산 거예요?"

"네." 그가 말했다. "하지만 내 거는 아니에요. 내가 산 회사의 소유죠. 지금 그 회사를 팔 생각인데. 언젠가 보험료를 줄이려면 내가 계약하고 있는 건강보험회사를 사버리라고 했죠? 정말로 그렇게 했어요. 그리고 변호사를 고용해서 중역들이 누리던 특권을 다 없애버리고 보험까지 취소해서 모두 해고해버렸죠."

"보험은 놔두지 그랬어요? 그들이 당신에게 했던 대로 분기마다 보험료를 올리면서 그들 꼴이 어떨지 보는 것도 재미있을 텐데."

"아, 그렇군요. 진작 말하지 그랬어요? 책은 어떻게 되어가요?"

"우리가 지금 말하고 있는 동안에도 인쇄기가 돌아가고 있죠."

"그럼 이제 아무것도 고칠 수 없는 건가요?"

"네. 그래요."

"그런데… 내가 원고 여기저기에다 써놓은 농담은 봤나요?"

용어 사전

- **가격 목표점 계산법** 패턴마다 다르지만 보통 이탈 가격에 패턴의 높이를 더하거나(상향 이탈 시) 이탈 가격에서 패턴의 높이를 뺀다(하향 이탈 시). 이것이 통상의 가격 목표점 산출 방식이지만 종종 예상에 못 미친다. 그래서 패턴의 전체 높이 대신 패턴 높이의 반값을 활용하기도 한다.

- **강세장** S&P500 지수에서 2000년 3월 24일부터 2002년 10월 10일까지의 약세장을 제외한 기간

- **갭** 주가가 지나지 않은 가격대상의 빈 공간을 가리킨다. 오늘의 고가가 어제의 저가보다 아래에 있거나 오늘의 저가가 어제의 고가보다 위에 있을 때 갭이 형성됐다고 말한다. 나중에 가격이 후퇴하여 이 공간을 덮을 때 갭이 메워졌다고 한다.

- **공매도** 주식을 가지고 있지 않은 상태에서 주가가 떨어질 것을 예상하여 주식을 파는 거래 방법을 말한다.

- **단기** 3개월 이하의 기간

- **데이 트레이딩** 보통 하루에 거래를 시작하고 끝내는 매매기법

- **되돌림** 추세를 형성하고 나아가던 주가는 반대방향으로 움직이려는 경향을 보이곤 하는데 이때의 후퇴 움직임을 말한다.

- **목선** 저점(머리어깨형의 경우) 또는 고점(역 머리어깨형의 경우)을 이어놓은 추세선. 종가가 목선의 위나 아래를 뚫을 경우 돌파가 일어난다.

- **밀집** 주가가 상승하거나 하락하지 않고 수평적으로 움직일 때 나타나는 현상이다.
- **밀집 구간** 주가가 상승세나 하락세에서 횡보세로 바뀌는 밀집된 가격 구간
- **반기형** 깃발형, 페넌트형 그리고 삼각형(상승 삼각형, 하락 삼각형, 대칭 삼각형) 같은 차트 패턴은 때때로 주가 움직임 중간에 나타난다.
- **반전** 주가가 차트 패턴을 만들고 나서 방향을 바꾸는 현상
- **변동성 손실제한주문** 정상적인 주가 변동성으로 인해 손실제한주문이 실행되는 일이 없도록 하기 위한 방법. 나는 보통 30일간 고가와 저가 간 차이의 평균을 구한 다음 그 값에 1.5를 곱한다. 현재의 저가에서 이 최종값을 뺀 값보다 아래에 손실제한주문을 둬야 한다.
- **부분 상승** 주가가 아래쪽 추세선과 만난 뒤 상승하지만 위쪽 추세선에 닿지 않고(혹은 가까이 접근하지 않고) 뚜렷한 형태의 천정을 형성한 다음 곧바로 아래쪽 추세선을 하향 이탈할 때를 말한다. 부분 상승은 실제 이탈 전에 나타나고 또 어떤 유효한 차트 패턴이 나타난 뒤(다른 말로 하자면, 주가가 최소 두 차례 추세선과 만나고 유효한 패턴의 확인에 요구되는 다른 어떤 조건들을 충족시킨 뒤) 형성되어야 한다. 확대형과 직사각형에서 부분 상승을 찾아보라.
- **부분 하락** 주가가 위쪽 추세선과 만난 뒤 하락하지만 아래쪽 추세선에 닿지 않고(혹은 가까이 접근하지 않고) 뚜렷한 형태의 바닥을 형성한 다음 곧바로 위쪽 추세선을 상향 이탈할 때를 말한다. 부분 하락은 실제 이탈 전에 시작되고 어떤 유효한 차트 패턴이 등장한 뒤(다른 말로 하자면, 주가가 최소 두 차례 추세선과 만나고 유효한 패턴의 확인에 요구되는 다른 어떤 조건들을 충족시킨 뒤) 형성되어야 한다. 확대형과 직사각형에서 부분 하락을 찾아보라.
- **상향 후퇴** 상향 추세선을 하향 이탈한 주가가 다시 상승하여 30일 내에 이탈 가격 또는 추세선으로 다시 돌아가거나 매우 가깝게 접근한 것을 말한

다. 추세선을 기준으로 이탈 지점과 후퇴 지점 사이에는 반드시 빈 공간이 있어야 한다. 이런 조건에 따라 후퇴의 개념은 주가 움직임이 이탈 가격 주위에 몰려 있을 때에는 적용되지 않는다. 하향 후퇴와 비교해보라.

- **선형 회귀** 일련의 숫자들에 따라 직선을 그리는 수학적 방법이다. 이 직선의 기울기가 추세를 알려준다.

- **수평 밀집 구간** 주가가 상당한 시간 동안(보통 몇 주에서 몇 달간) 비슷한 가격대 내에서 움직임을 갖는 수평 형태의 밀집 구간. 구간 내의 고가나 저가가 평평한 것이 우선적인 특징이다.

- **스윙 트레이딩** 주가가 단기적으로 저가에서 고가로 혹은 고가에서 저가로 움직일 때 차익을 노리는 거래 방법

- **약세장** 나는 S&P500 지수에서 2000년 3월 24일의 천정과 2002년 10월 10일의 바닥을 약세장의 시작과 끝으로 삼았다.

- **역지정가주문** 주가 하락 시 현재가 아래의 어떤 가격을 지정하여 이에 도달하면 매도 체결이 되게 하거나, 주가가 오르고 있을 때 현재가보다 높은 어떤 가격에 도달하면 매수 체결이 되도록 하는 주문. 특히 전자의 경우를 손실제한주문(stop-loss order)이라 한다.

- **역추세 패턴** 하락장에서 상향 이탈이 일어나거나 상승장에서 하향 이탈이 일어나는 패턴. 이탈의 방향이 시장의 전반적인 추세와 반대된다.

- **연중 주가 범위, 연중 거래 범위** 지난 12개월 동안 증권이 거래된 가격 범위. 연중 거래 범위를 결정하려면, 이탈 전날부터 시작하여 지난 12개월 동안의 최고점과 최저점을 찾아라. 나는 연중 가격 범위를 3으로 나눠 이탈 가격을 이 3개의 작은 범위와 비교한다.

- **예외형 패턴** 주가가 이탈 후 10% 미만의 상승폭이나 하락폭을 기록한 뒤 반전하는 차트 패턴을 이른다. 패턴 성취율은 주가가 새로운 방향(이탈과 반대되는 방향)으로 움직여 새로운 최고점이나 저점에 도달했을 때까지의 이동 폭을 측정한다.

- **이탈 거래량** 이탈일의 거래량을 말한다.
- **장기** 6개월 이상의 기간
- **장중** 어떤 하루의 거래일 내
- **조정 구간** 조정 상승형 또는 조정 하락형의 일부 구간. 주가가 이전의 움직임에서 일정 부분 후퇴하는 곳
- **중기** 3~6개월의 기간
- **중앙값** 중앙값은 변량을 순서대로 늘어놓았을 때 한가운데 있는 값이다. 예컨대 변량이 10, 15, 30, 41, 52라고 한다면, 중앙값은 30이다. 30 양쪽에 각각 2개의 변량이 놓이기 때문이다. 정확히 한가운데 있는 값이 없다면, 가운데 있는 2개의 값을 평균하여 구한다.
- **지속** 차트 패턴의 경우 나는 이 단어를 밀집과 똑같은 뜻으로 사용한다. 주가가 어떤 방향으로 진행하다가 패턴을 형성하고 나서 이전과 같은 방향으로 이탈이 일어나면 지속이라고 한다. 예컨대 주가가 바닥에서 패턴으로 들어가 천정으로 나오면 지속 패턴이 된다. 반면 주가가 천정에서 들어가 천정으로 나온다면 반전 패턴이다.
- **지정가주문** 투자자가 지정한 가격 또는 그보다 유리한 가격으로 매매가 체결되도록 하는 주문
- **추세 변화** 주가가 상승세에서 하락세나 보합세로 바뀌거나 보합세에서 상승세나 하락세로, 하락세에서 상승세나 보합세로 바뀌는 것을 말한다.
- **추세 시작점** 추세가 시작되는 지점이다. 추세 시작점을 찾으려면 패턴이 시작되는 곳에서 시간을 거슬러 과거로 가야 한다. 주가가 패턴에서 멀어지면서 상승하는 경우에는, 종가가 20% 이상 하락하는 곳이 나타나기 전에 있는 가장 높은 고점이 바로 추세 시작점이 된다. 마찬가지로, 주가가 패턴에서 멀어지면서 하락하는 경우는 종가가 20% 이상 상승하는 곳이 나타나기 전에 있는 가장 낮은 저점이 추세 시작점이 된다. 하지만 나는 차트 패턴이 시작되기 전에 주가가 짧은 시간 동안 지나치게 높아지거나 지나치게 낮아

지는 경우는 대개 무시해버린다. 깃발형이나 페넌트형은 (20%의 변화폭이 아니라) 추세 시작에 가장 가까운 천정(전고점)이나 바닥(전저점)을 활용한 다.

- **최고점** 나는 이탈이 일어나고 나서 주가가 20% 이상 떨어지기 전에 도달한 궁극적인 고점을 최고점으로 본다. 종가가 패턴의 저가보다 낮아지면, 나는 더 이상 추적하지 않는다. 누구든 이 가격에 손실제한주문을 해뒀으리라 가정하기 때문이다.
- **최고점(최저점) 도달 시간** 이탈일에서 최고점(또는 최저점)까지 도달하는 데 걸리는 평균 시간
- **최저점** 나는 이탈이 일어나고 나서 주가가 20% 이상 올라가기 전의 가장 낮은 저점을 최저점으로 본다. 종가가 패턴의 고가보다 높아지면 나는 더 이상 주가를 추적하지 않는다. 누구든 이 가격에 손실제한주문을 해뒀으리라 가정하기 때문이다.
- **큰 패턴 또는 작은 패턴** 나는 차트 패턴이 큰지 작은지 정할 때 패턴에서 최고점과 최저점의 간격을 재고 그 값을 이탈 가격으로 나눈 후 백분율을 구한다. 이 값이 중앙값보다 크면 큰 패턴이고 중앙값보다 작으면 작은 패턴이다.
- **평균** 숫자들의 합을 숫자들의 개수로 나눈 값
- **평균 상승폭과 평균 하락폭** 나는 이탈 가격에서부터 최고점까지 주가 상승폭을 재거나 이탈 가격에서 최저점까지 주가 하락폭을 재어 평균을 계산한다.
- **포지션 트레이딩** 며칠, 어떤 때는 수주일 혹은 몇 개월 정도 주식을 보유하는 거래 방법. 당일 거래가 아니라는 점에서 데이 트레이더와 다르고 장기 보유 목적이 아니라는 점에서 장기 투자자와도 구별된다.
- **플랫형 기반** 몇 주 혹은 몇 달 동안 주가가 여러 차례 똑같은 혹은 비슷한 가격에서 형성되며 밀집 구간이 만들어질 때를 말한다. 주간 차트에서 가장 쉽게 확인할 수 있다. 이 영역의 바닥은 대개 평평하고 때때로 그 뒤에 이어질 주가 상승의 기반이 된다. 일부 차트 패턴(이중 바닥형, 삼중 바닥형, 머

리어깨형)이 플랫형 기반의 출현 후에 형성되는데, 이때 패턴의 바닥은 보통 플랫형 기반이 이루고 있는 가격 수준보다 약간 아래에서 만들어진다.

- **하향 후퇴** 상향 이탈 뒤 주가가 하락하여 30일 내에 이탈 가격 또는 추세선으로 다시 돌아가거나 매우 가깝게 접근한 것을 말한다. 이탈 지점과 후퇴 지점 사이에는 반드시 빈 공간이 있어야 한다. 상향 후퇴와 비교해보라.
- **확인점·확인가·확인 수준·확인선** 차트 패턴이 유효하다는 것을 확인시켜 주는 가격 또는 위치. 이탈 점, 이탈 지점, 이탈 가격, 이탈 수준이라고도 한다.
- **CCI** 현재의 중간 가격과 중간 가격의 평균을 비교하는 가격 모멘텀 오실레이터. 나는 보통 20일 평균을 이용하고, 여기에 5일 DCCI선을 함께 활용한다. 대개 지수와 가격 간의 다이버전스를 알아내는 데 이용한다.
- **DCCI** Dual CCI, 즉 이중 CCI를 말한다. 지수 평활한 CCI의 5일 이동평균이다.
- **RSI** 상대강도 지수. 웰스 와일더가 개발한 주가 모멘텀 지표다.

확대 바닥형

확대 천정형

상승 직각 확대형

하락 직각 확대형

상승 확대 쐐기형

하락 확대 쐐기형

돌출 급락 반전 바닥형
(Bump-and-Run Reversal Bottoms)

돌출 급등 반전 천정형
(Bump-and-Run Reversal Tops)

손잡이가 있는 컵형

손잡이가 있는 컵형 반전형

데드 캣 바운스

역 데드 캣 바운스

다이아몬드 바닥형

다이아몬드 천정형

역 머리어깨형

역 머리어깨형, 복합형

머리어깨형

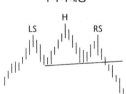

머리어깨형, 복합형

아담&아담 이중 바닥형

아담&이브 이중 바닥형

이브&아담 이중 바닥형

이브&이브 이중 바닥형

아담&아담 이중 천정형

아담&이브 이중 천정형

이브&아담 이중 천정형

이브&이브 이중 천정형

깃발형, 실적 깃발형

높고 조밀한 깃발형

뿔형 바닥(Horn Bottom)

뿔형 천정(Horn Top)

조정 하락형

조정 상승형

일일 반전, 바닥형
(One-Day Reversal, Bottoms)

일일 반전, 천정형
One-Day Reversal, Tops)

사각형 바닥형

사각형 천정형

둥근 바닥형

둥근 천정형

섬꼴 반전, 바닥형
(Island Reversal, Bottoms)

섬꼴 반전, 천정형
(Island Reversal, Tops)

열도형(Islands, Long)

페넌트형

파이프 바닥형

파이프 천정형

상승 가리비형

반전 상승 가리비형

하락 가리비형

반전 하락 가리비형

삼중 하락 천정형

삼중 상승 바닥형

상승 삼각형

하락 삼각형

대칭 삼각형

삼중 바닥형

삼중 천정형

하락 쐐기형

상승 쐐기형

갭

주간 반전, 하락형

주간 반전, 상승형

인사이드 데이

아웃사이드 데이

스파이크 또는 꼬리

샤크-32

상승 추세에서   하락 추세에서
스파이크 천정   스파이크 바닥

종가 반전(Closing Price Reversal)

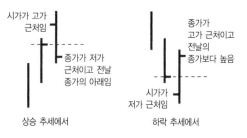

시가가 고가
근처임

종가가 저가
근처이고 전날
종가의 아래임

상승 추세에서

종가가
고가 근처이고
전날의
종가보다 높음

시가가
저가 근처임

하락 추세에서

주가 범위가 넓은 날

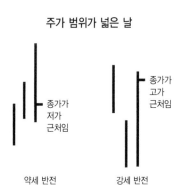

종가가
저가
근처임

종가가
고가
근처임

약세 반전   강세 반전

고리형 반전(Hook Reversal)

시가가 고가
근처임

종가가 저가
근처임

인사이드 데이

상승 추세에서

종가가 고가 근처임

시가가 저가 근처임

인사이드 데이

하락 추세에서

중대 반전(Key Reversal)

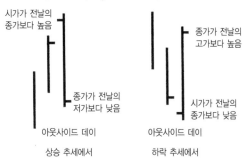

시가가 전날의
종가보다 높음

종가가 전날의
저가보다 낮음

아웃사이드 데이

상승 추세에서

종가가 전날의
고가보다 높음

시가가 전날의
종가보다 낮음

아웃사이드 데이

하락 추세에서

시가—종가 반전

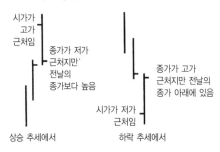

시가가
고가
근처임

종가가 저가
근처지만'
전날의
종가보다 높음

상승 추세에서

종가가 고가
근처지만 전날의
종가 아래에 있음

시가가 저가
근처임

하락 추세에서

피봇 포인트 반전

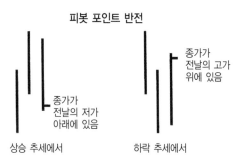

종가가
전날의 저가
아래에 있음

상승 추세에서

종가가
전날의 고가
위에 있음

하락 추세에서

경직된 사고를 부수는 '실전 차트 패턴'의 모든 것

차트 패턴

초판 1쇄 발행 2008년 09월 22일
개정판 12쇄 발행 2024년 06월 28일

지은이 토마스 N. 불코우스키
옮긴이 조윤정
펴낸곳 ㈜이레미디어

전 화 031-908-8516(편집부), 031-919-8511(주문 및 관리)
팩 스 0303-0515-8907
주 소 경기도 파주시 문예로 21, 2층
홈페이지 www.iremedia.co.kr
이메일 mango@mangou.co.kr
등 록 제396-2004-35호

재무총괄 이종미
경영지원 김지선
편집 공순례, 김윤정
디자인 에코북디자인
마케팅 김하경

저작권자 ⓒ Thomas N. Bulkowski

이 책의 저작권은 저작권자에게 있습니다. 저작권자와 ㈜이레미디어의 서면에 의한 허락 없이 내용의 전부 혹은 일부를 인용하거나 발췌하는 것을 금합니다.

979-11-88279-24-1 03320

-가격은 뒤표지에 있습니다.
-잘못된 책은 구입하신 서점에서 교환해드립니다.
-이 책은 투자 참고용이며, 투자 손실에 대해서는 법적 책임을 지지 않습니다.

이 도서의 국립중앙도서관 출판예정도서목록(CIP)은 서지정보유통지원시스템 홈페이지(http://seoji.nl.go.kr)와 국가자료공동목록시스템(http://www.nl.go.kr/kolisnet)에서 이용하실 수 있습니다. (CIP제어번호 : CIP2018023139)